清华大学经济学系列教材

DIGITAL
ECONOMICS

数字
经济学

刘涛雄◎主编

U0360455

清華大學出版社

北京

内 容 简 介

  《数字经济学》大体按照微观、中观和宏观三大板块来组织。微观部分包括第 2 章至第 6 章，主要阐述了数字经济时代微观经济主体行为和决策的一些新特征；中观部分包括第 7 章至第 10 章，主要涵盖市场运作和产业组织方面的内容；宏观部分包括第 11 章至 14 章，介绍数字经济情况下经济增长的新特征新规律、数字经济对发展的影响、数字金融，并从政治经济学的视角分析数字经济带来的新现象和挑战。本书具有系统性、前沿性和本土性的特点，全面系统总结了数字经济理论发展的成果，为读者展现数字经济学发展的全貌，同时努力吸收最新研究成果以及诸多中国学术界近年来产生的卓有成效的研究成果和中国数字经济发展的鲜活素材、典型案例。本书的阅读对象是高年级本科生和低年级研究生，当然也包括对数字经济有兴趣的各行各业的从业人员。

图书在版编目（CIP）数据

数字经济学 / 刘涛雄主编. -- 北京 ：清华大学出
版社，2024. 8. --（清华大学经济学系列教材）.
ISBN 978-7-302-66770-4

Ⅰ. F49

中国国家版本馆 CIP 数据核字第 2024GQ5241 号

责任编辑：梁云慈
封面设计：李召霞
责任校对：宋玉莲
责任印制：杨　艳

出版发行：清华大学出版社
  网　　址：https：//www.tup.com.cn，https：//www.wqxuetang.com
  地　　址：北京清华大学学研大厦 A 座　　邮　　编：100084
  社　总　机：010-83470000　　　　　　　邮　　购：010-62786544
  投稿与读者服务：010-62776969，c-service@tup.tsinghua.edu.cn
  质量反馈：010-62772015，zhiliang@tup.tsinghua.edu.cn
印　装　者：北京嘉实印刷有限公司
经　　销：全国新华书店
开　　本：185mm×260mm　　印　张：19.5　　　　　字　　数：459 千字
版　　次：2024 年 8 月第 1 版　　　　　　　　　印　　次：2024 年 8 月第 1 次印刷
定　　价：69.00 元

产品编号：107755-01

目录 ▶

第1章

绪　论

本章学习目标
1. 了解数字经济的基本概念
2. 了解数字经济学的基本内涵
3. 了解本书的基本结构和内容

引言

　　数字经济已被广泛地认为是继农业经济与工业经济之后的全新经济形态,已成为国民经济的重要组成部分。数字经济的发展也得到世界各国的高度重视,成为美国、欧洲等发达国家和地区政府重点关注的领域,也是当前大国之间经济竞争的关键领域。《经济学人》杂志在 2017 年甚至指出"世界上最有价值的资源已不再是石油,而是数据"。根据一些学者的测算,中国的数字经济增加值近年来年平均增长率达到了 15% 左右,大大超过实际 GDP 的增长率,已成为中国经济发展的新引擎。[①] 基于数字经济的重要性,党和政府将其作为新时代高质量发展的重要战略,在"十四五"规划中开辟专章,并专门编制发布《"十四五"数字经济发展规划》等多个重要文件和制度。2021 年,国家统计局发布《数字经济及其核心产业统计分类(2021)》(以下简称《分类》)。2023 年 10 月,国家数据局正式挂牌成立,成为推动数字经济发展的专门政府职能部门。

1.1　何为数字经济?

　　什么是数字经济? 尽管不同的机构或学者对数字经济的具体内涵有不同的界定,但对其基本特征和演变历程也有一定共识。与数字经济紧密相关的是数字技术(digital technology)。在信息通信领域,所谓数字技术是相对于模拟技术而言的,指对图、文、声、像等信息的编码采取数字化的方式,即转化为电子计算机能识别的二进制数字 0 和 1(即 bits,

---

　　① 不同学者或机构的测算各有差异,但基本上都在 15% 左右或更高。

比特)后进行存储、加工、传输和还原。在此之前,信息的编码和传输普遍采用模拟信号技术。因此,数字经济发端于计算机技术的产生和发展,正是现代计算机技术使得数字化的信号编码方式逐渐取代模拟信号成为主流。数字经济发展于互联网技术的成长和应用,正是互联网使得数字化信息的传播变得极为便捷和广泛,也改变了生产要素、经济活动配置组合的基本方式。数字经济成型于数据成为生产要素,随着数据体量迅速扩大、数据处理能力持续提升、数据价值不断增强,数据被确立为生产要素成为数字经济区别于传统经济形态的关键性特征。数字经济将在人工智能的发展进程中逐步成熟,人工智能技术的发展意味着对数据的分析与加工将成为提高生产效率和推动技术进步的重要力量,把人从繁重的生产劳动中解脱出来第一次有了历史性的可能。

那么到底如何定义数字经济?中国国家统计局 2021 年 6 月印发的《分类》中指出,数字经济是指以数据资源作为关键生产要素、以现代信息网络作为重要载体、以信息通信技术的有效使用作为效率提升和经济结构优化的重要推动力的一系列经济活动。这一定义明确了数字经济的几个重要特征。一是数字经济区别传统农业经济、工业经济的一个重要特点是,其具备了新的关键性生产要素——数据。二是数字经济运行的基本载体是信息网络,网络可以理解为信息和数据流动的高速公路,宛如工业经济时代承载商品流通的运输系统。三是数字经济最相关的技术是信息通信技术,其推动经济发展有两个基本渠道,一是经济活动效率的提升,二是经济内部不同部分之间的结构得到优化。

《分类》同时将数字经济产业范围确定为五个大类:01 数字产品制造业、02 数字产品服务业、03 数字技术应用业、04 数字要素驱动业、05 数字化效率提升业。这五个大类大体上是从"数字产业化"和"产业数字化"两个方面来划定数字经济基本范围的。所谓"数字产业化"指的是基于计算机、互联网、人工智能等数字技术发展起来的新兴产业,主要包括前四类产业,有时也被称为"数字经济核心产业"。所谓"产业数字化"指的是过去已有产业经过数字化改造提升而得到发展,主要指 05 类"数字化效率提升业",这是数字技术与实体经济融合发展的结果。

1.2 为什么需要数字经济学教科书?

顾名思义,数字经济学是研究数字经济的运行和发展规律的科学,是现代经济学的重要组成部分。现代经济学经过几百年的发展,已经形成了一套十分完整成熟的理论体系。其中的一系列基本的理论、观点和方法可以被应用于研究经济学的各个领域各个方面,那么为什么还需要一本专门讲述的数字经济学的教科书?从编者看来,这至少源于以下三个方面原因。

首先,数字经济和数字经济学相对于传统经济形态和经济理论具有很强的创新性和革命性。经济理论创新的源泉来自新的经济现象,不同的经济形态需要不同的经济学理论,很多数字经济运行和发展的规律已经不能用传统的经济学知识体系来解释,现代经济学正在因为数字经济的发展而改变。事实上,近 20 年来,数字经济相关领域的研究一直居于现代经济学的前沿阵地,产生了诸多带有颠覆性的新的理论观点和知识体系。比如数字经济的发展催生了数据这一全新的生产要素。数据相对于土地、资本等传统生产要素而言有一系列新的特性,如非竞争性、负外部性等,如何认识数据要素、如何将数据整合进现代经济理论是当前十分前沿的研究课题。又如,数字经济催生了新的产业组织模式尤其是平台经济。传统产业组织理论不能解释当前大量平台化的产业组织模式,平台理论成为数字经济时代最活跃的产业组织理论。再如,数字经济的发展改变了市场主体搜寻匹配的方式进而影响了市场均衡的形成,引发大家重新认识市场匹配的过程和机制,也大大促进了市场设计理论的发展。另外,人工智能作为一种新的通用目的技术正在加速发展,其很可能给现有经济学理论带来一系列新挑战。随着数字化进入经济系统的方方面面,相关研究也不断渗透到经济学的各个领域,在一些领域甚至形成了颠覆性的变革,这些新的理论知识同时又逐步形成了彼此相互联系的一个有机整体。从学术史来看,正是人类从农业文明走向工业文明催生了现代经济体系,同时产生了现代经济学。如果说数字经济是人类社会继工业经济时代后一种新的经济形态,其带来经济学理论的重大创新也同样具有历史必然性。

其次,这是中国数字经济发展的需要和必然成果。编写这样一本教材的另一个强大的动力来自中国数字经济的快速发展。如果说18、19世纪中国错过了伟大的工业革命,20世纪尤其是改革开放以来我们一直在学习追赶先发的工业国家,在数字经济时代中国正逢其时,已发展成为当前世界上数字经济规模最大、质量最高、发展最活跃的经济体之一。在全球最重要的数字经济企业中,中国企业占有的地位仅次于美国,在一些重要的领域,中国企业甚至处于引领地位。中国数字经济的蓬勃发展也催生了一大批基于本土经验的研究成果,近年来无论是中文还是英文权威学术期刊上都发表了大量的基于中国经验的优秀的数字经济研究成果。要深入了解现代数字经济的运行规律和未来走向,特别是理解中国经济的运行规律和未来走向,必然需要对这些最新的经济学相关理论成果进行学习了解。这些需求呼唤学术界不断总结已有理论成果,形成高水平的教科书,以适应实体经济的发展需求。

当然,这也是我国数字经济人才培养的迫切需要。近年来,我国不少大学已经开始在本科和研究生层次逐步设立数字经济的相关课程、学科方向乃至专业学位。数字经济成为一个专门的学科领域,逐渐成为大家共识。因为数字经济从实践到理论的发展时间都还相对短暂,许多理论正在日新月异不断演进之中,诸多理论成果散见于各种学术出版物,把这些丰富的理论成果融合起来,形成一本全面介绍数字经济的高水平教科书十分必要,本书正是顺应这种需求而产生的。本书的编写者都长期耕耘于数字经济的各个相关研究领域,十分希望将相关研究成果和理论知识融会贯通,形成一本高水平的教材,为我国数字经济的人才培养尽一份绵薄之力。

1.3 本书的主要结构和内容

全书共14章,大体按照微观、中观和宏观三大板块来组织。微观部分主要包括第2章至第6章,主要阐述数字经济时代微观经济主体行为和决策的一些新的特征。第2章集中介绍一个数字经济中普遍存在的经济现象,也是一个因为数字经济而被大大强化的基本概念——网络效应。第3章从消费需求的视角出发,介绍数字消费的新特征。第4章从厂商角度介绍数字经济企业的生产技术、决策和组织方式的新特点。第5章主要介绍人工智能、区块链等一系列数字经济时代的具有重要意义的技术创新，以及其经济学刻画。第 6 章集中介绍数字经济带来的全新生产要素——数据，包括其典型的经济属性、产权安排和面临的治理挑战等。中观部分包括第 7 章至第 10 章，主要涵盖市场运作和产业组织方面的内容。其中，第 7 章主要介绍数字经济市场运作中突出的搜寻匹配特征。第 8 章介绍经济网络这一新的产业组织模式和分析视角。第 9 章则专注于平台这一数字经济时期最突出的、全新的产业组织方式。第 10 章则进一步拓展至数字生态系统——一个越来越受到重视的数字时代产业组织的新形态。第 11 章至第 14 章则主要涵盖宏观方面的内容。其中，第 11 章专题介绍数字经济中经济增长的新特征、新规律。第 12 章则转向数字经济对全面发展的影响，包括发展差距、发展质量、区域平衡等方面的讨论。第 13 章集中讨论数字化塑造了哪些新的金融产品和怎样的金融市场。最后一章第 14 章主要从政治经济学的视角来分析数字经济带来哪些新的现象和挑战。

全书力图体现三个特点。首先是系统性，既全面总结数字经济理论发展的各方面成果，为读者展现数字经济学发展的全貌，又力求整体性，注重不同理论成果之间的交叉与融合。其次是前沿性，全书努力吸收最新的研究成果，把读者带到数字经济研究的前沿。最后是本土性，全书在遵循现代经济学的基本逻辑和范式的基础上，大力吸收了诸多中国学术界近年来产生的卓有成效的研究成果，也包含了部分中国数字经济发展的鲜活素材和典型案例。

1.4 如何使用本书？

本书的基本阅读对象是高年级本科生和低年级研究生，当然也包括对数字经济有兴趣的各行各业的从业人员。使用本教材需要具备一定的经济学专业基础知识，最好已经修过宏观经济学、微观经济学等经济学的基础课程。当然，本书的不少内容包括一些章节中的专栏尽量做到通俗易懂，即使读者没有太多的经济学专业知识，对这部分内容也不会有太多的阅读困难。本书各个章节之间互相补充搭配，从整体上构成数字经济学的主要内容，同时在写作中也注意各章节相对独立成篇。这样有利于部分读者只就感兴趣的某些章节进行深入阅读，同时对使用本教材的教师而言，既可以全面介绍教材各章节内容，也可以根据需要选取部分重点章节进行专题讲授。为了便于深入掌握各章的具体内容，每章之前明确列出了本章的学习目标，章末配有少量习题。

特别需要指出的是，因为数字经济学相关理论尚处于发展的早期阶段，有关知识正处于快速迭代和创新之中，教材编写者努力照顾到理论前沿性和成熟度之间的微妙平衡，纳入教材的主要是已经取得一定共识的内容。但毕竟数字经济学是一个全新的领域，内容涵盖现代经济学的各个方面，限于编者水平书中难免存在疏漏和谬误，特别是很多已有的甚至包括一些有相当共识的结论，都可能在未来一段时间被改变甚至颠覆。我们希望本书的使用者一定要保有开放心态，不唯权威不唯书，坚持科学精神，勇于挑战已有理论成果，共同把中国数字经济学的研究水平和学科水平推向前进。

▶ 第**2**章

网 络 效 应

本章学习目标
1. 了解网络效应的起源、来源和基本概念
2. 掌握直接网络效应和间接网络效应的概念,厘清二者的区别和联系
3. 能够对含有网络效应的产品进行需求分析
4. 了解网络效应对市场均衡的影响、对产业的影响以及对宏观经济的影响

引言

在讨论数字经济时,网络效应是一个重要的概念,对经济和社会产生了深远的影响。它改变了人们之间的交流方式、商业模式、消费习惯等,推动技术创新和生产组织方式的变革,影响宏观经济增长和经济波动。

在网络效应的作用下,网络的价值随着用户的增加而增加,促使数字产品或服务的用户数量持续增长,形成良性循环。这种规模效应使得数字经济中的一些企业如社交媒体平台、在线市场等能够快速扩大规模,并在市场上占据领先地位。具体而言,随着更多的用户加入,企业提供的内容、产品或服务会变得更加丰富多样,用户之间的互动和交流也会增加,与此同时,数字企业可以收集更多有关用户行为和偏好的数据,大量的数据积累为企业优化产品、改进服务和进行个性化推荐提供了宝贵资源,可以进一步提高用户效用水平。成功的网络效应通常还会吸引开发者、合作伙伴和投资者加入,为企业提供新的功能、应用程序和服务,从而增强整个经济系统的创新能力。由此可见,网络效应形成的正反馈机制加强了数字企业的竞争力和用户吸引力,强大的网络效应会使一个企业变得难以复制和取代,这使得领先的数字企业能够在市场上建立起持续的竞争优势,并实现更长期的盈利能力。相应地,这也会导致新进入者很难与其竞争,网络效应的存在增加了转换成本,现有用户更倾向于继续使用已经拥有大量用户的企业,使得市场竞争更加困难,可能导致少数几家企业在特定领域垄断市场,甚至依靠自身的垄断势力采取不正当手段限制竞争和创新,损害消费者权益。

由此可见,网络效应是数字经济中一个非常重要且具有深远影响的概念,它对数字时

代经济和市场的演变产生了巨大的影响,值得我们首先关注和理解。讨论网络效应对于我们深入理解数字经济的动力和趋势至关重要,它帮助我们认识到数字经济面临的优势和挑战,引导政府、企业和个人在数字化时代做出明智的决策,更好地利用数字技术的潜力和优势,同时规制数字时代涌现出的新垄断问题,维护市场竞争秩序,推动数字经济持续健康发展。

2.1 网络效应的概念和分类

2.1.1 起源和概念

网络效应是一种经济现象,是指某种产品为消费者带来的效用随着其他消费者数量的增加而增加。[①] 这一概念最初由美国贝尔电话公司(后来的美国电报电话公司)前总裁西奥多·韦尔(Theodore Vail)在他获得美国电话服务垄断权时提出的。后来,以太网的共同发明者之一罗伯特·梅特卡夫(Robert Metcalfe)将其进一步推广,并将其称为梅特卡夫定律。根据梅特卡夫定律,网络的成本与所安装的网卡数量成正比,但是网络的价值与用户数量的平方成正比。因此,如果客户想从其网络中获得更大的收益,就需要将以太网卡的数量增加到一个临界值。这意味着,通过支付 N 单位的成本,可以获得 N^2 单位的价值。

网络效应的经济学理论在 1985 年至 1995 年由迈克尔·卡茨(Michael L. Katz)、卡尔·夏皮罗(Carl Shapiro)、约瑟夫·法雷尔(Joseph Farrell)和加思·萨洛纳(Garth Saloner)等人推进。后来,杰弗里·帕克(Geoffrey G Parker)、马歇尔·范阿斯蒂尼(Marshall Van Alstyne)、让-查尔斯·罗歇(Jean-Charles Rochet)、让·梯若尔(Jean Tirole)和马克·阿姆斯特朗(Mark Armstrong)等人在双边市场中对网络效应的作用进行了深入分析。具有网络效应这一特性的产品被称为网络产品,而具有这种特性的市场则被称为网络市场。网络效应还被定义为这些广泛存在的网络对市场参与者行为产生的影响。

Varian(2014)指出网络效应是一种特殊的外部性,因为一个人消费某种商品得到的效用取决于其他人消费这种商品的数量。例如,人们需要传真机来互相交流,但如果其他人都没有传真机,那么你就不值得购买传真机。Arthur(1990)认为网络效应是用户数量或服务使用数量对每个用户自身感知的服务价值产生的影响。Belleflemma 和 Peitz(2021)则将一个用户的加入对网络中其他用户的加入价值产生的影响称为网络效应,并明确区分了积极的网络效应和消极的网络效应。

网络效应有时也被称为需求侧规模经济。它与供给侧的规模经济相对应,当生产的产品数量增多会带来生产的平均成本下降时,就会出现供给侧规模经济。许多传统行业具有供给侧规模经济的特征(如汽车和钢铁制造业),但这些行业很少有网络效应的特征。相比之下,网络效应在"新经济"产业中无处不在,尤其是信息和通信技术产业。其中一些既有供给侧的规模经济,又有网络效应(例如谷歌的 Android 和微软的 Windows 等操作系统)

---

① 具体而言,这是消费端网络效应的定义,是较为常见的一种定义。在生产端,企业间同样存在网络效应,是指在一个产业或市场中,随着某个企业的规模、份额或参与者数量的增加,其他相关企业和参与者也因此受益或受到影响的现象。这种效应使得随着系统中企业数量增多,整个系统的价值或效益呈现出递增的趋势。本章第 2.3 节对此进行了简要讨论。

（Hagiu 和 Yoffie，2018）。

接下来，本章将首先列举网络效应的几个来源，并据此将网络效应区分为直接网络效应和间接网络效应，随后分析具有网络效应产品的供需均衡，最后引出生产具有网络效应产品的企业的竞争均衡及企业策略带来的福利影响。

2.1.2　网络效应的来源

网络效应的来源可以分为多个方面。

首先，网络效应可能来自消费者数量对产品或服务质量的直接影响。比如，消费者购买移动通信服务的效用依赖于加入同一个通信网络的家庭和企业数量，加入同一个通信网络的家庭和企业越多，每个消费者加入这一网络能联系的其他用户越多，这个网络的质量就越高，给消费者带来的效用水平也越高（Katz 和 Shapiro，1985）。在数字化时代的即时通信网络如微信、QQ 也具有这一特征。同时，消费者数量的增加也可能导致负面的网络效应。比如，过多人同时使用同一个网络路由器或媒体服务器时，会造成网络路由器和媒体服务器的流量堵塞，此时在这个网络中的消费者的效用与使用网络的人数呈负相关。

其次，网络效应可能来自互补产品之间的影响，即一种产品或服务的价值对互补产品或服务的需求会产生积极影响。消费者购买个人计算机操作系统的效用与购买同一种计算机操作系统的其他消费者数量相关，因为向一个操作系统品牌提供的软件的数量和种类与卖出的操作系统数量正相关，卖出的操作系统数量越多，与这种计算机操作系统相匹配的软件种类和数量就越丰富，进而增加了这个操作系统的价值和吸引力，消费者的效用会相应提高。需要注意的是，并不是所有的互补品都会带来网络效应。具有网络效应的互补品存在一个特点：一种商品的价值因另一种商品的存在而显著提高，且另一种商品的数量越多，其互补品的价值越高。比如计算机操作系统的价值会因为匹配软件数量的增多而提高，正是因为这一原因，购买同一种计算机操作系统的消费者之间才存在网络效应。与此相比，左脚的鞋子和右脚的鞋子也属于互补商品，当一只脚的鞋子数量固定时，其效用不会随着另一只脚的鞋子数量增加而持续增大，因而它们之间不存在网络效应。

再次，当耐用品售后服务的质量和可得性依赖于服务网络的经验和规模时，就会产生积极的网络效应。一个品牌的耐用品出售数量增加，其售后服务的网络规模也会随之增加，这种规模扩大会吸引更多的客户使用这个品牌的耐用品，从而进一步提高售后服务网络的规模。这种效应可以形成一个正反馈循环，使得这个品牌的耐用品对消费者来说更有价值，拥有这种耐用品的消费者会获得更高的效用水平。

最后，双边市场是一种网络效应来源的特殊情况。双边市场是指由两种或多种不同类型的关联客户组成的中介经济平台。在双边网络中，两个不同的客户群体直接交互，从而产生价值。这种价值的产生依赖于多边平台的作用，其主要是通过将这些客户组织在一起，为其提供价值增值服务，并从中获取利润。双边网络存在于多个行业中，包括信用卡、保健组织、操作系统、黄页、视频游戏主机、招聘网站、搜索引擎以及通信网络等。知名公司，如美国运通、易贝（eBay）、淘宝、脸谱网（Facebook）、领英（LinkedIn）、美国商城（Mall of America）、Match.com、AIESEC、Monster.com 和索尼等，都采用了双边市场的模式。在双边市场中，不同类型的客户群体相互依存，它们的数量和质量都会影响到彼此的利益和效用。例如,在信用卡的例子中,接受信用卡的商家越多,信用卡对消费者(持卡人)的吸引力就越大。同时,使用信用卡的消费者越多,它对商家的吸引力就越大。另外,这种交互影响也可能会带来负向的网络效应。例如,依附在视频平台上的广告商和观众之间,观众人数越多,视频平台对广告商的吸引力越大,但广告商的增多常常会对观众造成干扰,使得视频平台对观众的吸引力降低。因此,在双边市场中,网络效应的作用尤为重要,它会对平台的用户数量、市场份额、利润和竞争力等方面产生深远的影响。

综上所述,网络规模是网络效应的重要来源,随着网络规模的扩大,加入网络的用户效用会随之增加或减少。回顾上述四种来源,第一类来源描述的是一种产品或服务的需求影响这种产品本身的价值,而其他三类来源描述的则是一种产品或服务的需求如何影响其他产品或服务的价值。根据这两种类型的影响,我们可以将网络效应分为直接网络效应和间接网络效应两类。

2.1.3　直接网络效应

网络效应的产生与互补性密切相关,因此直接网络效应和间接网络效应都与产品或服务之间的互补性有关。直接网络效应指的是每个用户的效用随着使用同一产品或技术的其他用户数量的增加而增加。这种效应通常出现在用户直接从其他用户的参与中获益的情况下。例如,在通信网络中,用户希望能够直接链接到其他用户,一个用户的加入对其他用户的效用有直接影响,这时用户之间的网络效应就是直接网络效应。直接网络效应有时也被称为同边网络效应,因为这些用户通常属于同一个群体。

🗔 **案例 2-1　通信网络**

考虑一个简单的存在 n 个组件(人)的星型电话网络,如图 2-1 所示。一个 A 打给 B 的通话由 AS(用户 A 接入交换机)、BS(用户 B 接入交换机)和 S 提供的交换服务组成,AS 和 BS 就存在互补关系。在这一存在 n 个组件(人)的电话网络中,每个人都可以和其余 $n-1$ 个人通话,存在 $n(n-1)$ 个潜在通话,此时增加一个用户为此网络中的所有其他用户带来直接网络效应,为这一网络增加了 $2n$ 个潜在通话。

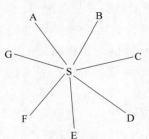

此外,社会规范、语言等会产生积极的直接网络效应。当越多的人接受某种社会规范或使用某种语言时,这些人在该社会规范或语言网络中的效用就越高,从而产生积极的直接网络效应。这种效应也会增加该社会规范或语言网络的吸引力,因为网络的活跃程度越高,用户越容易找到想要的内容或者与其他人进行交流。

同时,也存在负向的直接网络效应。例如,在道路上行驶时,如果选择在同一时间使用同一条道路的司机越多,道

图 2-1　一个简单的星型电话网络

路就会变得更加拥堵,每个司机的效用也会降低。在这种情况下,用户之间的互动会产生负面效应,从而降低了整个网络的价值。

🗔 **案例 2-2　共享单车**

随着数字技术和共享经济的发展,共享单车行业在我国迅猛发展起来,2015 年,ofo 小

黄车创造了"无桩单车共享"模式,用户仅需通过微信公众号或 App 扫码解锁骑行,只要存在共享单车的地方,用户可以随时开锁取用。紧接着,美团单车(原摩拜单车)、哈啰出行、青桔单车等一系列共享单车品牌涌入市场。[①] 在共享单车的使用者之间存在积极的直接网络效应,因为当一个用户将单车从 A 地骑到 B 地后,B 地的用户便可以使用这辆自行车(Cao 等,2021)。[②] 而传统的有桩共享单车就做不到这一点,有桩自行车的取用和归还受到自行车桩的极大限制,用户只能在有车桩的地方取用,也只能将自行车归还到车桩。在上一个例子中,若 B 地没有车桩,或 A 地与 B 地不在同一个市辖区内,用户便很难在 B 地归还自行车。此外,以北京为例,北京公租自行车车桩分布不均匀,城市中密密麻麻,郊区却成了小聚点,大片区域仍是空白的,如果用户将公租自行车从城区骑到郊区,就很难做到就近还车,从而降低用户的使用意愿。因此,与有桩共享单车相比,依赖于数字技术的无桩共享单车模式减轻了不同地区、不同时间的潜在需求和供应的不平衡,更多的用户加入一个共享单车网络,会增大单车在不同地区、不同时间的可得性,使得使用这种服务的用户效用提高,进而吸引更多用户加入共享单车网络,解决"最后一公里"的问题,提高对于单车的需求。

2.1.4　间接网络效应

Katz 和 Shapiro(1994)最早提出,间接网络效应存在于类似"硬件—软件"组合的互补商品系统中。这种互补商品中的任一种商品本身不会产生网络效应,因为它们的主要功能不是促进用户之间的交互,但它们组成的系统中具有间接网络效应。每个消费者必须购买一对互补商品才能完成消费。给定软件的价格和种类,一个用户加入系统(购买硬件)的决策对其他用户的效用水平没有影响,因此在静态的模型中不存在间接网络效应。间接网络效应仅存在于用户随时间推移不断加入系统的动态模型中,比如不同用户在不同的时间进入这一市场,或者用户随着对配件需求的增多或配件的更新换代逐步购入产品(比如新款手机、新款计算机的出现常常吸引消费者更换掉旧款产品),这时一个消费者的购买决策会影响之后配件(软件)的种类和价格,即消费者购买硬件的决策通过影响与之匹配的软件,间接影响了其他消费者后续使用这一组合商品的效用水平,学者将这种间接影响称为间接网络效应。

21 世纪初,数字平台的兴起极大地促进了学者对网络效应的研究,尤其是与通信网络中的用户都属于同一个群体不同的是,在平台上常常存在着边界明显的两类或多类群体,不同群体之间也表现出互补的关系,平台为群体间的互动提供了媒介。以电商平台为例,电商平台将买方和卖方连接起来,"希望在 p 的价格卖出"和"希望在 p 的价格购买"是两个"互补商品",这两个互补商品的配对会产生一个复合商品——交易,两个初始商品是互补的,没有其中任何一方,另一方都没有价值。一个买方的加入会通过刺激卖方数量的增加间接影响其他买方的效用水平,此时在买方群体之间产生了间接网络效应;同理,一个卖方

---

① 参考《2021 年中国共享单车行业发展现状及市场格局分析：市场规模达 320 亿元》,https://m.sohu.com/a/541282135_120961824/。

② 参考《北京共享单车快速扩张 有桩公租单车遭遇冷落》,https://www.sohu.com/a/191881733_120078003。

的加入会通过刺激买方数量的增加间接影响其他卖方的效用,在卖方群体中也产生了间接网络效应。

当然,除了双方用户的数量增加产生的间接网络效应,间接网络效应还可能通过影响一方用户的行为而不是数量的方式出现。依然考虑一个电商平台,但假设卖方的数量固定。买方数量的增多可能会促进卖方提高产品的质量,从而吸引更多的买方加入。此时一个买方的加入通过刺激卖方质量的提高间接增加了其他买方的效用水平。

由此可见,间接网络效应最初存在于互补品组成的系统中,在平台兴起之后,间接网络效应还存在于平台多边用户之间的互动中。总之,间接网络效应出现在至少有两个相互依赖的不同客户群体(或产品),且至少一个群体的效用(一个产品为用户带来的效用)随着其他群体的增长(其他产品的种类和数量的增长)而改变的情况下。

值得注意的是,在多边平台中,平台常常担任中介的角色将多个不同的群体联系起来,群体与群体之间存在着明确划分的边界,例如电商平台上的买方和卖方、广告黄页上的广告商和消费者、支付系统中的零售商和消费者等,因此,研究中经常用“跨边网络效应”(cross-group network effect)直接刻画一边用户的数量增加对另一边用户效用的影响。与间接网络外部性出现的场景相同,跨边网络外部性也出现在一个网络中包含不同用户群体的情况下。跨边网络外部性是指当一个群体的用户数量增加时,对另一个群体用户的效用水平产生的影响。例如在交易平台中,卖方数量的增加会提高买方的效用水平,是卖方对买方的影响。反观间接网络效应,是卖方数量的增加吸引了更多的买方进入,从而间接提高了其他卖方的效用水平,是卖方对卖方通过跨边网络效应带来的间接影响,是一个群体内部的间接效应。

案例 2-3　互补商品

在一个互补品组成的系统中,A 组产品有 m 个品种,B 组产品有 n 个品种,且所有 A 组产品都与所有 B 组产品兼容,则有 $m \times n$ 个潜在复合商品。一个额外的客户通过增加对 A 组和 B 组产品的需求,(由于规模经济的存在)可能增加市场上每组产品的品种数量,进而对加入这一互补品系统的其他客户产生间接的网络效用。具体的例子包括游戏应用和游戏机、操作系统和应用程序等。

就游戏应用和游戏机来讲,目前主机游戏市场上存在索尼、任天堂、微软“三足鼎立”的情况,三家企业均生产游戏主机和游戏应用。根据观研天下的报告,2021 年全球主机市场规模接近 4000 亿元,索尼以 46% 的市场份额位居第一,任天堂和微软分别占 29% 和 25%。目前三家公司的热门游戏机分别是索尼公司的 PlayStation(PS)游戏主机系列、任天堂公司的 Switch(NS)游戏机、微软公司的 Xbox 游戏机。三款游戏机的硬件对用户的吸引力存在差别,索尼公司的 PS 系列主机拥有沉浸式的画面效果、稳定的主机运行和细腻精致的手柄操作体验,任天堂公司的 Switch 游戏主机的特点在于小巧、轻便,微软的 Xbox 系列拥有强大的处理器和更大的存储空间。此外,三家游戏主机的核心竞争力还在于各自的独占游戏和游戏兼容性,其独占游戏常常是吸引用户、维持游戏机企业的生命力的关键要素。索尼公司的 PS 游戏机拥有《最终幻想》系列、《战神》《血源诅咒》等,任天堂的 Switch 游戏机拥有《马里奥》系列、《宝可梦》系列、《塞尔达传说》系列游戏等,微软公司的 Xbox 游戏机拥有《光环》系列、《战争机器》系列、《极限竞速》系列等。为了让用户能够在更新的机器上继续玩之前机型上的游戏,游戏机生产商也关心游戏机的向下兼容性,以实现一个游戏机硬件与更多的游戏应用兼容,提高这一对互补产品为用户带来的效用水平。例如索尼强烈建议游戏开发商,对之前发布过的游戏做出兼容性调整,实现 PS4 的游戏可以在 PS5 上运行;微软游戏主机则在向下兼容性方面一直出色,根据外媒 Eurogamer 的最新报道,微软 2019年推出的 Xbox Series X 具有强大的向下兼容特性,不仅能运行 Xbox 360 和初代 Xbox 游戏,还能提升之前游戏的画质。

案例 2-4　电商平台

如前所述,在电商平台中,买卖双方的互动就存在正向的间接网络效应。买卖双方之间存在积极的跨边网络效应。当加入一个平台的买方数量越多,这一平台对卖方的吸引力就会越大,因为卖方接触到的买方数量越多,其销量越高、利润越大;同样,加入一个平台的卖方数量越多,这一平台对买方的吸引力也会越大,因为买方接触到的卖方数量越多,其接触到的产品数量和种类越多,不仅能通过一个平台满足生活、学习等多方面的购物需求,还能对同类产品比价,买到物美价廉的商品,获得更高的效用水平。因此上述双方的积极的跨边网络效应就产生了积极的间接网络效应——一个买方的加入间接提高了其他买方的效用水平,卖方同理。

比如大家熟知的淘宝购物平台,到现在,淘宝已经拥有了近 10 亿国内消费者,商家数过千万。打开淘宝 App,消费者可以购买到服饰、美妆、食品等生活用品,也可以通过淘鲜达购买新鲜果蔬、鲜花,还可以通过天猫好药咨询医药师购买药物……众多的品牌和消费者的互相吸引产生的吸引力螺旋(attraction sprial),使得淘宝的规模迅速壮大。

2022 年,淘宝又推出了一项新功能——购物车抄作业。点进购物车抄作业入口,不同用户的购物车会通过商品清单卡片的形式,以单列信息流呈现在用户的屏幕上。每张卡片顶部显示分享者的头像昵称、被看过和被加购的次数、推荐商品与用户的相似标签,以及算法判定的其他标签。例如,如果你习惯在淘宝消费家居餐厨,那么你可能会在这里刷到餐具的购物车清单,推荐者则拥有"你们都爱家居饰品"的标签。

单个商品则以"封面图+标题"显示,分享者可以自行决定是否添加推荐语,淘宝则为推荐语提供固定的几种艺术字模板。最重要的是,每条商品的右下角都有一个购物车标志,这意味着用户的确可以在这里"一键抄作业"。

在这里既有被浏览过几百万次的"大 V"认证号从专业推荐角度分享好物,也有仅一百浏览量的个人用户展示自己的购物车,可以看到各式各样有趣的人加购的奇特商品,在算法的精准助推下有着极高的可逛性。(2022 年)4 月 23 日世界读书日期间,《窄播》发现,购物车抄作业在入口处出现了一些名人内容更新的滚动提示,点进去后会在信息流的置顶处刷到带有短视频卡片的名人明星内容,多为品牌和个人 IP 类。可以说,目前购物车抄作业已经形成了明确的内容分层,形成了一个"明星名人营销+PGC+UGC"的三层结构[1],既有视频也有图文,并能够兼顾中心化分发和去中心化"种草"——这也意味着,这一个小小的页面能够在某种程度上同时肩负起"破圈"和"聚圈"的功能。[2]

---

[1]　PGC,professional generated content,即专业生产内容,UGC,user generate content,即用户生成内容。
[2]　参考《从"购物车抄作业"看淘宝的网络效应》:https://www.thepaper.cn/newsDetail_forward_18432275。

当这样的联系越来越多,买卖双方成功匹配的概率就会提高,买卖双方更容易被淘宝平台上大量的对方参与者所吸引,促进平台做大做强。

通过上述案例我们也能发现网络效应不总是外生的,它的存在和规模可能是由企业的战略选择内在决定的(Hagiu 和 Yoffie,2018)。比如淘宝就通过购物车抄作业的功能增强了用户之间的网络效应。

📖 案例 2-5 媒体平台

除了网购平台体现出的积极的间接网络效应,也存在消极的间接网络效应。比如广告通常与报纸、杂志、广播或电视等其他服务"捆绑"在一起,这些服务充当广告主和消费者之间的中介(Armstrong,2006)。消费者看报纸、杂志、电视以及听广播等的目的是从这些媒体服务中获得有用的信息或者娱乐,他们可能并不会直接从依附于平台的广告中获利,甚至可能不喜欢这些广告,广告数量的增加会引起观众(听众)的反感,此时,广告对媒体平台的观众(听众)就带来了消极的跨边网络效应。但广告商在媒体平台上刊登广告的目的是希望接近潜在消费者,吸引他们购买产品。媒体平台上的消费者数量的增多会提高广告商的效用水平,消费者对广告商带来了积极的跨边网络效应。如此一来,消费者的加入会吸引更多的广告商入驻平台,反而会降低其他消费者的效用水平,可能会引起消费者数量的降低,从而使得广告商效用水平降低,可能一些广告商退出市场,消费者因为受到更少的广告干扰效用又得到了增加,如此反复作用,这种现象被称为"吸引/排斥摆"(attraction/repulsion pendulum)(Belleflamme 和 Peitz,2021)。

📖 案例 2-6 平台分层

当平台的规模足够大之后,同一平台的多边用户中常常存在异质性,例如在一个电商平台中同时存在高消费买家和低消费买家,也同时存在高质量卖家和低质量卖家;在一个网约车平台中同时存在高消费乘客和低消费乘客,高消费乘客更注重行程的舒适度和效率,低消费乘客更注重行程的花费,也同时存在高质量车型和低质量车型的司机等,有趣的是,当用户群体中出现异质性时,同边群体的间接网络效应也会有正有负。试想当网约车平台中的高消费乘客数量增多时,会吸引高质量车型的加入,进而提高了其他高消费乘客的效用水平,并吸引到更多的高消费乘客,高消费乘客对高消费乘客存在积极的间接网络外部性;但高消费乘客数量的增多会降低平台对低质量车型的司机的吸引力,进一步地降低了更愿意乘坐低质量车型的低消费乘客的效用水平,此时高消费乘客对低消费乘客就产生了消极的间接网络外部性。

因此,在存在用户异质性时,一边用户数量的增加不一定能够形成吸引力螺旋,使得平台的规模迅速扩张,一种可能是出现有偏的用户数量的增加,例如在上述网约车平台的案例中,若某种外力冲击仅使得高消费乘客的数量增加,可能会挤出低消费乘客和低质量车型;另一种可能是各种用户数量都增加,但每类用户都希望与自己的最佳交易对象进行交易,单纯用户数量的增加可能使得用户更难以在众多对方用户中找到自己的最佳交易对象,甚至可能出现比较严重的错误匹配,可能使得对匹配的效率和风险更加敏感的用户退出平台。

由于用户异质性产生的消极的交叉网络效应,使得平台有动机根据用户的不同特征将其划分到市场上不同的层面或者子平台中,从而在各层或各子平台上实现需求更加接近的用户之间的匹配。例如线上打车平台滴滴出行推出的礼橙专车"致力于以高端车型、优质服务为乘客提供品质出行体验",同时也有滴滴快车强调"以实惠的价格,为大众提供更高效的服务",并允许用户在使用软件打车时自行选择呼叫的车型,从而实现了不同车型与乘客更加精准的匹配,充分利用每一类用户内部积极的网络外部性扩大用户规模;再如电商领域,阿里巴巴从淘宝平台细分出了旗舰店平台"天猫"以及二手商品交易平台"咸鱼","天猫"进一步细分出线上超市零售平台"天猫超市"和进口商品零售平台"天猫国际";还有社交软件微信于 2016 年细分出了企业通信与办公工具"企业微信",企业微信不仅可以批量导入企业通讯录,方便企业内部员工的沟通和联系,还与企业内部办公系统相连,对外名片允许员工扫码添加外部联系人,以更加专业的形象对外沟通。为配合疫情防控,企业微信还推出了疫情专区……此外,"企业微信"还根据不同的行业进一步细分了适合零售业、教育业、政务界等多种行业的不同版本。多种适合企业管理、沟通的功能为企业提供了一款方便的移动端办公工具,其更加细化的用户分层也为用户带来了良好的使用体验,在 2022 年 1 月 11 日的企业微信 2022 新品发布会上,腾讯微信事业群副总裁、企业微信负责人黄铁鸣称"企业微信上的真实企业与组织数超过 1000 万,活跃用户数超 1.8 亿,连接微信活跃用户数超过 5 亿"。

2.2　网络效应产品的需求分析

2.2.1　购买行为的两种基本动因

消费者对网络效应产品购买存在两种基本动因,一是对购买商品(服务)本身价值的认识(intrinsic);二是由购买同样商品(服务)的消费者规模带来的增值,即积极的网络效应给消费者带来的效用提高。

当购买的商品是不包含网络效应的商品时,例如水果、水杯等,人们主要关心的是水果的产地、是否新鲜、个头大小,水杯的容量、功能(是否保温)等,这都是商品的内在属性,是商品本身的价值。若消费者能够拥有商品的全部信息(排除信息不对称的情况),此时其他消费者的购买行为不会影响这一消费者的购买决策。

当购买的商品具有网络效应时,商品网络的用户规模是影响消费者购买决策的重要因素。比如,当消费者选择加入电商平台时,在考虑平台自身服务质量(易操作、界面用户友好等)的同时,常常会考虑电商平台的卖家数量;当消费者购买电脑时,在考虑电脑硬件质量的同时,常常会考虑与这一电脑适配的操作系统能够兼容的软件数量;当用户加入一个社交平台时,在考虑社交平台自身服务质量(能否实时沟通、是否支持语音沟通等)的同时,常常会考虑这一平台的用户规模……此时,在同一产品网络中的消费者规模与产品的内在质量共同影响消费者的购买决策。因此,包含网络效应的产品需求与不包含网络效应的产品存在区别,我们需要改进传统产品的需求模型,来分析具有网络效应产品的需求。

2.2.2　无网络效应的经济模型

首先,我们讨论不存在网络效应的产品生产者和消费者之间的供需关系,推导出传统

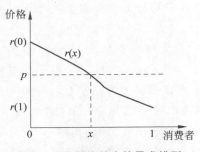

价格

$r(0)$

$r(x)$

p

$r(1)$

0　　　x　　　1　消费者

图 2-2　无网络效应的需求模型

产品的市场均衡。假设市场中存在无穷多消费者,每个消费者的类型 x 在 0 到 1 之间均匀分布。于是 $x<1$ 也可以代表 $[0,x]$ 之间消费者在总体消费者中所占的比例。每个消费者 x 对商品有一个保留价格 $r(x)$,假设不同消费者的保留价格都不相等,且消费者是按照他们的保留价格降序排列。

如图 2-2 所示,如果商品的价格为 $p\leqslant r(0)$,则 $r(x)\geqslant p$ 的消费者倾向于购买。也就是说,在消费者轴上存在一点 x,他和他左边的消费者都会愿意购买,右边的则倾向于不买。在这一模型中,$r(x)$ 可以理解为逆需求函数,倾向于购买的消费者的最低保留价格随消费人数增加而降低,$r^{-1}(p)$ 可以理解为需求函数,选择购买的消费者数量随价格提高而减小。

经过上述分析,可以发现在没有网络效应的情况下,每个消费者对商品价值的认识是独立的,购买行为相互之间没有影响,也不会影响价格。此时,选择购买的消费者数量与商品价格成反比。

2.2.3　包含网络效应的经济模型

在包含网络效应的情况下,商品(服务)对消费者的价值不仅取决于商品(服务)本身,还取决于购买这种商品(服务)的总人数,且用户规模对商品(服务)价值有放大的作用(此时我们仅考虑积极的网络效应)。此时消费者 x 对商品的保留价格为 $r(x)f(z)$,$r(x)$ 为减函数,与没有网络效应的情形类似,代表不同类型的消费者对商品价值的衡量;z 代表购买商品的消费者数量,$f(z)$ 为增函数,代表消费者规模对商品价值的影响,购买商品的消费者数量越多,给商品带来的价值提高越多,每个消费者对商品的支付意愿就越强烈。给定价格 p,一个人(x)是否倾向于购买取决于 $r(x)f(z)$ 与 p 的关系。为讨论方便起见,暂时设 $f(0)=0$,$r(1)=0$。$f(0)=0$ 代表当没有消费者购买商品时,任一消费者 x 对商品的保留价格为 0,这体现了具有网络效应商品的特征,只有消费者数量达到一定规模后,这一商品才能为消费者带来较高的效用水平;$r(1)=0$ 代表类型为 1 的消费者对商品价值的衡量为 0,类比没有网络效应商品的模型设定,这一假设是对消费者类型降序排列的边界情况。

消费者在做出购买决策之前会形成对进入市场的人数 z 的预期,这里我们简单假设消费者对进入市场的人数预期与实际进入市场的人数一致,即为自我实现的预期(self-fulfilling)。下面分析自我实现的预期均衡。

可以发现,如果大家都认为没人会买($z=0$),即 $r(x)f(z)=0$,于是谁都不会去买,结果实现后也就真的是谁也没买,也就是说,$z=0$ 是一个自我实现的均衡点。那还有没有别的 $z\neq0$,大家一旦预计是它,并且按照这种认识决定自己的行动,最后也真的是它?问题变成了给定价格,均衡在哪里会发生?给定 p^{*},若消费者 x 认为价格可接受,即他在预期有 z 人购买的基础上,认为 $r(x)f(z)\geqslant p^{*}$。注意:此时所有 $x'<x$ 也都会认为 p^{*} 的价格是可以接受的(因为 $r(x')>r(x)$)。而均衡的自我实现意味着恰好有 z 那么多的人认为价格可接受,也就是 $[0,z]$ 中的消费者对商品价值的估计不低于 p^{*},$[z,1]$ 中的消费者对价

值的估计不高于 p^*，即必须有 $r(z)f(z)=p^*$。

举例说明，假设 $r(x)=1-x,f(z)=z$；$r(z)f(z)=(1-z)z,z\in[0,1]$，则逆需求曲线 $p=r(z)f(z)$ 如图 2-3 所示。

由图 2-3 可知，当 $0<p^*<1/4$ 时，有两个非零均衡点，在两个非零均衡点和一个零均衡点中，哪种均衡更可能出现呢？下面讨论均衡点的稳定性问题。在消费者的支付意愿高于给定的价格时，消费者会购买商品，反之，当消费者的支付意愿低于给定的价格时，消费者会放弃购买商品。因此若在均衡点 z' 处发生轻微扰动，使得紧靠 z' 左侧的消费者退出市场，则消费者的支付意愿会

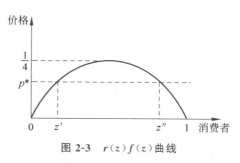

图 2-3　$r(z)f(z)$ 曲线

降低到 p^* 以下，最终所有消费者都会退出市场，回到零均衡点；若扰动使得紧靠 z' 右侧的消费者加入市场，则消费者的支付意愿会上升到 p^* 以上，最终到达 z'' 点，因此，均衡点 z' 是不稳定的，发生轻微扰动后无法回到 z'。再来考虑均衡点 0，只要扰动不足够大，消费者的支付意愿总是低于 p^*，没有人会选择购买商品，0 是一个稳定的均衡点。最后考虑均衡点 z''，只要负向扰动不足够大，靠近 z'' 左侧消费者的支付意愿始终高于 p^*，消费者会做出购买决策；即使发生正向扰动，靠近 z'' 右侧消费者的支付意愿仍然低于 p^*，右侧的消费者会退出市场，直到到达消费者 z''，其支付意愿等于 p^* 才停止退出。由此可见，z'' 也是一个稳定的均衡点，即使发生轻微扰动，系统仍将回到 z''。图 2-4 中的箭头说明了三个均衡点的稳定性。

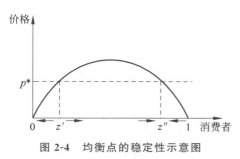

图 2-4　均衡点的稳定性示意图

接下来考虑实现的均衡与预期均衡存在差异的情况。即给定价格 p^*，消费者预测了一个规模 z，但不一定是最终实现的规模，基于这一预期，满足 $r(x)f(z)\geq p^*$ 的那些消费者 x 会倾向于购买。我们关心，在给定价格下，对于消费者的预期规模 z，实际上有多大规模的消费者 z' 会有兴趣购买？我们知道，满足 $r(x)f(z)\geq p^*$ 的那些消费者 x 会倾向于购买，形成有效市场规模

$\hat{z}=g(z)=r^{-1}\left(\dfrac{p^*}{f(z)}\right)$。同时注意到，并不是对任意规模 z 都一定存在 x 满足 $r(x)f(z)\geq p^*$，即有些规模 z 太小，连类型为 0 的消费者（即对商品价值的评估最高的消费者）都不认为足够大，于是实际上没有消费者会进入市场（由 $r(0)f(z)\leq p^*$ 确定这一结果）。回到 $r(x)=1-x,f(z)=z$ 的例子，给定价格 p^* 和消费者的预测规模 z 后，形成的有效市场规模为 $\hat{z}=g(z)=r^{-1}\left(\dfrac{p^*}{f(z)}\right)=1-\dfrac{p^*}{f(z)}=1-\dfrac{p^*}{z}$，由此可知，当 $z\leq p^*$ 时，不会形成正的有效市场规模。此外，我们还可以从类型为 0 的消费者也不会购买的角度出发得到这一结果。也就是若 $r(0)f(z)\leq p^*$ 即 $z\leq p^*$ 时，没有消费者参与市场，市场实际规模为 0。预测的市场规模与实现的市场规模的关系如图 2-5 所示。

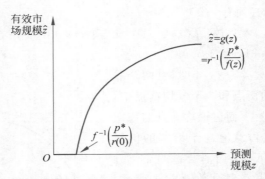

图 2-5　预测的市场规模与实现的市场规模的关系

　　图 2-6 展示了预测的市场规模与实现的市场规模之间的差距，由图 2-6 可知，只有在零点、z' 点（低均衡点）及 z'' 点（高均衡点）处二者一致，在其他点处，预测的市场规模可能高于也可能低于实现的市场规模。

　　现实中预测与实现的市场规模的关系更加平滑，类似一条 S 形曲线，如图 2-7 所示。

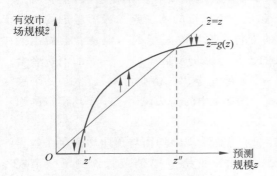

图 2-6　预测的市场规模与实现的
市场规模的差距

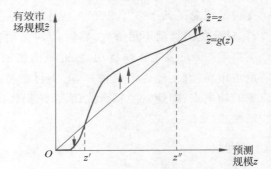

图 2-7　预测的市场规模与实现的
市场规模的平滑视图

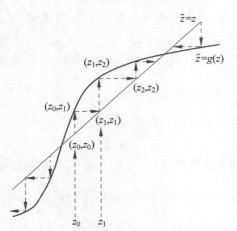

图 2-8　根据实现的市场规模不断
调整预期的过程

　　虽然现实中消费者对市场规模的预期可能不准确，但可以合理假设人们会根据实际情况进行预期调整，再根据新实现的市场规模的结果再调整预期……相当于开始有个初始预测（z_0），人们根据它进行购买决策，然后看到一个实际市场规模 z_1，消费者再按照 z_1 调整购买决策，然后又看到一个实际市场规模 z_2……如此进行下去，直到预期规模与实现的规模一致时停止。这一调整过程如图 2-8 所示。由图 2-8 可知，在预测的市场规模与实际市场规模不一致时，更容易出现 0 均衡点及高均衡点，而低均衡点不易出现，因为在低均衡点的轻微扰动就会带来均衡的偏离，不会再回到低均衡点。

2.3　网络效应的经济影响

2.3.1　对市场均衡的影响

通过上一节的分析,我们知道在没有网络效应的情况下,消费者的购买行为之间互不影响,给定产品价格,保留价格高于产品定价的消费者选择购买,否则不购买,形成斜向下的需求曲线。存在网络效应的情况下,消费者的购买决策受到市场规模的影响,消费者根据预期的市场规模做出购买决策,并根据最终实现的市场规模不断调整预期,直到二者相等时达到市场均衡。由图 2-8 可知,若消费者对于市场规模的初始预期较小,最终会达到 0 均衡点;若对于市场规模的初始预期较大,最终会达到高均衡点。由此可见,消费者对于市场规模的预期直接影响市场均衡的状态。值得一提的是,在存在网络效应的市场中,各企业之间存在广泛联系,若一个企业与其他企业互联互通,加入任一个企业的用户也可以享受到其他企业提供的服务,则这些企业形成同一个网络,网络内所有企业的消费者数量之和(而不是这一企业自身的消费者数量)是企业的市场规模,影响消费者的购买决策。

下面我们在上一节的基础上引入企业的生产问题,主要参考 Katz 和 Shapiro(1985)的研究,通过一个简单的单期静态模型刻画存在网络效应的情况下,消费者预期对市场均衡的影响。

博弈顺序如下:第一步,消费者形成对每个企业所在网络规模的预期;第二步,给定消费者的预期,n 家企业进行产量竞争,消费者最终对比自身的保留价格和企业的定价做出购买决策。

假设在均衡下消费者的预期是完全实现的(fulfilled)。用 x_i^e 代表消费者对企业 i 的消费者数量的预期,y_i^e 代表企业 i 所在的网络规模,假设所有消费者对网络规模的预期相同。当不同品牌之间互不兼容时,每个企业的用户形成自身的网络,即 $y_i^e = x_i^e$,当 m 家企业的产品互相兼容时,这些企业的用户共同组成一个网络,即 $y_i^e = \sum_{j=1}^{m} x_j^e$,其中,$i = 1, 2, \cdots, m$。若两个网络的用户规模相同,消费者认为这两个网络完全相同。假设消费者对产品的基本支付意愿不同,但对网络效应的衡量相同。简单起见,假设消费者 r 对一个网络规模为 y^e 产品的支付意愿为 $r + v(y^e)$,不失一般性假设 $v(0) = 0$,r 代表消费者对产品的基本支付意愿,假设 r 在负无穷到 $A(A > 0)$ 上均匀分布,概率密度为 1,$v(y)$ 为规模为 y 的网络给消费者带来的网络效应,假设 $v' > 0, v'' < 0$。每个消费者购买给其带来最高效用水平的产品,假设 p_i 为 i 品牌产品的价格,则消费者选择

$$r + v(y_i^e) - p_i \tag{2-1}$$

最高的产品,如果所有产品 i 为消费者带来的效用均小于 0,则消费者退出市场,不购买任何品牌的产品。

给定企业提供同质化的商品(即两个企业的产品所在的网络规模相等,在消费者看来两个企业的产品完全相同),两个企业 i 和 j 当且仅当

$$p_i - v(y_i^e) = p_j - v(y_j^e) = \varphi \tag{2-2}$$

时才可能都拥有正的销量。对于任一给定的 φ，共有 $A-\varphi$ 的消费者进入市场，令 $z\equiv\sum_{i=1}^{n}x_i$，则 $A-\varphi=z$，或者

$$A+v(y_i^e)-p_i=z \tag{2-3}$$

假设每个平台的成本为 0，则平台 i 的利润为

$$\pi_i=x_i(A-z+v(y_i^e)) \tag{2-4}$$

由一阶条件 $\dfrac{d\pi_i}{dx_i}=0$ 可知均衡产量 $(x_1^*,x_2^*,\cdots,x_n^*)$ 必须满足

$$x_i^*=A+v(y_i^e)-\sum_{j=1}^{n}x_j^* \tag{2-5}$$

对于任一给定的消费者预期，我们可以同时联立 n 个企业的最优产量[式(2-5)]，得到唯一的古诺均衡

$$x_i^*=\frac{A+nv(y_i^e)-\sum_{j\neq i}v(y_j^e)}{n+1} \tag{2-6}$$

网络规模的大小影响市场均衡，具体而言，在 n 家企业互相兼容的情况下，$y_i^e=z^e=x_1^*+x_2^*+\cdots+x_n^*$，将其代入式(2-6)可知存在一个唯一的预期完全实现的对称均衡。在 n 家公司互不兼容的情况下，$y_i^e=x_i^e=x_i^*$，可能存在三种均衡，第一种是对称的寡头竞争状态，n 家企业有相等的正产量，第二种是对称的寡头竞争状态，但只有 $k<n$ 家企业有正的产量，第三种是非对称的寡头竞争状态。在存在部分企业之间互相兼容的情况下，属于同一个网络中的企业会选择相同的产量。从直觉上来讲，企业的均衡产量取决于用户对企业规模的预期，如果用户预计某个企业将会主导市场，则用户对这个企业商品的支付意愿会有所提高，那么这个企业最终会真的占据主导地位。消费者对网络外部性的预期起到了增大消费侧规模经济的作用。下面的案例就展现了企业利用这一特征，增大消费者对自身企业网络规模的预期，占据行业领先地位的现象。

案例 2-7 Adobe 系统公司推广 PostScript 语言使其成为行业标准

能够与使用同一软件的其他用户交换数据文件和提示是非常方便的。这为给定市场中最大的销售商提供了显著的优势，并导致软件生产商大量投资以获得市场份额。Adobe 系统公司投入巨资开发了一种名为 PostScript 的桌面出版"页面描述语言"。Adobe 清楚地意识到，没有人会投入必要的时间和资源来学习 PostScript，除非它成为行业标准。因此，该公司故意允许竞争对手"克隆"其语言，以便在 PostScript 解释器领域创造一个竞争性市场，通过竞争对手的增加吸引更多的用户使用这种语言，使用的人越多，用户之间的信息传递就会越便利，提高了用户的效用水平。网络外部性的存在会进一步吸引更多用户加入，这种正反馈循环将帮助 PostScript 迅速占领市场。事实证明，Adobe 的策略得到了回报：出现了多个竞争对手（包括一个免费提供其产品的公司），经过短短几年，PostScript 语言就得到了广泛的应用，并成为高质量图文印刷输出不可缺少的重要组成部分。Adobe 保留了一些专有技术——例如，低分辨率字体显示技术——并设法主导了高端市场。具有讽刺意味的是，Adobe 的市场成功是由于它鼓励竞争对手进入！近年来，许多软件生产者都遵循

这种模式(Varian,2014),通过鼓励对手加入自身创造的系统,形成一个兼容的大型网络来扩大自己的市场份额。

2.3.2　对消费者福利的影响

网络规模的大小是影响消费者福利的重要因素。积极的网络效应使得消费者福利水平随着网络规模的增大而上升,消极的网络效应则起到相反的效果。在数字经济时代,一些企业主动扩大自身的网络规模,提高消费者福利水平,也有企业为防止用户流失,与竞争对手建立壁垒,引起消费者的不满。

　　案例 2-8　计算机及操作系统的兼容性

目前大家最常接触到的个人计算机操作系统有两类,一类是微软公司开发的 Windows 操作系统,一类是苹果公司开发的 MacOS 操作系统。Windows 操作系统是一款为所有个人计算机设计的操作系统,它操作简单、应用软件众多,是在个人计算机中使用最广泛的一类操作系统;而 MacOS 仅适用于苹果公司的 Mac 计算机,其他品牌的计算机均无法使用 MacOS 操作系统,但 MacOS 操作系统由于其出色的图形设计、视觉制作等功能以及更高的安全性,依然广受用户的喜爱,是个人计算机领域仅次于 Windows 的第二大操作系统。由于 Windows 操作系统能够在众多品牌的计算机上运行,Windows 系统的市场占有率相对于排名第二的 MacOS 系统遥遥领先,一些应用程序在 Windows 上可用而在 MacOS 上不可用的情况并不罕见,不少 Mac 计算机的用户为了使用特定的软件,尝试在其计算机上安装 Windows 系统,为了方便用户使用,苹果公司也推出了在 Mac 计算机上安装 Windows 系统的官方教程,如图 2-9 所示。Mac 系统对 Windows 系统的兼容提高了购买苹果电脑用户的福利水平。

图 2-9　苹果官网安装 Windows 操作系统的教程

　　案例 2-9　互联网平台之间互相屏蔽

随着互联网平台的兴起,各种互联网平台为争夺流量、保持用户黏性,倾向于屏蔽竞争对手的链接,建造"互联网高墙"。比如当用户向微信好友分享淘宝商品时,分享到微信的只能是一串乱码,并不能看到具体的商品。其微信好友只能复制这段乱码,再打开淘宝才能看到商品,且常常出现复制乱码信息后,淘宝并没有弹出相应商品的现象。与淘宝相比,美团外卖就可以直接通过其微信小程序在微信中查看并购买外卖商品。再比如,2021 年 2

月 2 日,抖音向北京知识产权法院正式提交诉状,起诉腾讯通过微信和 QQ 限制用户分享来自抖音的内容,构成了《中华人民共和国反垄断法》(以下简称《反垄断法》)所禁止的"滥用市场支配地位,排除、限制竞争的垄断行为"。然而,《抖音:屠龙者变成了比龙更恶的龙》一文指出抖音也不希望自身成为为微信引流的工具,同样存在屏蔽微信的行为,比如有网友反映抖音的个人简介不能写微信号,通过抖音私信发送微信号的行为会被抖音判定为营销号,会对账号限流等。① 诸如此类的行为给用户带来了不便,阻碍了用户之间的分享和互联互通,损害用户福利水平。工信部于 2021 年 7 月启动了为期半年的互联网行业专项整治行动,屏蔽网址链接是这次重点整治的问题之一。工信部采取了行政指导会等多种形式,敦促互联网企业互联互通,为用户打造畅通、安全的上网体验。

上述案例说明,在具有积极网络效应的市场中,不同网络的互联互通或网络规模的扩大可以使用户与更多的人互动和分享内容,享受更广泛的服务和产品,这有利于用户福利水平的提高。

但对用户而言,网络规模越大越好吗?答案是否定的。我们可以从用户的异质性和企业的垄断能力两方面思考这个问题。若用户是同质的,则随着网络规模的扩大,交易机会增加、产品和服务的种类增多,会强化正向的网络效应,用户福利不断提高。然而在现实中,消费者之间存在异质性,用户希望与同类型的用户匹配,若产生用户错配,则会降低其福利水平。而一个网络中消费者数量的持续增多可能会降低匹配效率,增加消费者的搜寻和匹配成本,同时错配概率也会上升,从而降低用户福利水平。平台的分层设计是应对用户异质性带来效率损失的有效途径,通过将网络中的用户按照特征划分成不同的层级,使得相似特征的用户在一个层级内部进行匹配。与所有用户集中分布相比,各层级的用户规模更小,但层级内部用户特征相似,降低了交易成本,提高了匹配效率和用户福利水平(王勇等,2021)。除了用户异质性带来的效率损失,拥有大型网络的企业具有较高的垄断能力,可能会滥用市场支配地位、利用算法和数据优势对用户进行定价歧视、与用户签订垄断协议、进行"自我优待"等,损害用户福利水平,这种案例屡见不鲜。

案例 2-10　知网滥用市场支配地位

知网在中国境内中文学术文献网络数据库服务市场具有支配地位,根据市场监管总局的调查,其在 2014—2021 年的市场份额均超过 50%。知网收录了 95% 以上正式出版的中文学术文献,截至 2022 年 5 月,拥有 2 万多家机构用户,1.23 亿个人注册用户。知网作为数据库服务平台,在收录的文献和读者之间具有积极的交叉网络效应,其涵盖的广泛学术资源为文献检索搜集和学术创造提供了极大便利,然而,具备强大垄断能力的知网也出现了滥用市场支配地位的现象,损害了消费者福利。例如,由于购买知网数据库的主要用户为高校等科研单位,对处于垄断地位的知网数据库服务存在刚性需求,使得知网在数据库服务价格较高的情况下,仍能连续多年以较大幅度涨价,2014 年以来年均涨幅达 10.06%,而其同行业竞争者数据库服务价格平均涨幅均不超过 4%。

2022 年 5 月,国家市场监督管理总局依据《反垄断法》对知网涉嫌实施垄断行为立案调查,认定 2014 年以来,知网存在滥用该支配地位实施垄断的行为。一是通过连续大幅提高

---

① 参考《抖音:屠龙者变成了比龙更恶的龙》:https://www.163.com/dy/article/GN98P53U051183JS.html。

服务价格、拆分数据库变相涨价等方式，实施了以不公平的高价销售其数据库服务的行为；二是通过签订独家合作协议等方式，限定学术期刊出版单位、高校不得向任何第三方授权使用学术期刊、博硕士学位论文等学术文献数据，并采取多种奖惩措施保障独家合作实施。知网实施不公平高价、限定交易行为排除、限制了中文学术文献网络数据库服务市场竞争，侵害了用户合法权益，影响了相关市场创新发展和学术交流传播，构成《反垄断法》第二十二条第一款第（一）项、第（四）项禁止的"以不公平的高价销售商品"和"没有正当理由，限定交易相对人只能与其进行交易"的滥用市场支配地位行为，被处以其 2021 年中国境内销售额 17.52 亿元 5％的罚款，计 8760 万元。[①]

由此可见，网络效应对用户福利的影响是不确定的。一方面，网络规模的扩大可以强化积极的网络效应，为消费者提供更多的匹配机会，提高消费者福利；另一方面，网络规模的持续扩大可能会降低用户的匹配效率，增加错配概率，同时，企业利用积极的网络效应容易实现规模扩张，具备垄断地位的企业可能采取一系列反竞争行为损害消费者福利。

2.3.3 对产业、宏观经济增长和经济波动的影响

1. 对产业的影响

网络效应的存在使得企业规模迅速扩张，并促进了零工经济、共享经济等新经济业态的繁荣发展，数字技术的进步进一步强化了网络效应的影响。数字化程度更高的第三产业迅速发展，根据国家发展和改革委员会公布的经济数据，2022 年，我国三次产业占比分别为 7.3％、39.9％和 52.8％。根据普华永道会计师事务所公布的 2022 年"全球市值 100 强"排行榜，市值排名前五名的公司中，有四家为数字企业，分别是苹果、微软、Alphabet（谷歌母公司）以及亚马逊，强大的网络效应是这些数字企业成为"超级明星企业"（superstar firms）的重要因素（Autor 等，2020[②]）。

在这些企业的消费端，消费者和产品服务提供商之间具有积极的网络效应，消费者的加入吸引产品服务提供商的加入和创新，更加丰富便捷的产品服务吸引更多消费者的加入，网络效应带来的正反馈循环使得企业的用户数量迅速增加。以谷歌为例，其广告平台上的商家和消费者之间，安卓（Android）操作系统的开发者和用户之间，YouTube 平台的内容创作者和观众之间均存在强大的网络效应，促进了谷歌用户规模的扩张。

在企业的生产端，生产网络中也存在网络效应，深刻影响和改变着企业的生产模式。例如在工业互联网中就存在强大的网络效应。工业互联网是数字经济时代将互联网技术与传统工业技术相结合，促进企业提高生产效率、优化资源配置的技术和商业模式。云计算和大数据分析是工业互联网帮助企业分析生产运营过程并做出智能决策的重要手段。随着更多的企业利用相似的平台，平台上收集的数据资源可以整合和共享，提供更加精准有效的信息，改善供应链和物流管理等运营过程。因此，加入工业数据平台的企业间存在积极的网络效应，工业数据平台的价值与企业数量正相关。

---

① 资料来源：https://www.samr.gov.cn/xw/mtjj/art/2023/art_89bb76f1dd2646a18065e693d878e680.html.

② Autor D, Dorn D, Katz L, Patterson C & Reenen J, 2020, "The Fall of the Labor Share and the Rise of Superstar Firms", *The Quarterly Journal of Economics* 135(2): 645-709.

网络效应是零工经济蓬勃发展的重要动力。众包平台是零工经济的典型案例。众包平台(crowdsourcing platform)是一种基于互联网的组织模式,它允许组织或个人将任务、项目或问题外包给广大的在线社区或群体,以便收集知识、创意、资源或劳动力。众包平台的核心思想是将工作分发给大量分布在全球的人们,利用他们的集体智慧和协作,更高效地完成任务、解决问题。这些任务通常有需要大量人力完成的数据标注、文档翻译等,也有需要集思广益的创意设计、开源软件开发等。在众包平台上的众包工作者可以来自世界各地,具有各种不同的技能和背景,他们通过执行任务或解决问题获得相应的报酬。众包平台为生产和研究提供了高效、灵活、低成本的解决方案,没有传统的企业架构,网络效应将任务发布者与众包工作者紧密联系在一起,一方用户数量的增加会促进另一方用户的加入。

众包平台已经覆盖了不同的领域,例如,Amazon Mechanical Turk(MTurk)是亚马逊旗下的众包平台,允许任务发布者(企业、研究机构和个人)在平台上发布各种微任务,涵盖数据标注、调查、图像识别等各种不同领域。任务发布者能够获得来自不同地区和背景的工作者的协助,其低成本和高灵活性使其成为研究人员、数据科学家和企业寻求大规模数据处理和标注的理想选择。再例如,Upwork 是一家知名的在线自由职业平台,专门为自由职业者、远程工作者和项目需求者提供连接和合作。Upwork 连接了来自全球各地的数百万自由职业者和企业,使其能够在不受地理位置限制的情况下合作。任务领域包括软件开发、设计、写作、营销、客户支持、会计和法律等,用户可以在平台上找到各种各样的短期和长期项目。

在这里,我们只是粗略探讨了网络效应对企业规模、产业形态的影响,希望为本书的余下章节起到抛砖引玉的作用。在分析网络效应对产业发展的影响时,还要综合考虑网络中的搜索匹配问题,网络规模的持续扩张对竞争和用户福利、社会福利的影响,以及数字时代分布在数字网络上的信息安全问题等,这些在本书的余下章节中均有讨论。

2. 对宏观经济增长和经济波动的影响

经典的经济增长理论从不同的视角解释了经济增长的机制和影响因素。亚当·斯密(Adam Smith)和大卫·李嘉图(David Ricardo)提出的古典增长理论强调了资本积累、生产率提高和劳动力分工对经济增长的重要性,李嘉图的生产要素理论认为土地、劳动和资本是决定经济增长的主要要素。罗伯特·索洛(Robert Solow)等提出的新古典增长理论强调了技术进步、资本积累和劳动力的增加对经济增长的影响。保罗·罗默(Paul Romer)等提出的内生增长理论强调技术进步和知识积累是经济增长的内部引擎,政府和企业可以通过创新和知识投资来促进增长。阿西莫格鲁(Daron Acemoglu)和阿扎尔(Pablo D. Azar)提出,生产网络的内生进化是推动经济增长的强大力量。他们建立了一个生产网络模型,每种产品都将劳动力和生产网络中其他产品的子集作为投入进行生产,此时,网络的内生进化可以为经济的持续增长提供动力,根源在于少数新产品的出现大大扩展了现有所有行业的技术可能性。即,如果有 n 种产品,新产品的进入使得每个现有产品的投入组合从 2^{n-1} 增加到 2^n,从而显著降低了选择投入组合的成本。这一成本的下降又会通过投入产出网络引致其他产业的成本降低,从而带来经济增长。

结合经典的经济增长理论，我们也可以简要分析网络效应对经济增长的影响。第一，网络效应可以通过影响资本积累的途径影响经济增长。例如，网络效应可以促进企业和市场规模的扩张，更大的市场规模和更多的参与者能够带来更多的投资机会，同时，互联网和数字平台使得资本流动性更高，投资者更容易找到投资机会，这有助于资本积累。然而，网络效应也可能催生市场垄断，使得资本集中在少数大企业，限制了小企业的资本积累机会；此外，网络效应和互联网的迅速发展激发了创业公司的蓬勃发展，并使得一些创业公司更便捷地获得风险投资，而创业的失败往往会造成大量的资本浪费。第二，网络效应可以通过影响劳动力分工的途径影响经济增长。首先，网络效应鼓励劳动力分工，如上文提到的零工经济的案例，拥有各种技能的劳动力汇聚在同一个网络中分工协作，提高了生产效率，也为自由职业者提供了更多就业机会，使其可以利用自己的技能参与全球市场。然而，一些网络效应可能导致不平等，成功的平台或公司依靠强大的网络效应可能会掌握更多的市场份额，在这些公司工作的劳动力容易享受到工资红利，而小公司更容易被挤出市场，小公司的劳动力面临不稳定的工作条件。此外，某些工作可能会被自动化，从而对一些劳动力造成威胁。因为网络效应和数字技术的进步带来的劳动力市场的摩擦会阻碍经济增长。第三，网络效应可以通过影响技术进步的途径影响经济增长。积极的网络效应鼓励技术进步和企业创新。随着消费者数量的提升，会吸引更多产品提供者的加入和创新，以满足不断增长的用户需求，这促进了技术的快速发展并推动经济增长。同样，网络效应容易引发市场垄断，这可能阻碍技术进步，对经济增长带来不利影响。

在宏观经济学中，除了谈论经济增长，人们还关心经济的波动。网络效应对经济波动的影响取决于具体的情形和网络效应的类型。网络效应可能会放大波动，这在产业网络、金融市场以及在线平台市场中均有体现。在产业网络中，一个企业受到的冲击可能通过产业网络中的投入产出联系影响其他企业，放大冲击带来的宏观经济波动（Jones，2011；Acemoglu等，2012；Acemoglu等，2016）。在金融市场中，投资者的热情和恐慌情绪可以在网络上迅速传播，导致市场出现过度波动。与线下市场相比，在数字平台和在线市场中，大量用户的参与和交易可以导致价格和需求的快速变化，从而加剧波动。总体而言，网络效应使得市场参与者能够更快速地获取信息和做出决策。这可以导致市场在面临外部冲击或新信息时更快速地做出反应。一些关键参与者或平台的崩溃还可能对整个市场产生连锁反应，带来系统性风险。

综合来说，网络效应已经成为现代经济的重要驱动力之一，为创新、竞争和生产力提供了新的机会和挑战，其对经济增长和经济波动的影响取决于具体的市场条件和政策环境。有效的政策应该鼓励创新和技术进步，同时确保资源和机会更加平等地分配，以实现可持续的经济增长，确保市场的健康和稳定。

本章小结

本章首先给出了网络效应的定义，并区分了直接网络效应和间接网络效应，接着进行了存在网络效应产品的需求分析，最后分析了网络效应对市场均衡、用户福利、产业和宏观经济的影响。在数字经济时代，网络效应广泛存在于数字平台和在线市场中，对经济发展具有重要的影响。在本书余下章节对数字时代的生产组织方式、数字经济中的搜寻与匹配、经济网络、平台、生态、经济增长等一系列的分析中均可以窥见网络效应在其中发挥的作用,读者可以通过对本书余下章节的学习,进一步体会数字经济时代下网络效应的重要性和作用机制。

习题

1. 试列举网络效应的来源,并举例。
2. 什么是直接网络效应?什么是间接网络效应?二者有什么区别和联系?
3. 与不存在网络效应的情形相比,存在网络效应时的用户需求有什么不同?试做图分析回答。
4. 你认为存在网络效应时,会出现一家企业垄断市场的情形吗?为什么?
5. 网络规模越大越好吗?为什么?
6. 试分析网络效应对宏观经济增长和经济波动的影响。

参考文献

[1] Acemoglu D,Akcigit U,Kerr W,2016. Networks and the macroeconomy:An empirical exploration [J]. Nber macroeconomics annual,30(1):273-335.

[2] Acemoglu D,Azar P D,2020. Endogenous production networks[J]. Econometrica,88(1):33-82.

[3] Acemoglu D,Carvalho V M,Ozdaglar A,et al.,2012. The network origins of aggregate fluctuations [J]. Econometrica,80(5):1977-2016.

[4] Armstrong M,2006. Competition in two-sided markets[J]. The RAND journal of economics,37(3):668-691.

[5] Arthur W B,1990. Positive feedbacks in the economy[J]. Scientific American,262(2):92-99.

[6] Belleflamme P,Peitz M,2021. The Economics of Platforms[M]. Cambridge University Press.

[7] Cao G,Jin G Z,Weng X,et al.,2021. Market-expanding or Market-stealing? Competition with network effects in bike-sharing[J]. The RAND Journal of Economics,52(4):778-814.

[8] Economides N,1996. The economics of networks[J]. International Journal of Industrial Organization,14(6):673-699.

[9] Hagiui A,Yoffie D B,2018. The Palgrave Encyclopedia of Strategic Management [M]. Cambridge,MA:Macmillan Publishers Ltd.

[10] Jones C I,2011. Misallocation,economic growth,and input-output economics[R]. National Bureau of Economic Research.

[11] Katz M L,Shapiro C,1985. Network externalities,competition,and compatibility[J]. The American Economic Review,75(3):424-440.

[12] Katz M L,Shapiro C,1994. Systems competition and network effects [J]. Journal of Economic Perspectives,8(2):93-115.

[13] Varian H R,2014. Intermediate Microeconomics:a Modern Approach:Ninth International Student Edition[M]. W. W. Norton & Company.

[14] 闻中、陈剑,2000. 网络效应与网络外部性:概念的探讨与分析[J]. 当代经济科学,(6):13-20.

[15] 王勇、吕毅韬、唐天泽、谢丹夏,2021. 平台市场的最优分层设计[J]. 经济研究,56(7):144-159.

▶ **第3章**

数字消费与市场需求

本章学习目标
1. 了解数字经济消费活动概况
2. 认识消费者的隐私约束和注意力约束
3. 掌握注意力分配与市场需求的关系
4. 理解协同消费对市场需求的影响
5. 理解隐私保护对市场需求的影响

引言

　　本章主要探讨数字经济下消费活动的变化和由此形成的市场需求特征。在数字经济中,不仅出现了数字产品和数字服务等新型的消费对象,也出现了协同和共享的消费方式。同时由于消费活动发生在不同的网络空间或平台上,需要消费者在各网络空间配置注意力资源,由此也使得消费活动的约束条件不仅需要考虑传统的收入约束,还需要考虑注意力资源的约束。此外,由于数字技术可以低成本记录和保存消费活动相关数据,容易侵犯消费者隐私,因此,在数字消费中,消费者对隐私保护存在巨大需求。这种隐私保护需求和商品市场需求相伴而生,从而会影响商品的市场需求。正是因为在数字经济中,消费活动在消费对象、消费方式以及消费约束等重要环节都出现了巨大变化,由此导致相关产品和服务的市场需求也发生了重要变化,会形成和传统经济不一样的需求特征,并进而影响市场运行和市场均衡。故本章将根据上述消费活动的变化,分别考察相应的市场需求特征,为后续章节分析市场运行和均衡奠定基础。

　　主要内容包括:数字经济消费活动概述,注意力分配与市场需求,协同消费与市场需求,消费者隐私保护与市场需求等。

3.1 数字消费概述

3.1.1 新型数字消费产品

数字经济中出现了新型的数字消费产品,主要包括数字产品(digital goods)和数字服务

(digital services)。在互联网技术助力下,更多高质量、个性化的商品和服务满足了消费者对美好生活的需求。

1. 数字产品

数字产品是指基于数字技术的电子产品或将其转化为数字形式通过网络来传播和收发,或者依托于一定的物理载体而存在的商品。根据数字技术与物理产品的结合程度,可以将数字产品概括为如下三类:数字计算产品、数字通信产品、数字电子产品。

数字计算产品是指具有数字化能力的产品,能够把现实的物理世界转化为虚拟的数字世界,如服务器、移动工作站、笔记本电脑等。这类产品往往依托于具有较强计算和分析能力的计算类芯片技术,如 CPU、GPU、FPGA 等。计算类芯片作为计算机系统的运算和控制核心,是信息处理、程序运行的最终执行单元,通过与其他电子元件的结合,极大地提升了传统计算类产品的数字化能力,拓宽了传统的行业领域和业务场景。

数字通信产品是用数字信号作为载体来传输消息,或用数字信号对载波进行数字调制后再传输的通信产品,通过与数字化和网络化技术的结合,能够实现对传统通信产品的数字化升级,如智能手机、平板电脑等。数字通信产品核心的技术支撑是高速通信类芯片技术,如射频、蓝牙、车载导航芯片等。特别是 5G 高速数据服务芯片的推出,显著提升了数字通信产品的基础计算能力和 AI 底层算法能力,提高联网速度和信息传输效率。

数字电子产品是指融入了数字技术应用的电子消费产品。这些数字技术主要是借助数字芯片将模拟信号转化为数字信号进行运算和存储,使得电子产品具备了处理数字信息的能力,显著改进了音频、视频信号的传输质量,比如 iPod、iPad、数字电视等。

除上述三种类型的数字产品外,随着云计算、区块链、物联网等数字技术的广泛使用,还出现了计算、通信和电子相互融合的数字产品,如智能汽车、智能手表、智能手环、智能眼镜、VR 头戴设备等。

2. 数字服务

数字服务是指消费者基于互联网等数字平台所享有的在线服务,往往通过数字格式的交换物或通过互联网以比特流的方式作为底层基础架构。在欧盟《数字服务法案》(Digital Service Act,简称 DSA)中[①],数字服务被界定为以远程、电子方式提供给个人或家庭的有偿服务。

根据服务的类型,常见的数字服务包含以下五种类型:①在线搜索服务,指利用互联网查找、检索存储在其他站点上的信息。②在线娱乐服务,通过互联网提供在线直播、在线影音、网络游戏等娱乐休闲活动。③社交资讯服务,指通过互联网提供网上新闻、网上新媒体、网上信息发布等公共信息服务。④互联网接入服务,指基于基础传输网络,为存储数据、数据处理、网络安全及相关活动提供接入互联网的有关应用设施服务。⑤云计算服务,指以网络连接和分布式计算技术为基础的云开发、云测试、云存储等服务。

---

① 2020 年 12 月 15 日,欧盟委员会公布了《数字市场法案》(Digital Market Act,DMA)和《数字服务法案》(Digital Service Act,DSA)两大草案。DMA 和 DSA 有两个主要目标:创造一个更安全、更开放的数字空间,保护所有数字服务用户的基本权利;在欧洲单一市场和全球建立一个促进创新、增长和竞争力的公平竞争环境。

3.1.2　数字消费的新特征

数字经济中,不仅出现了上述的数字产品和服务,而且人们对这些产品的消费也出现了一些新的特征:消费对象的快速迭代、商品定价的差异化以及消费行为的网络外部性。

1. 消费对象的快速迭代

在数字时代,数字硬件产品以前所未有的速度进行更新迭代。比如,计算机产品基本上每两年出现一次核心的更新换代,手机则通常是每一年都会有一个升级换代,即便是智能数码相机,更新换代周期最多也不超过三年。

与此同时,数字服务迭代也更加快速,人们日常使用的社交类应用软件的更新周期一般为 1~2 个月。以微信 App 为例,在 2011 年上线之后,至今共经历了八次核心版本的迭代,其背后共涉及了数百个不同类型的版本改进,从最早的通信工具,逐步发展为社交平台,到现在丰富的移动生活场景,为用户提供更为多元、更为优质的数字服务。

消费对象快速迭代的背后是数字技术中摩尔定律在发挥作用。摩尔定律(Moore's law)由英特尔公司的创始人戈登·摩尔在 1965 年提出,他指出集成电路中导体元件的密度每 18 个月增加一倍。从整个信息产业的飞速发展历程来看,从 286、386 到奔腾、酷睿等不同 CPU 版本的更迭,计算机芯片技术沿着摩尔定律的轨迹突飞猛进,已成为信息产业持续高速发展和新经济奇迹的重要推动力。这就意味着,摩尔定律揭示了数字产品快速更迭、贬值严重的本质。可能你一年前买的一部新款手机,现在半价就能买到。因此,这就需要提供数字产品的企业建立定时推陈出新的机制,确保数字产品以更快的速度更新迭代,从而满足市场日益变化的需求。

数字服务快速迭代的背后是基于现代网络传输技术来改善数字化服务。其中,光纤传输是最重要的传输技术之一,以其高带宽和高可靠性成为现代信息高速公路的主干传输手段。2009 年诺贝尔物理学奖得主、"光纤之父"高锟指出,光纤构成了支撑我们信息社会的环路系统,这种低损耗性的玻璃纤维推动了全球宽带通信系统的发展,也为数字服务质量的优化、服务场景的丰富提供了无限可能。比如,在光纤技术、5G 信号传输技术的叠加之下,更多类型的数字服务可以通过远程传递的方式进行。人们不仅能够享受到高质量的在线音频、视频娱乐服务,还可以通过视频通话、远程教学、视频交流、协作会议等方式来进行工作和学习,进一步提升了人们的生活体验。

2. 更加精细的差异化定价

商品的差异化定价是指厂商针对同一种商品按照不同的价格进行销售。在传统经济中,因厂商获取信息能力有限,这种差别定价往往是面向不同的人群或市场进行,比如,期刊面向机构用户和学生个体用户收取的订阅费不同。同一个产品面向不同国家和市场的价格也不同。而在数字经济中,由于厂商能够借助数字技术获取更多有关消费者的信息,从而能够实现更加精细的差异化定价。比如:网约车平台可以按照不同的时段、不同的区域实行差别化定价;软件企业可以基于同一软件的不同版本收取不同的价格;电商平台可以利用用户的相关数据做到因人定价。

数字经济中的差异化定价主要借助于大数据、云计算等底层数字技术的支持,使得企业能够利用所掌握的海量数据对用户需求做出精准分析,以达到"不同用户不同定价"的目的。比如,在数据采集过程中,基于大数据技术、cookie 技术能够追踪并抓取消费者足迹数据,使得企业能够根据不同消费群体的价格偏好、支付意愿等信息进行差别定价。基于大规模的机器学习技术对海量数据进行深度分析,充分挖掘用户异质性信息,有助于提升企业差异化定价的精准程度。

3. 消费行为的网络外部性

网络外部性(network externality)的概念最早是由 Rohlfs(1974)提出的,含义是指,一种产品对消费者的价值随着其他使用者数量增加而增加。随后,Katz 和 Shapiro(1985)对网络外部性进行了较为正式的定义:每个用户从使用某产品中得到的效用与用户的总数量正相关,即某个网络产品的用户人数越多,每个用户得到的效用就越高。

进一步,可以将网络外部性分为两类:网络的外部性(externality of the network)和基于网络的外部性(externality by the network)。[①]

网络的外部性是指网络本身所产生的外部性,这些网络(如互联网、交通网络、社交网络)中的节点会从网络规模的扩大中不断地受益,进而使整个网络的价值得到大幅度提升。就互联网的外部性来说,著名的梅特卡夫法则(Metcalfe law)描述了互联网的价值以网络节点数平方的速度增长的经济现象,即网络中 N 个节点可创造出 N^2 的效益。比如网络规模增长 10 倍,其总价值就增长 100 倍。

基于网络的外部性是指产品本身不具有网络外部性,但是借助互联网等网络媒介而具有了网络外部性的特征。比如,知名的瑜伽服装品牌 lululemon,借助网络媒介进行品牌推广,随着购买该品牌的人数增多,品牌的影响力会逐渐扩大,得到了更多消费者的认同和消费。与此同时,lululemon 品牌具有了基于网络的外部性特征,借助互联网的积聚效应形成了消费端的规模效应,显著降低了用户的搜寻成本和购买成本,使得每位消费者从中受益。

📖 专栏　lululemon 品牌故事

lululemon 诞生于 1998 年的温哥华,是深受运动爱好者喜爱的"运动休闲"品牌,也是 Athleisure(运动和休闲风)的缔造者和引领者。过去十年,lululemon 的市场估值增长约 100 倍,超过阿迪达斯成为运动服饰市场的全球第二(仅次于耐克)。

作为一款运动产品,精益的做工、设计、质感构成了 lululemon 的硬实力。除此之外,借助网络效应来传递品牌理念和价值、扩大顾客流量、提高转化率构成了 lululemon 品牌的软实力。

就像耐克和跑步、安德玛和橄榄球,这些运动品牌的发迹都离不开运动的大势。lululemon 通过解决瑜伽爱好者的运动服痛点,成功打开细分市场,又通过高忠诚度的细分市场撬动整个运动服饰领域。20 世纪 90 年代,瑜伽这项运动成为一股新的运动社交风潮,lululemon 则将目标对象定在喜爱这项运动的女性消费者(Super Girls),为其提供专门的女性健身服。Super Girls 发自内心热爱运动,生活积极有活力,更愿意为高品质买单。当一

---

① 网络外部性是网络效应的重要来源。

个消费者社交圈子内的瑜伽老师、运动达人、Super Girls都穿着lululemon设计的瑜伽服饰时,lululemon产品便具有了基于网络的外部性特征,消费者能够获得更高的效用,也自然抬高了对产品价格的心理接受范围。而且随着瑜伽运动在全球的兴起,越来越多的人了解到lululemon产品,更加认同品牌所传递的运动、时尚、自由、独立的理念,成为lululemon的忠实粉丝。当下,lululemon仍在积极推动瑜伽和运动生活方式的全球化(lead the yoga movement),希望借助这项运动社交方式所带来的网络外部性进一步拓宽全球市场。

此外,在销售环节,lululemon也巧妙地借助品牌大使(brand ambassador)的社群影响力而具有了网络外部性。这是因为lululemon没有经销商,而是采用垂直的零售体系,直面消费者,紧紧围绕瑜伽老师、健身教练和意见领袖(KOL)来打造本地化的营销社群。lululemon把这些具有口碑和影响力的KOL称为品牌大使,通过品牌大使的社交关系网络,笼络更多消费群体,汇聚成需求侧的规模效应,从而构成lululemon极为低成本和高效率的营销渠道,降低消费的搜寻成本和购买成本,使得每位消费者从中受益。

可以看到,正是充分利用了网络外部性来进行营销和扩张,使得lululemon公司成为美国消费领域当之无愧的明星企业。

3.1.3　数字消费的新方式

在数字经济中,不仅出现了新型的消费对象和新的消费特征,同时也逐渐催生了新的消费方式,如协同消费、订阅消费、二手交易等。

1. 协同消费

协同消费(collaborative consumption)是指消费者可以通过合作的方式与他人共同享用产品或服务,是伴随互联网兴起的一种全新的商业模式,涉及金融、旅游、农业、教育、零售等不同领域的多种市场交易活动。

随着数字技术的革新,协同消费规模不断扩大,逐渐形成了全新的经济业态——共享经济(sharing economy)。共享经济是指基于产品和服务的分享、交换、交易或租赁,以取得所有权使用的一种经济模式。共享经济的实现往往需要借助于某一互联网平台,将社会中各种分散的闲置资源通过协调、调配或聚集等方式进行交易,满足社会对相应资源的适当需求,从而实现新的资源价值,促进社会整体福利的提升。共享经济中典型的代表如共享充电宝、共享单车等新业态的出现,为人们日常的沟通和出行提供了极大的便利。统计数据显示,2021年中国共享经济市场交易规模约36 881亿元,同比增长约9.2%。尤其是办公空间、生产能力和知识技能领域的共享经济发展较快,交易规模同比分别增长26.2%、14%和13.2%,成为推动经济高效增长的新动力。[①]

共享经济根据参与主体以及分享商品与服务类型的不同,又可以分成递延性共享和原生性共享。所谓递延性共享(transitive sharing),是指消费者首先从商家那里获得这些商品的所有权之后,再借助网络平台和别人分享使用权。比如,出租闲置资产[爱彼迎(Airbnb)、小猪短租等],出售闲置劳动或技能(滴滴顺风车、"闪送"等)。原生性共享(born sharing)是指

---

① 统计数据出自《中国共享经济发展报告(2022)》。

企业生产专门用来分享的新产品,不再把这些产品所有权出售给用户,而是向消费者提供即用服务,用户根据即用情况直接进行付费。比如,共享单车、共享充电宝、共享雨伞等商业模式是典型的、对物品资源的原生性分享经济。长远来看,原生性共享能够通过"共享"和"即用"的配置方式提高资源利用效率,这种创新的商业模式将会逐渐成为主流(戎珂和王勇,2017)。

2. 订阅消费

"订阅"(subscription)消费是指企业通过向消费者出售订阅合约的方式,通常以月度、季度或年度为单位向消费者提供数字产品或数字服务。这种消费模式进一步巩固了企业与客户的联系,有助于企业获得更加持续、稳定的预期收入。

基于前文对数字消费对象的分类方式,订阅消费也主要分为两类:面向数字产品的订阅和面向数字服务的订阅。在数字产品的订阅类型下,常见的是基于硬件设备的订阅服务。近年来,电动汽车还推出了高端自动驾驶订阅服务、座椅加热服务、车载娱乐服务等,使用座椅加热功能,或是想要享受"后轮主动转向10°"的体验,都需要每年购买相应的订阅服务。

对于面向数字服务的订阅,最具代表性的是在线娱乐服务,游戏、电影、音乐、短视频等在线娱乐平台均是通过订阅服务的方式来实现商业价值。比如,作为国内最早利用订阅模式获利的流媒体平台,腾讯视频、网易云音乐从传统的租赁服务转向流媒体内容订阅平台后,加倍拓展了与客户之间的互动联系。此外,还有与人们生活密切相关的在线服务订阅。这类在线服务平台能够借助深度学习算法,向订阅客户提供更为人性化的在线服务。客户往往仅需要浏览在线服务商所推荐的信息资讯,基本上就可以满足日常获取信息的要求,比如今日头条、财新网等资讯平台为订阅用户提供其所关心的新闻推送,不断积累了大量的黏性用户。

3. 二手交易

在互联网时代,越来越多的人在网上买卖日用百货、数码产品、家居用品等闲置物品。在"买家"与"卖家"两种身份间转换,成为许多年轻消费者的新型生活方式。从线下的"跳蚤市场"到线上二手交易平台,线上交易已成为目前二手物品的主要交易渠道之一,消费规模快速增长。线上二手交易不仅让处理闲置商品更加便捷高效,也日渐发展为一种追求个性、崇尚环保的消费方式和生活理念。

线上二手交易往往以数字平台为依托,为买卖双方提供撮合交易的平台,将传统的交易场景转移到线上,免去了传统线下交易的摊位成本,从而吸引更多用户参与平台的二手交易活动。在消费行为网络外部性的影响下,越来越多的用户参与在线二手交易将会带来交易成本进一步缩减。更为关键的是,在大数据分析和算法推荐等技术帮助下,在线二手交易平台能够同时为卖家和买家提供更为人性化的推荐服务,能够更好地服务于更多的交易对象,极大地降低了搜索成本和交易成本。除此之外,通过在二手交易平台内引入信用评级和社交工具等方式,有助于买卖双方进行有效的沟通,降低信息不对称,减少交易过程中产生的纠纷,进而提升了在线二手交易的活跃度。

3.1.4　数字消费的新约束

在传统经济下,消费者的约束条件主要包括收入、储蓄、时间、外部的法律法规等,而在数字经济中,新的消费对象和消费方式进一步增进了消费者的效用,与此同时消费者在消费过程中也面临新的约束:注意力资源的约束、对隐私保护的约束。

1. 注意力资源的约束

从消费者角度来讲,由于数字产品、信息的丰富,人们消费数字产品和数字服务需要付出注意力资源,注意力构成了数字消费的重要的约束条件。

注意力资源(attention resource)约束是指消费者的注意力是有限的,需要在各种竞争自己注意力的信息源中做出选择。注意力具有不可共享和复制的特征,表现出不同于信息的稀缺性,这种稀缺性使得注意力资源成为一种能够被开发利用且具有商业价值的资源。特别是在数字社会,现代信息网络的出现加快了信息获取和传播的途径,信息的丰富加剧了注意力资源的稀缺性。

正是因为注意力资源的稀缺性,使其成了影响消费活动非常重要的约束条件。为了克服消费者注意力约束的限制,企业则需要投入资金来获取用户的注意力资源,并分配给有需求的商户,才有了基于注意力的经济活动。概而言之,注意力经济(the economy of attention)是指企业吸引用户的注意力资源,并把这种注意力资源进行商业利益变现的经济活动。这些注意力资源变现的方式有广告、流量引流。

在注意力经济形态下,企业竞争的重要资源是大众的注意力。因为消费活动发生在不同的网络空间或平台上,消费者需要在各网络空间配置注意力资源。而只有当大众对某种产品产生了注意,才有可能成为消费者,购买这种产品。这也意味着企业要吸引大众的注意力,重要的手段就是视觉上的争夺。由此,注意力经济也称为"眼球经济"。

2. 隐私保护的约束

隐私保护(privacy protection)是指使个人或集体等实体不愿意被外人知道的信息得到应有的保护。在数字社会,由于数字技术可以低成本记录和保存消费活动相关数据,消费者隐私信息泄露的问题尤为凸显。比如消费者进行在线购物时,往往需要在相关网站或平台注册成为用户,提供个人的身份、性别、家庭住址、电话号码等个人信息,这些数据往往与消费者的隐私密切相关,可以直接或者间接地关联到消费者的个人特质和行为特征。

数字产品消费的隐私泄露是指消费者在购买数字产品时可能面临的隐私信息泄露风险,比如U盘植入木马病毒通过数字硬件设备来窃取用户信息,有联网功能的硬件设备记录用户的设备信息等。数字服务消费的隐私泄露是指消费者在享有数字服务时可能面临的隐私信息泄露风险。如数字服务提供商利用互联网的cookie技术来窃取用户隐私,利用视觉追踪技术追踪消费者眼球的变化等。

因此,在数字消费中,消费者对隐私保护存在巨大需求,这种隐私保护需求构成了影响其消费决策的重要约束。比如,考虑到可能存在的信息泄露风险,消费者不愿意购买相关的数字产品或接受相关的数字服务。这就意味着,隐私约束会极大降低消费者对于数字产品和服务的需求,限制了消费者的选择空间。只有当消费者真正购买了某一类数字产品,其隐私保护的约束才会取消,与此同时带来自身效用的提升。

消费者的隐私保护约束进而会影响到企业的商业竞争策略。这是因为消费者往往会选择那些能够合理地使用和保护自己隐私数据的企业。因此,能否帮助消费者打破隐私保护约束,获得消费者的数据授权成为企业新的竞争方式。[①] 此外,为了更好地降低隐私保护的约束,促进互联网经济的健康发展,国家和政府也出台了相应的政策法规,完善市场中消费者信息授权的机制,激励企业推出更为合理的消费者隐私保护方案。[②]

3.2 注意力分配与市场需求

如前文所述,在数字经济中,人们的消费行为受到注意力的影响,对注意力的安排和分配影响不同产品的市场需求,这种需求的影响机制是什么? 当企业意识到这一问题时,是否会对注意力产生竞争和争夺? 这些问题值得进一步的研究。

3.2.1 基本概念:流量与注意力的关系

注意力(attention)是指消费者在数字消费对象上所分配的时间。消费者在数字产品和服务上付出了注意力资源,才有可能产生消费。如果将每个消费者的注意力汇聚在一起,就形成了丰富的用户流量。用户流量(visitors traffic)是指某个网络空间(如门户网站、社交平台或电商平台等)在一定时间内的用户访问数据,通常以每日用户活跃数量、每月用户活跃数量,以及用户访问的平均时长来刻画。

基于用户使用场景的不同,可以将流量分为常见的五种形态:基于访问门户新闻网站的门户流量;基于访问搜索引擎的搜索流量;基于访问社交平台的社交流量;基于访问电商平台的电商流量;基于访问娱乐平台和游戏平台的娱乐互动流量。虽然这些流量处于不同网络空间,具有不同的形态,但这些流量之间并非相互隔离。不同形态的流量可以在不同平台之间流转,并进行相互转换。比如,一些电商平台会在搜索引擎平台或社交平台上投放广告,将搜索流量、社交流量等转换为电商流量。

从注意力和流量对市场需求的影响来看,它们发挥了与广告相似的作用,即推动对数字产品和服务的购买。在传统经济中,一个发布更有吸引力的广告的企业将会更快、更久地吸引消费者的注意力,从而促使消费者首先到访这家企业,并进一步转换为销售。同样,在数字消费中,如果一家商户具有的流量资源越多,那么点击访问这家商户网页界面的消费者规模越大、浏览的次数越多,它所吸纳的消费者的注意力资源也就越丰富,由此形成的市场需求规模也会越大。

---

① 比如:著名的苹果公司之所以占有全球最大的市场份额,关键在于苹果公司非常重视消费者隐私的保护问题,专注于提升苹果生态内用户隐私保护的技术能力。这就意味着,倡导消费者隐私保护,并且掌握数据安全核心技术的企业,往往能够积累更多的用户授权数据,从而形成企业的数据优势,实现更大的商业价值。

② 欧盟通用数据保护条例(GDPR)赋予数据主体更多的保护和直接控制其个人数据的权利,包括访问、更正、拒绝或限制处理、删除和请求导出其个人数据的权利。加州消费者隐私法案(CCPA)给予消费者对其个人信息以及公司收集、使用、存储和转移其个人信息方式的控制权。中国于2021年11月1日正式颁布实施《个人信息保护法》推动企业进一步完善获得消费者信息授权的机制,激励企业投资先进的隐私保护技术和数据解决方案。

综合上述分析,从消费者角度来看,注意力构成了消费者的约束,对消费者的购买决策产生影响。从企业和商户角度来看,注意力汇总形成流量,流量转换成产品的市场需求。那么注意力和流量对市场需求的具体影响机制和途径是什么?与广告营销的作用机制有何不同?为了更为清晰地理解该问题,需要进一步通过构建数理模型来进行解释和分析。

3.2.2 模型分析:注意力约束与消费者均衡

为刻画消费者的注意力约束对其需求和决策的影响,我们引入消费者的闲暇时间,将闲暇时间视为消费者注意力的来源,并通过效用最大化问题来具体分析这一影响。借鉴Boadway 等(2002)的研究设计思路,我们假定消费者的主要消费对象为商品(Q)和闲暇(L),其效用函数为拟线性偏好函数,并假设闲暇时间产生的边际效用不变。具体函数可以表示如下:

$$U_i(Q_i, L_i) = v(Q_i) + m_i L_i \tag{3-1}$$

其中,$v(Q_i)$表示消费者购买商品的效用函数。$m_i L_i$ 表示消费者享受闲暇时间带来的效用,L_i 为消费者对闲暇时间的需求,m_i 表示闲暇时间给消费者带来的边际效用。其效用最大化决策问题可以被描述为

$$\max_{Q_g, l} U_i(Q_i, L_i) = v(Q_i) + m_i L_i$$

$$\text{s.t.} \, P_q \cdot Q_i + P_l \cdot L_i \leqslant I \tag{3-2}$$

其中,I 为消费者面临的总预算约束;P_Q 为商品 Q 的价格;P_L 为闲暇时间 L 的价格。

从约束条件可得,$L_i \leqslant \dfrac{1}{P_L} \cdot (I - P_Q \cdot Q_i)$,表明消费者享有的闲暇时间存在上限,而闲暇时间是消费者注意力的来源,由此也构成了消费者注意力资源的约束。进一步,我们可以引入机会成本的概念,用消费者单位时间的工资收入 w_i 来表示闲暇时间 L 的价格 P_L,即消费者愿意享有闲暇时间的机会成本为 w_i。那么注意力约束条件变为 $L_i \leqslant \dfrac{1}{w_i} \cdot (I - P_Q \cdot Q_i)$,可以直观地看出,如果消费者单位时间的工资率越高,其闲暇时间面临的机会成本也就越高,消费者更加倾向于接受更多的工作而放弃闲暇时间。

进一步,假设 $v(Q_i)$ 的具体形式如下:

$$v(Q_i) = a \cdot Q_i - \frac{b}{2} Q_i^2 \tag{3-3}$$

根据消费者效用最大化,可以得到:

$$Q_i = -\frac{m_i}{b w_i} \cdot P_q + \frac{a}{b} \tag{3-4}$$

上式中,参数 w_i、m_i、a 和 b 刻画了商品 Q 的特性:截距项 $\dfrac{a}{b}$ 代表了消费者对商品 Q 的需求规模属性,即价格不变时,$\dfrac{a}{b}$ 越大,市场需求规模越大;系数 $\dfrac{m_i}{b w_i}$ 则刻画了消费者对商品 Q 的价格敏感性,$\dfrac{m_i}{b w_i}$ 越大,消费者对价格 P_q 越敏感。

进一步,鉴于参数 w_i 刻画了消费者享有闲暇的机会成本,且 $\dfrac{\partial Q_i}{\partial w_i} = \dfrac{m_i}{bw_i^2} \cdot P_q > 0$,说明,当 w_i 较大时,消费者会增大对商品 Q 的消费需求。这意味着当闲暇时间的机会成本较高时,消费者会分配更多时间来工作,导致闲暇时间的效用回报降低。此时消费者会通过增加对商品 Q 的购买来改善其效用水平。

参数 m_i 刻画了消费者享有闲暇时间的边际效用,且 $\dfrac{\partial Q_i}{\partial m_i} = -\dfrac{1}{bw_i} \cdot P_q < 0$,说明当 m_i 较大时,对商品的需求量会下降。这是因为更多的闲暇时间能够更大幅度地提升消费者效用,其愿意分配到网购平台上的时间会减少,即消费者所面临的注意力资源约束相对较大,这种注意力资源的约束降低了消费者对商品 Q 的需求量。

3.2.3　延展讨论:网络流量与市场需求

上一节通过数理模型描述了单个消费者的决策如何受到其注意力分配的影响,接下来从市场的角度出发,考虑将各个消费者的注意力资源汇总起来所形成流量如何影响和改变市场需求。具体而言,本节将借鉴王勇等(2022)的研究设计思路,从流量的转化性、时间性、场域性特征来展开分析。

首先,流量的转化性是指用户流量能够以一定的比例转化为商品的销量。只有消费者分配一定的注意力去浏览一件商品,他才有可能购买这件商品,而且消费者在该商品上浏览的时间越长,他最终购买这件商品的可能性会越大。王勇等(2022)在分析流量作用时提出了流量转化率的概念,如果用户流量 F 以固定比例 t 转化为对商品的需求,则市场需求可以表示为 $Q_g(F) = t \cdot F$。因此,商户为了扩大商品的销量,一方面需要通过内容、形式、传播手段等方面的创新来吸引消费者的注意力,以增加消费者停留时长,即获得更多用户流量 (F)。另一方面,还要通过提升产品质量、优化售后服务等方式来提高流量的转化率 (t)。

其次,流量的时间性是指用户访问网络空间的时间数据特征,包括访问时点、访问时长等,反映的是用户注意力在该网络空间的分配信息。通俗地讲,如果在某个时段内用户访问人数越多,那么所形成的流量规模就越大,相应地,该时段内产生的市场总需求也会越大。在传统经济中,商户往往不需要去考虑消费特定时间的需求变化,而在数字经济中,流量的时间性特征决定了不同时段的市场需求会出现非常明显的差异。由此形成了平台商户之间针对流量资源的竞争,即商户通过向平台付费购买的方式来争夺不同时段内的用户流量,或者争夺相同时段内不同用户的流量。

最后,流量的场域性是指消费者的注意力停留在不同网络空间的位置数据特征,这些位置数据包括不同的网站、App、平台以及同一平台内不同的商户页面。根据消费者网购时所访问的网络空间位置,可以进一步将消费者流量分为平台企业的公域流量和平台商户的私域流量:访问某个平台企业的用户流量数据构成了其公域流量;访问该平台内的某个商户的网店页面的用户数据构成了商户的私域流量。这也意味着只有通过商户的私域流量所转化的销量,才构成属于该商户的销售收入。为此,商户往往需要致力于丰富其私域流量资源,并努力把这些私域流量转化为商品销量,以此扩大商品的市场需求,实现自身的利益。

流量所具有的转化性、时间性和场域性特征,使得流量资源具有较强的竞争性。平台企业之间通过竞争用户注意力来扩大其公域流量规模,比如,通过广告宣传、促销活动、其他网站引流等方式,来丰富自身的公域流量,并通过向商户销售流量来实现自身的利益。商户通过向平台企业付费购买一部分的私域流量,同时,这些商户也会借助自身品牌的号召力或是自己从其他网站引流等方式,来积累私域流量。无论是平台之间公域流量的竞争,还是商户之间私域流量的竞争,本质都是在竞争消费者对商品的消费需求。

上述分析表明,流量资源的转化性、时间性、场域性的特征能够直接影响和改变市场的需求水平。除此之外,流量与市场需求的关系还会受到市场结构、竞争环境、供求关系等外界因素的影响,有关这方面的讨论,可以进一步参考 Heidhues 等(2021)、王勇等(2022)、Prat 和 Valletti(2022)、冯振华等(2023)的研究成果。

3.3 协同消费与市场需求

3.3.1 协同消费对市场需求的影响

协同消费是基于产品和服务的分享、交换、交易或租赁,以取得使用权的一种经济模式,涉及金融、旅游、农业、教育、零售等不同领域(Botsman 和 Rogers,2010)。随着互联网技术的快速发展,群体共享、分时出租、二手交易等协同消费行为开始呈现爆炸式增长。比如,汽车共享平台 Zipcar、房屋共享平台爱彼迎(Airbnb)、二手商品交易平台闲鱼等。

从广义来看,协同消费是共享经济在消费领域的集中体现,即人们以付费的方式共享某一种消费资源。这些消费资源包括外卖餐饮资源、出行车辆资源、闲置房屋资源等。作为一种顺应消费升级趋势、技术创新和模式创新结合的新业态,协同消费模式越来越受到消费者和厂商的青睐,持续激发市场需求。

协同消费的兴起改变了长期以来所有权占主导的消费文化和模式,消费者也可以通过对产品使用权的获取和分配来获取商品价值。因此,协同消费催生了一种新型租赁经济——基于网络平台开展的个人租赁(以下简称个人租赁,peer-to-peer rental)。个人租赁是一种通过第三方在线服务进行的个人物业租赁的租赁形态。一方面,个人租赁基于网络平台的高效供需匹配,落实"以每个人为中心"服务理念,更加适应消费者个性化的消费需求;另一方面,个人租赁通过技术、模式等的持续创新,推动消费品类不断拓展、品质不断提升,更加适应消费者多样性的消费需求。比如,汽车租赁平台神州租车、房屋租赁平台爱彼迎、家具租赁平台租呗。个人租赁的出现促进了个人之间基于市场的各种资产和服务的交易。

在传统租赁市场,出租人将自己的财产出租给不同承租人使用,承租人支付租金,获得在一段时期内使用该物品的权利,物品的所有权仍保留在出租人手中。其租赁方式,除特定的房屋租赁等之外,大部分以设备租赁等公司租赁为主。[①] 此外,传统租赁多以面对面、同时同地交易等线下方式进行,存在生产效率低、供需匹配效率低、服务供给质量不高等问

---

① 房屋租赁,即房主将房屋直接出租给用户,是一种个人对个人的传统租赁行为。公司租赁,即公司直接将资产租赁给个人,此时公司是出租者,个人是承租者,比如建筑工程领域的设备租赁等。

题。而在新型租赁市场中,个人租赁是消费者将个人闲置物品进行出租。人们从获取所有权转向获得使用权,从购买商品转向购买服务,交易形式从购买转向租赁,从过去的先交易再持有后消费的使用模式,转向交易和消费同步进行的即用模式。相比之下,个人租赁是一种更加开放的市场,同时商品被"共享"以换取收入,是一种交易成本更低且存在三方互动的协同消费行为。因此,当个人租赁出现之后,这种协同消费模式对人们的消费需求决策会产生什么样的影响? 是否会因为所有权的转换而有所不同? 等等。这些都值得我们展开进一步的探索与研究。

3.3.2　个人租赁

为了阐述协同消费对市场需求的影响,我们通过对比有无个人租赁的情形进行分析。[①]

首先,分析没有个人租赁下的需求决策。市场中的每一个商品都具有所有权和使用权,消费者获得商品使用权的唯一途径就是购买商品。消费者购买商品,则其获得相应的效用,市场需求会增加;反之,则减少。

其次,分析出现个人租赁下的需求决策。消费者购买商品后,可能会出现商品闲置现象。随着技术进步(比如互联网平台),人们可以将商品出租给其他消费者使用。如果出租商品获得的租金收入高于使用商品获得的效用,则出租人会减少商品使用,出租商品;反之,则不进行租赁。可以看出,出租人获得的效用并不会因为个人租赁市场的出现而减少,而承租人获得的效用因获得商品使用权而增加。

因此,在没有个人租赁市场的情况下,市场需求和消费者效用均取决于消费者是否购买商品。在存在个人租赁市场的情况下,出租人和承租人获得的效用均会增加,市场需求会随着租金的增加而减少。

比如,房屋租赁平台爱彼迎,个人可以在线注册,将自己的公寓、商住房以及住宅租给其他人使用。有时候,出租的可能是房东的一个沙发或一间空屋,也有可能是房东暂时不用的整套房子。爱彼迎提供的住所种类跨度很大,小到廉价的房间,大到昂贵的私宅,甚至连充满历史气息的欧洲古堡都囊括在内。从房东的角度来看,他们将闲置的房屋资源出租,获取租金收入。从房客的角度来看,他们入住满意的房屋,他们更看重的是房屋的属性、所处的位置以及屋内的设施,比如床、厨房、卫生间等。截至 2023 年 12 月 31 日,爱彼迎的有效房源数超过 770 万,房东数超过 500 万,接待房客累计超过 15 亿人次,房东租金总收入累计超过 2500 亿美元。[②]

3.3.3　拓展讨论

在上述个人租赁中,我们讨论了商品所有权不变情况下,个人租赁对市场需求的影响。然而,随着个人租赁市场的出现,还会存在承租人通过购买商品变为出租人进行租赁、出租人租赁个人所需商品等现象。同时,二手交易市场、网络平台等的出现也会对市场需求产

[①]　相关讨论参见 Filippas A, Horton J J, and Zeckhauser R J. 2020, Owning, Using, and Renting: Some Simple Economics of the "Sharing Economy"[J]. Management Science, 66(9), 4152-4172.

[②]　数据来源: https://news.airbnb.com/zh/about-us/.

生一定的影响。因此,我们从所有权可变、存在二手交易、网络平台的作用等三方面依次对协同消费对市场需求的影响进行拓展讨论。

拓展讨论 1:所有权可变

现在我们假设商品的所有权是可变的,即出租人和承租人对商品的所有权可以通过买卖行为发生变化。此时,当均衡状态下的市场租金大于商品价格时,每个消费者都想成为出租人;反之,每个消费者都想成为承租人。可以看出,所有权可变时的均衡租金等于商品购买价格。因为,一旦商品购买价格低于其租金,消费者往往会选择直接购买该商品,而不是租赁。

举例来看,依托智能手机及移动互联网的支撑,共享充电宝逐渐走入大众视野,已经成为人们外出经常用到的设备,在商场、餐馆、机场等各种应用场景中随处可见。共享充电宝就是企业提供充电租赁设备,消费者使用移动设备扫描二维码支付押金,租借充电宝,归还后押金退回的一种业务。其中,当消费者超过一定时间未归还充电宝,不管其是否归还充电宝,其支付的押金均不会被退回。在这种场景中,如果消费者按时归还充电宝,消费者持有该充电宝的使用权,而非所有权;反之,充电宝的所有权发生变化,消费者拥有所有权。一般而言,在规定时间外,消费者租赁充电宝所需支付的租金会高于其支付的押金(该押金可以是卡座式充电宝的购买价格),此时,消费者会选择不归还充电宝,即直接购买而不是租赁。[①]

因此,可以看出,不管商品的所有权是否发生变化,当存在个人租赁行为时,商品的均衡租金都不会低于购买该商品的价格。当商品所有权可变时,商品租金等于其购买价格;当商品所有权不变时,由于消费者只能通过个人租赁获得商品的使用权,因此商品租金是不确定的。

拓展讨论 2:二手交易

除了基于提供短期租赁或服务提供的个人租赁之外,还存在一些个人用品的二手交易平台。比如,一些商品可以在长时间内为消费者提供使用价值,消费者可以自由调整对其持有量来满足他们的商品需求。然而,在现实中,由于这些商品交易成本较高,其流动性较低。因此,消费者通常会购买并保留使用,直到其贬值到一定程度之后才会进行交易行为,比如传统二级市场上二手商品的交易。

个人租赁市场的引入改变了这些商品的市场交易行为。如果引入具有足够流动性的个人租赁市场,所有者可以将其未使用的商品容量暂时提供给其他消费者。由于这些消费者对这些商品的利用率较低或收入水平较低,相对于购买,他们更愿意进行租用。

我们以汽车的市场需求为例。[②] 在出现汽车个人出租市场之后,消费者除了可以购买新车、在传统二级市场购买二手车之外,还可以通过租赁平台向个人求租汽车。此时,影响

---

①　除此之外,目前市场上还存在汽车、住房等耐用品可以先租赁后购买的现象。比如,在美国汽车租赁有两种形式:Rent 和 Lease。Rent 指向第三方租赁公司(如 Hertz、Enterprise 等)支付一定租金,租赁一辆汽车,在租期结束后,可以选择续租或归还汽车。Lease 指向汽车品牌或者第三方租赁公司(如 Hertz、Enterprise 等)支付一定租金,租赁一辆新的汽车。在租期内,承租人使用车辆并承担相关费用,租期结束后,将车辆归还给品牌或第三方租赁公司。由于租用的是新车,租车期限一般为 2~3 年,在租期结束后,可以选择续租或者购买车辆。

②　相关讨论参见 Fraiberger S P. Sundararajan A. Peer-to-Peer Rental Markets in the Sharing Economy. NYU Stern School of Business Research Paper. 2017. https://papers.ssrn.com/sol3/papers.cfm?abstract_id=2574337。

消费者汽车需求决策的主要因素有汽车的折旧成本、已使用率、租赁价格、交易流动性等。其中,交易流动性是指消费者所在地区个人租赁平台的入驻程度,程度越高,则流动性越强。当汽车交易流动性不变时,随着进入个人租赁市场消费者数量的增加,购买新车的车主的比例逐渐下降、购买二手车的车主的比例逐渐下降,而租赁汽车的车主比例却逐渐提高。随着汽车交易流动性的增加,购买新车的车主比例逐渐降低、购买二手车车主的比例逐渐降低,而租赁汽车的车主比例却逐渐提高。同时,当汽车租赁成本低于折旧成本时,消费者会选择租赁汽车;当汽车折旧成本较高但低于租赁成本时,如果已使用率较低,消费者会选择购买二手车,反之,则选择购买新车。

拓展讨论 3:网络平台的匹配作用

可以看出,正是互联网络平台的快速发展,为个人租赁业务的盛行提供了良好的契机。网络平台的出现提高了交易效率和安全性,为用户提供了更好的体验。比如,汽车租赁平台悟空租车、房屋租赁平台安居客、设备租赁平台中铁智慧租赁等。那么,网络平台的出现对市场需求会产生什么样的影响?

网络平台通过网络数字技术连接用户、商品或服务,为用户进行互动交往或市场交易提供便利的数字空间。网络平台并不直接生产产品和服务,而是搭建交易互动平台,组织具有供给能力的各方和有需求的各方进行对接匹配,撮合交易,实现互动。网络平台运用智能算法预测和推荐商品,将供给与需求进行有效撮合,进而降低交易摩擦。

在协同消费存在的情况下,出租人可以通过将商品出租给承租人来获得收入,而承租人可以通过租赁来获得商品的使用权。出租人和承租人的匹配通过网络平台来实现,该平台设定租金价格并收取佣金。由于供求在短期内可能会波动,因此存在一种出租者在出租产品时可能无法始终找到承租者的可能性。同样,也存在承租者在需要产品时可能无法始终找到所需商品的可能性。这种不确定性,称为"交易摩擦",而网络平台的出现会降低这种交易摩擦。在存在网络平台的情况下,平台的利润与拥有成本存在非线性关系,随着拥有成本的提高,平台的利润先增加后减少,这意味着当拥有成本很高或很低时,平台的盈利最少(还表明平台可能有动机通过征收会员费或提供补贴来影响拥有成本)。此外,当所有权成本较低时,平台利润可能会随着损耗成本的提高而增加,这表明营利性平台可能并不总是有消除此成本的动机。

以上讨论了考虑所有权可变、存在二手交易或存在网络平台的作用时,协同消费对市场需求的影响,得出了一些相应的结论。随着数字经济的快速发展,订阅服务、汽车共享等对市场需求的影响值得进一步关注与思考。

3.4　隐私保护与市场需求

3.4.1　隐私保护对市场需求的影响

随着数字时代的到来,数字技术在改变生活方式、提升生活品质、赋能美好生活的同时,也留下了大量数字痕迹,既有公开的帖文、状态等,也有被本地或云端服务器记录的数据。与个人身份证号、手机号等隐私信息不同,企业会借助数字痕迹获取消费者信息。较为普遍的做法是,企业将信息脱敏后分发给人工智能算法,最后形成用户的偏好分析,达到精准推送的商业目的。这些消费者信息一旦被非法使用,就会严重损害消费者的合法权益。

消费者隐私泄露会给他们带来一些负面影响,比如垃圾短信、骚扰电话、垃圾邮件、个人名誉无端受损等。同时,消费者也会担心企业会利用隐私信息进行差别定价,损害消费者剩余。因此,消费者会重视隐私保护,进而减少市场需求。

然而,随着时代的变迁,消费者的消费观念和习惯也在不断变化,消费者的个性化服务需求逐渐增加。如果企业正向利用消费者的隐私信息,为其推荐个性化商品,提供合理的消费建议,能够增加市场需求。

可以看出,消费者的隐私保护面临一个"两难问题":当隐私保护过于严苛时,企业由于无法获取过多的消费者隐私信息,便无法进行个性化推荐,导致损害消费者利益;当隐私披露较多时,企业在进行个性化推荐的同时,又会进行差别定价,利用价格歧视损害消费者剩余。

正是因为消费者对隐私保护的重视,很多企业加强了能够满足消费者隐私保护的产品技术开发。比如,苹果手机专注于提升苹果生态内用户隐私保护的技术能力,不允许手机App进行用户cookie的追踪。同时,为了保护用户隐私,人们除了设计多种加密技术工具之外,还需要在制度上设计隐私保护机制。各国政府也开始通过加强立法和执法力度来保护消费者隐私。比如,中国于2021年11月1日正式颁布实施《中华人民共和国个人信息保护法》(以下简称《个人信息保护法》),推动企业进一步完善获得消费者信息授权的机制,激励企业投资先进的隐私保护技术和数据解决方案。[①] 此外,企业也通过制定各种隐私保护规章制度来保护消费者隐私。比如,华为制定的《华为消费者业务隐私声明》中指出,为应对个人信息泄露、损毁和丢失等可能出现的风险,华为建立了专门的安全通告和安全预警页面等。[②]

一般情况下,消费者不希望厂商有能力使用历史购买数据进行价格歧视,然而在均衡状态下,他们的消费剩余通常是被厂商获取的(除非通过监管强制执行隐私保护)。如果消费者知道厂商如何使用他们的数据,同时可以相应地调整其购买决策,那么就没必要进行监管,因为保护用户数据符合厂商的最大利益。可以看出,在数字经济时代隐私保护已经成为消费者进行消费需求决策的关键变量,政府、企业和个人对隐私保护的重视度也在逐渐提高。同时也产生一个问题,当厂商运用市场化手段使用消费者隐私信息时,隐私保护会对市场需求产生什么影响?是否会根据厂商的定价策略而有所不同?这些都值得我们展开进一步的探索与研究。

3.4.2 隐私披露与个性化服务[③]

随着互联网的快速发展,越来越多的消费者选择网络购物。截至2023年6月,我国

---

① 又比如,欧盟通用数据保护条例(GDPR)赋予数据主体更多的保护和直接控制其个人数据的权利,包括访问、更正、拒绝或限制处理、删除和请求导出其个人数据的权利。加州消费者隐私法案(CCPA)为消费者给予对其个人信息以及公司收集、使用、存储和转移其个人信息方式的控制权。

② 华为官网:《华为消费者业务隐私声明》,https://consumer.huawei.com/cn/privacy/privacy-policy/。

③ 为了阐述隐私保护对市场需求的影响,我们借助Ichihashi(2020)的文章《消费者的在线隐私和信息披露》(Online Privacy and Information Disclosure by Consumers)提出的消费模型进行分析。原文中从消费者隐私披露的视角进行建模分析,这与隐私保护是一个相反的概念,披露的隐私信息越多,则消费者隐私保护程度越低。

网络购物用户规模达 8.84 亿人,较 2022 年 12 月增长 3880 万人,占网民整体的 82.0%。[①]
同时,消费者的个人隐私信息的经济价值逐渐显现。消费者不再一味地保护其个人隐私信息,反而会进行隐私披露行为,进而享受该行为带来的个性化服务。

　　假设市场上存在一个垄断厂商,生产多种产品。对消费者而言,要么消费其中一种产品,获得相应的效用,要么什么都不消费。同时,消费者的偏好是拟线性的,其消费福利为相应的效用与价格之差;厂商收益为其销售收入。消费者和厂商是风险中性的。

　　首先,为了兼顾隐私保护和消费福利,消费者将选择恰当的隐私披露程度。假定存在一个隐私披露规则集合,消费者会根据自己的偏好选择相应的隐私披露规则。比如,在一个应用(App)中存在姓名、年龄、住址等一系列隐私披露选项,这些就构成了隐私披露集合;如果消费者选择披露自己的年龄,而其他信息不会被披露,这就是该消费者的隐私披露规则。当消费者在选择隐私披露规则之后,就会产生相应的效用与披露信息。

　　随后,考虑厂商的隐私保护承诺与定价行为。假设存在两种情况,第一种是有承诺定价,厂商承诺不会根据消费者的隐私信息进行产品定价,厂商使用隐私信息只是为了进行产品推荐,而非进行差别定价,属于均衡统一定价;第二种是无承诺定价,厂商会根据消费者隐私信息进行产品定价,不同消费者获得的产品价格不同,即差别化定价。

　　给定厂商的上述两种定价行为,消费者再进行产品选择。在这两种定价机制下,厂商会根据消费者选择的隐私披露规则和已获取的信息,推荐相应的产品;消费者根据推荐产品的价值和价格,决定是否购买该产品。

　　假设厂商生产两种产品 A 和 B,产品 A 更能满足消费者的个性化需求。显然给定价格下,厂商更愿意推荐更具个性化产品 A,这可以使消费者购买产品的可能性更大。因此,消费者选择的隐私保护程度越低,则厂商推荐的商品越符合消费者需求,越有助于提高消费者福利。此时,厂商会根据消费者隐私披露水平制定相应的产品价格。在有承诺定价下,消费者为获得更好的产品,会选择披露更多的隐私,厂商会根据消费者的隐私披露来推荐更好的产品,但同时也会制定更高的价格;在无承诺定价下,消费者会考虑隐私披露对商品价格的影响,通过选择披露更多的信息诱导厂商制定有承诺定价下的均衡价格。因此,消费者在承诺制度下披露的隐私越多,其获得的福利反而越少。

3.4.3　拓展讨论

　　上述讨论了厂商生产两种产品情况下,隐私保护对市场需求的影响。然而,现实中厂商生产产品的数量可能有两种、三种乃至更多。同时,过多的数据追踪会加剧对个人信息的获取,进而导致信息不对称的增加,从而影响企业行为以及消费者福利。因此,我们从销售更多商品、数据与市场等方面依次对隐私保护对市场需求的影响进行拓展讨论。

　　拓展讨论 1:垄断厂商生产多种产品

　　假设厂商生产两种及以上产品,消费者不仅可以披露关于哪种产品最有价值的隐私信息,也可以披露有关特定产品价值的隐私信息。

---

① 中国互联网络信息中心(CNNIC),第 52 次《中国互联网络发展状况统计报告》。

市场均衡。此时有可能存在两类均衡效率低下的情形：一类是消费者不购买任何商品，另一类是消费者购买一些次优商品。有承诺定价会导致消费者选择不购买任何商品。在这种情况下，消费者更愿意完全披露最高价值产品的信息，以便厂商推荐它。鉴于有效的推荐，厂商推荐的商品对消费者而言，具有较高的价值。厂商根据这一预测，其商品定价会严格高于商品价值。对消费者而言，其认为商品定价高于商品价值，交易不会发生。无承诺定价会导致消费者购买一些次优商品。在这种情况下，假设厂商的定价超过商品价值的概率为正，并且消费者会披露商品价值是否超过价格。如果价格超过价值，厂商会进行价格下调或者推荐另一种商品。如果价格低于价值，厂商会推荐与原价格相同的商品。总体看来，消费者会披露商品价格是否超过价值，以确保交易的发生。然而，由于消费者未能购买到最优商品，此时的均衡也是低效的，主要在于厂商无承诺定价会导致消费者隐瞒最有价值产品的相关信息。

福利比较。厂商销售两种商品时，在承诺定价下，厂商的境况更好，消费者的境况更差。当厂商销售两种及以上商品时，这种情况是不存在的，因为无承诺定价下的交易率更高。如果卖方承诺不使用信息进行定价，消费者的处境会更差。在无承诺定价下，消费者可以通过隐瞒最有价值商品的信息来诱导厂商设定较低的价格。尽管这会导致商品推荐的准确性降低，但消费者从低价中获得的收益可能会超过潜在商品不匹配带来的损失。相反，如果厂商提前承诺价格，消费者就会错失通过战略性地隐瞒信息来影响价格的机会。因此，承诺定价使消费者的处境变得更糟糕。

拓展讨论 2：寡头厂商生产同种产品

对消费者而言，其所需要的产品除了垄断厂商生产的情况，也会存在有多个厂商生产产品的情况。我们以双寡头厂商为例，厂商甲和乙同时生产同种产品，但厂商甲的产品质量高于厂商乙，产品的质量越高其边际生产成本越高；消费者的隐私保护选择有三种，即完全无隐私保护、部分隐私保护和强制性隐私保护，消费者分为老消费者和新消费者。

市场均衡。强制性隐私保护时，厂商使用消费者隐私信息的行为是被强制性禁止的，因此对产品进行统一定价。[①] 完全无隐私保护时，厂商可以无成本使用消费者隐私信息。[②] 对于新消费者，相当于强制性隐私保护，厂商只能进行统一定价；对于老消费者，厂商可以对其进行个性化定价。部分隐私保护时，厂商只能使用消费者愿意披露的部分隐私信息。如果所有新消费者进入匿名市场、所有老消费者进入个性化市场，则厂商的均衡定价与完全无隐私保护时一致；如果有老消费者自由选择进入匿名市场，则厂商的均衡定价随消费者隐私披露的变化而变化。

福利比较。对社会总福利而言，完全无隐私保护时最大，部分隐私保护时次之，强制性隐私保护时最小。对消费者福利而言，完全无隐私保护大于强制性隐私保护，完全无隐私保护大于部分隐私保护，而强制性隐私保护与部分隐私保护的大小与厂商 A 和 B 生产产品

---

① 如果厂商甲和乙的产品质量相差较大，厂商甲会选择更高的定价，进而导致更多消费者购买厂商乙的产品；反之，厂商乙产品更受欢迎，厂商甲也相对更具有定价权，在价格相应提高后，消费者会转向购买厂商甲的产品。

② 此时，厂商可以准确预测出老消费者对产品质量的支付意愿，却无法预测出新消费者的支付意愿。新消费者所在市场为匿名市场，老消费者所在市场为个性化市场。

的质量差异有关。对于生产者福利而言,部分隐私保护时厂商总利润最大,强制性隐私保护时次之,完全无隐私保护时最小。可以看出,如果厂商以总利润最大化为目的,那其更希望能够获取消费者的部分隐私,此时消费者或选取性价比更高的商品。

以上讨论了垄断市场、竞争性市场等不同市场结构下,消费者的隐私披露对市场需求的影响。除此之外,也存在一些其他情况下隐私保护与市场需求的关系。比如在垂直差异化双寡头竞争市场中:个人信息保护程度越强,社会总福利反而越差;消费者在无个人信息保护下福利水平最高;从市场竞争结构的角度,大数据时代更应该引入和维护公平竞争,而不应过度限制厂商收集和使用消费者的非敏感信息。因此,随着数字经济的快速发展,隐私保护技术的开发与运用、隐私保护制度的制定与实施等对市场需求的影响值得进一步关注与思考。

本章小结

本章主要探讨数字经济下消费活动的变化和对市场需求的影响。第3.1节介绍了数字经济形态下,消费者面临着更多新的数字产品和服务,在消费过程中呈现出新的消费特征,以及逐渐形成了全新的消费方式。

由于消费活动发生在不同的网络空间或平台上,需要消费者在各网络空间配置注意力资源,这使得消费活动的约束条件不仅需要考虑传统的收入约束,还需要考虑注意力资源的约束。此外,由于数字技术可以低成本记录和保存消费活动相关数据,消费者对隐私保护也存在巨大需求,从而构成了影响商品市场需求的另一约束。

上述数字消费活动的变化导致市场需求也发生了重要变化,会形成和传统经济不一样的需求特征,影响市场的运行规律。在本章第3.2节探讨了注意力与流量的关系,以此来刻画消费者的注意力约束对其需求和决策的影响,以及各个消费者注意力汇总所形成的流量资源如何改变市场需求。第3.3节分别从商品所有权不变、商品所有权可变、存在二手交易、网络平台的作用等四个方面依次探讨了协同消费对市场需求的影响。第3.4节考虑了在垄断厂商生产多种产品、两个厂商生产同种产品时,隐私保护对市场需求的影响。上述对消费者需求特征的经济学分析为后续章节对于市场运行和均衡问题的探讨奠定基础。

习题

一、简答题

1. 请简要介绍一类与你生活息息相关的数字消费方式,并分享一下你的使用体验。

2. 请结合自身经历简要描述在数字经济形态下,消费者会面临哪些新的消费约束。

3. 请简要分析一种数字消费品所具有的网络外部性特征,以及由此产生的影响。

二、论述题

1. 在考虑到消费者注意力因素后,商家会采取什么样的竞争策略?又会为消费者带来何种影响?

2．试分析通过何种途径能够激励商家更加重视对消费者的隐私保护。

参考文献

［1］　冯振华、刘涛雄、王勇，2023. 平台经济的可竞争性——用户注意力的视角［J］. 经济研究，58(9)：116-132.

［2］　王勇、刘乐易、迟熙、张玮艺，2022. 流量博弈与流量数据的最优定价——基于电子商务平台的视角［J］. 管理世界，38(8)：116-132.

［3］　Filippas A，Horton J J and Zeckhauser R J，2020. Owning，Using，and Renting：Some Simple Economics of the "Sharing Economy"［J］. Management Science，66(9)：4152-4172.

［4］　Fraiberger S P and Sundararajan A，2017. Peer-to-Peer Rental Markets in the Sharing Economy［R］. NYU Stern School of Business Research Paper.

［5］　Heidhues P，Johnen J and Kőszegi B，2021. Browsing versus Studying：A Pro-market Case for Regulation［J］. The Review of Economic Studies，88(2)：708-729.

［6］　Ichihashi S，2020. Online Privacy and Information Disclosure by Consumers［J］. American Economic Review，110(2)：569-595.

［7］　Katz M L，and C Shapiro，1985. Network Externalities，Competition，and Compatibility［J］. American Economic Review，75(3)：424-440.

［8］　Prat A and Valletti T M，2022. Attention Oligopoly［J］. SSRN Working Paper：ID 3197930.

第4章

生产组织方式

本章学习目标

1. 了解生产技术变革推动生产组织方式演进的过程
2. 掌握数字经济改变生产函数的方式
3. 了解数字经济时代企业利润最大化和成本最小化的决策过程
4. 明晰数字经济的要素市场中传统要素受到的影响以及数据要素的特点

引言

从第 4 章开始，我们开始研究微观企业的生产行为。在经济学当中，生产组织方式是指与企业的一切生产活动相关的组织过程。具体来说，就是生产主体内部各种生产资料与生产工具、劳动力的配比以及使用方式，本质目的是通过微观资源配置使生产效率最大化和利润最大化。

当然，对企业来说，最优的生产组织方式一定不是一成不变的，而是随着生产技术的进步在不断演进优化，与当前的生产力条件达到最优适配。如今人类文明进入数字经济时代，以数字基础设施和数字技术等为代表的数字产业化部门的快速成熟，引发并推动了各行各业的产业数字化进程。在这一背景下，新时代企业的生产组织行为和发展环境也发生了相应的变化。接下来，我们就对数字经济中微观企业的生产进行进一步的探究。

4.1 生产技术与组织方式

引言中已经提到，企业的生产组织方式会随着生产技术的变化而变化。在本节中，我们会回顾历史上具有代表性的生产组织方式变迁，并介绍当下数字经济时代可能引发这种变迁的数字技术。最后，从企业组织和企业边界两个角度对企业发生的变化进行分析。

4.1.1 技术发展与企业生产组织方式的历史演进

在封建社会，城市中进行手工生产的基本单位是手工作坊。分散的手工作坊主拥有各自的生产资料,并通过本人的手工劳动进行生产,独立经营。他们通常不会雇佣工人,而只是配备辅助工作的帮工学徒,师傅与学徒之间建立的是伙伴关系,而并不存在资本主义性质的雇佣关系。在手工作坊中,每个人都会参与到产品生产的整个流程,几乎不存在生产的分工。这样的生产组织形式注定不会具有大的规模,且由于手工生产的手艺学习需要时间积累,使得生产效率难以提升。

在手工作坊之上,手工工场作为一种更为成熟的生产组织形式,大致可以分为两个阶段。一方面,分散在各个家庭中的生产者通过组织建立起生产集体,利用自己的生产资料加工产品,通过劳动分工进行分散的工场手工业生产;另一方面,在采矿、冶金和建筑等生产规模较大的行业中,开始出现大型的工作场地,工场主将工人整合起来进行集中的工场手工业生产。由此不难看出,手工工场已经具备了近代工厂制的基本特征:工场主不再直接参与劳动,而是拿出自己的生产资料,雇佣工人进行生产,自己则专门负责经营管理(刘金源,2014)。虽然在这样的雏形下,生产分工进一步细化,生产效率进一步提升,但由于生产力仍然以手工劳动为主,这样的生产组织形式终究只是演化过程中的过渡形态。从产品生产的特征上来说,该时期的产品以客户偏好为导向,种类复杂,但生产依赖于工人的手艺,总结来说就是小规模的定制化生产(唐振龙,2006)。

18世纪60年代,第一次工业革命在英国发起。蒸汽机的出现彻底颠覆了动力技术的应用,机器开始大范围地替代手工劳动,生产能力发生质变,生产效率得到飞跃性提升。与此同时,机器的出现使得没有资本的工人无法再以家庭为单位进行独立的生产经营,整个社会生产开始脱离分散的简单协作,转而以工厂作为生产的中心。蒸汽动力也不同于传统的自然动力,它不受地理位置的限制,使工厂的选址也能够足够灵活。伴随着生产技术的变革,生产制度也随之演进,企业开始具备雇佣、培训和监督工人的管理能力,劳动分工也高度精细(黄阳华,2016)。这一系列的变化使得企业进行大规模生产的成本大幅降低,因此也不再依赖于现有的客户需求,而是可以主动创造并拓展市场。因此,该时期工厂制的标准化流水线生产,在降低工人手艺依赖、提升产能的同时,也减少了产品种类,总结来说就是大规模的标准化生产。

无独有偶,第二次工业革命中的技术变革所带来的生产组织方式演进也与此相似。19世纪中后期,围绕电力的一系列发明开始涌现,发电机的问世使电器开始替代机器,电力成为替代或补充蒸汽动力的新能源。[①] 电气化改造使生产流程变得更加简洁、稳定和灵活,同时也优化了机械设备的设计、制造和操作,再次极大地提升了生产效率。工业生产效率的提升也带来了企业管理的变化,生产流程的延长优化以及技术知识的快速增长使得产品复杂度不断提高,因此管理的专业化程度也随之提升,企业所有者和管理者不分的模式开始转变为所有权和控制权分离的两权分离模式。在此基础上,福特制的生产组织方式应运而生。以往的汽车消费通常是由客户直接向汽车制造商提出需求,进行个性化定制。这种模式注定使得汽车无法量产,且价格异常昂贵。而福特公司通过将汽车零部件标准化,结合流水线的专业化分工,极大提升了生产效率,并降低了生产成本,将"大规模标准化生产"发挥到了极致。

---

① 人民教育出版社历史室.世界近代现代史[M].北京:人民教育出版社,2002.

此后,在 20 世纪后期的信息技术革命,则将生产组织方式的变革推向了另一个高潮。电子芯片在摩尔定律①下飞速发展,其性能更加强劲的同时,价格也在不断降低。这极大地推动了计算机的发展和普及,继而使得生产的自动化、智能化程度提升。这样的技术变革使得模块化的柔性生产成为可能,整个复杂的生产过程可以被设计分解为独立的模块,通过专业化分工、外包和代工等手段完成组合式生产,从而满足多样化的消费者需求。该时期的信息技术变革使得产品的生产效率进一步提升,同时分工模块化生产和组合式产品使生产实现定制化,因此,总的来说就是大规模的定制化生产。表 4-1 总结了技术发展与企业生产组织方式的演进。

表 4-1　技术发展与企业生产组织方式演进

生产组织方式	技　　术	生 产 特 征
手工作坊/工场	手工工艺	小规模定制化生产
工厂制	蒸汽机	大规模标准化生产
福特制	发电机	
模块化生产	信息技术	大规模定制化生产

4.1.2　工业 4.0 时代的数字技术

随着信息技术的普及和 ICT(信息与通信技术)的快速发展,"第四次工业革命"已经处于进行时。为了在新一轮的工业革命中占得先机,德国最先提出了"工业 4.0"的概念。所谓工业 4.0,是基于工业发展的不同阶段做出的划分。按照目前的共识,工业 1.0 是蒸汽机时代,工业 2.0 是电气化时代,工业 3.0 是信息化时代,工业 4.0 则是利用信息化技术促进产业变革的时代,也就是智能化时代。② 2015 年,国务院正式印发《中国制造 2025》,并于同年宣布与德国的"工业 4.0"战略进行对接,共同推动新工业革命。③ 在工业 4.0 时代,互联互通的智能化生产离不开一系列数字技术的支持。

无论是 C 端连接消费者和产品服务的消费互联网,还是 B 端实现万物互联、赋能万行万业的产业互联网,其基础支撑都是技术层面的数字基础设施。分为硬、软、云、网四个方面的数字基础设施和技术,通过数据赋能消费互联网和工业互联网,构筑起整个数字经济的运行系统(图 4-1)。与此同时,在工业 4.0 的大背景下,硬、软、云、网各项数字技术也为生产制造转向智能化提供了充分的技术变革基础,下面分别对这四方面的一些关键技术要件进行简要介绍。

(1)芯片,也叫作集成电路(integrated circuit),是在一小片半导体材料(通常是硅)上封装的一系列电路,大量细小的金氧半场效晶体管(metal-oxide-semiconductor field-effect transistor,MOSFET)被集中到同一块微小的芯片上。这样的集成方式使电路更小、更快,也更经济,其量产能力、可靠性和标准化特征也令芯片得以应用到今天的几乎所有电子设备上,从而彻底改变了数字世界。具体来说,诸如现代计算机处理器和微控制器这样的集

---

① 摩尔定律指处理器的性能大约每两年翻一倍,同时价格下降为之前的一半。
② 中国政府网,2014:《李克强为什么要提工业 4.0》,http://www.gov.cn/.
③ 中国政府网,2016:《当"中国制造 2025"遇上德国"工业 4.0"》,http://www.gov.cn/.

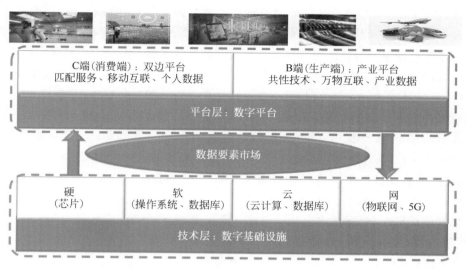

图 4-1　数字经济运行

成电路,凭借其微小的体积和低廉的成本,使电脑、手机和其他家用电器成为当今社会不可分割的一部分。除此之外,芯片还在诸多领域的生产中发挥着不容忽视的作用。在工业制造领域,人工智能和工业机器人等应用使生产趋于自动化和智能化,而这背后所需要的强大算力支撑,正是由芯片所提供;在自动驾驶无人车领域,需要算法对极度复杂多变的路况和驾驶员的实时行为进行分析学习,这里的算力同样由芯片来支撑;在 5G 移动网络通信领域,连接到终端应用和服务器时,会有大量的计算、存储工作,都要通过芯片来完成。从更宏大的视角来看,芯片也被广泛地应用于航天、装备、交通、电力、金融、能源、医疗等国家战略行业,是数字经济时代兵家必争的核心硬件。

(2) 操作系统(operating system),是管理计算机硬件、软件资源并为计算机程序提供通用服务的系统软件。根据运行的环境不同,操作系统可以分为桌面操作系统、手机操作系统、服务器操作系统和嵌入式操作系统等多种类型(汤小丹,2014)。平时我们所熟知的操作系统,通常包括 PC 操作系统(如国外的 Microsoft Windows,国内的统信 UOS 等)和手机操作系统(如国外的苹果 iOS,国内的华为鸿蒙 OS 等),也可以统称为桌面操作系统。而在数字经济时代的企业生产经营中,服务器操作系统和嵌入式的工业操作系统则发挥着举足轻重的作用。服务器操作系统相对个人的桌面操作系统,具有更高的稳定性、安全性以及数据处理能力,能够承担具体网络中的各种高阶功能。例如,华为自主研发的 openEuler 服务器操作系统,就能够满足客户从传统 IT 基础设施到云计算服务的一系列需求。而嵌入式的工业操作系统,国际上比较有名的有 VxWorks 和 QNX 等操作系统,能够有效连接制造业内部各种各样的设备和系统,实现互联互通和集成融合,同时可以实现企业和企业之间、产业链上下游的协同。工业操作系统还可以把工业软件构建起来,实现工业知识的有效沉淀、共享和复用,驱动企业的业务模式转型、管理的变革和商业模式的创新,增强企业的核心竞争力,进而助力产业的高质量发展。

(3) 数据库(database),是结构化的信息或数据按照一定的规则进行组织后的集合,一般是以电子形式存储在计算机系统中,通常由数据库管理系统(database management

system，DBMS)来进行控制。数据库的设计涉及诸多因素，包括数据建模、高效数据存储、查询语言、敏感数据的隐私安全，以及分布式计算问题等。与此同时，也要充分考虑对并行访问的支持以及程序的容错能力。在数字经济时代的生产经营活动中，数据库的存在极大地提升了数据的存储、检索和利用效率，从而增强了企业的管理决策效率和资源配置能力。举例来说，亚马逊(Amazon)公司每天都要处理数以百万计的后台操作，并响应50多万条第三方卖家的查询命令。支撑亚马逊得以如此运营的核心技术是基于 Linux 系统的数据库，截至2005年，它就已经拥有了世界上三个最大的 Linux 数据库，容量分别为7.8TB、18.5TB 和24.7TB。与之相似，沃尔玛(Walmart)也要通过大数据存储技术积累大约2.5PB 的数据，来应对每小时超过100万次的顾客交易。在国内的"双11"购物狂欢中，OceanBase 数据库也同样扮演了重要的角色。2016年，OceanBase 支撑了活动中12万笔/秒的支付峰值；2017年，更是将包括整个账务库在内的全部核心系统都放在 OceanBase 上运行，并创造了4200万次/秒的数据库处理峰值纪录。

(4) 云计算(cloud computing)。所谓"云"是对网络的一种比喻说法，是一个包含大量虚拟资源的资源池。这些虚拟资源可以根据不同的负载动态地重新配置，以达到更优化的资源利用率(陈全和邓倩妮，2009)。具体来说，云计算就是将数据存储(云存储)或计算能力等服务按需提供给用户。用户甚至可以在不了解提供服务的技术，没有相关知识以及设备操作能力的情况下，在"云"上根据需要获取相关服务。数字经济时代，云计算在各行各业的生产经营中都不可或缺。例如，在医疗行业，借助云计算所创建的医疗健康服务云平台，实现了医疗资源的共享和医疗范围的扩大，具有数据安全、信息共享、动态扩展、布局全国等优势。现在医院的电子病历系统、病例数据存储分析和医疗影像处理等都是云计算与医疗领域结合的产物。

(5) 物联网(internet of things，IoT)。这一概念描述的是实物构成的网络，具体来说，即是在各类"实物"中嵌入传感器、软件和其他技术，以通过接入互联网的设备和系统来实现物与物、人与人之间的连接和数据交换。举例来说，在消费市场上，物联网技术与适用于"智能家居"概念的产品密切相关，包括支持一个或多个通用产品生态系统的设备和应用(例如照明设备、加热设备、空调设备、多媒体设备、摄像头、家庭安全系统以及其他家用电器)，并且能够使用与该生态系统相联系的设备(例如智能手机)进行实时操控。在交通运输领域，物联网技术可以协助整合各类运输系统之间的通信、控制和信息处理，支持车内、车间通信的实时动态交互，从而实现智能交通管控、智能泊车和自动电子收费系统(ETC)等应用。而在制造业的生产过程中，物联网技术能够通过传感器实现生产过程的监测、控制、诊断和维护，降低了人力和时间成本，提高了生产效率。与此同时，传感器实时采集的各种数据通过积累沉淀，结合机器学习和大数据分析技术，有助于生产技术的迭代优化，从而提高产品的质量和复杂程度。除此之外，物联网采集到的实时数据还能够对能源消耗、污染排放以及生产安全等环节进行监测和管理，从而有效降低相关成本。

(6) 5G。5G 是指第五代移动通信技术。移动互联技术是移动通信技术和互联网技术融合的产物，其核心是在信息技术的基础上加入通信技术的信息通信技术，充分结合了移动通信的随时、随地、随身和互联网的开放、分享、互动的优势，可以同时提供话音、传真、数据、图像、多媒体等高品质电信服务，由运营商提供无线接入，互联网企业提供各种成熟的应用。从 3G 到 4G,再到 5G 时代的到来,移动通信技术在传输速率和覆盖范围上都取得了飞跃性的发展,其与互联网技术的结合也越来越充分,从而保证了移动互联技术在各个领域的普遍应用。除了我们已经熟悉的电子阅读、移动视听、移动搜索、移动社区、移动支付和手机游戏等发展较为成熟的应用之外,5G 还提出了三大主要应用场景,包括增强移动宽带、超高可靠低时延通信和海量机器类通信,涵盖了网上冲浪、工业控制、自动驾驶、智慧城市和智能家居等各种领域。特别是在工业生产制造中,5G 支持下的 VR/AR 研发实验协同、远程控制和机器视觉等应用充分涵盖了研发设计、生产制造、运营管理及产品服务 4 个大的工业环节,大幅降低了人工成本,并有效提高了产品检测准确率。

4.1.3　企业组织架构的变动:从科层制到扁平化

在传统的大企业生产经营中,企业管理需要专业化、标准化、一体化和程序化。德国社会学家马克思·韦伯(Max Weber)提出了科层制的组织形态,这是一种以分工、分层、规制和集权等为特性的金字塔式的管理方式,举例来说,从"金字塔顶"到"金字塔底"依次可以包括决策层、管理层、执行层和操作层等。系统化的流程和有组织的等级是维持秩序、最大化效率并消除偏见的必要条件,因此,科层制在很长一段时间里构成了人类活动可以组织的最有效和最理性的方式(Swedberg 和 Agevall,2016)。在数字经济时代到来之前,企业的信息化水平相对低,决策往往凭借管理者个人拥有的能力和信息,但由于生产也相对机械化,因此在工业革命时代,科层制是一种足够高效的组织形式。

然而随着企业内部生产经营活动的不断复杂,以及 ICT 技术的发展和普及,科层制的企业管理制度逐渐暴露出一系列弱点。一方面,从信息传递的角度来看,在科层制下,信息需要层层传递,在这一过程中,中间经手信息的管理者难免加入个人的主观判断或删减对自己不利的部分,这就导致信息出现扭曲或失真,从而在信息自下而上传递的过程中使高层无法认识到问题的具体情况和严重程度,而在自上而下的传递过程中又使基层难以理解高层决策的真正意图,最终造成决策质量和执行质量的低下。而来自组织基层的信息需要层层上报才能到达高层的特点,也大大降低了决策的速度。在快速变化的市场环境中,决策速度的快慢将直接影响企业面对市场需求变化的反应速度,进而影响企业的市场竞争能力。组织的层级越多,信息过滤、失真和沟通效率低下等问题就越严重,越可能导致决策的失误或错失良机。另一方面,从部门间的协调配合的角度来看,在科层制组织架构模式下,企业根据分工原则划分职能部门,各职能部门各司其职。但在实际运作中很多业务流程都是需要跨部门协作的,在协作的过程中就往往会出现沟通不畅和相互推诿责任等问题。因此,只要有专业化的职能分工,便会产生职责交叉、信息不对称和利益冲突等问题,降低组织运行效率(尹晓娟,2020)。

而在数字经济时代,随着数字基础设施和各项数字技术的不断成熟,扁平化的公司治理架构逐渐替代科层制,成为一种更加高效的企业管理制度。它通过减少管理层次,压缩职能部门,建立起紧凑而富有弹性的组织,具有敏捷、灵活、快速高效的优点(王雪莉和张力军,2005)。具体来说,数字技术和数据要素所支撑的办公自动化系统、管理信息系统、专家决策系统等使得信息在上下级之间的直接甚至跨级传递成为可能,客观上为大幅度压缩中间管理层次提供了技术上的支持。并且随着信息双向传递速度的加快,高层管理人员更容易在第一时间获取市场信息并做出快速反应(李红勋,2013)。此外,数字技术的进步也推动了生产组织的网络化,企业的组织结构从垂直一体化向扁平化转变,通过层次精简,有效提高了信息传递的效率和灵活性。随着大数据、云计算、人工智能等数字技术的应用,企业内部的沟通协作方式发生变革,如微信、钉钉、Zoom 等应用程序提高了企业内部的沟通效率,降低了企业内部的交易费用成本。

4.1.4 企业边界的变化:从垂直集成到水平拓展

数字经济时代企业开展生产活动的另一个新特征,就是越来越难与外界割裂进行独立生产,而是需要与其他经济主体产生密切联系,开展协作生产和协同创新。因此,我们必须对企业的生产边界问题展开讨论。

在传统的古典经济学理论中,企业在利润最大化目标的驱使下,会选择边际成本等于边际收益时的产量规模。换句话来说,市场规模和利润最大化目标决定了企业的规模边界。而在《企业的性质》一文中,科斯解释"企业存在"问题时创新性地提出了交易费用的概念,他认为如果通过市场安排协调资源的费用(即交易费用)超过了企业内部管理资源的费用,那么企业内部管理的资源配置就是十分必要和合理的。可以通过管理协调来减少市场协调成本就是科斯对企业存在的理论解释。对于"企业组织的边界"问题,科斯认为,企业扩张会带来自身的组织成本,这主要是因为对企业家的管理才能来说,其作为一种生产要素的边际收益可能是递减的,或者说"企业家也许不能成功地将生产要素用到它们价格最大的地方,即不能导致生产要素的最佳使用"。因此,由于市场交易成本和企业组织成本的双重作用,企业将倾向于扩张到在企业内部组织一笔额外交易的成本等于通过公开市场上完成同一笔交易的成本或在另一企业中组织同样交易的成本为止。

由此我们可以了解到,在科斯的理论中,企业的规模边界与市场之间是相互替代的关系,因此,"生产还是购买"(make or buy)成为企业边界决策的核心问题。在数字经济时代,云服务技术和数字平台的出现,极大扩展了企业的资源共享,并开拓了企业的生产边界。企业倾向于将拥有更高生产能力的某个生产阶段内部化,而将缺乏能力的生产阶段进行外包(董华和赵生冬,2013),实现生产过程从垂直集成向水平拓展的转变。以亚马逊在数据产业链上的生产经营为例,在数据收集—数据存储—数据处理分析这条价值链上,其既有AWS 数据产业平台来进行数据存储业务、数据交易业务、数据产品或服务业务,同时也构建了 Mechanical Turk 众包平台,使个人和企业更容易将其流程和工作外包给能够线上执行这些任务的分布式劳动力。这些任务可能包括进行简单的数据验证和研究,以及一些更主观的任务,如调查参与、内容审核等。Mechanical Turk 使企业能够利用全球员工的集体智慧、技能和见解来提高业务效率、增强数据收集和分析,并加快机器学习的发展。

4.2 数字经济的生产函数

4.2.1 数字技术进入生产函数

在本章第 4.1 节中我们已经提到,技术进步是推动企业生产组织方式演进的重要动力。

在数字经济时代,数字技术也已经渗透到各行各业的生产过程中。可在经典的包含中间产品的道格拉斯生产函数的基础上引入数字技术。假设产品和要素市场都完全竞争的经济中存在 n 个行业,最终产品部门利用劳动和连续统为 1 的中间产品进行生产,其生产函数为规模报酬不变的柯布-道格拉斯生产函数:

$$Y_{it} = (\theta_{it} A_{it})^\alpha L_{it}{}^\alpha \int_0^1 (x_{it}(j))^{1-\alpha} \mathrm{d}j$$

其中,Y_{it} 是行业 i 的最终产品。L_{it} 是用于生产行业 i 最终产品的劳动投入量,$x_{it}(j)$ 为生产行业 i 最终产品的专业化中间产品 j 的投入量。为简化分析,聚焦于数字技术发展,假设技术水平 A_{it} 即为数字技术发展水平,θ_{it} 为数字技术在生产部门的应用转化因子,则 $\theta_{it} A_{it}$ 为数字技术对生产部门生产效率的改善。[①]

从数字经济的角度来解读,A_{it} 可以代表数字产业化的发展水平。以工业生产中的移动通信技术为例,其自从首次出现以来,经历了多个世代的发展,如 3G、4G 和 5G 等,每一代都带来了显著的技术进步。这其中包括:数据传输速度的飞速提高,使得在工业生产过程中能够更快速地传输传感器数据和生产指令等;响应延迟的大幅降低,使得工业自动化中的实时控制和反馈能够更加及时和迅速;设备连接密度的提升,使得大量的物联网设备能够同时连接到网络。

θ_{it} 则可以代表产业数字化的深化程度,例如随着移动通信技术的不断升级,其可以应用到:①物联网,将大量的传感器和设备连接到网络,实现设备之间的数据共享和智能决策;②远程监控和控制,使得企业在任何时间和地点对生产设备和过程进行监控和控制;③AR 和 VR,可以通过增强现实技术获取即时的工作指导和工作环境模拟,提高了操作效率和工作质量;④智能制造,移动通信技术与其他数字技术如云计算、大数据和人工智能结合,实现智能制造,使得生产过程更加高效和自动化。

4.2.2　人工智能技术进入到生产函数

数字经济对生产函数的另一重要影响渠道,就是人工智能或自动化过程。Acemoglu 和 Restrepo(2018)通过将人工智能的机制引入生产函数,阐述了自动化过程对生产和就业的影响。在本小节,我们将简要展示该生产函数的思想,更多的具体细节将在本书第 11 章中进一步展开。假设在包含自动化过程的生产函数设定中,总产出是由一系列的任务(tasks)$x \in [N-1, N]$ 相结合生产而来,生产函数服从柯布-道格拉斯的形式,总产出可由下列积分所表示:

$$\ln Y = \int_{N-1}^N \ln y(x) \mathrm{d}x$$

其中,Y 表示总产出,$y(x)$ 是任务 x 的产出。每项任务都可以由人类劳动 $l(x)$ 或机器 $m(x)$ 完成,最终究竟采取何种方式将取决于该任务是否已实现技术上的自动化。其中,任务 $x \in [N-1, I]$ 是技术自动化的,因此可以由人力或机器生产;而其余任务不是技术自动化的,因此只能由人工生产:

---

① 上述生产函数的一个应用请见,田秀娟、李睿,2022.数字技术赋能实体经济转型发展——基于熊彼特内生增长理论的分析框架[J].管理世界,第 5 期。

$$y(x) = \begin{cases} \gamma_L(x)l(x) + \gamma_M(x)m(x), & x \in (N-1, I) \\ \gamma_L(x)l(x), & x \in (I, N) \end{cases}$$

这里，$\gamma_L(x)$ 是任务 x 中的劳动生产率，而 $\gamma_M(x)$ 是自动化任务中的机器生产率。我们假设 $\gamma_L(x)/\gamma_M(x)$ 随 x 的增大而增大，因此劳动力在编号较大的任务中具有相对优势。阈值 I 表示自动化可能性的边界，它描述了利用人工智能、工业机器人、各种计算机辅助技术和其他形式的"智能机器"等可以实现自动化的任务范围。

基于此，人工智能对于生产（特别是生产中的就业）会产生两种方向的作用。自动化毫无疑问会在非常广泛的任务中取代人类劳动力，产生强大的替代效应（displacement effect），减少经济对劳动力的需求，并降低劳动收入在国民收入中的份额。但与此同时，几种相反的力量也在平衡着这一替代效应。第一，成本更低的机器替代人类劳动力的现象会创造出生产率效应（productivity effect）：随着被自动化的任务的成本降低，经济将会扩展和增加在非自动化任务上的劳动力需求。这一效应既可以表现在经历自动化的相同部门中劳动力需求的增加，也可以表现在非自动化部门中的劳动力增加。第二，自动化的扩张将增加对物质资本的需求，由此引致的资本积累，也会提高经济对劳动力的需求。第三，自动化不仅替代了此前由人力所完成的任务，同时也提高了原本就已经自动化的任务中机器的生产效率，这种现象被称为自动化的深化，它创造出生产率效应而非替代效应，从而增加了劳动力的需求。除此之外，劳动力的重置效应（reinstatement effect），也即全新职位的创造，也有力地抵消了替代效应的负面作用。人类劳动力在这些新创造的职位和活动中相对机器具有明显的比较优势，这增加了劳动力的需求，同时也提高了劳动收入份额。

不过尽管如此，劳动力从现存工作和职位再分配至上述新创造的岗位中仍然是一个缓慢的过程。一方面，寻找新的工作需要时间；另一方面，新的职位需要新的技能，当教育部门的发展无法满足新技能的需要时，劳动力技能和新技术之间的不匹配势必会让调整的过程更复杂，并阻碍新技术带来的生产率提高。

4.2.3 数据要素进入生产函数

1. 数据要素及其特征

随着数字经济不断发展，数据作为一种"新型石油资源"价值逐渐凸显，其可以作为一种生产要素，进入生产过程。2017 年，习近平总书记主持中共中央政治局第二次集体学习并在讲话中指出"要构建以数据为关键要素的数字经济"；2019 年 10 月，党的十九届四中全会首次将数据确立为生产要素；2020 年 4 月，《中共中央国务院关于构建更加完善的要素市场化配置体制机制的意见》提出要加快培育数据要素市场；2022 年 1 月，国务院发布的《"十四五"数字经济发展规划》进一步指出，数据要素是数字经济深化发展的核心引擎，要到 2025 年初步建立数据要素市场体系，到 2035 年力争形成统一公平、竞争有序、成熟完备的数字经济现代市场体系。

从生产要素的存在形态上来说，数据要素具有虚拟性的特征。无论是在资源形态、要素形态还是产品形态下，数据要素都是具有虚拟性的。虚拟性的存在就意味着数据必须以其他生产要素作为载体才能发挥作用。在当前的技术条件下，数据在大多数时候是存在于信息与通信技术(ICT)产品,即 ICT 资本之中的,二者的有效结合被视为目前全球经济增长的主要动力之一。虚拟性是数据与其他传统生产要素如劳动力、资本和土地的最主要差异,也是知识、技术、管理和数据等新生产要素的主要特点。对于数据等虚拟生产要素的依赖,是数字经济的主要特点之一,也是数字经济与传统经济的主要区别。

除此之外,数据要素的另外一项核心特征是非竞争性。非竞争性一般是指一个使用者对该物品的消费并不减少它对其他使用者的供应。同一组数据可以同时被多个企业或个人使用,一个额外的使用者不会减少其他现存数据使用者的效用,数据也因此具有非竞争性。对于生产中的数据要素使用来说,额外一单位数据的使用边际成本为 0,这是数据与其他生产要素之间的一个主要差异。由于非竞争性的存在,任何数量的企业、个人或机器学习算法都可以同时使用同一组数据,而又不会减少其他人可用的数据量,这就决定了数据的高使用效率与巨大的潜在经济价值(徐翔等,2021)。

数据要素在作为生产要素参与生产过程时,会产生正负两个方面的外部性。例如,在数据搜集方面,雅虎通过搜集使用雅虎搜索引擎的用户数据,显著地提升了搜索引擎的质量,从而改善了用户的使用体验,吸引了更多用户使用。现实中,不同数据集的信息普遍存在相关性,一个消费者的个人数据在使用过程中可能泄露消费者的隐私,也可能透露和该消费者有关联的其他消费者的信息。因此,消费者与企业的数据要素市场化交易都面临数据的隐私负外部性问题(戎珂和陆志鹏,2022)。

2. 数据要素进入生产函数的方式

在传统的经济学生产模型中,并没有纳入数据生产要素。因此,一个需要回答的关键问题就是数据这一新兴生产要素如何进入经济系统,特别是如何进入生产过程。目前大多数理论研究的做法是将数据要素加入知识生产环节,促进"新知识"产生,最终影响经济增长(Agrawal et al.,2018)。基于对数据要素经济特征的认识与分析,结合现有的研究成果,以及联系社会现实,数据要素加入生产过程的方式主要有以下 3 种。

方式一:数据要素作为相对独立的生产要素,可采用如下生产函数:

$$Y = AK^{\alpha}D^{\beta}L^{1-\alpha-\beta} \tag{4-1}$$

其中,A 代表技术水平;K 代表资本要素;L 代表劳动力要素;D 代表数据要素;α、β 代表各要素产出的弹性系数。在这种方式当中,数据要素被看作同传统生产函数中资本 K 和劳动力 L 并列的生产要素,在生产函数中独立地发挥作用。

方式二:数据要素作为资本等要素互补(替代)的生产要素,可采用如下生产函数:

$$Y = A(\mu K^{\alpha} + D^{\alpha})^{\beta/\alpha}L^{1-\beta} \tag{4-2}$$

在这种方式中,数据要素被看作和资本 K 密切相关,它们之间存在着互补或替代的关系。例如,数据在和计算机算力相结合时,才能最高效并最大限度地挖掘出其中所蕴藏的潜在价值。当数据量不足或算力资本水平不高时,生产效率则会大打折扣。

前两种方式指的是数据生产要素作为一种投入要素,直接作用于最终产出,我们以柯布-道格拉斯生产函数为例。两者的区别在于,在方式一中,数据要素是独立的,对于最终产出至关重要,当数据要素的投入为零时,整个经济系统不会有产出;而在方式二当中,数据要素作为一种产出的共同投入品,是资本等要素的互补(或替代)要素。当数据要素投入为零时,可能会影响最终产出的产量,但不至于使得产出归零。

方式三:作为研发的投入要素:

$$\dot{A}(t) = f(D(t), A(t), L_A) \tag{4-3}$$

其中,$\dot{A}(t) = dA(t)/dt$ 表示新知识(技术)的生产,$D(t)$ 表示时间 t 数据要素的投入,$A(t)$ 表示时间 t 知识的存量,L_A 表示投入到知识生产的劳动。在这种方式中,新知识的发现取决于已有知识的水平,生产知识的劳动力,以及新的生产要素——数据要素。

方式三与前两种方式有所不同,数据要素不再作为最终产出的投入品,而是作为一种研发的投入要素进入经济系统。根据新知识或者新技术的作用方向,我们又可以对模型进行进一步的细分,可以是新知识的应用丰富了投入与产出品的种类,也可以是新知识的应用提高了投入品或者产出品的质量,例如雅虎(Yahoo)的搜索引擎通过搜集用户数据,不断改善用户体验,产品的门类并没有增加,但是雅虎搜索引擎的产品质量得到了提升。

当然,除了直接参与生产,数据要素也会以其他方式促进经济增长。例如,消费购物平台通过搜集用户购物数据,实现商品"精准推送",促进交易的达成;视频平台基于用户的观看历史,推送相关视频,用户因此能够更为快速地获取符合自身偏好的视频内容;求职平台基于大量求职者与招聘单位的成功匹配案例,为求职者推荐合适的就业岗位,促成就业。类似的现象还有不少,在此类情境中,数据实际上是促成了供给端与需求端的匹配。进一步地,匹配效率的提升也有利于企业制定更加灵活的生产策略,从而获取更高的生产收益。

3. 规模经济效应

从经济学的定义来说,规模报酬是指其他条件不变,企业内部要素投入(除技术外)按相同比例变化时所带来的产出的变化。许多研究指出数据要素会引起规模报酬递增,致使大型企业相比小型企业能够更高比例地从数据要素中获益。Varian(2018)指出有三种效应使得数据要素能够引起规模报酬递增。①固定成本效应:数据要素投入的固定成本较高,而由于采集数据经常是由程序自动完成的,数据要素投入的可变成本低,大规模投入数据要素能够有效摊薄企业平均成本。②网络效应:网络效应的存在,让大型企业(特别是互联网企业)能够用已有的大规模数据吸引更多用户,并进一步搜集更丰富的潜在数据。③"干中学"效应:数据处理技术是稀缺且需要摸索的,因此存在较强的干中学效应;随着数据处理规模增加,数据处理的成本相对降低,从而引起了规模报酬递增。

前面还提到,非竞争性是数据要素的一个关键特征,而非竞争性又进一步产生了规模报酬递增的效应。Jones 和 Tonetti(2020)用一个类比进行了说明:由于实物资本是竞争性的,因此每家企业都必须有自己的办公楼,每名职员都需要自己的办公桌和电脑,每个仓库也都需要自己的叉车。但如果这些资本是非竞争性的,就意味着经济中的每一名工人都可以同时使用整个行业的资本存量,显然这将创造巨大的经济收益,而这也正是数据要素所具备的可能性。从企业的角度,其所拥有的数据可以被每一名员工使用,因而数据规模越大、种类越丰富,则产生的信息和知识就越多,进而呈现出规模报酬递增的特点。如果数据对于整个行业乃至经济体的参与者开放,数据规模扩大带来的经济价值就将更为可观。

Romer(1990)提出,知识的非竞争性意味着劳动力和知识的结合将形成规模报酬递增的效果。与知识相同,数据生产要素的规模报酬递增也需要与劳动力结合才能体现出来

(Veldkamp 和 Chung,2019)。在 Veldkamp 和 Chung(2019)建立的包含数据生产要素的生产者模型中,商品 i 的产量 Y_{it} 取决于生产它所投入的数据量 Ω_{it} 与劳动力数量 L_{it},用简单的模型公式表示为

$$Y_{it} = \Omega_{it}^{\eta} L_{it}, \quad \eta \in (0,1) \tag{4-4}$$

根据上述生产函数,在同时考虑劳动力和数据投入的情况下,数据要素的引入将会使得生产函数是规模报酬递增的,进而带来生产效率的提升。假设数据要素的投入量 Ω_{it} 与劳动力的投入量 L_{it} 同时变为原来的 n 倍:

$$Y_{i(t+1)} = (n\Omega_{it})^{\eta}(nL_{it}), \quad \eta \in (0,1) \tag{4-5}$$

将等式右边进一步展开,得到

$$Y_{i(t+1)} = n^{\eta+1}\Omega_{it}^{\eta}L_{it} = n^{\eta+1}Y_{it}, \quad \eta \in (0,1) \tag{4-6}$$

由以上结果不难看出,当包含数据要素在内的所有要素投入都扩大为原来的 n 倍时,产量规模的扩大将超过 n 倍($n^{\eta+1} > n$)。因此,数据要素与劳动力要素结合的情况下,产生了规模报酬递增的效应。

4.3　企业利润最大化

4.3.1　一个简单的企业生产模型(Jones 和 Tonetti,2020)

我们以自动驾驶汽车的市场为例,在这个市场当中,有特斯拉、优步、百度、蔚来、小鹏、理想等一系列共 N 家的自动驾驶企业,每家企业的产品消费数量以固定替代弹性(CES)的方式相结合,产生总效用或总产出 Y。在对称性的假设下,Y 服从:

$$Y = \left(\int_0^N Y_i^{\frac{\sigma-1}{\sigma}} \, di\right)^{\frac{\sigma}{\sigma-1}} = N^{\frac{\sigma}{\sigma-1}} Y_i \tag{4-7}$$

每家企业 i 的产量,都同时取决于创意的质量 A_i 以及劳动力的数量 L_i:

$$Y_i = A_i L_i \tag{4-8}$$

由于创意或想法存在着非竞争性的特征,因此,当我们只考虑劳动力时,生产是规模报酬不变的;但当我们同时考虑劳动力和创意的结合时,生产就将是规模报酬递增的,这就是Romer(1990)所提出的,创意的非竞争性将会带来规模报酬递增效应的结论。

进一步地,我们将数据这一生产要素引入该生产函数,具体来说,数据被用来提升创意或想法的质量水平,用公式表示为

$$A_i = D_i^{\eta} \tag{4-9}$$

不难看出,数据要素是通过上一小节中所介绍的方式三来进入生产函数的。这一函数所要表达的想法也相当直观:给定数量的数据能够被用来训练机器学习算法,从而使得无人车的驾驶更加安全。当数据量较小时,可能仅能支持汽车在危险情况必要时进行紧急制动;而经过大量数据训练过后的机器学习算法则可能使无人车在高速公路或拥挤的路况条件下自动驾驶。换句话说,就是数据提升了产品中所蕴含的创意或想法的质量。

更不容忽视的一点是,给定数量的数据所训练出的机器学习算法,可以应用到一辆汽车上,也同样可以在同一时间应用到一千辆,甚至一百万辆汽车上,这就是数据产生的想法

所具有的非竞争性的体现。一样的道理,同一份数据也可以在同一时间被许多不同的企业拿来训练各自的机器学习算法,这则是数据要素本身的非竞争性的直接体现。在这一模型中,参数 η 体现着数据要素在经济生产中的重要性。

将上述的两个式子进行合并,我们可以得到:

$$Y_i = D_i^{\eta} L_i = D_i^{\eta}(L/N) = D_i^{\eta} \nu \tag{4-10}$$

其中,L 是经济中的劳动力总数量,这里假设其在不同的企业间也具有对称性,因此,$\nu = L/N$ 就是用雇佣规模来衡量的企业规模。

进一步我们假设,每当一单位的生产被消费时,就会相应地产生一单位数据。具体来说,每一公里的驾驶,都会产生使未来的行驶效率提升的数据。值得一提的是,特斯拉产生的数据固然有助于其自动驾驶技术的改善,但与此同时,优步和百度等其他企业产生的数据,同样可以对特斯拉提供帮助。为了体现这一点,可以构造出如下的数据要素生产公式:

$$\begin{aligned} D_i &= \alpha x Y_i + (1-\alpha)B \\ &= \alpha x Y_i + (1-\alpha)\tilde{x} N Y_i \\ &= [\alpha x + (1-\alpha)\tilde{x} N] Y_i \end{aligned} \tag{4-11}$$

在第一行中,Y_i 是特斯拉汽车的行驶所产生的数据量,x 是特斯拉实际能够用于生产的数据的占比。B 是其他厂商所产生的可用数据总量(当然,特斯拉和这些厂商都可以使用)。于是,这一行等式将数据要素最重要的特征之一——非竞争性——包含了进来:数据集 B 可以在同一时间被任意数量的企业同时使用。参数 α 表示的则是特斯拉自身的数据相对其他企业产生的数据集对其自身生产的重要性。

我们假设自动驾驶市场上的企业足够多,并且不同企业之间具有对称性。因此,第二行的等式当中,我们可以近似得到 $B = \tilde{x} N Y_i$。$N Y_i$ 的值就代表着除特斯拉之外的所有其他企业所产生的数据总量,$\tilde{x}$ 则是这些数据中特斯拉能够实际使用的占比。当我们对隐私成本问题采取不同的考虑时,x 和 $\tilde{x}$ 都可以是内生变动的。这里我们暂时将其看作不变的参数。

将数据的产生过程代回到企业 i 的生产函数中,可以得到

$$Y_i = [(\alpha x + (1-\alpha)\tilde{x} N)^{\eta} \cdot \nu]^{\frac{1}{1-\eta}} \tag{4-12}$$

在这里,数据要素产生了乘数效应。越多的人消费你的产品,你就会拥有越多的数据。更多的数据会提高生产效率,从而有更多的产出和消费,当然,这又进一步产生了更多的数据,如此循环往复,产生网络效应。

将结果代入到总产出的函数中,得到

$$Y = N^{\frac{\sigma}{\sigma-1}} \cdot [(\alpha x + (1-\alpha)\tilde{x} N)^{\eta} \cdot \nu]^{\frac{1}{1-\eta}} \tag{4-13}$$

或者,我们可以根据 $y \equiv Y/L$,将其表示成人均产出的形式:

$$y = N^{\frac{1}{\sigma-1}} \cdot [(\alpha x + (1-\alpha)\tilde{x} N) \cdot \nu]^{\frac{\eta}{1-\eta}} \tag{4-14}$$

在这个例子中,人均产出(或人均收入)通过两种方式被企业数量影响。第一种方式是通过传统的品类扩张效应,由指数 $\frac{1}{\sigma-1}$ 来体现。第二种方式,企业数量 N 通过数据要素项

进入生产函数,并扩张到 $\frac{\eta}{1-\eta}$ 次幂。为了更好地理解这一项,可以考虑以下两种情况。第一种情况下,通过设定 $\tilde{x}=0$ 来禁止企业使用其他企业的数据。也就是说,每家企业都只能从其自身产品的消费所产生的数据中进行学习。第二种情况下,设定 $\tilde{x}>0$,那么每家企业都能够从相同行业的每一家其他企业中进行学习:特斯拉从其自身的客户消费中学习,也同样从优步和百度的客户消费中学习。这也就意味着一种额外的规模效应:经济中的企业越多,创造出的数据就越多,特斯拉能够学习到的东西就越多,从而提高了特斯拉的生产效率(在这个模型中,我们设定企业的规模 ν 是常数)。同样地,每一家企业都能够通过相似的方式受益,所以整体上的人均产出会更高。

为了进一步强调数据要素非竞争性的作用,我们可以假设数据要素是一种竞争性的投入,这就相当于使 $(1-\alpha)=0$,那么结果将与 $\tilde{x}=0$ 设定下的相同。也就是说,相同数据被多家不同企业同时使用这件事,不管是在法律上不允许,还是在技术上不可行,都会使数据要素的规模效应被削弱。

4.3.2 数字经济企业的利润最大化决策

从实际情况来看,在数字经济的现实中,大量数据要素往往掌握在少数企业的手中。特别是对大型的平台企业来说,数据要素的垄断现象尤其明显。为了进行简化的分析,这里我们假定市场中仅存在一家垄断的数字经济企业,该企业通过获得用户授权的数据并投入生产,生产出数字产品和服务(戎珂等,2022)。

假设某数字平台企业在获得用户授权的数据后,会给同意授权数据的用户提供一个价值为 ν 的数字服务,对于拒绝授权数据的用户则不提供数字服务。假定每一个用户授权的数据为 D,该平台企业的网络效应强度为 α,平台上的用户数量为 n,假设 $n=\dfrac{\alpha\nu}{D}$。从经济学直觉上来理解,网络效应越强、数字服务的质量越高,企业的用户数自然会越多;而需要用户授权的数据量越大,也就意味着用户承受的隐私泄露的风险越大,这将会对用户数量产生反向的抑制作用。

数字经济企业在收集到用户授权的数据后,使用数据要素进行生产,并为用户提供数字服务。假设所有企业彼此之间是对称的,考虑了数据生产要素的生产函数可以记为如下形式:

$$y(D)=\left(\int_0^n D_i^\beta \mathrm{d}i\right)^\gamma = n^\gamma D^{\beta\gamma} \tag{4-15}$$

其中,$D>1$,$\beta>1$ 意味着 $D^\beta>D$,即数据在被数字经济企业收集并聚集在一起后,可以通过加工、运算产生更多的数据;$\gamma\in(0,1)$,$\beta\gamma>1$ 则保证了整个生产函数相对于数据要素 D 是规模报酬递增的。假定企业为每个用户提供数字服务 ν 的成本为 c。于是,可以得到平台企业的利润函数如下:

$$\pi = n^\gamma D^{\beta\gamma} - cn \tag{4-16}$$

平台需要确定最优的数字服务 ν 来最大化自身的利润,将 $n=\dfrac{\alpha\nu}{D}$ 代入式(4-16),平台企业的最优化问题即为

$$\max_{\nu} \pi = \left(\frac{\alpha}{D}\right)^{\gamma} D^{\beta\gamma} \nu^{\gamma} - \frac{ac}{D}\nu \tag{4-17}$$

求解可以得到平台企业的最优数字服务 ν^* 如下：

$$\nu^* = \frac{D}{\alpha}\left(\frac{\gamma}{c}\right)^{\frac{1}{1-\gamma}} D^{\frac{\beta\gamma}{1-\gamma}} \tag{4-18}$$

由于 $\frac{\partial\nu^*}{\partial D}>0, \frac{\partial\nu^*}{\partial c}<0, \frac{\partial\nu^*}{\partial\alpha}<0$，用户享受到的数字服务质量会随着授权数据量的增加、数字服务成本的降低、网络效应强度的降低而提升。这些结果与现实中的数字经济实践相符合。

4.4 企业成本

4.4.1 数字经济中的企业成本

对于数字经济中的企业生产来说，一部分成本与数据的获取、产生、处理和分析直接相关，Reinsdorf 和 Ribarsky(2019)将数据要素的该部分成本具体划分成了六部分，分别为获取数据的成本(调查、定位、捕获，以及提供免费数字服务等的成本)、设计数据库管理系统的成本(或购买数据库管理服务的成本)、以适当格式输入和准备数据以供储存的成本[包括结构化数据和元数据①(metadata)]、储存数据的成本(包括云端存储的成本)、用于分析数据的工具的成本(例如软件、算法等)以及分析数据的成本(包括数据的验证、清洗和关联)。这些成本既包括经由人力收集、处理的数据成本，也包括直接投资购入的数据载体的支出成本。在实践中，前者可由相关过程中产生的劳动力成本进行衡量，后者则可用各类数据库上的固定资产投资支出来代表。数据要素的成本和其特点息息相关，至少包括以下三个方面：

(1) 高昂的固定成本。数据要素作为一种虚拟性的资源，需要存储在数据库、服务器和云端等一系列的载体上，且为了挖掘出数据要素中所蕴含的价值，企业需要强大的算力和算法进行支撑。因此，包括硬、软、云、网等在内的数字基础设施，构成了数字经济框架下企业生产的技术底座。其中，与数据相关的一系列软硬环境是数字基础设施的重要组成部分，比如硬件层的数据中心、分布式数据中心(与边缘计算的发展相关)、软件层的数据库、用于数据互联互通的 5G 网络等，其他数字基础设施的部分基本都与数据要素有着紧密的联系。大型平台企业凭借手中强大的数字基础设施资源，产生了强大的网络效应(更多卖方接入，吸引更多的买方；更多买方创造需求，又推动更多买方的接入)，并又反哺数字基础设施的建设和布局，从而高筑起了行业的进入门槛，使得新的企业难以进入。

(2) 极小的边际成本。Huang 和 Sundararajan(2011)指出，在给定数字或网络基础设施规模的条件下，数字产品的边际成本通常为零。即虽然每一部分基础设施都有一个固定的成本，但都能使卖方能够以零边际成本满足大规模的数据产品或服务的需求。与此同时，这种基础设施的平均固定成本会随着时间的推移而不断下降，并且由若干 ICT 服务分

---

① 即描述数据的数据(data about data)，主要是描述数据属性的信息，用来支持如指示存储位置、历史数据、资源查找、文件记录等功能。

摊。另外,从数据要素这种投入上来说,在生产数据的过程中,并不是所有的成本都能够被确切地捕捉和量化,不同类型的生产方式所展现出的情况也有所不同。例如在物联网行业中,传感器可以自动地将各类"观察"数字化,并将其存储在数据库中,用这种自动化的方式生产数据的边际成本通常接近于零(加拿大统计局,2019)。而数据要素所具有的非竞争性,结合其容易复制的特点,也会使其投入的边际成本微乎其微。

(3)隐私成本。数据要素中所包含的个人信息,在处理和挖掘时极易造成隐私泄露的问题,这也是数据要素负外部性的一大表现。随着信息技术的快速发展,企业获取用户数据的手段和能力都在增强。企业能够利用数据生产要素创造巨大的经济利益,然而这些利益的产生往往是以侵犯消费者隐私为代价的,消费者虽然从基于大数据分析的针对性产品推荐中获益,但也会承受个人隐私被侵犯所带来的货币成本和负效用。随着这些问题在数字平台等领域的逐渐加深,一系列法律法规也相应出台,我国先后颁布了《网络安全法》《民法典》《数据安全法》《个人信息保护法》等法律法规,强化了对个人数据权益和隐私安全的保护,这使得企业必须在隐私问题的处理上付出额外的成本(类似传统制造业企业治理污染的成本),例如隐私计算技术。而且,数据在不同企业甚至不同行业间本身就具有分散性,由于隐私计算解决方案的提供商不同,导致采用不同隐私计算系统的数据也需要很高的成本才能互联互通。

4.4.2　成本最小化

此处我们继续沿用 Jones 和 Tonetti(2020)设置的生产函数形式(式 4-10),并假设数据要素的价格为 P_D,劳动要素的价格为 P_L。此外,我们假设数字经济中的企业位于完全竞争的产品和要素市场,这也就意味着每家企业都是数据要素价格和劳动要素价格的接受者。那么,在已知企业的生产计划是产量 y 的前提下,我们可以将企业的成本最小化问题表示为

$$\min_{D,L} P_D \cdot D + P_L \cdot L$$
$$\text{s.t. } y = D^\eta \cdot L$$

求解约束条件下的一阶条件可得:

$$D = \left(\frac{P_L \eta y}{P_D}\right)^{\frac{1}{\eta+1}}$$

由此不难看出,在成本最小化时,如果数据要素相对劳动力要素的价格变低,那么生产相同产量的条件下企业就会使用更多的数据要素。增加产量也会很自然地提高企业对数据要素的需求。然而参数 η 对于最优数据要素使用量的影响,似乎很难从表达式中直接看出。首先我们回想一下参数 η 最初影响的对象是 $A_i = D_i^\eta$:数据被用来提升创意或想法的质量水平。因此,我们可以很自然地将 η 理解为数据挖掘的产出弹性,即数据要素投入增加一个百分点,所得到的想法或知识的质量增加 η 个百分点。通过对最优解表达式的数据模拟,我们可以得到图 4-2。

图 4-2 中,纵轴为数据要素的使用量 D,横轴代表数据挖掘的产出弹性 η 的取值。由此不难看出,在成本最小化的决策条件下,数据要素的使用量与弹性 η 之间呈现出一种倒 U

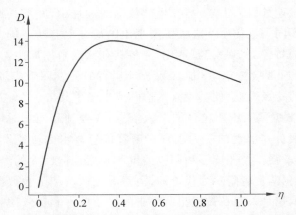

图 4-2　数据要素使用量与数据挖掘产出弹性之间的关系

形关系。其经济学直觉也不难理解：当数据挖掘的产出弹性较低时，意味着数据挖掘的效率较低，企业需要投入更多数据以弥补算法或人工智能技术的不足；而当数据挖掘的产出弹性已经相当高时，企业可以凭借其优秀的算法能力，从较少的数据增量中即可得到足够多的洞见和知识，此时的数据要素用量反而更低。

4.5　要素市场

4.5.1　数字经济中的传统要素

在介绍数字经济的新要素之前，我们需要指出，数字经济的发展也给劳动力、资本等传统生产要素带来重要影响。从替代性的角度来说，工业机器人已经大量替代体力劳动，GPT 等基于大模型的人工智能会更大程度地替代文书、编程和数据分析等重复机械性的脑力劳动。此外，数字经济催生了许多新兴行业和职业，如数据科学家、人工智能工程师、网络安全专家、虚拟现实设计师等，这些领域对新技能和专业知识的需求逐渐增加，劳动力需要不断学习和适应，以保持竞争力。

劳动力的灵活性也得到了极大提升。数字技术使得远程工作变得更加可行，许多工作可以在互联网上完成。这导致了更多的人选择在家工作，或者选择不受地理位置限制的工作方式，从而改变了传统的办公模式。"零工经济"就是在这样的背景下所催生的新兴经济形式，劳动力的工作时间、工作地点以及工作类型都在数字技术的加持下变得更加自由，从而进一步激发了生产过程和生产方式的活力。

从资本这一要素的角度来说，数字经济中，信息和通信技术（ICT）相关资本的重要性迅速提升。数字经济的关键是数据以及个体之间的连接，而 ICT 资本包括各种数字技术和工具，如计算机、智能手机、平板电脑、传感器、无人机等。这些技术为企业和个人提供了连接、通信和数据处理的能力，推动了数字经济的发展。另外，互联网技术提供了连接全球的网络基础设施。互联网使信息传递、商务交易、社交互动等变得更加便捷和高效，促进了数字经济的跨境合作和全球化。而云计算、物联网和人工智能等 ICT 资本的出现，则促进了生产方式的智能化和自动化。

4.5.2 数据要素市场

在数字经济时代的企业生产投入中,数据要素占据了关键的核心位置。在已有的针对数据参与生产过程的研究中,基本都遵循收集数据、处理数据和分析利用数据这样一条"数据价值链"。加拿大统计局(2019)将数据要素参与社会生产活动的过程定义为"信息价值链"(information value chain)。整个数据的价值生产过程包括客观存在的行为事实"观察"(observation)、将观察以数字化形式呈现的"数据"(data)、将数据结构化组织和存储的"数据库"(database),以及使用创新的技术和研究从数据库中提取知识的"数据科学"(data science)。Reinsdorf 和 Ribarsky(2019)认为数据要素参与的整个过程是一个"数据科学生命周期"(the data science life cycle),其以数据获取为起点,经历数据维护(数据存储和清洗等)、数据处理(数据挖掘、聚类和模型化等)和数据分析(文本分析、预测分析和定性分析等),最终实现数据可视化、商业智能和数据驱动型决策等应用,并回到起点重复该过程。虽然各个研究对这一过程的命名不尽相同,但基本都分成了数据收集、数据处理以及数据分析应用三个部分。

根据数据价值链上的转化过程,数据要素市场也可以大致分为三个阶段。首先,一级市场是数据要素的"授权市场",对应数据的收集过程。在经济现实中,原始数据的收集涉及一系列的权属问题,例如用户在淘宝上购物时所产生的数据究竟应该属于消费者自己还是平台,始终没有得到一致的结论。在数据要素授权市场上,可以按照分级分类授权的方式,结合数据的敏感性程度,用户按照需要的服务类型或深度确定自己的数据授权范围。例如,在电子地图应用中,用户可以不授权任何数据就查看某个地区的地图,但如果其想要进一步改进获得的服务(例如导航),则需要授权更多的数据(GPS 定位数据等)。

数据授权使企业或平台的数据采集能够充分合法化,在此基础上,原始数据经过一系列加工处理过程转化为要素形态,则需要在二级市场"数据市场"中进行。原始数据通常规模庞大且混乱无序,经过清洗、筛选和归集等处理,数据能够转化为有序的资源形态,从而方便存储到服务器或云端等载体。而要进一步进行高效且合规的利用,则需要通过隐私计算等手段对数据进行脱敏、通过数据建模等手段对数据进行标准化,最终使数据资源转化为更易投入生产过程的,且标准化程度更高的数据要素。

在数据要素形成后,将其投入生产,挖掘、释放并实现其价值的过程,是在三级市场"产品市场"中进行的。在算力和算法的支持下,数据要素通过机器学习、数学建模和定量分析等方式转化为新的知识、数据产品或数据服务,从而提高消费者效用,并赋能各行各业的生产经营活动。例如,腾讯能够利用其旗下平台 App 的客户消费和定位等数据,通过建模分析得出餐饮店的最佳营业地址,并最终将这一数据服务出售给了麦当劳,获取了 2 亿元人民币的收益。数据要素三级市场体系参见图 4-3。

4.5.3 数据垄断:超级明星企业

前面我们已经提到,要形成并利用数据要素,需要大量的数字基础设施相关的固定成本投入。而一旦准备充分完善,数据要素将具有很强的规模经济效应,很低的边际成本,这决定了数字经济众多行业具有自然垄断的属性,垄断可能损害市场公平。Farboodi 和

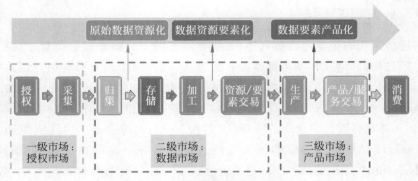

图 4-3　数据要素三级市场体系

Veldkamp(2021)指出更多的数据使企业更具生产力,从而产生更多的生产和交易,而这又创造出更多的数据,并进一步提高生产力和数据生成,即"数据反馈循环"(data feedback loop)的过程。这种递增的收益会反过来造成数据贫困陷阱(data poverty trap),使得那些数据拥有量低的企业、行业或国家长期局限于少量的生产和交易,从而无法取得进一步发展。

具体来说,首先,数据有助于企业提高生产率,更高的生产率使得企业进行更多投资,规模变得更大,从而生产出更多的数据;其次,由于额外的生产过程会产生更多数据,企业为了获得更多、更好的数据会进一步增加投资,数据质量也因此得到显著改善。更多更高质量的数据会进一步提升企业的效率,包括提升平台企业的网络效应,从而助推企业规模进一步扩张。简单来说,数据使得长期存在且已经具备成熟数字基础设施的企业更快速进行规模扩张、更有影响力。这种"超级明星企业"的催生,使得数据要素市场的垄断程度不断加深。

Autor 等(2020)从超级明星企业崛起的视角,指出强大的网络效应是谷歌、苹果和亚马逊等企业在各自行业占据主导地位的原因,数据在其中发挥了重要作用。另外,ICT 和无形资本上的领先,也会给大企业带来优势。因此,在 ICT 技术和包括数据在内的无形资本上的竞争优势催生了超级明星企业,这些企业具有高附加值和低劳动力份额的特点,造成产品市场集中度的显著上升,以及宏观意义上劳动收入份额的下降。Tambe et al.(2020)提出了类似于数据资本的"数字资本"概念,即数字密集型企业对实现新技术价值所需的无形资产进行的投资(如对技能培训、企业决策结构和软件定制等的累计投资)。通过对过去 30 年美国企业数字资本的价格和数量变化的估计,他们发现数字资本价格随时间的变动非常显著,并在 2000 年的"互联网大繁荣"前后达到顶峰;而自 20 世纪 90 年代以来,数字资本的数量已经大量积累,到 2016 年,数字资本已经至少占据到企业全部资产的 25%,并且数字资本在小部分"超级明星企业"(样本中市场价值处于前 1/10 的企业)中得到过分的积累,其集中度远高于其他资产的集中度。在缺乏制度监管的情况下,这将不可避免地造成数据要素市场的垄断。

本章小结

企业的生产组织方式会随着生产技术的变化而变化,人类历史上也不乏由于革命性技术的出现而使得生产组织方式发生颠覆性变化的例子。在进入数字经济时代后，硬、软、云、网等各类数字基础设施和技术的出现，也势必会使得企业的生产组织方式发生改变。一方面，企业内部的组织架构将从传统的科层制向效率更高的扁平化组织形式过渡；另一方面，企业的外部边界也从垂直集成的方式向水平方向拓展。

从理论上来看，数字经济中的生产函数与传统经济学中相比也已经有所变化。首先，数字技术可以通过促进数字产业化和产业数字化的发展，进而提升全要素生产率，最终进入生产函数影响数字产品和服务的生产。其次，人工智能技术可以通过介入已经技术自动化的任务，来对生产和就业产生影响，一方面其会对原有劳动力造成一定程度的替代，另一方面，它也创造出全新的职位提高了劳动力的需求。最后，数据作为数字经济时代的全新生产要素，也以不同的方式进入了生产函数中，并改变了企业利润最大化和成本最小化的决策过程。

第一，数据要素可以像传统要素一样，作为相对独立的生产要素直接进入生产函数；第二，数据要素与传统的实物资本要素之间可能存在着互补或替代的关系，因此出现了二者共同影响最终生产的函数形式；第三，数据也可以通过提升新知识的数量和水平，间接地影响最终产出。在此种方式中，数据作为研发的投入要素，推动了创新过程的进步。

从生产要素市场的角度来看，数字经济中的传统要素已经发生了特征和结构上的变化。举例来说，劳动力的灵活性极大提升，而资本中 ICT 资本的重要性也大大提高。此外，数字经济时代里，数据要素市场的建立也已经刻不容缓。具体来看，该市场可以包括一级市场数据授权市场、二级市场数据要素交易市场和三级市场数据产品市场。由于数据具有"数据反馈循环"的过程，因此可能催生"超级明星企业"，从而容易导致要素市场垄断现象的出现。

习题

1. 推动企业生产组织方式演进的关键驱动力是什么？数字经济时代的企业生产组织方式有哪些特征？

2. 数字经济影响生产函数的三个关键方式是什么？尝试写出这些生产函数并对其进行经济学角度的解释。

3. 数字经济中的关键新要素是什么？它有哪些特征？

4. 数字经济中，企业成本最小化时的要素使用量有什么特征？为什么会呈现出这样的特征？

5. 数据要素的三级市场中分别发生了哪些经济活动？为什么数据要素会容易引发市场垄断？

参考文献

[1]　Acemoglu D & Restrepo P, 2018. Artificial Intelligence, Automation, and Work. In *The Economics of Artificial Intelligence: An Agenda* (pp. 197-236). University of Chicago Press.

[2] Agrawal A，McHale J & Oettl A，2018. Finding Needles in Haystacks：Artificial Intelligence and Recombinant Growth. In *The Economics of Artificial Intelligence：An Agenda*（pp. 149-174）. University of Chicago Press.

[3] Autor D，Dorn D，Katz L F，Patterson C & Van Reenen J，2020. The Fall of the Labor Share and the Rise of Superstar Firms[J]. The Quarterly Journal of Economics，135(2)，645-709.

[4] Farboodi M & Veldkamp L，2021. A Model of the Data Economy（No. w28427）. National Bureau of Economic Research.

[5] Huang K W & Sundararajan A，2011. Pricing Digital Goods：Discontinuous Costs and Shared Infrastructure[J]. Information Systems Research，22(4)，721-738.

[6] Jones C I & Tonetti C，2020. Nonrivalry and the Economics of Data[J]. American Economic Review，110(9)，2819-2858.

[7] Reinsdorf M & Ribarsky J，2019. Measuring the Digital Economy in Macroeconomic Statistics：The Role of Data. In ASSA 2020 Annual Meeting.

[8] Romer P M，1990. Endogenous Technological Change[J]. Journal of Political Economy，98(5，Part 2)，S71-S102.

[9] Statistics Canada，2019. The Value of Data in Canada：Experimental Estimates. Latest Developments in The Canadian Economic Accounts（Working Paper Series），No. 9.

[10] Swedberg R & Agevall O，2016. The Max Weber Dictionary：Key Words and Central Concepts[M]. Stanford University Press.

[11] Tambe P，Hitt L，Rock D & Brynjolfsson E，2020. Digital Capital and Superstar Firms（No. w28285）. National Bureau of Economic Research.

[12] Varian H，2018. Artificial Intelligence，Economics，and Industrial Organization. In *The Economics of Artificial Intelligence：an Agenda*（pp. 399-419）. University of Chicago Press.

[13] Veldkamp L & Chung C，2019. Data and the Aggregate Economy[J]. Journal of Economic Literature.

[14] 陈全、邓倩妮，2009. 云计算及其关键技术[J]. 计算机应用，第 9 期.

[15] 董华、赵生冬，2013. 企业边界理论的发展——观点比较与理论反思[J]. 工业技术经济，第 7 期.

[16] 黄阳华，2016. 工业革命中生产组织方式变革的历史考察与展望——基于康德拉季耶夫长波的分析[J]. 中国人民大学学报，第 3 期.

[17] 李红勋，2013. 企业组织扁平化的作用探析[J]. 理论与改革，第 1 期.

[18] 刘金源，2014. 论近代英国工厂制的兴起[J]. 探索与争鸣，第 1 期.

[19] 戎珂、陆志鹏，2022. 数据要素论[M]. 北京：人民出版社.

[20] 戎珂、刘涛雄、周迪、郝飞，2022. 数据要素市场的分级授权机制研究[J]. 管理工程学报，第 6 期.

[21] 汤小丹，2014. 计算机操作系统[M]. 西安：西安电子科技大学出版社.

[22] 唐振龙，2006. 生产组织方式变革、制造业成长与竞争优势：从工厂制到温特制[J]. 世界经济与政治论坛，第 3 期.

[23] 王雪莉、张力军，2005. 企业组织革命[M]. 北京：中国发展出版社.

[24] 徐翔、厉克奥博、田晓轩，2021. 数据生产要素的研究进展[J]. 经济学动态，第 4 期.

[25] 尹晓娟，2020. 刍议互联网时代企业组织结构的变革[J]. 商业经济研究，第 24 期.

第5章

数字技术与创新

本章学习目标

1. 了解什么是数字技术，对数字技术有一个全面、清晰的认知
2. 掌握数字创新的含义和类型
3. 了解数字技术对数字经济的重要性
4. 理解数字技术及创新的本质

引言

技术改变世界。在过去的十年余间，数字技术的突飞猛进既迅速地改变着经济社会，也时常以崭新的姿态给我们带来震撼。以人工智能技术为例，人工智能在给我们带来无人超市、智慧交通、精准医疗、无人驾驶等经济生活改变的同时，也时常与人类同台竞技并获得成功。在 2011 年 2 月美国电视"危险边缘"智力竞赛节目中，基于 DeepQA(基于规则的深度语法分析和统计分类方法确定给定问题是否应该被分解及最优分解方式)构成的 Watson 对话系统以压倒优势战胜全美冠军肯·詹宁斯(Ken Jennings)和布拉德·鲁特(Brad Rutter)；2012 年，基于数据集 ImageNet 的竞赛中，杰弗里·辛顿(Geoffrey Hinton)和他的学生亚历克斯·克里切夫斯基(Alex Krizhevsky)设计的卷积神经网络 AlexNet 一举夺得了冠军；2016 年由深度神经网络支持的 DeepMind 的 AlphaGo 程序在五轮比赛中击败了围棋世界冠军李世石，并由此改变了围棋界的训练和比赛方式；2022 年 11 月，美国 OpenAI 公司发布了聊天机器人程序 ChatGPT，目前已经发展到第四代，具有强大的文字编辑处理能力，有望成为通用技术。从上述例子中，不难看出人工智能技术蓬勃发展，已经深刻地改变了人类文明的历史进程。

"科学技术是第一生产力"，数字技术及创新是数字经济长足发展的根本。历次经济社会的大变革与大发展，都起源于技术的突破与创新。数字经济作为知识和技术密集型的新型经济形态，更是依赖于相关技术的进步和发展。我国《"十四五"数字经济发展规划》明确提出："到 2025 年，数字经济核心产业增加值占 GDP 比重达到 10%，数字化创新引领发展能力大幅提升，智能化水平明显增强，数字技术与实体经济融合取得显著成效。"为了达到

该目标,数字技术以及围绕数字技术展开的创新是决定性因素。

数字技术是什么?数字技术如何影响创新?弄清楚此类问题是我们理解数字经济的运行规律、制定相应政策及拟定对应措施的重要前提。广义上,数字技术的内涵很丰富,包括人工智能、区块链、云计算、大数据、量子信息、集成电路和网络通信等;狭义上,数字技术主要指已经在数字经济中发挥重要作用的关键技术,包括人工智能(artificial intelligence)、区块链(blockchains)、云计算(cloud computing)和大数据(big data)等。数字创新则涉及两个层面的问题:运用数字技术进行经济创新和数字技术自身的创新。我们将在本节中侧重探讨数字技术作为一种通用目的技术(general purpose technology,GPT)如何影响经济活动中的创新,如产品创新(product innovation)、过程创新(process innovation)和商业数字化(business digitalization)等。特别地,我们将通过一个基本的经济学模型来探讨数字技术推动数字创新的主要机制。

一方面,数字技术及创新对我国数字经济和国家战略及长远经济发展有着极为重要的意义;另一方面,数字技术创新是一种外部性很强的经济活动,具有更广泛的社会经济意义。世界各主要经济体都重视数字技术发展,我国政府更是重视对数字技术及创新的支持和发展,推出各类组合政策。本章中,我们也将简要梳理我国在数字技术及创新领域的各项政策举措,以更好地从数字技术及创新的发展视角理解我国数字经济发展问题。

5.1 数字技术

数字技术是数字经济的核心基础,也是数字经济发展最重要的驱动力量。本节将用一定篇幅集中介绍重要的数字技术,包括人工智能、区块链、云计算和大数据,也被简称为"数字技术 ABCD"。需要说明的是,广义上的数字技术还包括物联网、数字算力和数字基础设施等,限于篇幅,本节不做涉猎。

5.1.1 人工智能

什么是人工智能?按照 McCarthy(2007)的提法,人工智能就是"制造智能机器的科学和工程,特别是智能计算机程序。它与使用计算机来理解人类智能的类似任务有关,但人工智能本身并不需要确定生物可观察的方法"。Nilsson(2010)对人工智能进行另一番定义:"人工智能是致力于使机器变得智能的活动,而智能是使实体能够在其环境中适当地运作并具有远见的品质。"中国电子技术标准化研究院发布的《人工智能标准化白皮书(2018版)》对人工智能做出了如下的定义:"人工智能是利用数字计算机或者由数字计算机控制的机器模拟、延伸和扩展人的智能,感知环境、获取知识并使用知识获得最佳结果的理论、方法、技术及应用系统。"简单地说,我们可以认为人工智能是研究用于模拟、延伸和扩展人类智能的理论、方法、技术及应用的技术科学和工程学科,既包括理论原理的建立,也涉及技术和应用的开发。

通常根据适用范围的差异,人工智能可以划分为弱人工智能和强人工智能两种。弱人工智能也称为狭义的人工智能或人工狭义智能(artificial narrow intelligence),是经过训练、专注于执行特定任务的人工智能。此处的弱,并非指其能力的强弱,而是指它的工作内容限定在相对窄的领域,如苹果公司的 Siri、亚马逊公司的 Alexa、IBM 公司的 Watson 和自动驾驶车辆等。强人工智能由人工常规智能(artificial general intelligence)和人工超级智能(artificial super intelligence)组成。其中,人工常规智能是人工智能的一种理论形式。它的含义是机器拥有与人类等同的智能,具有自我意识,能够解决问题、学习和规划未来。人工超级智能将超越人类大脑的智力和能力。强人工智能目前仍处于理论阶段,有待于进一步研究与开发。

人工智能的技术涉及内容较多,且许多相关技术正处于持续发展阶段。人工智能的主要技术包括机器学习、计算机视觉、自然语言处理、计算机视觉、人机交互、生物特征识别、虚拟现实/增强现实等。其中,机器学习是人工智能最核心的技术,它涉及基础数学、统计学、计算机、优化理论和脑科学等诸多领域的交叉学科,主要研究计算机怎样模拟或实现人类的学习行为。机器学习的主要思想是基于已有知识和数据通过对期望收益的优化,不断改进策略和方法。根据模式的不同,一般将机器学习分为监督学习(supervised learning)、无监督学习(unsupervised learning)和强化学习(reinforcement learning)等。人工智能、机器学习与深度学习之间的关系参见图 5-1。

监督学习是一种模仿学习,它利用某种学习策略或方法对有标签(labeled)的数据进行训练,从而获得从输入到标签的映射。故而,输入变量、标签和它们间的映射构成了监督学习的核心要素。根据标签空间的差异,监督学习又分为回归(regression)问题和分类(classification)问题两大类。当标签空间的元素个数有限且固定时,机器学习处理的是分类问题;而当标签空间为连续空间时,机器学习训练的是回归问题。如经济学中常见的二元变量选择问题,对应的就是机器学习的分类问题;而经济学中的线性回归问题,也是机器学习中的回归问题。

图 5-1　人工智能、机器学习与
　　　　　深度学习

无监督学习与监督学习的主要区别是数据是无标签(unlabeled)的。此时机器学习的主要工作是挖掘数据内在的结构特征,如聚类(clustering)和降维(dimension reduction)等。聚类也就是给数据按照某个标准进行分组,组织间存在明显差异,但是并没有组织间标签式的比较。需要注意的是聚类问题看起来与监督学习的分类问题很类似,但是二者有着本质不同,其关键的区别是监督学习的分类问题不仅有分组还有标签,其标签含有明显的决策指向含义。例如,对于同一人群,我们可以将人群按所使用手机的品牌不同分为若干组,也可以根据人群中是否存在信用卡违约行为将其分为两类。如果我们关心的是个体违约行为,那按照手机品牌进行分组就是一个聚类问题,而用其他变量来预测个体是否违约就是分类问题。

强化学习与监督学习或无监督学习有着明显的不同。强化学习是在位置环境下,智能体通过不断地与环境交互,学习不同行动对系统状态及其奖励的影响,从而找到最佳策略。其学习的目标是从环境状态变量到最优策略行为的映射。强化学习的常见模型是标准的马尔可夫决策过程(Markov decision process)。强化学习已经在很多场合下获得重要成功,如机器人、围棋比赛、自动驾驶和工业控制等。

　　机器学习包含很多算法和模型,如线性模型、再生核(reproducing kernel)模型、基于树(tree-based)模型和神经网络(neural networks)模型等。其中,神经网络模型是一个典型的仿照人的神经系统而设计的学习模型(图5-2)。它包括输入层、中间层和输出层,往往输入层对应的就是输入变量,而输出层就是我们期望得到的标签。深度学习(deep learning)实际上可以看作含有很多中间层的神经网络模型。神经网络模型具备良好的理论性质和卓越的实际表现。神经网络模型根据问题的不同,也有很多拓展模型,包括图神经网络(graph neural networks)、生成对抗网络(generative adversarial network)、卷积神经网络(convolutional neural networks)、残差神经网络(residual neural networks)和变换器模型(transformer)等。如今在全世界范围内备受关注的ChatGPT就是基于生成对抗网络、预训练和变换器模型等综合设计的。

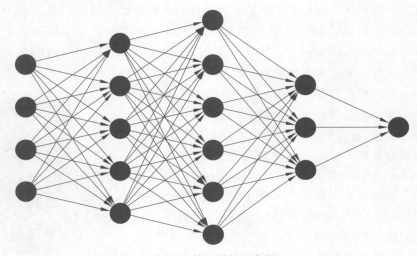

图 5-2　神经网络示意图

5.1.2　区块链

1. 区块链简介

　　区块链是一种安全共享的分布式数据账本,用于维护不断增长的数据记录列表,如交易、资产或合同等。区块链中的数据被细分为多个共享区块,并以加密哈希(Hash)形式的唯一标识符链接在一起,通过单一信息源确保数据完整性,消除数据重复,提高数据安全性。

　　简单地,我们可以把区块链看作记录本。区块记录着一段时间内发生的交易和状态改变,是对当前账本状态的一次共识。而链则由区块按照发生顺序串联而成,记录着整个系统状态的变化。每个区块包含着数字信息,并按照顺序连接到前一个区块,也就存入了区块链系统。在存入的过程中,每个区块同时包含一个不同于其他区块的身份信息,并用哈希(Hash)函数形式加密。输入存入后,区块链账本在所有用户间共享。但是,未经法定人数许可,数据将无法更改。如果某个区块尝试更改数据,区块链所有参与方都将收到警报,清晰识别试图更改数据的区块,从而防范欺诈和数据篡改。

区块链有着明显的特点，包括去中心化（decentralization）、不变性（immutability）、安全性（security）、共识性（consensus）、快速交易（fast settlement）。其中，去中心化意味着区块链与传统的系统不同，它不依赖于客户-代理型的模式，不需要监管环节，每个区块链的参与者都参与监管。不变性是指没有任何一个区块链的开发者或者使用者不经过认证地更改系统中的数据。安全性是区块链的显著特点，它通过加密技术得以实现。数据连接时，便经过密码系统（cryptography）产生唯一的哈希账号，该账号必须有私人密钥方可接入，从而加强了安全性。分布式记账是与去中心化相对应的特点。共识性是区块链非常重要的一个要素，它是区块链运营方式的基础。通过该机制，区块链才能进行增加或更改决策。快速交易是区块链有别于传统交易方式的重要特点。不同于传统交易方式，区块链无须数据库中心确认，只需经过共识机制在区块链上完成数据更改便可完成交易。

根据其访问方式授权不同，我们通常把区块链分为四种：公共区块链（public blockchain）、专属区块链（private blockchain）、联合区块链（federated blockchain）和混合型区块链（hybrid blockchain）。其中，公共区块链不限制接入范围，任何人都可以加入公共区块链网络。绝大多数类型的加密货币都在由规则或共识算法控制的公共区块链上运行。专属区块链也称作授权区块链（permissioned blockchain），该区块链只允许拥有授权的用户访问。在联合区块链中，区块链网络的共识流程由一组预选的节点或预选数量的利益相关方密切控制。混合式区块链是一种把公共区块链和专属区块链融合在一起的新区块链，通过内部成员决定个体参与区块链的权限以及交易的访问权限，它兼顾了二者的优点。

2．区块链技术

与其他数字技术类似，区块链技术本身涉及很多内容，其核心主要包括加密存储、网络连接、共识算法和智能合约等。一般而言，区块链中的数据存储与加密是绑定在一起的，涵盖了时间戳、Merkle树、非对称加密和哈希函数等技术要点，以确保数据的不变性和可追溯性。数据区块通常可以分为两部分：区块头部分记录版本号、哈希值、随机数、时间戳、Merkle根等信息；区块体中存储以Merkle树为组织形式的交易数据。时间戳服务器对新建块、当前时间及指向之前区块的哈希值进行数字签名，后续区块再进行类似的数字签名，便串成了一个基于时间戳的证书链。在数据上传与数据读取过程中，区块链可以采用不同的密钥，也叫作非对称加密。

除了区块间仅依靠加密链接而内容独立，交易者自身也需要通过网络连接参与其中。区块链通常采用点对点（peer to peer）的组网模式。整个网络的正常运转不会被部分节点的损坏所影响。点对点的互联网体系没有中心服务器，网络中的每个节点对等并承担相同角色，主要具备路径发现、广播交易信息、验证交易信息和发现新结点等功能。当区块链中某个节点发起交易时，目标网络位置和交易金额等信息会随机发送到周围节点上，收到信息的节点在对信息进行验证后将信息进一步扩散，当足够多比例的节点收到信息并进行验证时，交易即可执行，否则便会废弃并停止传播该交易信息。

为了有效实现各节点数据相同且高效地达成共识，必须设计一套合理的算法机制，这便是共识算法的由来。目前常用的算法包括工作量证明机制（proof of work）、权益证明机制（proof of stake）、股份授权证明机制（delegated proof of stake）以及分布式一致性算法等。通过与经济激励相结合，共识机制显著提升了区块网络的可靠性。

在执行层面，区块链设计了智能合约来完成交易。简单地说，智能合约是部署在区块链上的底层代码，部署后不可篡改，且具有去中心化的特点。当满足预先设定的条件时，智能合约便自动运行，用于代表签署方自动执行合约。智能合约大致包括两类：智能代码合约（smart code contract）和智能法律合约（smart legal contract）。正因为执行层面由触发机制自动完成，智能合约可以准确高效地执行并减少人为干预的风险。

5.1.3　云计算

1. 云计算简介

云计算是融合了分布式计算（distributed computing）、并行计算（parallel computing）、公共计算（utility computing）、虚拟化（virtualization）、网络存储（network storage）和负载均衡（load balance）等计算机网络技术而发展出来的数据处理方式。其核心是通过"云"（网络）进行数据存储、分析、计算和解析，以提供快速创新、弹性资源和规模经济。云计算可以帮助使用者根据其实际需要灵活决定在数据处理上的成本投入，降低运营成本，提高信息基础设施的运转效率。

与传统方式相比，云计算有诸多显著优势。在运营成本上，云计算使用者无须在购买硬件和软件以及设置和运行现场数据中心上进行资金投入，包括基础服务器、服务器机架、管理基础结构的信息技术人员和用于供电和冷却的全天不间断电力供应等，只需要根据自身使用的需要直接购买相应云计算服务即可，既可以提高效率，也可以节约成本。对云计算而言，它可以弹性地根据需要在时间、空间上实时匹配相应的信息技术资源，包括带宽、计算能力和存储空间等，具有弹性扩张能力。性能上，云计算往往由云运营商提供维护、升级和管理服务，可以更快速地更新软硬件设施。而且，通过计算资源合理调配，云计算往往也拥有更高运算速度。安全性方面，许多云提供商都提供了广泛用于提高整体安全情况的策略、技术和控件，保证了数据的物理安全。而且，云计算可以在云提供商网络中的多个冗余站点上对数据进行镜像处理，能够以较低费用简化数据备份、灾难恢复和实现业务连续性。

云计算资源也可分为公有云（public cloud）、私有云（private cloud）、混合云（hybrid cloud）和多源云（multicloud）四种类型。公有云的拥有者是第三方云服务提供商，所有硬件、软件和其他支持性基础结构均为云提供商所拥有和管理。服务商通过网络提供计算资源，使用者通过浏览器管理账号并访问相关服务。公有云通常用于提供基于网络的电子邮件、网上办公应用、存储以及测试和开发环境等。例如，阿里云是一种典型的公有云。私有云一般是专供某个组织或企业使用的云计算资源。私有云可以设置在使用者的数据中心，也可以向第三方服务提供商付费托管。私有云一般有对应的专用网络，相应的计算服务都通过专用网络而进行。与公有云相比，私有云可以更加方便地自定义资源，从而满足使用者特定的信息技术需求。使用者也可以将本地私有云与公有云结合起来，变成混合云。混合云结合了公有云和私有云的优点，它允许数据和应用程序在私有云和公有云之间移动，可以更灵活地处理业务并提供更多部署选项。多源云是指混合使用多个云提供商所提供的云进行云计算的模式。

针对不同的市场特定需求,常见的云计算服务包括基础设施即服务(infrastructure-as-a-service),平台即服务(platform-as-a-service)和软件运营服务(software-as-a-service)三种。其中,基础设施即服务是指把信息技术基础设施作为一种服务通过网络对外提供,并根据用户对资源的实际使用量或占用量进行计费的一种服务模式。平台即服务把服务器平台作为一种服务提供的商业模式。软件运营服务是指用户获取软件服务的一种新形式,无须用户将软件产品安装在自己的电脑或服务器上。

2. 云计算技术

云计算是一种以数据为中心的超级计算方式。它通过云网连接的方式将数据处理工具进行分割、存储和协调。其核心技术对应地包括分布式计算框架、分布式存储技术和虚拟化技术等。

云计算所面临的是海量数据存储和处理问题,传统的数据库方案面临着容量限制、读取困难、并发访问等诸多问题,无法满足云计算需要。云计算一般都采用分布式存储技术,它通过分布式文件系统,将文件存储至多个服务器上,再将每个计算机上的直接存储集成到一个大存储中。当前,广泛使用的是谷歌公司开发的谷歌文件系统(google file system,GFS)。该系统一般包括一个主服务器(master)和多个块服务器(chunk server),能同时为多个客户端应用程序提供文件服务。在数据被划分为固定的若干块后,主服务器安排将各块存放到块服务器的本地硬盘上。主服务器会记录存放位置等数据,并负责维护和管理文件系统,包括块的租用、垃圾块的回收以及块在不同块服务器之间的迁移。此外,常常用来配合做大数据运算的 Hadoop 分布式文件系统(Hadoop distributed file system)是根据GFS 的原理所开发的,可以看作 GFS 的简化版。

在云计算技术的应用过程中,使用者通常会使用分布式计算框架来处理大规模计算问题,可为相关的数据处理提供算力支持,如大数据预处理、人工智能模型训练和大数据模型检验等。利用分布式计算,云计算可以把互联网上计算机中央处理器的闲置处理能力利用起来,以解决大型计算问题。例如,美国加州大学伯克利分校发起的伯克利开放式网络计算平台(Berkeley open infrastructure for network computing,BOINC)是一种不同分布式计算可以共享的分布式计算平台。分布式计算最著名的框架为 Hadoop 中的 MapReduce模型。它是面向大数据并行处理的计算模型、框架和平台,自动划分计算数据和计算任务,在集群节点上自动分配和执行任务以及收集计算结果,而将数据分布存储、数据通信、容错处理等并行计算涉及的很多系统底层的复杂细节交由系统负责处理。

虚拟化技术是云计算系统的核心组成之一,是将云计算系统上各种存储计算资源整合利用的关键技术。简单来说,虚拟化就是在一台物理服务器上,运行多台虚拟服务器(virtual machine,VM),它们共享物理服务器的 CPU、内存、硬件、网卡等资源。虚拟化技术将相对复杂的计算系统分成了多个自下而上的层次,每一个层次都向上一层次呈现一个虚拟接口,且每一层只需知道下层虚拟的接口而无须了解其内部运作机制。虚拟化技术的优点在于每一层只需要考虑本层设计以及与相邻层间的相互交互,从而大大降低了系统设计的复杂性,提高了计算的移植性。大多数云计算 IaaS 的产品都集成了核基虚拟服务器

(kernel-based virtual machine,KVM)虚拟化技术。

5.1.4 大数据

1. 大数据基本概念

大数据本身是个相对宽泛的概念,当前并不存在一个统一的定义。广义上,大数据既包括数据集合也包括数据采集分析的相关产业。国务院国发〔2015〕50 号文件《促进大数据发展行动纲要》(以下简称《纲要》)对大数据做了如下描述:"大数据是以容量大、类型多、存取速度快、应用价值高为主要特征的数据集合,正快速发展为对数量巨大、来源分散、格式多样的数据进行采集、存储和关联分析,从中发现新知识、创造新价值、提升新能力的新一代信息技术和服务业态。"该描述首先表明了大数据是一种数据集合,具备"4V"特点,包括容量(volume)大、类型(variability)多、存取速度(velocity)快和应用价值(value)高。其次,它也强调大数据是一种对"数量巨大、来源分散、格式多样的数据"进行采集、存储、分析和提炼的信息技术。最后,《纲要》也强调了大数据是一种服务业态。

狭义上,大数据主要是指无法在有限时间内用常规软件工具对其进行获取、存储、管理和处理的数据集合。一般来说,狭义的大数据有三个基本的"3V"特点:容量大、类型多和存取速度快。其中,容量大表现为数据量很大,大数据的计量单位可能是从太子节(terabyte)级到拍字节(petabyte)级,超过我们常见家用电脑的硬盘存储量。大数据的类型多主要体现在其多种多样的数据来源和数据类型。大数据的来源和类型可以是网络日志、朋友圈内容、微信对话、社交网络连接和在线浏览记录等,具有典型的来源分散、格式多样的特点。存取速度快则体现在大数据的产生、获取和分析速度上,如各促销期间的电商平台在线交易数据。为了强调大数据的其他特性,也有在前述"3V"基础上加入其他属性,如真实性(veracity)不确定,而构成"4V"。

2. 大数据的技术框架

大数据处理通常分为四个阶段,分别为数据采集与预处理、数据存储、数据分析和数据决策。我们将逐一进行简要介绍。

由于大数据的数据源多样且包含大量非结构化的数据,其采集和处理都需要新方法。根据数据源的不同,大数据采集方式包括:数据库采集、系统日志采集、网络数据采集和感知设备数据采集。大数据的采集可根据数据源的类型选择与之对应的提取(extract)—转换(transform)—加载(load)工具,如 Flume、Kafka、Sqoop、Scribe、Chukwa 和 Kettle 等。同时,由于其采集方式的原因,大数据存在缺失数据、错误数据、重复数据、噪声数据等不符合要求的数据,我们需要对大数据进行预处理,包括数据清洗、数据集成和数据转换。

大数据存储往往采用多台分布式服务器节点的横向扩张方式,支持系统的可扩展性,通过元数据管理、集群管理与调度、负载平衡机制和工作流管理而进行。数据首先需要进行切分并分配到各机器中,也就是分片(partition);然后再通过数据路由,也就是数据的存储位置管理数据。

大数据往往被运用到诸如商业决策等具有较强动态性的外部环境中,故而,大数据的分析必须具有时效性。大数据分析通常包括批量处理和实时计算,分别对应了批处理计算框架和实时计算框架。例如,谷歌公司开发的面向大规模数据处理并行计算模型和方法的 MapReduce 是一种批处理计算框架;而星火流(Spark Streaming)是构建在计算引擎 Spark 上的实时计算框架,它扩展了 Spark 处理大规模流式数据的能力。大数据分析技术则包括机器学习、商业智能(business intelligence)工具、图分析、自然语言处理和数据挖掘等。

在进行大数据分析时,我们的目的是从数据中"发现新知识、创造新价值、提升新能力"。因此,我们需要利用大数据可视化快速收集、筛选、分析和展现所需信息,并借助人机交互更加直观和高效地洞悉大数据蕴含的知识与规律。目前大数据可视化形式主要包括文本、网络、时空数据和多维数据等几部分,主要技术有人机交互和可视化分析展示等。

5.2 数字创新与应用

在上一节中,我们着重介绍了几种核心的数字技术,它们在各行各业中都有着深度应用。一定程度上,我们可以说,正是数字技术的广泛应用,才推动了数字经济的蓬勃发展。同时,数字技术的广泛应用,本身就包含了多种数字创新,其中既包括产品创新、技术创新,也包括服务创新、管理创新、商业模式创新等。而且,上述各种创新都综合运用了人工智能、区块链、云计算和大数据等多项数字技术,而非某项数字技术的简单应用。

本节将在数字技术基本内容的基础上探讨数字技术的经济效益,也即数字技术对数字经济产生推动作用的主要方式:数字创新。我们先概括性地介绍数字创新概念和内涵,然后用具体的应用实例展示数字技术所推动的数字经济发展。

5.2.1 数字创新

经济学研究对数字创新的概念探讨并不是很充足。管理学领域的多位学者从系统管理等角度对数字创新进行过不同方式的界定,如 Yoo 等(2012)和 Fichman 等(2014)。其核心思想是从产品创新或组织转变等角度强调数字技术的特点。我们将借鉴管理学领域的总结,结合数字技术创新带来整个经济社会多层面影响的特点将数字创新定义为:在社会经济活动中创造性地运用数字技术的过程。其中,企业构成了数字创新的主体力量。因此,在微观层面的结果上,数字创新将带来过程创新(process innovation)、产品创新(product innovation)和商业模式创新(business model innovation)。在产业层面,数字创新会带来新行业的诞生,并可能挤压某些传统行业的市场空间。在宏观和社会层面,数字创新既会带来整体技术进步和生产力的提升,同时也可能会带来失业、财富分配等问题。

数字创新的内容十分丰富。一方面,数字技术促进了生产、产品和服务的创新;另一方面,数字技术也改变科学技术的创新进程,也可以说是"创新方法的创新"(invention of a method of inventing,IMI)。例如,在新药品开发中,部分企业开始使用深度学习的算法来取代传统算法,对现实物理实验做出了更好的预测。实际上,在数字技术持续发展之后,科学界提出了"人工智能驱动的科学研究"(AI for science)的概念,在物理学、生物学、气象学等科学领域深入使用人工智能等数字技术,解决了传统方法无法解决而停滞多年的问题,大大推动了各学科的研究进程,带来了很多新科学发现,成为进一步技术创新的基础。

尽管数字创新的实质性影响仍然处于起始阶段,学界已经把数字技术当成一种"通用目的技术"(general purpose technology，GPT）。Goldfarb 等（2023）用在线招聘启事的数据对 21 种技术进行了对比分析，并发现机器学习及其相关技术更具备通用技术的特征。在讨论通用技术时，我们一般会考察三个指标：在各部门的广泛应用、推动各应用领域的进一步创新和自身迅速发展。David（1990）研究了电动机，发现了电动机完美具备此类特点，故而是一种通用技术。相比之下，数字技术更是如此。首先，数字技术的应用不仅仅限于数字产业自身，已经渗透到其他传统行业的生产和研发中。我国政府所强调的数字经济发展战略中，既包括数字产业化，也包括产业数字化，就是要充分发挥数字技术在各行各业的重要作用。其次，在已经较多使用数字技术的产业中，如交通、医疗、物流、汽车、政务和旅游等，都已经从简单运用数字技术的某些功能转变为系统地运用数字技术的最新成果改造产业自身的产品和服务的方式和内容。最后，数字技术自身也在持续发展，而且正在形成由政府、企业、科研机构组成的新一代一体化的技术创新发展体系。运用人工智能、大数据和云计算等技术，美国 OpenAI 公司开发的聊天机器人程序 ChatGPT（Chat Generative Pretrained Transformer）能够通过理解和学习人类的语言来进行对话，并高质量完成撰写邮件、视频脚本、编写文案、翻译语言、撰写代码和图片创作等工作，甚至可以完整地制作游戏。ChatGPT 已经可以在很多创作性任务上比人类表现得更好，而其应用范围涉及人类生活的很多场合和领域。

5.2.2　创新应用

为了便于读者更明晰地了解各数字技术产生影响的具体方式，我们将分别介绍人工智能、区块链、云计算和大数据等技术创新所带来的经济影响。需要再次强调的是，各数字技术在实际应用中往往组合在一起共同产生作用。

1. 人工智能

随着全球范围内数字经济的持续发展和人工智能技术的不断改进，人工智能技术的应用场景和范围在持续扩大，已经涉及生活的方方面面。例如，人工智能已经在机器人、语音识别、计算机视觉、定向推荐、市场预测、资本管理与交易等诸多领域获得广泛应用。

在计算机视觉领域，人工智能技术以卷积神经网络为建模基础，使计算机和系统能够从数字图像、视频和其他可视输入中获取有意义的信息，并在此基础上给出行为策略，已经应用在社交媒体的照片标记、仓储物流管理、医疗保健中的放射成像以及汽车工业中的自动驾驶汽车等。

在语音识别场景中，人工智能运用自然语言处理（natural language processing）将人类的语音识别为文字，也可以将文字转换为语音，或者多国语言，提供诸多文本的辅助处理功能。我们手机中常见的语音辅助系统，如小米公司推出的"小爱"和苹果公司推出的"Siri"等都是此类应用。

客户服务是人工智能另一重要应用。在线聊天机器人正逐步取代与客户沟通的人工客服。聊天机器人可以回答常见问题，甚至可以提供个性化建议。在我们的日常线上购物中，许多问题都有聊天机器人应答。

人工智能由于其优越的预测能力，在基金管理领域发挥着重要作用。与基金经理相比，人工智能更善于发现短期内的市场交易机会，进行自动交易，以获得更好投资回报。比较知名的由人工智能驱动的基金包括量化机器人科技（Quantbot Technology）及其子基金QT美国股票资产组合（US Equity Portfolio）、先锋信息技术（Vanguard Information Technology）的人工智能机会基金（AI Opportunity Fund）和摩根大通（JP Morgan）的人工智能策略训练股票资产基金（AI Strategic Disciplined Equity Fund）等。

2. 区块链应用

由于区块链是一种去中心化的数据账本，理论上它可以应用于任何类型的交易中，包括物流、金融、零售、贸易、政务、医疗、油气、保险、传媒、旅游、游戏、房地产和知识产权等。我们此处简要列举部分示例予以说明。

在食品安全领域，消费者可以通过区块链追踪产品的成分和来源等。例如，IBM的Food Trust系统中包括种植者、加工商、批发商、分销商、零售商和其他方等信息，通过获得许可的食品来源、交易数据、处理详情等更多永久共享记录，将参与者连接起来。在现代物流领域，区块链技术可以实时追踪物资信息，保证交换过程高效透明和交易信息安全保密。在我国，武汉航运构建了基于区块链技术的武汉长江中游航运结算中心，实现了供应链子系统、金融子系统、航运物流子系统和政府监管子系统的整合，实现了业务流量、代币流量和信息流量增长。在金融领域，区块链除了被广泛运用在数字货币的创建和交易外，还在跨境交易等领域发挥重要作用。与传统模式相比，基于区块链技术的跨境支付业务能有效缩短交易时间，提高跨境支付效率，并降低交易成本，增强安全性。例如，全球同业银行金融电讯协会（SWIFT）与预言机协议Chainlink开展合作，利用Chainlink的跨链互操作性协议（CCIP），允许SWIFT消息指示Token在几乎每个区块链网络上进行传输，从而加速跨资本市场和传统金融的分布式账本技术区块链的采用。

3. 云计算应用

云计算的出现改变了社会的工作方式和商业模式。在不同类型的云计算服务中，几乎每个行业都有许多不同的云计算用途。越来越多的企业通过运用云计算技术，使用公有云、私有云或者二者的结合。例如，2019年，北京互联网法院发布了《互联网技术司法应用白皮书》，清晰地介绍了云计算的司法运用示例。截至报告发布时，北京互联网法院云计算平台共计346台虚拟机、8TB内存、189TB数据存储和51TB容灾备份存储，承载了35项业务系统。

常见的几大云服务平台包括：亚马逊的云平台AWS（Amazon Web Services）、谷歌云（Google Cloud）、阿里云、微软的Azure、IBM的蓝云、腾讯云、华为云、西部数码、百度云和金山云等。其中，AWS为亚马逊电子商务网站提供云服务，在全球范围内，有数百万企业或机构使用该平台。阿里云创立于2009年，是全球领先的云计算及人工智能科技公司。使用阿里云的企业包括中国联通、12306、中石化、中石油、飞利浦、华大基因等大型企业，以及新浪微博、知乎等互联网公司。

4. 大数据综合应用

大数据的应用范围极为广泛，已经进入社会经济的各个方面，包括精准营销、智能制造、交通运输、智能推荐、风险评估、电子商务、健康检测和疫情防控等。

在消费领域,电商企业或平台通过对消费者基本信息、购买记录、社会特征和上网信息等大数据分析,能准确构建出消费者的消费行为特征,并进行精准推荐或针对性地提供精细化服务。在金融领域,银行可以通过中小企业的非金融信息,如企业经营者的社会关系、网络数据、消费记录和人员结构等对小额贷款进行信用评估,以决定是否放贷及贷款额度。在生产过程中,企业可以通过大数据提高其在产品研发、生产工艺、质量管理、安全监管、物流调度等多方位的运营效率,甚至可以实现对全生产线的实时检测和管理。在宏观领域,我们可以利用在线商品价格大数据实时统计并计算消费者价格指数的水平及变化趋势,以更快速地把握宏观经济走势,为政府决策提供依据。

大数据技术的重要性进一步体现在数据不仅仅是一种辅助性的分析工具,更是直接参与到商品和服务的生产中,数据要素的概念由此而生。2019 年,党的十九届四中全会决议通过的《中共中央关于坚持和完善中国特色社会主义制度推进国家治理体系和治理能力现代化若干重大问题的决定》中,首次将数据增列为生产要素,要求建立健全由市场评价贡献、按贡献决定报酬的机制。数据要素与其他生产要素既存在共同之处,又有明显区别。数据要素相对容易获取、易传播、资源非常富足、有较强外部性,但其权属流转较为复杂,为其交易带来困难。有关此部分内容的详细讨论,可以参考本书的第 6 章。

5.3 创新模型

关于数字技术如何影响企业创新的研究目前正处于蓬勃发展状态。多数文献集中在从实证角度研究数字技术的引入如何影响企业的创新和经营,相关的理论探讨有待进一步发展。Babina 等(2022)从实证和理论两方面探讨了人工智能技术如何影响企业的发展和创新,揭示了企业通过投入数字技术推动产品创新(product innovation)或过程创新(process innovation)的机制。本节将着重介绍 Bernard 等(2010)的理论模型,该模型是Babina 等(2022)的理论基础。

5.3.1 模型基本设定

该模型考察的是一个包含多商品和多企业的垄断竞争市场。市场上有连续的商品 $i \in [0,1]$。对于商品 i,会有很多企业差异化生产该商品,它们共同构成了商品 i 的生产者集合 Ω_i。代表性消费者的偏好采用固定替代弹性(constant elasticity of substitution,CES)形式:

$$U = \left[\int_0^1 (a_i C_i)^{(v-1)v} \mathrm{d}i \right]^{v(v-1)}, \quad v > 1 \tag{5-1}$$

其中,$a_i > 0$ 是代表性消费者对各商品相对偏好的参数;v 代表各商品之间的替代弹性,此处假设为恒定,均为 v。由于模型允许产品存在横向差异化(horizontal differentiation),i 商品也包括很多种,由不同的企业差异化生产。故而,此处的 C_i 是 i 商品的消费指数,也采用了 CES 形式:

$$C_i = \left[\iint_{w \in \Omega_i} (\lambda_i(w) c_i(w))^{(\sigma-1)\sigma} \mathrm{d}i \right]^{\sigma(\sigma-1)}, \quad \sigma > 1 \tag{5-2}$$

其中，w 表示各个企业，Ω_i 是生产产品 i 的所有企业构成的集合。需求参数 $\lambda_i(w)$ 决定了对企业 w 的产品的相对需求。$c_i(w)$ 是消费者对企业 w 所生产的商品 i 的需求。为简化起见，此处假定在所有商品的各类型差异化产品间的替代弹性相同，记作 σ。而且，模型假设商品内各差异化产品的替代弹性大于商品间的替代弹性，也就是 $\sigma > v$。

每个企业 w 在开启其对商品 i 的生产时，会有个初始生产力水平，$\phi_i(w) \in [\underline{\phi}, \bar{\phi}]$，消费者对其生产的产品偏好为 $\lambda_i(w) \in [\underline{\lambda}, \bar{\lambda}]$。对于企业 w 而言，$\phi_i(w)$ 反映了其生产水平，$\lambda_i(w)$ 代表了其市场接受度。代表生产力水平的变量 $\phi_i(w)$ 和代表消费者偏好的变量 $\lambda_i(w)$ 都是企业产品的函数，其取值随着各企业产品的不同而相应改变。

假定企业生产中唯一的投入是劳动。企业的生产技术具备如下形式：企业决定运营需要投入的、与产品数量无关的总部成本，M_h 单元的劳动；每生产一类商品 i 所需要投入的固定成本，M_i 单元的劳动；每生产 $q_i(w)$ 单位商品 i 的可变成本是企业生产力水平 $\phi_i(w)$ 的函数。假定企业 w 生产商品 i 的边际成本恒定，为 $\phi_i(w)$ 的倒数，也即 $1/\phi_i(w)$。那么，我们可以将企业 $q_i(w)$ 单元 i 商品所需要的劳动投入表示为

$$l_i(w) = M_i + \frac{q_i(w)}{\phi_i(w)} \tag{5-3}$$

假定每单位劳动的成本为 ω。由于垄断竞争，每个企业的定价都是在给定其剩余需求曲线前提下最大化其利润。在我们的假设中，企业的剩余需求曲线弹性为固定值 σ，故而其最优定价为

$$p_i(w, \phi_i(w), \lambda_i(w)) = \frac{\sigma}{\sigma - 1} \frac{\omega}{\phi_i(w)} \tag{5-4}$$

假定 R_i 为企业的市场需求指数，且对于同一个商品 i，R_i 对所有生产该商品的企业取值相同。则企业生产商品 i 所获得的利润为

$$\pi_i(w, \phi_i(w), \lambda_i(w)) = \frac{(\sigma - 1)^{\sigma - 1}}{\sigma^\sigma} R_i \left(\frac{\phi_i(w) \lambda_i(w) P_i}{\omega} \right)^{\sigma - 1} - \omega M_i \tag{5-5}$$

其中，P_i 是商品 i 的价格指数，其表达式为

$$P_i = \left[\int_{w \in \Omega_i} \left(\frac{p_i(w)}{\lambda_i(w)} \right)^{1 - \sigma} di \right]^{1(1 - \sigma)} \tag{5-6}$$

企业在观测到自身的生产力水平和消费者的偏好后，决定是否要生产各商品。当且仅当利润 $\pi_i(w, \phi_i(w), \lambda_i(w)) > 0$，企业 w 才会生产商品 i。显然，$\pi_i(w, \phi_i(w), \lambda_i(w))$ 是企业的生产力 $\phi_i(w)$ 和市场认可度 $\lambda_i(w)$ 的增函数，故而，生产力水平和市场认可度都较高的企业更有可能生产对应产品。对于任意企业 w，记 $\Phi(w) \subset [0, 1]$ 是企业所有能获得正利润的商品的集合，则企业的总利润为

$$\pi(w) = \int_{i \in \Phi(w)} \pi_i(w, \phi_i(w), \lambda_i(w)) di - \omega M_h \tag{5-7}$$

5.3.2 过程创新

当一个企业在数字技术领域进行投资时，可能会带来生产创新和更高的生产效率。与 Bustos(2011) 的设置类似，生产力水平为 $\phi_i(w)$ 的企业 w 可以选择支付额外的固定成本以

提高其对所有产品的生产力水平至 $\ell\phi_i(w)$，其中 $\ell>1$ 代表生产力水平提升比例。故而，对于企业 w 而言，它将面临一个在更多的固定成本和单品更高的利润间的平衡选择问题。企业生产每一个产品的边际成本都将等比下降，故而其利润将会对应增加。值得注意的是，过程创新不改变企业在其不生产的商品上的生产力水平，故而企业的产品集合 $\Phi(w)$ 不会因此改变。

过程创新后，企业 $q_i(w)$ 单元 i 商品所需要的劳动力投入为

$$l_i^{1}(w)=M_i+\frac{q_i(w)}{\ell\phi_i(w)} \tag{5-8}$$

对应的，企业的最优定价为

$$p_i^{1}(w,\phi_i(w),\lambda_i(w))=\frac{\sigma}{\sigma-1}\frac{\omega}{\ell\phi_i(w)}=\frac{p_i}{\ell} \tag{5-9}$$

企业生产商品 i 所获得的利润为

$$\pi_i^{1}(w,\ell\phi_i(w),\lambda_i(w))=\frac{(\sigma-1)^{\sigma-1}}{\sigma^{\sigma}}R_i\left(\frac{\ell\phi_i(w)\lambda_i(w)P_i}{\omega}\right)^{\sigma-1}-\omega M_i \tag{5-10}$$

记 C_D 为企业对数字技术的投入，则企业投资数字技术后的总利润为

$$\pi^{1}(w)=\int_{i\in\Phi(w)}\pi_i^{1}(w,\ell\phi_i(w),\lambda_i(w))\mathrm{d}i-\omega M_h-C_D \tag{5-11}$$

通过该结果，我们不难看出：起始利润较高的企业更有动力投资数字技术，进行数字化转型，以提高总利润。在实际经济世界中，数字技术至少有两个渠道提升生产力水平。首先，数字技术可以取代部分劳动力投入，以减少单位生产的劳动力成本。值得一提的是，与以往的技术进步不同，数字技术善于对复杂问题做处理和决策，故而更有可能替代高技能和高工资的工种，从而更大程度降低劳动力成本。例如，在 ChatGPT 推出后，文字撰写、文字编辑、程序编写和绘画创作等工作更容易受到冲击。其次，数字技术能够通过更好的监控和预测能力提升企业生产运营效率。例如，Tanaka 等（2019）的分析揭示，企业的预测误差会导致其可能过多投资或投资不足，而数字技术能帮助企业减少此方面的偏差，达到最优投资决策。

5.3.3 产品创新

产品创新是数字经济发展的一种重要形式和机制。一方面，产品创新可以增加企业产品的认可度和欢迎度，从而提升企业的利润；另一方面，产品创新可以更多满足消费者的潜在需要，开拓更多市场空间。Braguinsky 等（2020）指出，产品创新的重要方式是通过不断试验来推进。数字技术在此方面有着非常重要的优势。通过数字技术的灵活运用，企业可以更快了解市场需求，提高试验效率，积累更多产品研发知识，降低产品研发成本，从而推进产品创新。实际上，利用数字技术协助新产品研发已经成为数字技术参与数字经济发展的最重要方式之一。

数字技术提升产品创新的方式主要包括如下三种。首先，数字技术能够更方便地将相关数据信息进行处理，如人工智能、大数据和云计算等，从而更快消除产品试验中的不确定性，增加产品的成功率。其次，数字技术能帮助企业更清晰便捷地了解消费者的偏好和需

求,从而改进原有产品或针对性地设计新产品。最后,数字技术能够帮助企业提升现有产品和服务的质量水平。例如,便利蜂连锁店的运营也依赖于数字技术保证食品运输环节的管控,从而保证其零售商品质量。

此处,我们重点考察企业通过引入数字技术进行产品创新,研发出更受市场欢迎的产品。假定企业 w 通过投资 $\psi(w)x^2$ 单位劳动,能够使得 $x \in [0,1]$ 比例的、从所有商品中随机选定的产品更受市场认可。其中 x 受数字技术投入程度 C_D^{II} 的影响,随着数字技术投入增加而变大。对此部分随机选定的产品,企业 w 的市场认可度,也即市场需求参数将从 $\lambda_i(w)$ 变为 $\kappa\lambda_i(w)$,其中 $\kappa>1$ 表示市场认可度的提升程度。需要补充的是,被随机选出来的商品有可能是原先企业不生产的产品。因此,企业通过产品创新增加利润有如下两种机制:①原先生产的产品更受市场认可,故而数字技术将为该商品的生产带来更多收益;②扩大产品范围,原先无法获利的产品经过数字技术创新后变为可获利商品。与前面的分析类似,在产品创新情况下,企业 w 生产商品 i 得到的利润为

$$\pi_i^{\mathrm{II}}(w,\phi_i(w),\kappa\lambda_i(w)) = \frac{(\sigma-1)^{\sigma-1}}{\sigma^\sigma}R_i\left(\frac{\phi_i(w)\kappa\lambda_i(w)P_i}{\omega}\right)^{\sigma-1} - \omega M_i \quad (5-12)$$

与生产创新不同的是,此时满足 $\pi_i^{\mathrm{II}}(w,\phi_i(w),\kappa\lambda_i(w))>0$ 的商品的类型有所增加,故而我们将得到新的商品集合 $\Phi^{\mathrm{II}}(w)$ 且满足 $\Phi(w) \subset \Phi^{\mathrm{II}}(w)$。企业投资数字技术进行产品创新后的总利润为

$$\pi^{\mathrm{II}}(w) = \int_{i \in \Phi^{\mathrm{II}}(w)} \pi_i^{\mathrm{II}}(w,\ell\phi_i(w),\lambda_i(w))\mathrm{d}i - \omega M_h - \omega\psi(w)x^2 - C_D^{\mathrm{II}} \quad (5-13)$$

在上述公式中,由于 x 比例的商品被随机选择出来,使 $\Phi^{\mathrm{II}}(w)$ 是 x 的增函数,而其成本也随 x 增加而变大,故而存在最优的 x 及数字技术投入 C_D^{II}。

此处,我们仅仅考虑了数字技术直接提升产品的市场接受度。在更一般的模型中,我们也可以考虑数字技术的投入同时改变生产力水平和产品接受度。此外,我们也可以将数字经济中普遍存在的网络效应结合到模型中,例如 Sun 等(2004)探讨了市场存在网络效应时产品创新策略问题。

5.4　数字化商业模式创新

何为数字化商业模式创新?Akter 等(2022)将其总结为"运用数字技术来创造、交流和传递商业价值以重新定义商业模式"。一般而言,商业模式是一个以突出特定企业商业逻辑为目标的、包含诸多对象和概念及其内在联系的概念性工具,包括价值主张、价值创造和价值获取等。企业可以通过引入数字技术改变其价值创造和价值传递的方式,从而改变其商业模式。Trischler 和 Li-Ying(2022)着重强调了数字化商业模式创新的三方面特点:目的性导向的决策、相对重要创新和动态改变过程。数字化商业模式创新的路径则构成了产业数字化与数字产业化的中间环节。其含义分别为:在产业数字化过程中,企业利用数字技术增强或扩展其现有商业模式;在数字产业化过程中,企业利用数字技术开发出新的商业模式。在总结数字创新时,我们讨论了各种技术的具体应用或可能应用场景。一定程度上,它们都可以被看作某种具体形式的数字化商业模式创新。我们从中也可以看出,

商业模式数字化已经广泛深入各行各业,改变我们的经济、社会、政治、文化和生活等。我们将选择一部分行业对此问题做简要介绍。此部分的内容重点参考了 Akter 等(2022)、Furman 和 Seamans(2019)、Hund 等(2021)和 Nambisam 等(2019)文献。我们将通过两个行业实例展示数字化商业模式创新的概念、内涵、特点及路径:医疗健康与制造业。

数字化技术深刻影响着医疗健康领域。医疗行业的数字化技术使用主要在如下几个方面:病人信息数字化、医疗服务个人化、医疗设备数字化和医院管理信息化等。首先,通过对病人信息的数字化,医疗部门可以维护数字健康记录、数字图像记录和数字化病例处方,从而方便医生即时监控和调取各时期病人相关数据资料。其次、采用数字化技术分析与医疗专家意见相结合的方式,医疗部门能针对每个病人特定的具体情况,做出更加准确的医疗诊断,并设计更为合理的治疗方案。再次,通过医疗设备数字化和联网,将就诊人员的数据采集、处理、存储与传输等工作通过电子设备进行处理,并邀请医院内部及跨医院的跨领域专家协诊,既提高医疗服务质量,也提升医疗服务效率。最后,医院管理信息化则是通过电子数字化的系统,协调医院内部各科室和部门的工作衔接配合,整体提升资源的运营效率。运用数字技术,医院不仅能提升病患护理质量,针对性地改进治疗、护理和康复的整体方案,还可以减少病人不必要的留院时间,减少治疗成本,优化社会资源利用。目前,中国数字医疗市场用户渗透率已经超过70%。网经社数字健康台于 2023 年 3 月 29 日发布的《2022 年度中国数字健康市场数据报告》显示,2022 年中国数字健康市场中,仅互联网医疗市场规模就已经达到 3102 亿元,同比增长 39.1%。

制造业是数字化技术深入运用的另一个典型行业。在前面的数字技术创新模型的讨论中,我们强调过企业进行数字技术创新的两种主要模式是产品创新和过程创新。制造业企业往往会两种模式都采用,既将数字技术运用到新产品的研发中,也将数字技术运用到生产部门的效率提升中。对于制造业企业而言,数字技术主要通过如下几种机制提升其竞争力:①运用数字技术改进其产品研发和设计,以更好地贴合市场偏好,增加其产品市场认可度,从而获得更好的市场空间和利润;②通过数字技术,尤其是对相关生产或产品创新过程进行数字建模,既可提升创新效率,也可减少创新成本;③运用数字技术改进生产环节管理,协调各生产部门人员和机器的配合和调度,优化整个生产流程,以提升生产效率、提高产品质量、降低生产成本;④运用数字化技术管理对外的采购、物流、设计、商贸等商业活动,提升整个企业的运营效率。

目前,国内外都重点强调的智能制造(intelligent manufacturing,IM),如中国的“中国制造 2025”、德国的“工业 4.0”和美国的“工业互联网”等,都是要推动在制造领域充分运用数字技术。智能制造一般理解为是一种基于制造前、中、后全链各环节数据的采集、建模、分析和决策,对外把市场、物流与生产,对内把人员、技术、研发、设备和管理,有机科学地进行整合,从而实现智能化的制造过程。我国的电动汽车行业便是运用数字技术的典型案例。一方面,电动汽车自身的运行系统包含了大量的数字技术,电动汽车企业必须将数字技术融入产品的研发升级中;另一方面,市场竞争格局也推动电动汽车企业进行数字技术投入提升其生产效率,开展智能制造。在我国工业与信息化部评选的 2022 年度智能制造示范工厂揭榜单位和优秀场景名单中,上海比亚迪入选了国家级智能制造优秀场景。该公司将数字化技术与生产设备融合,在技术、设备、人员等方面不断投入。针对电池品质信息化管理需求,该公司搭建了全方位质量管理系统(quality management system,QMS),并通过与其他多个平台系统集成,实现电池全生命周期质量数据精准追溯,最终达成关键设备数控化率和联网率100%,研制周期缩短25%,生产效率提升17.65%。

5.5　创新扶持

全球范围内对数字技术及数字创新都极为重视,各国政府都推出了多种鼓励政策。美国政府部门出台了《美国数字经济议程》《联邦数据战略》《未来高级计算生态系统:战略规划》和《2021年创新和竞争法案》等,以维持其在数字技术及创新领域的领先地位;欧盟出台《塑造欧盟数字未来》《欧洲数据战略》《欧洲数字主权》《2030数字罗盘:欧洲数字十年之路》《2030年数字十年政策方案》《欧洲数字权利与原则宣言》等政策,推动欧盟在数字经济和技术领域的发展;德国政府在2011年就制定了《云计算行动计划》,并在欧盟政策的基础上,推出了《联邦数据战略》《国家工业战略2030》《数字化实施战略》和《Gaia-X》云计算计划等政策,以谋取德国的领先优势;日本政府先后发布《情报通信白皮书》《科学技术/创新基本法》《新AI战略》《IT新改革战略》和《数字政府实施规划》,并于2021年9月成立数字厅,谋求在数字经济与技术领域取得突破。

我国政府也极为重视数字经济及数字技术的发展。2012年9月,科技部下发了《中国云科技发展“十二五”专项规划》和《国家宽带网络科技发展“十二五”专项规划》,期望在云计算的重大设备、核心软件、支撑平台等方面突破一批关键技术。2014年,我国政府便将大数据首次写入政府工作报告。2015年9月,国务院发布《促进大数据发展的行动纲要》,将大数据技术及业态上升至国家战略层面。2017年,国务院印发《新一代人工智能发展规划》,提出了面向2030年我国新一代人工智能发展的指导思想、战略目标、重点任务和保障措施。2019年1月,国家互联网信息办公室出台《区块链信息服务管理规定》,以规范区块链信息服务活动,促进区块链技术及相关服务的健康发展。2022年12月,《中共中央国务院关于构建数据基础制度更好发挥数据要素作用的意见》发布,以“加快构建数据基础制度,充分发挥我国海量数据规模和丰富应用场景优势,激活数据要素潜能,做强做优做大数字经济,增强经济发展新动能,构筑国家竞争新优势”。2023年2月,中共中央、国务院印发了《数字中国建设整体布局规划》(以下简称《规划》),明确“数字中国建设按照‘2522’的整体框架进行布局”,这是我国数字经济与技术发展建设的最新政策。《规划》强调了数字基础设施和数据资源体系是“两大基础”;要推进数字技术与经济、政治、文化、社会、生态文明建设“五位一体”深度融合;强化数字技术创新体系和数字安全屏障“两大能力”;优化数字化发展国内国际“两个环境”。

除了上述列举的部分政策外,我国中央政府及各部委密集出台了大量其他的政策文件以支持数字技术及创新的发展。表5-1中选列了部分政策,涉及人工智能、区块链、云计算和大数据等各个方面的数字技术和创新。

表 5-1　2022—2023 年我国政府部门关于数字经济与技术的部分相关政策

印 发 单 位	出 台 时 间	政 策 名 称
中共中央、国务院	2023 年 2 月	数字中国建设整体布局规划
中共中央、国务院	2022 年 12 月	关于构建数据基础制度更好发挥数据要素作用的意见
中共中央办公厅、国务院办公厅	2022 年 5 月	关于推进实施国家文化数字化战略的意见
国务院	2021 年 12 月	"十四五"数字经济发展规划
国务院	2022 年 6 月	关于加强数字政府建设的指导意见
国务院办公厅	2022 年 10 月	全国一体化政务大数据体系建设指南
国家发改委	2022 年 10 月	关于数字经济发展情况的报告
国家互联网信息办公室、工业和信息化部、公安部、国家市场监督管理总局	2021 年 12 月	信息服务算法推荐管理规定
国家互联网信息办公室、工业和信息化部、公安部	2022 年 11 月	互联网信息服务深度合成管理规定
国家市场监督管理总局、国家互联网信息办公室	2022 年 11 月	个人信息保护认证实施规则
国家发展改革委	2021 年 12 月	"十四五"推进国家政务信息化规则
工业和信息化部	2023 年 3 月	区块链和分布式记账技术标准体系建设指南（2023 版）
工业和信息化部	2022 年 10 月	加强和改进工业和信息化人才队伍建设的实施意见
工业和信息化部	2022 年 12 月	工业和信息化领域数据安全管理办法（试行）
工业和信息化部、教育部、文化和旅游部、国家广播电视总局、国家体育总局	2022 年 10 月	虚拟现实与行业应用融合发展行动计划（2022—2026 年）
工业和信息化部	2022 年 11 月	中小企业数字化转型指南
工业和信息化部办公厅	2022 年 8 月	5G 全连接工厂建设指南

　　经过 10 余年的持续积累和发力，我国数字技术及创新的积累仅次于美国，位于世界前列水平。具体而言，我国数字技术及创新的发展表现出如下几个方面的特征：①我国数字科技论文整体数量逐步缩小了与美国的差距，但"顶尖论文"明显落后于美国；②中国数字科技专利总数全球遥遥领先，但高价值专利不仅落后于美国，与日本和韩国也有差距；③2023 年我国企业华为和阿里巴巴跻身于全球数字科技高价值专利前 10 强（数据源自AMiner 科技情报平台）；④我国网民及移动网络用户数量远超美国，积累了大量数据资料；⑤在部分数字技术应用领域，我国有着绝对优势，如移动支付等；⑥受芯片等技术限制，我国数字技术及发展存在一定瓶颈。

　　根据我国数字技术与创新发展的现状，以及国内外经济、政治形势的变幻，我国政府近年来密集出台的各种数字经济政策主要从如下几个方面推动数字技术及相关产业的发展：

　　第一，强调整体谋划、统筹推进。在制度上，加强党组织领导，统一调动全国力量推动数字经济与技术的发展；在体制上，建立健全协调机制，及时发现解决重大问题。

　　第二，优化国内外发展环境。在内部环境上，建设公平规范的数字治理生态，完善法律法规体系，构建技术标准体系，提升治理水平，净化网络空间。在外部环境上，构建开放共赢的数字领域国际合作格局,统筹谋划数字领域国际合作,积极参与数据跨境流动等相关国际规则构建。

第三,建设数字技术基础设施。在硬件上,建立起数字基础设施网络连接,系统优化算力基础设施布局,提升应用基础设施水平,畅通数据资源大循环。同时,健全国家各级数据统筹管理机构,推动公共数据汇聚利用,发挥大数据资源优势。

第四,强化关键数字技术和能力。构筑自立自强的数字技术创新体系,健全关键核心技术攻关新型举国体制,强化企业科技创新主体地位,加强知识产权保护,形成政府、科研机构和创新企业有机统一的创新攻坚体系。

第五,保障技术创新的资金投入。创新资金扶持方式,加强对各类资金的统筹引导。发挥国家产融合作平台等作用,引导金融资源支持数字化发展。鼓励引导资本规范参与数字中国建设,构建社会资本有效参与的投融资体系。

第六,增强数字技术人才培养。增强领导干部和公务员数字思维、数字认知、数字技能。统筹布局一批数字领域学科专业点,培养创新型、应用型、复合型人才。构建覆盖全民、城乡融合的数字素养与技能发展培育体系。

本章小结

相较于其他经济形态,数字经济对技术的依赖性更为明显。本章概念性地介绍了数字技术及其创新,尤其是重要的数字技术特点、数字创新的类型、我国支持数字技术发展的相关政策等。

具体而言,本章先介绍了四种现阶段最为重要的数字技术,包括人工智能、区块链、云计算和大数据技术。其中,人工智能技术是数字经济发展最为核心的技术,它正在深刻而全方位地改变经济社会。区块链技术以分布式、去中心化为重要特点,在数字经济与实体经济融合、培育数字经济发展新动能等方面发挥重要作用。云计算技术为数字经济的发展提供基础支持和服务保障,是数字经济的重要支撑。大数据技术是发掘和维护数据要素的重要手段,与人工智能等数字技术共同为数字经济的发展提供了广阔前景。

在数字技术的基础上,本章也介绍了数字创新的三种主要形态:产品创新、过程创新和商业模式创新。其中,产品创新主要从旧产品的改进或新产品的研发角度讨论数字技术影响数字经济的方式。而过程创新侧重于从生产组织层面介绍数字技术如何提高经济效率。商业模式创新则突出数字技术在创造、传递和获取商业价值的系统性活动中所发挥的作用。需要注意的是,该三种形态往往相互叠加而非割裂开来。

最后,本章简要梳理了我国近年来在数字经济与创新方面所推出的各种政策条文。从中不难看出,我国政府各相关部门较早注意到数字技术的重要性并做出了各项努力与支持工作。

习题

1. 数字技术主要包括哪些? 各自有什么特点?

2. 为什么称机器学习是人工智能的技术核心？

3. 智能合约为何能保证区块链交易环节的完成？

4. 数字创新的含义是什么？有哪些形式的数字创新？

5. 试简述数字化商业模式创新的含义、特点及路径。

参考文献

［1］ Akter S，Michael K，Uddin M R，McCarthy G，Rahman M，2022. Transforming Business Using Digital Innovations：the Application of AI，Blockchain，Cloud and Data Analytics［J］. Annals of Operations Research. 308：7-39.

［2］ Babina T，Fedyk A，He A，Hodson J，2022. Artificial Intelligence，Firm Growth，and Product Innovation［OL］. NBER Working Paper.

［3］ Bernard A B，Redding S，Schott P，2010. Multiple-Product Firms and Product Switching［J］. American Economic Review. 100(1)：70-97.

［4］ Braguinsky S，Ohyama A，Okazaki T，Syverson C，2020. Product Innovation，Product Diversification，and Firm Growth：Evidence from Japan's Early Industrialization［OL］. NBER Working Paper.

［5］ David P，1990. The Dynamo and the Computer：an Historical Perspective on the Modern Productivity Paradox［J］. American Economic Review. 80(2)：355-361.

［6］ Furman J，Seamans R，2019. AI and the Economy［J］. Innovation Policy and the Economy. 19：161-192.

［7］ Hund A，Wagner H-T，Beimborn D，Weitzel T，2021. Digital Innovation：Review and Novel Perspective［J］. Journal of Strategic Information Systems. 30：101695.

［8］ McCarthy J，2007. What is Artificial Intelligence？［OL］. working paper，https://www-formal. stanford. edu/jmc/whatisai. pdf.

［9］ Nambisan S，Wright M，Feldman M，2019. The Digital Transformation of Innovation and Entrepreneurship：Progress，Challenges and Key Themes［J］. Research Policy. 48：103773.

［10］ Nilsson N J，2010. The Quest for Artificial Intelligence：A History of Ideas and Achievements［M］. Cambridge University Press.

［11］ Rosenblatt F，1958. The Perception：A Probabilistic Model for Information Storage and Organization in the Brain［J］. Psychological Review. 65(6)：386-408.

［12］ Russell S，Norvig P，2021. Artificial Intelligence：A Modern Approach［M］. 4th，New York Pearson Education.

［13］ Strachey C，1959. Time Sharing in Large Fast Computers［C］. Proceedings of the International Conference on Information Processing. UNESCO.

［14］ Sun B，Xie J，Cao H H，2004. Product Strategy for Innovators in Markets with Network Effects［J］. Marketing Science. 23(2)：243-254.

［15］ Tanaka M，Bloom N，David J M，Koga M，2020. Firm Performance and Macro Forecast Accuracy［J］. Journal of Monetary Economics. 114：26-41.

［16］ Trischler MFG，Li-Ying J，2023. Digital Business Model Innovation：Toward Construct Clarity and Future Research Directions［J］. Review of Management Science. 17：3-32.

［17］ Turing A，1950. Computing Machinery and Intelligence［J］. Mind. 59(236)：433-60.

第6章

数据要素与产权

本章学习目标

1. 了解什么是数据要素，理解数据要素在数字经济中的重要作用
2. 理解确立数据要素产权的必要性和重要性
3. 掌握数据要素确权理论，熟悉我国的数据产权制度
4. 了解数据要素领域的前沿发展和研究问题

引言

继农业经济时代的土地与劳动力以及工业经济时代的技术与资本，数据已经逐渐成为数字经济时代的关键生产要素。因此，在数字经济领域进行研究与探索时，有必要充分了解数据要素。为了让数据要素在经济中得到合理且高效的利用，首先需要解决数据要素的产权归属问题。然而，数据区别于传统生产要素的经济特性使得其产权的确立存在很多困难，数据确权仍然是一个有争议的领域。基于当前的理论和实践，本章将聚焦数据确权问题，对数据产权建立和实施所面临的挑战以及当前学界和政策领域提出的主流解决方案进行探讨，同时简要介绍数据要素交易、流通、治理等方面的一些相关前沿问题。

本章将分为以下几个部分。第一部分介绍了数据要素的特征，将数据要素与其他传统生产要素进行对比。第二部分联系经典产权理论，说明建立数据产权制度的重要性，明确数据要素确权的关键难点所在。第三部分总结了目前主流的数据要素确权观点。第四部分对数据分类分级体系的构建以及具体场景下的数据产权确立和实施进行介绍。最后一部分对数据要素领域的前沿议题进行简要讨论，鼓励对数据要素研究感兴趣的读者进行更进一步的探索。

6.1 何为数据要素？

在开始关于数据要素的讨论之前，首先需要明确数据的定义以及数据作为一种生产要素所呈现的经济特性。数据要素的特点与数据产权紧密关联，区分数据与信息、理解数据

相较于其他生产要素呈现出的新特征能够帮助读者更好地掌握数据确权相关理论与实践。

6.1.1 数据与信息

根据国际电工委员会(International Electrotechnical Commission,IEC)提供的定义,数据是以适合人类或自动化处理的形式对信息进行的表达。[①] 数据不仅仅包括数字,也包含文本、图片、音频、视频等多种形式。在我国的《数据安全法》中,数据被定义为任何以电子或其他方式对信息进行的记录。

不难看出,数据和信息是两个相互关联但并不等同的概念。一方面,数据基于一定的信息而产生,是信息的数字化载体。[②] 需要强调的是,信息无法自然地转化为数据,而是需要经过收集、记录、处理、储存等过程,才能形成数据。另一方面,数据能够传递信息。数据本身可能只是一段数字或者字符,但通过适当的处理和解释,人们能够从数据中获取丰富的信息。

数据的来源非常广泛。马路上的交通摄像头记录着来往车辆的信息,电商平台存储着用户的消费记录,医院通过电子诊疗卡系统能够掌握患者的详细病历,短视频平台上用户的停留时长和点赞记录会被平台收集从而成为推送下一条视频内容的依据。这些海量的数据被存储在各种形式的介质中,成为数字经济发展的重要资源。随着数字技术的发展和数字化浪潮的推进,我国目前已经积累了丰富的数据资源。根据刘涛雄等(2023b)的测算,我国 2020 年成本法和增值法测算的中国数据资本存量分别达到了 132 828.84 亿元和 174 137.67 亿元,数据存储规模达到了 423.41EB。除了体量大,我国的数据规模也呈现出增速高的特点。如图 6-1 所示,2016—2020 年,我国数据资本存量保持着 12%～18%的增速,远高于同期 GDP 增速。

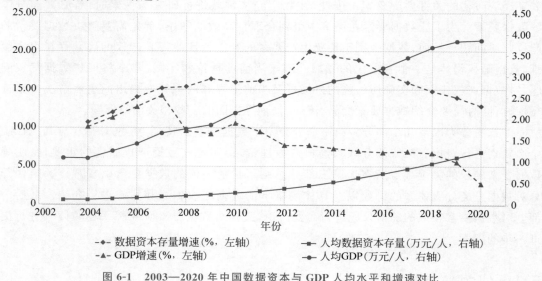

图 6-1　2003—2020 年中国数据资本与 GDP 人均水平和增速对比

---

① 参见《IEC60050》,https://www.electropedia.org/iev/iev.nsf/index?openform&part=171。

② 当然,信息科学中数据也可以是噪声的表达,不包含有用信息,比如一条乱码。但这一类数据不是本章讨论的要素意义上的数据。

6.1.2　数据要素的经济学属性

数据要素的经济特性有很多,已有不少学者从不同的角度对数据的特点进行归纳(Veldkamp 和 Chung,2022;Jones 和 Tonetti,2020;徐翔等,2021)。本节从数据确权的视角出发,对数据要素具有的部分突出属性进行介绍。

(1) **虚拟性**。与实体物品(如土地、机器等)不同,数据具有虚拟性,可以通过远程方式访问和传输。这意味着无须长时间等待和高额运输成本便能实现数据的流动。

(2) **规模效应**。少量且维度单一的数据其经济价值是有限的,但随着数据投入规模的增加和数据种类的丰富,海量数据中获取的经济价值远高于单条数据价值的简单加总。数据的规模效应主要来自于多元数据之间具有的互补关系。规模效应意味着数据需要积累和汇集,才能充分发挥其生产力。

(3) **正外部性**。在经济学中,外部性指的是经济主体的行为直接影响到其他经济主体,却没有给予相应支付或得到相应补偿。数据要素的创造和使用具有正外部性,不仅提高数据使用者的福利,还可能会通过外溢对经济中的其他主体产生正面影响。例如,很多数据是知识的载体,而知识的创造被认为有广泛的正外部性。当前大量有价值的数据以免费的形式存在于各类网站,公众不用付费就可以获取很多有用的信息。

(4) **负外部性**。数据要素的使用同时也具有明显的负外部性。在收集、使用和流转的过程中,数据不可避免地存在泄露可能性(Gertner 等,2000;Acquisti 等,2016)。数据泄露可能对用户隐私和国家安全造成不良影响。为了降低数据使用过程产生的负外部性,不仅需要隐私计算、区块链等技术支撑来降低数据泄漏的可能性,还需要建立完善的数据基础制度来保障数据有序流通,而数据确权便是数据基础制度建设的重要环节。

(5) **非竞争性**。竞争性(rivalry)是指一样物品在被一个人使用后无法再为其他人所用。数据要素可以以接近于零的成本被复制和分享,能够为多个主体同时使用,表现出明显的非竞争性(Jones 和 Tonetti,2020;Farboodi 和 Veldkamp,2020)。非竞争性意味着数据在经济中需要得到充分的分享与流通,提高数据资源的利用效率。这一特征也要求数据产权制度要避免数据要素为少数个体所垄断。

(6) **可排他性**。数据持有者可以将数据接口开放给全社会,也可以通过加密等方式使得数据要素表现出高度的排他性。当数据要素的规模大、内容复杂时,由于其能够创造巨大的价值或可能带来安全风险,拥有数据的企业或机构通常不愿意将其公开(Gaessler 和 Wagner,2022)。正是由于数据具有可排他性,虽然数据具有高度的非竞争性,但一般而言它并不是一种公共产品。

为了更直观地展示数据要素和土地、劳动力、资本、知识和技术的区别,表 6-1 总结了这些生产要素典型特征的对比。[①] 作为新型生产要素,数据与土地、劳动力、资本有着明显区别。传统生产要素大多为物理实体,具有比较明显的竞争性,在大多数情况下其使用过程并不会对其他主体造成直接影响,也不会呈现明显的规模效应。虽然知识和技术与数据要

---

① 此处评价一种要素是否拥有表格所列的这些特点,是指对比于其他要素,该要素在一般情况下是否具有这些特征。

素在虚拟性、规模效应、正外部性和非竞争性上有着相似之处,但有必要对他们进行区分。Jones 和 Tonetti(2020)指出,知识(或技术)是指导生产的框架或方法,而数据本身并不能指导生产,是生产框架下的投入品之一。知识和技术在使用中可能产生正的外部性,技术外溢(technology spillover)已经在不少文献中得到了充分的研究(Kokko,1994;Liu,2008;Bloom 等,2013)。但是,负外部性并不是知识和技术使用的典型特征,而数据流通伴随的负外部性是显而易见的:数据的流通和交易不仅会影响到交易双方,还可能对数据的信息提供者产生隐私泄露等不利影响。

表 6-1　数据与其他生产要素典型特征的对比

	土　　地	劳　　动	资　　本	知识和技术	数　　据
虚拟性				√	√
规模效应				√	√
正外部性				√	√
负外部性					√
非竞争性				√	√
可排他性	√	√	√	√	

通过以上分析,不难发现数据要素与其他生产要素相比具有一些独特的属性,而这些属性也对数据确权提出了新的要求与挑战。因此,数据确权无法直接沿用其他要素的产权确立方法,需要针对数据要素的特点探索公平、安全、高效的数据产权制度。

6.1.3　数据是一种生成品

生产要素指的是在生产中作为投入品的各类资源,而根据其来源又可将生产要素划分为自然禀赋和生成品两类。自然禀赋指的是一些天然存在的要素,如土地和自然资源;而生成品则指需要人为加工、生产、积累的要素,如资本和技术。对这两类要素进行区分是因为它们的产权归属界定的方式有所不同。自然禀赋的产权归属通常依赖于特定的历史和文化条件,而生成品确权则取决于参与生产各方之间的协议。例如,若两人合作开发了一款软件,专利的所有权可以由两位发明者共同享有;如果属于职务发明,则根据事前签订的合同相关单位也能够获得专利所有权的一部分。

那么数据要素究竟是一种自然禀赋还是生成品呢?根据"6.1.1　数据与信息"小节中对数据和信息的介绍,信息需要经由相关主体采集、清洗等过程才能转化为有利用价值的数据,该过程通常依赖于工程师的脑力劳动以及传感器、储存设备等硬件投入。数据的质量往往取决于采集方法和投入的资源(Hastings 等,2019;Redman,2020;Moore 等,2021)。麦肯锡数字化咨询部门的研究表明,数据采集、处理和存储过程所产生的成本非常高昂,对于中型金融机构而言,仅数据获取阶段的成本就可能高达上千万美元。[①] 从以上分析不难看出,数据是一种生成品,而非天然存在的禀赋。

---

① 参见麦肯锡数字化咨询部门(McKinsey Digital)于 2020 年 7 月 31 日发表的文章"Reducing Data Costs Without Jeopardizing Growth", https://www.mckinsey.com/business-functions/mckinsey-digital/our-insights/reducing-data-costs-without-jeopardizing-growth。

　　数据的生成过程主要涉及两类参与主体。一类主体是信息主体,他们所提供的信息是数据生成的起点。另一类主体是数据采集加工主体,主要由企业、科研工作者和政府部门构成,他们需要投入一定的资本、劳动与技术以实现信息向数据的转化。因此,数据的生产函数可以表示为

$$y = f(e, x_1, x_2, \cdots) \tag{6-1}$$

　　其中,y 表示生成的数据量,e 代表原始信息数量[①],x_1,x_2,$\cdots$代表其他投入数据生成过程的要素,包括劳动力、资本、技术等。该生产函数的设定反映了一项重要的事实:数据要素是信息主体和数据采集加工主体共同生成的,缺少任何一方都无法实现信息向数据的转化。值得注意的是,信息主体对于数据生成的贡献既来源于信息本身所包含的价值,同时也包括了信息提供者在数据后续的使用与流通中所承担的隐私风险等成本。

　　在讨论数据确权时,明确数据的生成品属性至关重要。过去,一些研究将数据视为人类生产与消费活动的副产品(Jones 和 Tonetti,2020;Veldkamp 和 Chung,2022),这种观点会使得部分主体在数据创造过程中的贡献被低估从而影响数据确权方案的合理性。随着数据在生产经营活动中扮演越来越核心的角色,企业可能会为了获取数据而提供其他商品或服务,数据成为有意识生产的主产品。因此,数据确权需要强调数据的生成品属性,确保参与数据生成的各方能够合理地分享数据红利,为优质数据的供给提供充分的激励。

6.2　为什么要建立数据产权?

　　产权(property rights)在经济学中是一个非常重要的概念,它明确了人们对经济物品能够拥有的各项权利。本小节将对经典产权理论进行梳理,结合上一小节中数据要素的特点,对建立数据产权的必要性进行分析,并简要总结当前数据确权面临的挑战。

6.2.1　经典产权理论

　　在经济学中,产权一般指对物品进行处理并因此而获得相应报酬的权利。Alchian(1989)将产权定义为一种通过社会强制而实现的对某种经济物品的多种用途进行选择的权利。Demsetz(1967)则认为产权是一种帮助人们形成预期的社会制度,产权界定了人们如何受益和受损,以及谁必须向谁支付补偿来修正人们所采取的行动。根据产权所有者的性质可以将产权的类别划分为开放获取(open access)、国有产权(state property rights)、私有产权(private property rights)、共有产权(common property rights)。根据产权所对应具体物品的属性,又可将产权分为土地产权、知识产权等。

　　在我国的法律体系中,财产权(即产权)与人身权相对,是公民享有的一项重要民事权利。人身权包括人格权,指的是与人身不可分离且不直接包含经济内容的权利。财产权则指以财产利益为内容,直接体现财产利益的民事权利。财产权可进一步划分为物权、债权等不同的组成部分,物权包含的所有权又可细分为占有、使用、收益和处分的权利(何真、唐清利,2006)。

---

① 这里用信息论中常用来反映信息量大小的概念——熵(entropy)的首字母来代表信息量。

1991 年诺贝尔经济学奖得主罗纳德·科斯（Ronald Coase）是新制度经济学的奠基人，他在《社会成本问题》中提出的观点对现代产权理论影响深远，这一观点也被称为"科斯定理"。"科斯定理"的核心思想可以总结为，当参与方可以自由地谈判、产权可交易且交易成本为零时，明确界定产权能够将外部性内化，从而实现资源配置的帕累托最优，产权的初始配置并不会影响最终资源配置和社会福利（Coase，1960）。

虽然也有学者从交易成本、信息不对称、行为理论等角度对科斯定理提出批评，科斯定理在法学与经济学领域产生了重要的影响，产权制度建设的重要性已经得到广泛的认可。例如，Acemoglu 等（2005）通过理论与实证研究发现有效执行的产权能够激励个人参与投资、创新以及贸易等经济活动，从而推动市场更加高效运作。在科斯、威廉姆森、德姆塞茨等经济学家关于产权的研究基础上，学者们开始对产权与企业组织行为的关系、产权制度的设计、产权制度形成的影响因素以及不同产权制度对经济的影响等多方面问题进行探讨，形成了较为完整的产权理论体系。

6.2.2　建立数据产权制度的重要性与难点

在数字经济发展的早期，数据产权归属尚未明确，数据乱象屡见不鲜。平台企业过度收集用户的个人数据，而这些包含了个人隐私信息的数据可能会通过非法交易被用于广告营销、价格歧视，甚至诈骗等用途，为消费者带来诸多风险。同时，随着数据成为企业的核心竞争力来源，企业之间也常常为数据归属、数据保密以及数据相关的垄断行为产生纠纷。建立数据产权制度成为数据治理的首要环节。

经典产权理论强调，产权是经济主体有序参与市场交易的基础，明晰的产权能够让资源在经济中得到有效的配置。这对于数据要素来说尤为重要。数据确权是数据要素市场化建设的前提，为数据的合规流通提供制度保障，也为数据相关的纠纷提供裁决依据，降低数据要素参与生产、交易过程的不确定性。数据产权本质上是保护数据开发与利用的相关主体能够通过数据获得合法收益，这为相关参与者提供了充分的激励。对于信息主体而言，清晰的数据产权能够让他们明确采集加工者将在何种范围、何种程度上使用数据以及他们能获得怎样的报酬，这将使得信息主体更加积极地提供信息。对于数据采集加工主体而言，当从数据中获得的收益为法律所承认时，他们有动力投入更多的资源来进行数据的开发与安全保护，充分发挥数据资产的价值。当建立起完善的数据产权制度后，各主体对于数据享有的权利得到了明确，这将激励更多的主体参与到数据的创造与开发，提升优质数据供给，从而促进数字经济的生产效率。

然而，正如前文所述，数据和其他生产要素具有不同的性质，其确权面临着诸多挑战。首先，数据的生成可能涉及众多主体，而这些主体可能与数据的使用者并不完全一致，从而导致各主体之间存在不同的利益诉求。数据确权必须针对不同主体在数据上享有的权利进行明确回应，保障数据权益的公平分配。其次，数据非竞争性和规模效应意味着数据要素应当在经济中得到充分的分享与流通。然而，数据共享和重复利用也会使得数据的权利归属更加复杂和模糊。因此，在设计数据产权时，既要为数据参与主体提供充足的激励，也要避免数据资源被少数主体排他性地垄断。再次，不同类型的数据在不同的使用场景下可能呈现出差异化的特点，数据产权制度需要充分考虑数据的多元特征，平衡数据使用效率与数据安全。最后,数据要素的虚拟性、易复制等特征对数据产权的实施提出更高的技术要求,数据产权登记、数据交易流通过程中的追踪和监测、数据纠纷裁决等环节都需要将数字技术和数据治理紧密结合,落实各方主体的监管责任,形成一套完善的数据要素基础制度体系。

综上所述,建立数据要素产权制度是一项重要且充满挑战的任务,需要充分结合理论与实践对产权结构设计与实施方案进行创新,探索出适合我国当前国情的数据产权制度,为数字经济的高质量发展奠定坚实的基础。

6.3 数据要素确权理论

在对数据的特点和数据产权的重要性进行学习之后,本章进入最为核心的内容,即数据如何确权。数据确权主要回答两个问题:数据要素产权应当由哪些主体享有以及数据要素产权在不同主体间如何分配。本小节对数据确权领域较为重要的四类理论观点进行了梳理,其中主张信息主体享有数据产权和主张采集加工主体享有数据产权的两类观点分别聚焦于不同主体对于数据的合理诉求,而数据产权分置理论则从产权结构设计的角度为多主体共享数据产权提供制度基础,分散化的数据产权协商理论则对数据产权在主体间分配的问题进行回应。本小节将分别对这些理论的原理、优势以及不足进行分析。

6.3.1 信息主体享有数据产权

信息主体是数据生成过程中信息的来源,在一些研究中也被称为数据原发者或信息提供者。信息总是指向特定的人或者事物,因而根据人的类型以及事物的归属,可以找到相应的法律主体作为信息的提供者。例如,对于平台上的用户数据,信息主体是个人;对于企业生产经营数据,信息主体是企业;对于社会整体运行情况以及自然界信息形成的数据,可以认为社会全体成员是信息的提供者,因而可以将政府作为信息主体的代表。信息是数据生成过程的重要投入品,而在数字经济发展的早期,由于数据产权模糊,非法采集、买卖个人数据的乱象频频出现,个人作为信息主体其隐私权利受到极大侵害。因此,一部分学者主张将数据产权赋予信息主体。

信息主体享有数据产权的依据主要来源于两个方面。首先,数据的使用与流通为信息主体带来一定的风险,这种风险作为一种成本属于信息主体为数据创造做出的贡献,应对其予以足够的补偿。特别是信息主体为个人时,个人信息中可能包含了个人隐私,而个人对私人信息享有的隐私权属于不可转让的人格权,因而较为激进的观点认为个人数据应划归个人,甚至不应该进行交易(申卫星,2020a)。[①] 其次,信息是数据生成过程中不可或缺的一部分,信息本身的价值也是信息主体为数据生成做出的重要贡献。Fuchs(2014)认为数据的价值主要由互联网平台的用户所创造,因此人们使用平台可以被视作参与数据生产的

[①] 我国现行法律体系中,人格权属于人身权的一种。正如"6.2.1 经典产权理论"小节中所述,人身权与财产权(即这里的产权)是对立的两项权利内容,财产权可转让,而人身权不可转让。

"数字劳动",平台企业对于数据的无偿占有则构成了对用户的"数据剥削"。基于"数字劳动"理论,即便是不包含隐私信息的非敏感数据,也应当对信息主体的贡献予以回报,赋予信息主体从数据中获得经济收益的权利。如果数据确权无法为信息主体提供充足的产权激励,那么他们可能不愿意提供信息,使得数据生成过程受阻。例如,在医疗数据领域,Miller 和 Tucker(2018)通过实证研究比较了三类不同隐私政策对个体参与基因检测的影响效应,发现给予个体更多的数据控制权能够促进个体参加基因检测。

即使按信息主体享有产权的原则把个人数据产权划归相关个人所有,也应认识到个人数据具备人格权和财产权的双重特征。数据成为生产要素的基本含义就是数据具备了可以参与生产获取收益的资产属性。因此,尽管个人数据所涉及的个人隐私权属于人格权范畴不可转让,但个人数据作为一项财产,相应的财产权(即产权)的流转是完全合法的。这一特点在具备人格权和财产权双重属性的肖像权上也有所体现,人们可以通过签订合同等方式授权其他主体在一定范围内使用自己的肖像,并获得相应的经济报酬,这里授权转让的是肖像的使用权(财产权),而非人格权,受让方需要在不侵害转让方人格权益的前提下使用肖像。类似地,数据产权本身所讨论的是这些数据要素上的财产权利如何分配与流转,并不涉及个人隐私权利等人身权的转让。即便企业等主体获得了数据产权,他们仍然需要在规定范围内使用数据并保障数据安全,不能对信息主体的隐私权进行侵害。因此,个人数据的隐私权争议本质上是将个人信息上的人身权与个人数据上的财产权混为一谈,不应该以人身权不可转让为由将信息主体以外的其他主体简单排除在享有数据产权之外。

赋予信息主体数据产权的确权方案有其优势,能够对个人的隐私权利、企业的商业秘密、国家的信息安全提供充分的保护,尊重信息主体为数据创造做出的贡献。但是,这种确权方案也有其局限性。现实中大量有价值的数据由个人数据汇聚而来,如果这些原始数据的产权简单归于大量分散的个人所有且限制对其进行交易,或者交易成本过高,那么将使得大批数据无法汇聚到企业进行开发利用,也会削弱平台等主体收集处理这些数据的积极性,不利于优质数据资源的产生和规模化利用。

6.3.2　采集加工主体享有数据产权

在数据生成过程中,信息必须经过收集、清洗、储存等环节才能形成数据,这些环节所需的技术、劳动、设备必须由企业或政府等特定的主体提供,这些主体被称为数据采集加工主体。数据采集加工主体在一些研究中也被称为数据处理者或数据采集者,他们在数据生成过程中扮演了非常重要的角色。例如,为了采集电商平台上的用户行为数据,平台企业首先需要实现用户行为的自动化捕捉,对捕捉到的原始数据中的有效信息进行筛选,并根据一定的规则将多条数据进行组合、匹配,最终将这些数据安全地储存在硬件设施上。然而,采集加工主体的数据权益在信息主体拥有数据产权的主张中并未得到重视,因此,另一类确权观点认为应当赋予采集加工主体数据产权。

采集加工主体对数据产权的诉求有其合理性。一方面,采集加工主体为数据的生成做出了贡献,数据确权需要为这些贡献提供合理的回报。如果信息主体的数据权利边界过度扩张从而限制了采集加工主体对数据进行开发利用,那么采集加工主体将缺乏参与数据生成的动力,数据资源的积累将受到阻碍,数据价值也难以在有限的数据流动中得以充分实现(程啸,2018)。例如,《通用数据保护条例》(General Data Protection Regulation,GDPR)是一项欧盟针对个人数据隐私的立法,对个人数据的采集与利用施加严格的约束条件,但在其推行之后大量的应用(App)开发者退出了应用市场,且应用市场的进入者也显著减少,用户和应用开发商均遭受了福利损失(Janssen 等,2022)。另一方面,采集加工主体通常也是数据利用、分析的主体。从数据利用效率来看,为采集加工主体确立数据产权能够促进多元数据的融合与汇聚,让企业等市场主体能够对数据要素进行加工和交易,充分释放数据价值。从数据的安全保护来看,以企业为代表的采集加工主体相较于信息主体在数据管理方面通常具备更强大的技术和资源,掌握数据产权也能够激励企业更好地对其数据资产进行保护,提高数据要素利用与流通的安全性。

主张赋予采集加工主体数据产权的理论观点也有一定的缺陷。这类主张对于信息主体为数据生成做出的贡献没有给予充分的肯定,也没有将数据在利用过程中对信息主体产生的负外部性内化,使得企业等主体过度采集数据、滥用数据,对信息主体的信息安全造成侵犯。

6.3.3 数据产权分置

通过前面对信息主体享有数据产权和采集加工主体享有数据产权两类确权观点的分析,可以看到在数据生成过程中各参与主体都为数据生成做出了重要贡献,因而都对数据权利有着合理的诉求。无论是主张个人拥有数据产权还是企业拥有数据,"非此即彼"的单一赋权模式会造成参与主体之间的利益失衡,不利于数据要素的创造和充分利用。为了对数据生成过程中多元参与主体的数据权利予以回应,数据产权分置理论对数据产权的具体内容进行了分割,允许多元主体共同分享数据产权。

产权是一束权利的集合,正如"6.2.1 经典产权理论"小节所述,财产所有在我国法律体系下可细分为对财产占有、使用、收益和处分的权利。数据产权分置指的是将数据的产权内容划分为若干项,可以由不同的主体来享有。这种权利分割的思想在其他要素的产权制度中已获得实践,例如,在土地公有制的前提下我国实行了农村土地所有权、承包权和经营权相分离的模式,协调了多方主体的利益,提高了我国土地资源利用效率。为了平衡不同主体对数据权利的需要,数据产权也可以根据数据要素的特点进行适当的分割。申卫星(2020b)提出应当构建数据所有权和数据用益权协同的二元结构,赋予数据原发者(信息主体)以数据所有权,赋予数据处理者(采集加工主体)以数据用益权。2022 年 12 月,《中共中央 国务院关于构建数据基础制度更好发挥数据要素作用的意见》(下文简称《数据二十条》)进一步提出了数据产权"三权分置"制度框架。"三权分置"将数据产权分为数据资源持有权、数据加工使用权、数据产品经营权,根据数据要素的特征对传统财产权的分置方式进行了调整,回应了数据产业链不同阶段多元参与主体的利益诉求。

数据产权分置是对单一赋权模式的创新,为数据产权结构设计提供重要思路。数据产权分置认可了不同主体为数据创造和开发所做出的贡献,为各主体有序利用数据、激发数据要素市场活力提供正当的权利基础。在应用过程中,数据产权分置理论也面临着一些挑战。首先,分置后的数据各项权利对应的具体内容、权利主体、获得方式、权利行使的边界都应当通过法律法规得到明确的规定,否则可能导致多元主体间数据权利界定模糊、权利冲突等法律纠纷。其次,数据产权分置使得一份数据要素可能对应着多个享有不同权利内容的主体,这加大了对数据产权进行登记、监管的难度,尤其是当数据要素进入市场流通时,数据的各项产权也随之流转到不同主体手中,如何有效地管理和跟踪数据各项产权成为实践中需要解决的问题。

6.3.4 分散化的数据产权协商

在数据生成的过程中,信息主体和采集加工主体由个人、企业和政府等多元主体构成,他们对于数据生成的贡献以及对于数据价值的预期依赖于具体的数据生成场景,不同的数据生成场景凝结着复杂而多元的利益诉求。例如,对于平台上的用户行为信息,隐私敏感程度高的用户可能不希望平台采集这些信息,而隐私敏感程度低的个人可能同意平台完整地享有数据采集、加工、交易等各项权利以换取平台的附加服务或补偿。数据权利在多元主体间的分配有多种方式,难以针对所有的数据确权场景自上而下地提出统一的赋权方案。为了满足数据确权的灵活性、实现各参与方公平分享数据产权,一些学者认为数据产权在各主体间的分配应当通过分散化的数据产权协商来完成。

分散化的数据产权协商理论同样认同数据产权的可分割性,主张在原始数据生成之前由信息主体和采集加工主体通过协商对信息的采集范围以及数据权利束在各参与方之间的划分进行约定。这一过程可以理解为参与数据生成的主体对某一方就特定的数据权利进行了"授权",实现了数据产权确立和授权的统一。基于原始数据的初始产权分配,后续经过汇集、加工、流转产生的衍生数据的产权也可以通过原始数据产权归属方和数据开发利用主体的协商得以确立,实现明晰的产权与数据相伴而生,而非彼此分离。刘涛雄等(2023a)利用合作博弈的框架对数据生成过程进行分析,认为应当按各参与主体的贡献对数据权利进行分配,并提出了公平有效的数据产权协商需要遵循的四大基本原则:①知情同意原则,确保信息主体同意数据采集;②效率原则,让数据的各项权利流向最能充分发挥数据价值的主体,保证数据合作博弈的收益最大化,获得更多数据权利的一方应该向另一方进行补偿;③完备性原则,对数据的各项权利归属进行明确规定;④政府监管原则,政府应监管协商过程,维护确权公平和公共利益。

分散的数据产权协商是一种基于数据生成场景的确权方案,能够为参与数据生成的主体提供充分的激励,满足不同数据类型、不同应用场景下的确权需要。当然,分散的数据产权协商理论也存在一些不足,其中最为重要的挑战在于现实中针对数据产权进行协商可能带来较高的成本。例如,在涉及多个参与方的情况下,以一对一协商的方式对数据各项权利的归属以及权利行使的边界达成共识可能需要花费很长的时间,且灵活多样的数据产权协商结果在执行中也面临着较高的监管成本。针对这一问题,刘涛雄等(2023a)指出数据要素分级授权机制可以成为数据初始产权协商的一套实施方案。数据要素的分级授权指的是从数据使用和交易的权限出发对数据权利的内容和程度进行分级,由参与方对授权级别进行选择,从而完成数据初始产权的确立。戎珂等(2022)通过构建经济学模型论证了数据要素市场分级授权机制能够提升愿意授权数据的用户数和平台企业获得的数据总量,提升用户福利。

数据确权仍然是一个不断发展的研究领域,但无论对于何种理论观点,促进数据的合规利用与流通以赋能实体经济是一项基本共识。值得注意的是,以上为大家介绍的几类确权方案各有其合理性和局限性。数据确权需要在具体的数据生成与利用场景中进行,针对特定场景下的具体问题,应当选择合适的确权理论进行应用。下一小节将对数据产权实施过程中数据确权理论的应用和实践进行更进一步的介绍。

数据确权理论对我国数据产权制度的探索具有重要的借鉴意义。在数据制度探索的初期,相关法规主要强调数据安全利用,对信息主体的权益提供了较多的法律保障。我国于 2021 年相继颁布了《数据安全法》和《个人信息保护法》,从立法层面对国家信息安全和个人信息权益的保障提出基本要求,明确了数据处理者的义务。随着数据作为生产要素在数字经济中发挥着更为重要的作用,企业等主体合理采集、使用数据的权利受到了越来越多的关注,我国开始通过新型数据产权制度的建设来对多元主体的数据权利进行明确。2022年,中共中央、国务院在《关于加快建设全国统一大市场的意见》中指出要建立健全数据安全、权利保护等基础制度和标准规范,并于同年 12 月颁布了《数据二十条》,提出要探索建立具有中国特色的数据产权制度体系,探索数据产权结构性分置制度,推进数据分类分级确权授权机制,为我国数据产权制度指明方向。可以看到,安全可控、有序流通是数据确权探索历程中的一条主线。随着数据确权理论的进一步发展,数据产权制度也将在实践中继续发展和完善。

6.4 数据产权的实施

数据产权制度的实施包括两个部分。首先是初始产权的确立,即在数据生成的场景下解决数据权属争议,完成数据的确权。其次是数据产权的行使、流通与保护,即保障产权明晰的数据能够被有序地利用与交易,对侵害数据产权的行为予以监管和处罚。在数据产权实施的过程中仍然有许多问题需要解决。首先,现实中数据要素是非常多样的,对于不同类型的数据应当设计不同的确权规则,针对不同的数据产权内容应当予以多层次的监管,因此需要对数据要素进行分类分级,确保数据产权制度有效运行。其次,数据的生成与利用场景极其复杂多元,不同的场景下数据产权实施需要解决的重点问题各有不同。针对这些问题,本小节将分别对数据要素分类分级体系的构建以及多场景下的数据产权实施进行介绍。

6.4.1 数据要素分类分级

进入信息时代,经济生产和居民生活中产生了海量的数据,如何对这些数据进行高效的组织和管理成为一项重要挑战。一方面,不同类型的数据在使用、交易过程中可能带来不同程度的负外部性。例如,个人基因数据相较于个人职业数据有着更大的负外部性风险,而个人职业数据的负外部性风险又比匿名的个人消费数据更高。对这些承载了不同负外部性风险的数据,应当为其设立有区别的确权方式并施以差异化的监管。另一方面,产权分置理论和分散化的数据产权协商理论都将数据产权视为一束权利的集合,经过分割后可以由不同主体所掌握。这意味着数据产权并非"一物一权",数据产权内容复杂性为产权登记、市场准入审查、纠纷裁决等数据产权制度实施环节带来困难。

为了解决数据要素多元性带来的确权与监管难题、实现数据产权的高效管理,数据要素分类分级成为一项重要的数据治理措施。数据要素分类分级指的是按照一定的规则和标准对数据进行归类和级别划分,从而形成一个结构清晰的数据分类分级体系,提高数据管理的系统性和组织性。2021年通过的《数据安全法》明确了要建立数据分类分级保护制度,对重要数据施行更加严格的保护措施。随后,中国人民银行、证监会、工信部等部门相继发布了金融数据、证券期货数据、工业数据等具体行业的数据分类分级指引文件,浙江、贵州等省份也针对公共数据和政务数据推出了地方性的分级分类指南。值得注意的是,数据分类分级的方法并不唯一。为了让读者能够更为具体地理解数据应该如何分类和分级,下面本节将基于产权实施的需要提供一套数据要素分类分级的思路。

1. 数据要素分类

在数据产权实施中,数据的敏感程度(负外部性大小)和流通属性是最为关键的因素,它们直接关系到数据确权的方式以及确权后的数据是否可以参与交易流通。因此,可以根据数据遭到破坏后或泄露后对国家安全、社会秩序和公共利益以及个人、法人和其他组织的合法权益的危害程度,对数据的敏感程度和流通属性进行分类。数据遭到破坏后或泄露后对相关方可能造成的危害越大,则数据的敏感程度越高,同时在商用时的审慎程度也越高。根据这一分类原则,可以将数据的类别分为三个层次。

首先,"高敏感的禁止商业化数据"指的是可能对全社会造成严重影响、对企业组织造成巨大利益损失或对个人合法权益造成极其严重损害的数据,如个人生物识别数据、国防敏感数据等。针对这些负外部性极强的数据,数据确权应当更加强调对信息主体数据权益的保护,并对数据各项权利的分置提出限制条件。比如,通过法律规定由信息主体掌握数据的产权且其他主体仅能在信息主体的授权下对数据进行有限利用,不允许数据参与交易。

其次,"较敏感的可商用数据"指的是对社会、企业组织和个人可能造成一定负面影响的数据,例如个人在互联网平台的行为数据、企业的采购记录等。这些数据的负外部性风险可以通过信息主体和采集加工主体的协商得到内化,因而可以通过分散的数据权利协商等更加灵活的方式确立数据产权,允许数据的持有权、使用权、经营权适当地分离,在安全的前提下通过数据要素市场让数据价值得以充分的释放。

最后,"不敏感的公开数据"指对国家、社会、组织和个人等相关方均无明显不良影响的数据,例如政务公开数据。这些数据的确权应当在对信息主体按贡献进行补偿的前提下鼓励采集加工主体积极行使对数据进行有序开发与利用的合法权利,充分实现数据持有权与使用、经营权的分离。

2. 数据要素分级

数据要素分级主要解决数据确权与授权过程中如何对各方主体享有的数据利用与交易权限进行明确的问题。在单一的赋权模式中,信息主体或者采集加工主体能够完整地享有数据产权,包括对数据进行使用加工或依法参与数据交易。而在数据产权分置理论以及分散化的数据产权协商中,不同主体享有的数据权利内容变得更为复杂。例如,平台可能对数据享有使用的权利但不可以对数据进行转让,或者平台能够对脱敏的数据享有使用与交易的权利。为了确保数据权利清晰明确,提高数据确权、数据产权登记、数据交易等产权实施各环节的运行效率,可以根据赋予各主体对数据流通使用的权限范围,对数据权利内容和程度进行分级。数据要素可分享流通的范围越大,对应的数据授权级别越高。由此,数据权利可划分为三个层次。

首先是"内部可利用",即被授权主体可以对数据进行使用并从中获利,但不能对数据进行交易或允许其他主体访问数据。例如,为了提供相应的服务,平台必须获取用户的敏感信息,此时用户可以要求平台仅将其个人数据用于提供服务所必需,不可将数据分享给其他主体。

其次是"服务可交易",即允许外部主体在本地利用数据,实现基于数据的服务可交易,但不允许转让原始数据。例如,电信运营商可以向网站或金融机构提供"三要素验证"服务,通过对用户提交的姓名、手机号、身份证号进行比对,返回实名认证的结果,在此过程中运营商掌握的原始个人数据并不会流出。

最后是"数据可交易",即允许对数据进行交易。例如,企业可以将其经营数据有偿分享给数据分析机构,而这些机构可以在多元数据的基础上进一步开发可流通的数据集或数据产品。

值得注意的是,数据要素分类分级体系是一个灵活的框架,监管部门、企业等主体可以根据具体场景的需要在上述分类分级层次上对数据类别和级别进一步划分。例如,"较敏感的可商用数据"这一类别可以细分为"宽松条件下可商用数据""一定条件下可商用数据""严格限制条件下可商用数据"等类别,"数据可交易"这一授权级别也可以根据交易数据是否需要匿名化处理区分为"匿名可交易"和"完全可交易"。

基于以上数据要素类别与级别的划分思路,可以建立一个贯穿数据收集、处理、交易全流程的分类分级标识体系,实现数据要素类别级别始终清晰、动态可追溯。从效率的角度来看,基于数据要素分类分级体系各方主体能够更加便捷地完成数据确权与授权,一旦数据的敏感性、可商用类别以及主体对于数据拥有的数据权限级别得以明确,数据产权登记以及数据市场准入审查工作都能更加高效地开展。从安全的角度来看,分类分级体系也为多层次的数据监管机制提供基础,监管部门可以按照类别越高级别越高、监管措施越严格的原则,对各主体的数据利用与交易行为进行监管,保障数据产权不受侵害。未来,需要在数据产权制度的建设和实施过程中,推进数据分类分级确权授权,完善数据要素分类分级的标准,让承载着多元属性和复杂权利内容的数据要素能够得到高效且有序的利用。

6.4.2 多场景下的数据产权实施

在不同的场景下,数据产权的实施可能面临不一样的挑战,具体表现为数据权属的争议、数据确权理论方案的应用或者确权后数据权利的流转。下面本小节分别对个人数据、企业数据和公共数据的产权实施难点以及相应的解决方案进行介绍。

1. 个人数据

个人数据,顾名思义,指的是承载了个人信息的数据。作为数字经济中的消费者,人们每天都在参与大量个人数据的生成。例如,在电商平台购买商品时,用户不仅会主动地向平台提供地址、电话号码等个人信息,也会通过交易过程被动地在平台留下记录,这些电子化的信息和行为记录最终都将成为企业数据库中的用户个人数据。基于这些丰富的个人数据,企业等主体可以通过研发对数字服务和数字产品进行创新,政府也能探索智能化的社会治理新模式,实现社会福利的提升。

个人数据的收集与利用可能会为个人带来隐私风险,多元主体利用个人数据与个人隐私保护之间的矛盾成为个人数据确权的难点。在个人数据的生成场景中,个人是信息主体,企业等主体承担数据采集加工方的角色。根据上一小节的分析,个人与采集加工主体都为个人数据的生成做出了贡献,因此将个人数据的产权直接赋予个人或赋予采集加工主体都不是理想的确权方案。解决这一问题的关键在于,数据确权需要对个人和采集加工主体对数据生成的贡献进行回应,而个人对数据的贡献应当包括其在后续数据开发利用过程中承担的隐私成本,从而在保护个人信息安全的前提下实现数据权利在主体间公平分配。

隐私成本依赖于具体的数据生成场景以及不同个人对于隐私的敏感程度,因而分散化的数据产权协商有利于实现个人数据的灵活确权。当涉及的隐私风险极高时,个人应当享有更多的数据产权,并对采集加工主体进行补偿。例如,个人可以通过付费的形式让医疗机构对其健康数据进行采集与记录,但是此过程中产生的个人数据完全归属于个人。当个人数据不涉及隐私信息时,数据产权的分配可以更加倾向于采集加工主体,此时个人可以根据其信息的价值获得一定的补偿。例如,在一些科学研究或商业调研中,匿名化的受访者数据通常完全归研究机构所有,且研究机构通常会为受访者提供一定的报酬。此外,个人和采集加工主体也可以通过协商实现个人数据产权的分置,由个人享有数据资源持有权,由采集加工主体在约定范围内行使数据加工使用权、数据产品经营权,平衡个人和采集加工主体的利益诉求。

个人数据的确权场景通常涉及单一采集加工主体对多主体的个人信息进行采集,因而协商成本成为分散化的数据产权协商在应用时面临的关键挑战。比如,在平台用户数据的确权问题中,一个平台与亿万用户缔结完全个性化的数据产权协议是几乎不可能的。针对这一问题,通过标准化的协议明确个人与数据采集主体分别享有的数据权利成为一种较为可行的解决方案,在个人和平台之间的数据产权协商实践中应用尤为广泛。早期的个人数据协议通常采取"接受或离开"的单一授权结构,即用户必须同意协议中平台对数据使用权限的相关规定,否则无法享受平台提供的服务。这种"一揽子授权"的模式虽然一定程度上符合知情同意原则,但是授权内容的范围不可选择,使得数据确权协商缺乏灵活性。平台往往比个人用户有着更大的市场势力,因而数据协议中可能出现"霸王条款",侵犯用户的消费者权益。

"6.3.4 分散化的数据产权协商"小节对数据要素分级授权方案进行了介绍。在个人数据的确权协商中,分级授权机制可以弥补"一揽子授权"协议的不足,让个人用户可以根据其异质性的隐私偏好对平台采集、利用、交易数据的权限级别进行选择,以更加灵活的方式完成个人数据确权授权。随着欧盟《通用数据保护条例》、中国《个人信息保护法》等法律法规的施行,数字平台应该合理合规采集、利用个人数据在全球范围内成为共识,监管机构开始严厉打击通过强制同意、捆绑功能等方式过度收集用户信息的行为,分级授权的机制也逐渐在平台和用户的数据协商中得到了初步的应用。专栏 6-1 针对 5 家不同业务领域的平台企业隐私协议进行了对比分析,希望能够帮助读者了解实践中个人数据如何通过标准化的协议来完成确权,并理解分级授权机制在协议中如何体现。

📖 **专栏 6-1**

根据支付宝、淘宝、抖音、高德、百度五家不同业务领域的平台企业的最新隐私政策协议(截至 2022 年 8 月 3 日),本专栏对平台协议中数据使用与流转范围的层次划分以及用户授权管理规定进行比较,结果如表 6-2 所示。表 6-2 中授权级别的划分参考了"6.4.1 数据要素分类分级"小节中数据要素分级的三个层次。根据平台企业处理用户数据的特点,"内部可利用"这一层次被细分为"最小必要利用"和"内部利用"两个级别。"服务可交易"则主要体现为第三方服务商能够访问平台的用户数据并提供相应的用户服务,即"外部可访问"。"数据可交易"则被进一步划分为"匿名可交易"和"完全可交易"。从表 6-2 可以看到,分级的原则在五家平台的隐私政策协议中均有所体现,具体表现为用户能够通过弹窗许可或者更改授权等方式选择平台拥有的个人数据采集与利用权限。在"最小必要利用""内部利用"以及"外部可访问"这三个授权级别上,各平台都有着较为明确的区分,用户能够对数据采集的范围以及平台利用数据的用途进行选择。但是,不同平台对于数据是否能够参与交易流通有着不同的规定,尚未形成可供用户进行选择的"数据可交易"授权级别。

表 6-2 不同平台隐私政策的对比

授权级别	典型协议条款举例	分级实践	支付宝	淘宝	抖音	高德	百度
无授权	"如您拒绝提供相应信息,您将无法正常使用我们的产品及/或服务。"	信息的采集需要用户明确同意	√	√	√	√	√
最小必要利用	"您可以通过系统授权关闭定位服务或系统权限,停止我们对您的位置信息的收集,但您可能将无法获得相关服务或功能,或者无法达到相关服务拟达到的效果。"	展示各项功能所需采集的信息	√	√	√	√	√
		允许对信息采集授权进行管理	√	√	√	√	√
内部利用	"当你关闭(个性化的内容推送)后,我们不会基于个性化推送的目的处理你的个人信息,而仅会向你推送与你的偏好无关的具有普遍性的内容或广告。"	区分基础服务与附加服务		√	√	√	√
		允许关闭个性化推荐服务	√	√	√	√	√

续表

授权级别	典型协议条款举例	分级实践	支付宝	淘宝	抖音	高德	百度
外部可访问	"事先获得您明确同意的情况下,我们会在法律法规允许且不违背公序良俗的范围内,依据您的授权范围与第三方共享您的信息。"	与第三方分享个人信息需要额外同意	√	√		√	√
		对第三方服务商以及信息分享清单进行展示	√	√	√	√	√
		允许用户取消或修改第三方授权	√	√	√	√	
匿名可交易	"您的个人信息经匿名化处理后将形成可以使用及流通的数据,对此类数据的保存及处理无需另行通知并征得您的同意。"	匿名化处理后的数据使用与流通需要用户额外同意	×	×		×	×
		匿名化处理后的数据会分享给广告商等合作伙伴	√		√	√	√
完全可交易	"如果我们因合并、分立、解散、被宣告破产的原因需要转移个人信息,我们会向您告知接收方的名称或者姓名和联系方式。接收方将继续履行本政策及其他法定义务。接收方变更原先的处理目的、处理方式的,会重新取得您的同意。"	企业合并、分立、解散、被宣告破产等情形下转让个人信息需要告知用户	√	√		√	√
		其他非法律强制要求情形下转让个人信息需要用户额外同意	√				√

注:"√"表示协议中含有该项分级实践内容,"×"表示协议对该项分级实践内容进行了否定,空白表示协议对该项内容表述模糊,或没有提及。

通过标准化的分级授权协议来界定个人数据权利已经得到初步应用。随着数据要素市场化的推进以及数据产权制度的不断完善,个人数据的分级授权机制将得到进一步的应用和发展,形成一套全国统一的数据分级授权标准,推动个人数据得到充分流通。

[专栏内容来源:专栏 6-1 参考了刘涛雄等(2023a)对分级授权机制在个人数据确权场景下应用的研究。表 6-2 中对比的五份隐私政策协议分别为《支付宝隐私权政策》(2022 年 7 月 14 日更新版本)、《淘宝网隐私政策》(2022 年 4 月 2 日更新版本)、《"抖音"隐私政策》(2022 年 7 月 6 日更新版本)、《高德隐私权政策》(2022 年 5 月 12 日更新版本)、《"百度"移动应用隐私政策》(2022 年 1 月 6 日更新版本)]。

2. 企业数据

企业数据主要是指企业在生产经营等活动中产生的数据,包括研发数据、财务数据等。

企业数据能够反映市场动态、业务运营情况等宝贵信息,具有丰富的商业价值。通过对企业数据进行分析和挖掘,企业可以改进产品与服务、优化商业模式,提高企业的运行效率。除了提高企业自身的利润,企业数据也能够为投资者以及行业中的其他企业提供重要的商业信息,帮助他们更好地完成投资决策、调整战略规划。

企业数据确权面临的挑战在于,传统法律框架并未对企业数据提供明确的利用规范。在新型数据产权确立之前,著作权法、专利法等知识产权相关的法律规定通常被用于数据保护案件中。然而,基于知识产权的保护方式对于企业数据保护仍然存在着局限性,很多企业数据由于"独创性""技术属性"等特性难以认定而无法受到充分的保护(徐实,2018)。《数据二十条》明确指出,对于生产经营活动中产生的不涉及个人信息和公共利益的数据,各市场主体能够依法持有、使用,并从中获得合法收益。

企业数据的信息主体和采集加工主体通常均为企业自身,这种情况下不存在多主体间数据权利分配的问题,让企业数据产权完整地由企业独享是合理的。当然,在一些情况下,企业数据的采集加工也可能由其他主体完成,此时企业可以与采集加工方通过协商的形式事先对各方能够享有的数据权利按照贡献予以明确。例如,专业服务机构向企业提供金融服务的过程中会产生企业财务数据,企业可以在服务提供之前以合约的形式允许服务方享有该数据的加工使用权,并对数据使用的范围进行约定,且服务的报酬应当将服务提供方为数据生成做出的贡献包含在内。

数据在使用与流通中释放价值,因而数据产权的实施不仅仅是确权,也应当推动掌握数据产权的主体积极参与数据要素的交易与流通。企业数据产权实施的挑战在于,现实中掌握数据的企业通常不愿意让为其带来竞争优势的数据资源在市场上流动,在企业的数据产权得到确立之后,"数据垄断"现象可能会进一步加剧,不利于行业公平竞争和数据价值的充分释放。这一问题的原因之一在于,当前数据要素的市场建设仍然处于初步阶段,企业通过数据交易流通从数据资产中获得的收益十分有限,因而缺乏对数据资源进行分享的激励。因此,需要加快建立和数据产权制度相配套的数据交易与流通制度,探索企业数据授权使用的新模式。专栏6-2介绍了一些企业数据分享的案例,在这些案例中,企业持有数据资产并对其享有完整的数据产权,可以将数据使用权等部分权利有偿地授予其他市场主体。通过数据资源的合理分享探索新的收益来源,企业能最大化数据资产的价值。随着数据要素市场建设的不断推进,保护企业数据产权、实现企业之间合规公平的数据分享与数据合作将变得更为重要。未来需要加快数据要素市场的建设,并在企业数据的生成与利用场景下进一步探索企业数据资产入表等数据资产管理、审计模式,让企业的数据资产充分参与到价值创造中。

专栏 6-2

在数据要素市场建设的早期,企业之间的数据流通大多源自业务往来、战略合作等场景的需要,且由于数据产权相关规定的缺失,企业数据分享的范围以及应用场景比较有限。随着我国数据要素基础制度不断完善,越来越多的企业通过数据交易所等多元渠道完成数据确权、登记、清算、交付,积极参与数据要素交易与流通。下面,本专栏基于上海数据交易所公开挂牌的数据产品信息,为读者提供三个企业数据授权使用的案例,希望读者能够理解企业数据确权以及企业数据充分参与交易流通的重要性。

案例1：贝壳找房是一家居住产业数字化服务平台，核心业务覆盖二手房交易、房屋租赁、装修等多领域。为进一步提供房地产行业全价值链数字服务，贝壳找房推出了"RealData＋数据库"，按订阅时长收费，为当前房地产领域的传统统计数据提供有效补充。该数据库包含了租金价格指数、二手房市场景气指数等多维度的数据，能够更为全面地反映房地产市场的交易动态，为房地产企业、金融机构以及研究机构的决策和研究提供支持。

案例2：薪海科技是一家人力资源产业供应链数字科技服务云平台，在工资结算、用工撮合等业务领域积累了丰富的数据资源。"薪酬通"是薪海科技推出的一款人力资源供需交易数据产品，包含了全国45个城市各行业用工规模、平均工作时长、男女比例、时薪范围、岗位人数饱和度等维度的周度数据。这些数据一方面能够帮助用工企业做出选址等决策从而降低用工成本、提高招聘效率，另一方面也能为劳动者提供就业参考，提高求职成功率。

案例3：中远海运科技是中国领先的航运信息化企业，隶属于中国远洋海运集团，面向众多大型航运企业提供信息化咨询、项目实施、系统维护等服务。依托行业领先地位优势，中远海运科技推出了"船视宝"，涵盖全球船舶、港口以及航线的全生命周期动态数据，并提供按次数和按时长两种收费模式供数据需求方选择。"船视宝"能够帮助航运物流企业对货运时效进行预测分析并对运输过程中可能产生的风险进行预警，助力航运交通领域的数字化转型。

（内容来源：专栏中展示的案例来源于上海数据交易所官网中的"挂牌产品汇总"一栏，详情请见 https://nidts.chinadep.com/ep-hall。）

3. 公共数据

公共数据在不同的讨论语境中有着不同的界定，狭义的公共数据往往是指政务数据（或政府数据）。在此本章采用较为宽泛的定义，除政府数据以外，还包括各类组织基于自然和社会公众的公开信息进行采集而成的数据。例如，研究者采集的气象数据、企业采集的地图数据都属于本章节所讨论的公共数据。该定义的出发点在于强调公共数据涉及的信息具有公共属性。从信息来源进行区分，公共数据可分为社会数据和自然数据。而根据采集主体是否为政府部门，可以进一步将公共数据区分为政务数据与非政务数据。公共数据广泛应用于各个领域，对于提高社会经济运行效率、促进企业创新、提升政府治理水平有着重要贡献，一些国家甚至将政府掌握的公共数据列为一种新型国有资产（宋烁，2021）。

与个人数据、企业数据相比，公共数据在确权过程中有着三大特点。

首先，政府是公共数据确权的重要参与方。在公共数据的生成场景中，信息并非由特定的个人或组织提供，而是来源于社会公众或自然信息，此时政府应当成为公共数据的信息主体代表。同时，政府也是主要的公共数据采集加工主体，因而公共数据涉及的权属争议相对较小。政府作为大部分公共数据产权的所有者，应当对公共数据的保护和合理使用、开发承担重要责任。

其次，部分公共数据包含与国家安全、军事、政治等直接相关的敏感信息，在利用与流通过程中可能造成公共信息安全风险，对公共利益造成重大损害。尤其是当公共数据的采集加工主体为企业、科研人员等非政府主体时，维护公共信息安全成为公共数据确权的重要挑战。在此情况下,公共数据确权面临的困难和个人数据确权的隐私争议类似,也可以利用分散化的数据产权协商得以实现。非政府主体对公共数据进行采集和利用之前,需要与作为信息主体代表的政府进行数据权利协商。在协商过程中,政府应当根据数据开发利用过程中隐含的风险对采集加工主体享有的数据权利以及行使数据权利的限制条件进行明确。例如,对于敏感程度高的公共信息,政府可以出台相关法律禁止非政府主体对其进行采集;而对于敏感程度较低的公共信息,政府和采集加工主体间的数据权利协商可以通过"申请—审批"的形式完成,政府可以对采集加工方的资质进行审核,并对采集加工方获得的数据采集、使用与交易权限进行批准。

最后,公共数据来源于公共信息,因而有着公共资源的属性。公共数据产权的确立并不意味着将公共数据的使用、开发权利局限在政府部门内部,而是应当通过数据产权分置或数据交易流通让公共数据在信息安全的前提下向公众开放,允许各主体对公共数据进行合理开发与利用。虽然政府各部门会通过门户网站、新闻公报等多种方式对部分公共数据进行公开,但是政府履行信息公开义务有特定的范围,仍然有大量非敏感的公共数据分散地掌握在各部门手中,无法为企业等主体获取,公共数据资源利用效率较低。为了更好地实现公共数据资源共享,公共数据开放平台成为一项重要的措施。通过建设公共数据开放平台,各级党政机关、企事业单位依法履职或提供公共服务过程中产生的公共数据能够得到汇聚,政府可以将公共数据产权束中的使用权无条件或有条件地授予各市场主体,从而实现对公共数据资源的统筹管理。当前,各省市已经相继推出了公共数据条例,探索公共数据开放平台的建设。专栏 6-3 以北京市和上海市在公共数据开放领域的探索为例,对公共数据开放平台的运行模式进行了介绍。

🗔 专栏 6-3

公共数据开放平台是由各省市设立的政府数据服务门户网站,整合了政府多个部门掌握的大量数据资源,向社会公众提供浏览、查询、下载等服务。与政府门户网站提供的信息公开服务不同,公共数据开放平台专门为数据资源整合与分享而设立,数据覆盖范围得到了极大的提升。通过公共数据开放平台,个人、企业、研究机构等主体可以获得公共数据的使用权,能够利用、传播、分享这些数据,但是并不能对平台上获取的数据资源进行转让。

以北京市公共数据开放平台为例,该平台对北京市超过 100 个单位的上万份数据集进行了整合,数据量高达 70 亿条。数据内容涵盖经济建设、信用服务、财税金融等 20 个主题,以下载和调用接口两种形式免费开放给公众。上海市公共数据开放平台同样整合了多个市级部门收集的数据资源,并进一步在开放属性上对数据进行了分级。公众可以直接获取"无条件开放"的公共数据,而对于"有条件开放"的数据资源,则需要在平台上提交使用申请,对申请者的数据保护能力、数据应用场景进行陈述,由平台进行审批。通过对公共数据的分级开放,政府能够实现对数据安全风险的有效控制,保障低敏感数据得到充分开发,对敏感数据的利用施以更为谨慎的授权和更加严格的监管。目前,北京市和上海市的公共数据开放平台已经在医疗、交通出行等领域形成了一些典型应用案例。未来,随着各省市对公共数据开放平台的建设和完善,公共数据将进一步赋能数字经济发展,成为数字中国建设的重要推动力量。

(内容来源:专栏中对于北京市与上海市公共数据开放平台的介绍主要参考了两个平

台的官方网站。北京市公共数据开放平台详情请见 https：//data. beijing. gov. cn。上海市公共数据开放平台详情请见 https：//data. sh. gov. cn。)

6.5 数据要素研究前沿

随着数据产权制度的完善，数据要素将进一步在经济中发挥重要作用，新的现象、新的问题也将不断涌现，为数据治理和数据基础制度的建设提出新的挑战。本小节从数据交易与流通、技术创新与数据治理以及数据跨境流通三个方面来对数据要素研究领域的前沿问题进行简要介绍。

6.5.1 数据交易与流通

数据要素需要在流通中释放价值。如果相关主体只是囤积数据要素以获取市场垄断势力而不愿将数据进行分享，有着互补性质的各类数据将难以交汇融合，形成"数据孤岛"。"数据孤岛"指的是由技术壁垒或主体间的分隔等因素导致的数据分散、无法集中利用的现象(周茂君、潘宁，2018)。"数据孤岛"成为继数据确权问题之后数据要素市场建设的重要阻碍，将导致数据重复采集、数字经济各参与主体缺乏协作、数字生产效率低下等一系列问题。因此，需要建立完善的数据流通和交易制度打破"数据孤岛"，实现数据要素的合规流通，充分释放数据价值。下面，本小节将从数据要素市场的结构设计与规则制定、数据交易场所以及数据交易生态三个方面来为读者介绍当前数据交易与流通领域的探索，以帮助读者更好地思考在数据确权之后的交易与流通环节数据要素基础制度应当解决的问题。

1. 数据市场：结构与规则

数据的市场结构决定了数据应该以怎样的规则高效交易和安全流通。Koutroumpis 等(2020)根据交易过程中匹配的买卖双方数量将数据市场分为一对一、一对多、多对一以及多对多四类。①当数据市场的买卖双方均为单一主体时，例如个人或企业将数据出售给数据经纪人，他们通常以协商的方式来完成数据交易，这类交易通常面临着较高的交易成本。②对于一个卖家将数据分享给多个买家的情形，数据交易可以通过更加标准化的流程实现，例如用户可以通过付费订阅的方式获取金融数据库提供的各类数据。③多个卖方和单一买方的情形一般发生在用户和数字服务提供者之间，用户分享自己的数据从而换取基于数据的服务，典型的案例包括提供实时位置导航功能的地图软件以及搜索引擎。④多对多的数据市场指的是在交易平台上大量的用户能够上传、维护数据集，同时也能够通过单独协商或标准化协议等多种方式获取、使用其他用户提供的数据。

除了市场匹配机制，也可以从数据价值链的角度来对数据市场划分层次。数据参与生产活动的整个过程以数据获取为起点，经历数据维护、处理和分析，最终实现数据可视化、商业智能和数据驱动型决策等应用。根据数据价值实现的过程，可以将数据市场大致分为三个阶段。①一级市场：数据授权市场。在数据的收集过程中，按照分级分类授权的方式，以用户为代表的主体可以按照其需要的服务类型或深度确定自己的数据授权范围。②二级市场：数据要素市场。规模庞大且混乱无序的原始数据需要经过清洗、筛选和归集等处理,才能够转化为有序的资源形态,从而方便存储到服务器或云端等载体。为了进一步高效且合规利用数据,数据控制者需要通过隐私计算等手段对数据进行脱敏、通过数据建模等手段对数据进行标准化,最终使数据资源转化为更易投入生产过程的、标准化程度更高的数据要素。③三级市场:数据产品市场。在数据要素形成后,需要将其投入生产,以挖掘、释放并实现其价值。在算力和算法的支持下,数据要素通过机器学习、数学建模和定量分析等方式转化为新的知识、数据产品或数据服务,从而提高消费者效用,并赋能各行各业的生产经营活动。

通过以上介绍可以看到,由于数据要素具有非竞争性、规模效应等独特性质,数据市场的结构呈现出复杂的特性,数据价值在交易流通的不同阶段逐步释放。因此,需要根据不同数据利用场景的需要,建立多层次的数据要素市场体系,完善数据全流程合规与监管规则体系。从安全合规的角度出发,监管部门应该对数据市场准入规则、数据流通安全保障规则进行明确,同时对企业开展安全认证,严厉打击非法数据交易。从数据资源有效配置的角度出发,不少研究已经对数据要素的定价机制开始初步的探索。欧阳日辉和杜青青(2022)将影响数据定价机制的三大因素总结为数据利用的具体场景、数据要素市场结构以及所交易的数据权利内容。对于特定数据资产的估值,除了传统会计学中收益法、成本法和市场法等定价方法,基于"信息熵"定价和多维度的数据定价方法也逐渐被提出,以满足不同应用场景下的数据定价需求(熊巧琴、汤珂,2021)。在理论研究的基础上,尹文怡等(2023)利用上海数据交易中心的数据从实证角度对数据要素的市场价格规律进行探索,发现数据提供方的权威性和数据独特性对于数据价格具有显著正向影响。随着数据要素市场建设的不断推进,相关研究也将继续深入,以数据安全合规流通为前提,探索数据资源有效配置的市场机制。

2. 数据交易场所

数据交易的方式可以按照交易场所分为场内集中交易与场外分散交易。在数据要素市场发展的早期,由于数据基础制度、数据基础设施的不完善,数据交易所面临着数据供应少、交易方信任缺失等一系列挑战,因而数据交易主要通过场外分散交易进行。然而,随着数据产权制度、数据交易流通制度的不断完善,数据交易所的优势逐渐凸显。一方面,在数据交易所内集中交易能够保障数据交易过程的可追溯性,更加易于数据监管。另一方面,数据交易所作为第三方能够保护交易双方的合法权利,在交易方之间发生摩擦时公允取证,便于解决数据争端。考虑到数据交易的多样化需要,数据交易的模式和场所也应当具有多元特征,丰富数据交易与流通的渠道。未来,应该充分结合多类型交易场所、交易模式的优势,构建多层次市场交易体系,为数据要素提供低成本、高效率、可信赖的流通环境。

3. 数据交易生态

数据的经济特性不仅为数据确权带来困难,也使得数据交易与流通面临重重挑战。数据具有非标准化的特点,在掌握数据要素之前买家很难判断数据的内容和质量是否符合其预期。同时,数据的信息属性又使得卖家可能面临着买家了解数据信息后又不需要继续购买数据甚至对数据进行复制的风险。传统商品交易市场中常见的"一手交钱、一手交货"在数据市场中难以实现。数据买卖双方存在着严重的信任缺失和信息不对称问题,而这一问题背后的重要原因是数据交易生态的缺失。根据 Spiekermann(2019),除了数据提供方和数据买家之外,数据要素交易的主要参与者还包括数据商(或数据交易中介)以及第三方服务提供商。数据商提供数据产品开发、发布、承销等服务,将数据资源持有者手中的数据进行汇集和聚合从而形成可供开发的数据资源,并根据供需双方不同的要求提供数据交付的技术方案。而第三方服务机构则在数据参与交易流通的各环节提供包括数据集成、数据经纪、合规认证、安全审计、数据公证等多类服务,降低数据交易中可能产生的摩擦,助力数据的高效率流通。因此,数据市场的建设不仅要为买卖双方提供充足的保障和参与激励,也要培育数据交易生态,对数据要素交易、流通过程中发挥重要作用的主体提供支持,使得数据能够以更高的效率流向最能发挥其价值的主体手中。

6.5.2 技术创新与数据治理

数字技术的创新赋能数字经济发展,同时也对数据要素的治理产生重要的影响。一方面,包括产权制度在内的数据基础制度对于数字基础设施提出了很高的要求,隐私保护、数据安全存储、数据全流程监管等环节都需要特定的技术来实现。另一方面,不断涌现的数字技术也带来了很多数据治理领域的新问题。数据治理并非静态的规则,而是随技术的发展不断进行完善的制度框架,既要吸纳最新技术的力量以实现更高水平的治理,也要对新技术可能存在的风险进行及时规制。本小节主要通过三个案例来帮助读者理解技术创新与数据治理的关系,希望读者能够结合数字技术领域的前沿发展,对数据治理未来的探索方向进行思考。

(1)**隐私计算与数据"脱敏"**。传统的数据共享方式,往往需要将原始数据集分享给第三方,这可能导致个人隐私信息的泄露。即便明确了各主体分别享有的数据权利内容,对隐私泄漏的担忧仍然会使得个人更少地提供有价值的个人信息,从而不利于数据创造和流通。在此背景之下,隐私计算(privacy-preserving computation)应运而生,结合密码学、人工智能等一系列交叉领域的信息技术,在原始数据不被泄露的前提下对数据进行分析计算,实现数据在流通、利用过程中"可用不可见"。目前,隐私计算技术已经在风控、营销、数字政府、智慧医疗等对隐私保护有着强烈需求的场景中得到初步应用。随着相关研究发展以及商业模式的成熟,隐私计算将极大地解决数据确权、数据流通过程中的隐私难题,在技术上实现数据所有权和使用权的分离,促进数据融合、汇集,保障数据高效、合规流通。

(2)**区块链与交易存证**。数据具有虚拟性,因而数据产权确立、数据交易都很难像传统要素或资产一样留下清晰的证据,这也就使得数据领域的纠纷裁决是十分困难的。近年来广泛用于电子存证领域的区块链技术能够为这一难题提供解决方案。区块链是由一系列数据块组成的,每个数据块包含了一定的交易信息,并且通过密码学算法进行加密保护。这些数据块通过去中心化的方式存储在众多节点上,形成了分布式的网络。在区块链网络中,节点通过共识算法对新增的数据块进行验证和确认,然后将其添加到链的末端,从而形成了一个不可篡改的账本。① 在数据确权和数据治理领域,区块链能够避免数据要素以及数据确权和流通的记录被篡改或删除,使得数据的流通和使用具有透明性、可追溯性、安全

---

① 区块链技术的介绍参见 https://www.mckinsey.com/featured-insights/mckinsey-explainers/what-is-blockchain。

性。目前,区块链存证技术已经应用于上海数据交易所的业务环节,未来将得到进一步推广。

(3) **大语言模型与隐私风险**。随着 Open AI 开发的大语言模型 ChatGPT 引起广泛的关注并被应用于各类使用场景,生成式人工智能产品引来一轮爆发式增长,涌现了"文心一言"、ChatGLM、天工大模型等具备出色中文处理能力的国产大语言模型产品。然而,大语言模型在研发和使用的过程中涉及大量数据的处理和分析,为数据隐私带来一系列挑战。在研发阶段,大语言模型的训练过程依赖于大规模的数据集,其中可能包含个人敏感信息,这些信息可能遭受泄漏风险。在应用阶段,用户向模型输入的内容中可能包含个人身份信息、隐私偏好等敏感内容,且这些数据以及用户的反馈可能会被记录下来以改善模型性能。解决这些问题需要重新审视当前生成式人工智能服务的监管措施,例如对训练数据集进行严格的隐私审查和脱敏,加强对用户输入内容的安全管理,明确技术服务提供者应当为数据隐私与安全承担的责任与义务。

6.5.3　开放经济下的数据要素:平台"出海"与数据"出海"

近年来,随着全球数字经济的快速发展,平台跨国扩张和数据跨境流通成了全球经济中的重要趋势,为我国数字经济的发展带来机遇的同时也为数据治理带来新的挑战。

(1) **"出海"战略为数字平台企业带来新的增长机会**。随着国内市场被现有平台所"瓜分",不少数字平台开始寻求海外市场这一新的增长点。数据要素为平台出海提供额外的激励。首先,数据能够以接近零的成本复制,从而实现低成本流动,这使得数字经济下平台企业能够更快地在海外市场布局,参与全球数字经济发展。其次,数据跨境流通促进全球科技创新和技术合作,进而为数字平台的革新和数字经济发展增添动力。最后,数据要素的规模效应使得数字平台企业的跨国发展呈现出"赢者通吃"的特征。虽然这可能引起垄断问题,但对平台企业而言,这种竞争压力驱使各大平台纷纷将"出海"提上日程,力争在全球数字经济中占据领先地位。

(2) **全球数据跨境流通加剧数据安全风险**。2023 年 3 月 23 日,美国国会众议院针对源自中国的社交平台 TikTok 举行了一场听证会,这场备受瞩目的听证会聚焦的关键问题为"保护美国民众的数据隐私和儿童安全"。TikTok 在美国受到的审查只是平台出海和数据跨境流通带来的摩擦的缩影。数据的利用具有明显的负外部性,随着平台企业全球化扩张,数据要素在更大范围内高速流动,个人隐私和公共信息安全风险进一步升级。考虑到数据主权和国家安全,一些国家可能采取措施限制数据流出或限制外国企业访问本国数据资源。同时,不同国家间的数据相关法律规定有所不同,可能导致数据流通的壁垒和限制,对企业的跨境业务和创新发展造成困扰。例如,欧盟在数据立法方面强调严格监管,特别是对个人信息相关的数据采集、利用、分享制定了严苛规则。自 2018 年《通用数据保护条例》实施以来,谷歌(Google)、脸谱网(Facebook)等大型跨国平台企业相继因涉及数据保护不当而被处以巨额罚款。

基于以上分析,可以看到数据的跨境流通带来更强的规模收益与更明显的负外部性,数字经济的全球化发展机遇与挑战并存。解决这些挑战需要国际社会共同合作,推动制定公平合理的国际数据治理制度框架,实现可持续、安全、可信的跨境数据流通。

本章小结

本章将目光聚焦到数字经济中重要的生产要素之上,着重探讨了数据要素的确权问题。首先,本章明确了数据要素的定义以及经济特征,这为后续理解数据确权的难点以及掌握数据确权相关理论奠定了基础。其次,本章的主体部分深入介绍了数据要素确权的三个关键方面:数据确权的必要性、数据确权理论以及数据产权制度的实施。从经典的产权理论出发,解释了为什么要对数据要素进行确权,并分析了数据要素确权面临的难点。数据确权理论是本章节最为核心的部分,基于目前国内外学者的研究以及我国数据产权制度的顶层设计,本章对数据确权的相关理论进行了介绍。数据产权制度的实施部分与数据确权理论的实际应用紧密关联,为读者展示了在现实世界中对数据进行分类分级、分场景确权的重要性和可行性。最后,本章分别从数据要素流通与交易、数字技术创新与数据治理以及数据"出海"三个方面对数据要素相关的前沿问题与研究进行了简要介绍,希望能帮助读者认识到数据要素领域的前景与挑战。

本章内容特别强调了数据要素的生成品特征以及数据要素投入使用过程中产生的外部性,这是理解数据要素确权的关键。认识不同参与主体对数据生成过程的贡献以及数据使用与流通可能为各主体带来的风险能够帮助读者更好地理解数据要素产权制度的设计原理,也让读者对数字经济中兼顾效率与安全的发展理念有更加深刻的认识。值得注意的是,数据要素领域的制度建设与研究都尚处于发展阶段,数据要素产权、数据治理领域还有大量未达成共识的重要问题。本章内容主要起到抛砖引玉的作用,希望感兴趣的读者可以对相关问题进行深入的探讨,为数据要素制度体系的建设贡献力量。

习题

1. (多选题)为了回应多元参与主体对数据的权利诉求,《数据二十条》提出了数据产权"三权分置"的结构设计。请问数据产权"三权分置"中"三权"指的是哪三项权利?

    A. 数据资源持有权   B. 数据要素所有权

    C. 数据产品经营权   D. 数据加工使用权

2. (判断题)以下观点是否正确?若不正确,请解释原因。

(1) 大语言模型(LLM)是一种基于大量文本数据进行训练的深度学习模型。通过扩大用于训练的数据量,大语言模型不仅在效果上得到显著提升,还能够获得很多小模型不具备的上下文学习能力、逐步推理能力等。这体现了数据要素所具备的规模效应。

(2) 数据要素的产权制度可以参照土地产权以及知识产权的相关规定,不需要额外进行制度设计。

(3) 为了避免数据产权归属的争议,法律应该将数据产权完全地赋予信息主体。

(4) 出于数据安全考虑,政府应该将掌握的公共数据严格保护起来,不允许政府以外的主体利用这些数据。

(5) 数字技术创新能够解决数据产权保护、数据治理领域的众多难题,但数字技术的发展也可能为数据要素的合规流通带来新的挑战。

3.（简答题）"6.3.4 分散化的数据产权协商"小节指出数据确权应基于特定的生成场景进行，参与主体可以在生成过程开始之前对数据的产权进行协商。本题将围绕数据确权协商中引入分级授权机制的作用展开讨论。考虑单一授权的情形。假定某数字平台向用户提供基于个人数据的个性化服务。用户享受平台服务而收获的效用为 u，潜在用户的总量为 N。在用户考虑加入平台时，平台向用户提供数据协议，每起草一份新合约的成本为常数 b，而一份标准化合同重复利用时边际成本为 0，用户可以选择是否允许平台采集其个人信息。若用户拒绝授权，即禁止平台采集其个人信息，那么相应地用户也无法享受平台的服务，此时用户效用为 0；若用户同意授权，则平台能够利用用户的个人数据提供相应的个性化服务，同时平台也可以将用户数据用于产品开发等其他业务并对数据进行交易，此时平台利用单位数据创造的价值为 1，对用户 i 产生的负外部性为 $-c_i \leqslant 0$。值得注意的是，不同用户感知的负外部性水平存在异质性，c_i 在 $[0,1]$ 间均匀分布。假设数据生成函数为线性形式 $f(e)=he$，此处 $f(e)$ 为生成的数据量，e 表示接入平台的用户数量，h 为常数。

（1）在题目设定中，c_i 可以理解为用户的隐私成本。c_i 在不同用户间具有异质性的设定是否合理？请结合现实谈谈你的看法。

（2）在单一授权的情形下，平台仅需起草一份标准化合同，用户根据自己的隐私成本选择"接受"（即进入平台且给予平台最大的数据授权）或"离开"（退出平台）。为了补偿用户对于数据生成的贡献，假设平台给予授权用户的补偿为 $p_1 > 0$。给定 p_1，请问此时有多少用户会选择授权？平台的利润为多少？请求解最优补偿 p_1^*，以及最优补偿所对应的授权用户数量。（h 和 u 满足 $h+u<2$）

（3）现在考虑分级授权的情形。即平台针对多个数据授权级别起草不同的标准化合同。若用户同意授权，则需要选择授权级别，即后续平台对该份数据拥有的权利范围。为了简化讨论，假设有两个授权级别。此时，用户可以选择拒绝授权、部分授权以及完全授权。若用户选择部分授权，平台仅在为用户提供服务时使用必要的个人相关数据，此时平台利用单位数据创造的价值为 $s<1$，对用户产生的负外部性为 0；若用户选择完全授权，平台可将用户数据用于其他业务并对用户数据进行交易，此时平台利用单位数据创造的价值以及数据负外部性为用户带来的成本和单一授权情形中的授权选择是一致的。平台为完全授权的用户提供 p_2 的补偿，但不再为部分授权的用户提供补偿。假设 p_2 是给定的，请问此时有多少用户会接入平台（部分授权或完全授权）？平台的利润为多少？请求解最优补偿 p_2^*，以及最优补偿所对应的部分授权用户数量以及完全授权用户数量。$\left(h \text{ 和 } s \text{ 满足 } h<\dfrac{2}{1-s}\right)$

（4）通过以上单一授权和分级授权两类情形结果的比较，请从用户参与激励的视角对数据确权中分级授权机制的优势进行分析。

4.（简答题）随着产业数字化和数字产业化的不断深入，数据要素已经在众多行业的价值创造过程中发挥着重要作用。请选择一个行业来分析数据在该行业中发挥的作用，并结合本章知识谈一谈在这一具体的行业中数据产权建立、数据治理面临的挑战。

5. （简答题）《数据二十条》中针对数据要素基础制度建设工作提出的首条原则便是"遵循发展规律，创新制度安排"。数据要素的产权制度以及数据治理体系需要在实践中不断完善和发展，形成与数字生产力相适应的新型生产关系。近年来，各地、各级政府也陆续发布了系列数据要素相关的法律法规，提出了"数据资产入表""首席数据官"等探索性的试点方案。请结合具体的全国或地方性文件，选择一项近期提出的数据治理领域的新措施，简要介绍该措施的提出背景以及内容，并谈谈该措施的作用以及对于数据要素治理、数字经济发展的意义。

参考文献

[1] Acemoglu D，Johnson S，Robinson J A.，2005. Institutions as a Fundamental Cause of Long-run Growth[M]//Aghion P，Durlauf S. Handbook of Economic Growth（Volume 1，Part A）. Elsevier：385-472.

[2] Acquisti A，Taylor C，Wagman L.，2016. The Conomics of Privacy[J]. Journal of Economic Literature，54（2）：442-492.

[3] Alchian A A. 1989. Property Rights[M]//Eatwell J，Milgate M.，Newman P. The Invisible Hand. London：Palgrave Macmillan UK：232-238.

[4] Bloom N，Schankerman M，Van Reenen J.，2013. Identifying Technology Spillovers and Product Market Rivalry[J]. Econometrica，81（4）：1347-1393.

[5] Coase R H.，1960. The Problem of Social Cost[J]. The Journal of Law and Economics，3：1-44.

[6] Demsetz H.，1967. Towards a Theory of Property Rights[J]. American Economic Review，57（2）：347-359.

[7] Farboodi M，Veldkamp L.，2020. Long-run Growth of Financial Data Technology[J]. American Economic Review，110（8）：2485-2523.

[8] Fuchs C.，2014. Digital Labour and Karl Marx[M]. London：Routledge.

[9] Gaessler F，Wagner S.，2022. Patents，Data Exclusivity，and the Development of New Drugs[J]. Review of Economics and Statistics，104（3）：571-586.

[10] Gertner Y，Ishai Y，Kushilevitz E，et al.，2000，Protecting Data Privacy in Private Information Retrieval Schemes[J]. Journal of Computer and System Sciences，60（3）：592-629.

[11] Hastings J S，Howison M，Lawless T，et al.，2019. Unlocking Data to Improve Public Policy[J]. Communications of the ACM，62（10）：48-53.

[12] Janssen R，Kesler R，Kummer M E，et al.，2022. GDPR and the Lost Generation of Innovative APPs[EB/OL].（2022-05）[2023-08-05]. https://www. nber. org/papers/w30028.

[13] Jones C I，Tonetti C.，2020. Nonrivalry and the Economics of Data[J]. American Economic Review，110（9）：2819-2858.

[14] Kokko A.，1994. Technology，Market Characteristics，and Spillovers[J]. Journal of Development Economics，43（2）：279-293.

[15] Koutroumpis P，Leiponen A，Thomas L D W.，2020. Markets for Data[J]. Industrial and Corporate Change，29（3）：645-660.

[16] Liu Zhiqiang.，2008. Foreign Direct Investment and Technology Spillovers：Theory and Evidence[J]. Journal of Development Economics，85（1-2）：176-193.

[17] Miller A R，Tucker C.，2018. Privacy Protection，Personalized Medicine，and Genetic Testing[J]. Management Science，64（10）：4648-4668.

［18］ Moore Z，Harrison D E，Hair J.，2021. Data Quality Assurance Begins Before Data Collection and Never Ends：What Marketing Researchers Absolutely Need to Remember［J］. International Journal of Market Research，63（6）：693-714.

［19］ Redman T.，2020. To Improve Data Quality，Start at the Source［EB/OL］.（2020-02-10）［2023-08-05］. https://hbr. org/2020/02/to-improve-data-quality-start-at-the-source.

［20］ Spiekermann M.，2019. Data Marketplaces：Trends and Monetisation of Data Goods［J］. Intereconomics，54（4）：208-216.

［21］ Veldkamp L，Chung C.，2022. Data and the Aggregate Economy［EB/OL］.（2022-06-28）［2023-08-05］. https://www. aeaweb. org/articles？id＝10. 1257/jel. 20221580＆＆from＝f.

［22］ 程啸，2018. 论大数据时代的个人数据权利［J］. 中国社会科学，（3）：102-122＋207-208.

［23］ 何真、唐清利，2006. 财产权与宪法的演进［M］. 济南：山东人民出版社.

［24］ 刘涛雄、李若菲、戎珂，2023a. 基于生成场景的数据确权理论与分级授权［J］. 管理世界，39（2）：22-39.

［25］ 刘涛雄、戎珂、张亚迪，2023b. 数据资本估算及对中国经济增长的贡献——基于数据价值链的视角［J］. 中国社会科学，（10）：44-64＋205.

［26］ 欧阳日辉、杜青青，2022. 数据要素定价机制研究进展［J］. 经济学动态，（2）：124-141.

［27］ 戎珂、刘涛雄、周迪，等，2022. 数据要素市场的分级授权机制研究［J］. 管理工程学报，36（6）：15-29.

［28］ 申卫星，2020a. 大数据时代个人信息保护的中国路径［J］. 探索与争鸣，（11）：5-8.

［29］ 申卫星，2020b. 论数据用益权［J］. 中国社会科学，（11）：110-131＋207.

［30］ 宋烁，2021. 论政府数据开放中个人信息保护的制度构建［J］. 行政法学研究，（6）：78-89.

［31］ 熊巧琴、汤珂，2021. 数据要素的界权、交易和定价研究进展［J］. 经济学动态，（2）：143-158.

［32］ 徐实，2018. 企业数据保护的知识产权路径及其突破［J］. 东方法学，（5）：55-62.

［33］ 徐翔、厉克奥博、田晓轩，2021. 数据生产要素研究进展［J］. 经济学动态，（4）：142-158.

［34］ 尹文怡、窦一凡、汤奇峰，等，2023. 数据要素市场的价格规律：来自上海数据交易中心的探索研究［J］. 信息系统学报，（1）：84-99.

［35］ 周茂君、潘宁，2018. 赋权与重构：区块链技术对数据孤岛的破解［J］. 新闻与传播评论，2018，71（5）：58-67.

第7章

数字经济中的搜寻、匹配与推荐

本章学习目标

1. 理解搜寻和匹配理论分别解决哪些经济学的重要问题
2. 理解这些理论如何在数字经济中得到应用和发展
3. 学习搜寻模型的基准模型和经济学思想
4. 学习匹配模型的基准模型和经济学思想
5. 理解搜寻、匹配模型以及推荐算法如何在数字经济中得到应用和发展
6. 通过搜寻和匹配理论的视角分析数字经济中的新现象

引言

搜寻和匹配的模型思想,刻画了很多现实中重要的经济现象。搜寻理论在解释劳动市场、市场摩擦和交易成本方面发挥了重要作用。搜寻理论通过现实中市场交易成本的概念解释了劳动力市场、商品市场和金融市场中很多现象。在劳动力市场上许多公司发现存在许多工作空缺,但同时也有失业人员找不到合适的工作岗位。这样的市场摩擦曾一度阻碍了经济学家理解现实世界,解决搜寻摩擦问题可以帮助更好地对现实工资与劳动力数量进行校准。

2010 年诺贝尔经济学奖由彼得·戴蒙德(Peter Diamond)、戴尔·莫滕森(Dale T. Mortensen)和克里斯托弗·皮萨里德斯(Christopher Pissarides)共享。这三名经济学家因在解释"经济政策如何影响失业率"和"存在搜寻摩擦的市场"的问题上有突出贡献,因而被授予诺贝尔经济学奖。三位经济学家发现的劳动力市场模型(DMP 模型)解释了为何同时存在"劳动力失业和岗位空缺"。

如果在消费者与商家之间只有一方在进行决策时需要考虑搜寻所带来的摩擦,而另一方仅受到市场价格机制的调节,我们将此种经济环境的分析定义为单边摩擦。如果两边都存在搜寻摩擦,即对另一侧进行搜寻后均衡定价,则定义为双边摩擦。双边摩擦与匹配并不相同,我们将在本章的中段介绍经济学中的匹配理论。匹配理论是一个重要的经济学研究领域,它分析如何将不同的代理人(如个人、公司或商品)根据其偏好特点以最优方式

配对。

匹配理论关注的重点内容与双边搜寻有很大差异,并没有强调匹配过程中存在的摩擦,而需要对"最优配对"进行概念上的定义,考虑一种去中心化的最优市场设计方案使得匹配双方稳定且有效自发配对。在匹配理论与市场设计中,埃尔文·罗斯(Alvin E. Roth)和劳埃德·沙普利(Lloyd S. Shapley)因为对稳定配对和市场设计的理论研究获得了2012年的诺贝尔经济学奖。搜寻和匹配理论不仅为现代经济学奠定了重要的微观基础,现如今在数字经济时代又焕发出了崭新的活力,为推荐算法的诞生提供了强大理论支撑。

本章考虑数字经济催生出的新业态与新现象,并在搜寻和匹配视角下对数字经济新现象进行理论解读。本章认为,数字经济会降低搜寻成本,并扩展了搜寻的潜在范围、提升了搜寻的效率。随着数字经济的深入发展,亟须发展新的匹配理论和市场设计理念来适应这一时代。此外,我们还探讨了数字经济中新的搜寻和匹配模式,如算法推荐等。在本章的最后部分,我们将讨论当前数字经济中出现的推荐算法是如何影响我们日常生活的,突显了这些算法在塑造用户行为和市场动态中的关键作用。

7.1 搜寻理论

互联网时代的来临以及数据要素的广泛使用为搜寻理论提供了新的应用场景。传统市场中存在着大量的搜寻错位现象:消费者难以找到合适的商家和产品,而商家也找不到合适的消费者进行出货。搜寻理论提供了对上述问题的合适解答,它有效地引入了市场摩擦的概念,并指出了一个关键的交易成本来源:市场参与者对市场的了解往往是有限的,他们在决策前可能缺乏必要的信息,而获取这些信息需要花费成本。因此,搜索行为是一个关于如何在获取信息的成本和预期收益之间做出最优选择的过程。在线购物平台作为新的产业组织形式更好地解决了搜寻摩擦的难题,并且从减少搜寻摩擦中获得了超额收益。

作为数字经济领域的基础知识,本节首先介绍了搜寻的基本理论与文献发展,涵盖了随机搜索、定向搜索以及竞争性搜索理论,并进一步探讨了数字经济催生出哪些具体的产业组织形式,数字经济如何为搜寻理论注入新的活力。

7.1.1 随机搜索

Stigler 1961年的重要研究开启了经济学家对于随机搜寻理论的探索。随后,McCall(1965)、Nelson(1970)、Telser(1973)以及Kohn和Shavell(1974)对这一问题进行了更深层次的数学分析。McCall(1970)首次引入了一个本质上属于动态规划的最优搜索问题,Lippman和McCall于1976年进一步发展了这一理论,形成了接近现代动态最优随机搜索模型的框架。

现代最优随机搜索理论的标准模型通常包含以下要素:

(1)无限多个独立同分布的搜索对象,代理人在任一时刻只能与一个对象进行匹配以获得效用。

(2)这种匹配所得的效用 s 具有随机性,遵循某个分布 $F(s)$,且代理人必须支付搜索成本才能获知具体的匹配效用值。

（3）代理人的搜索行为是按顺序进行的。

（4）代理人对搜索对象的特征一无所知，只能进行随机的搜寻，任何一次搜索的成本为固定的成本 c。

这些假设在很多实际场景中都能找到对应。在劳动力市场中求职者的企业搜索、产品市场中消费者对同类耐用品的搜索等应用场景下，我们认为搜寻行为基本均满足以上假设。

此外，搜索技术中的一个关键假设是搜索结果是否可保留。这意味着，代理人可以在任何时刻暂停搜索且无需任何成本地回到之前已搜索过的对象进行匹配。然而，也存在一种情况，即搜索结果一旦离开便无法再回溯。这些理论假设为我们提供了强大的工具和视角，以便更深入地理解和分析市场中的搜索与匹配过程。

关于 Stigler（1961）的搜索规则，他提出了一个关于消费者在进行 n 次搜索后的期望效用 M_n 的概念。这一理念为后续的研究奠定了基础，开启了对最优搜索策略深入探讨的大门：

$$M_n = \int_0^{+\infty} s \, \mathrm{d}F^n(s) = \int_0^{+\infty} [1 - F(s)^n] \mathrm{d}s$$

其中 s 为消费者对产品搜寻后可以获得的实际效用 $s \in F(s) \subseteq R^+$。因为代理人无可识别特征，并且独立同分布，所以在 $F^n(s)$ 的 n 维空间上进行积分。再通过分部积分的公式可得期望效用 $M_n = \int_0^{+\infty} [1 - F(s)^n] \mathrm{d}s$。

如下所示，当考虑每次额外搜索的边际收益，可以发现搜寻的期望边际收益会随搜寻次数的增加而（严格）减少。在极限情况时可以认为期望边际收益 G_n 为连续变量：

$$G_n = M_{n+1} - M_n = \int_0^{+\infty} [F(s)^n(1 - F(s))] \mathrm{d}s$$

因为在随机搜寻的框架下，每次搜寻成本为定值 c，则存在唯一的搜寻次数 n^* 使得 $G(n^*) \leqslant c \leqslant G(n^*-1)$。代理人会搜索 n^* 次后停止搜索并和均衡最优选项匹配。虽然搜寻策略假设已被揭示过的选项可以保留，但是已被揭示的选项却没有作为条件分布影响后续的最优策略。这种搜寻机制忽略了后续的最优策略与已实现的匹配值的关系。可以采用反证法来证明以上的机制并非最优。

在 Stigler（1961）的搜寻规则中，搜索停止标准基于边际期望收益与成本的比较。当代理人第一次搜索的实现值已为效用的取值上界 $s_1 = s_{\mathrm{Max}} \in F(s)$ 时，因为边际期望收益只与分布相关，与第一次的搜寻结果无关，则该规则很可能建议代理人要继续搜索，但继续搜寻的策略不可能是最优的。

上述策略的均衡并非最优，因为采用目标期望效用的方式来计算搜索的收益和成本。但对于动态最优搜索问题，代理人是否继续搜索的决策应与已经确定的匹配收益相关联，应基于已知的历史信息做出进一步的搜索决策。

当动态规划考虑时间顺序时会涉及条件分布，最优的搜索策略是规定一个临界值（threshold）。如果新搜索获得的匹配效用超过临界时停止搜索，否则继续搜索。因为待搜索的选项无穷多，而搜索成本为常数，由 Rogerson 等（2005）可知，这本质等价于代理人是时间偏好一致的。[①] 如果某个体的时间偏好是一致的,那么该个体决策会在不同时间点上遵循相同的决策逻辑,不会因为时间的推移而改变其选择。

基于时间一致性假设,一个在结束了第 T 次搜索时拒绝了该搜索选项的代理人,不会存在结束了任意 $X > T$ 次搜索后返回并接受该匹配选项的情形。在此假设下,已实现的候选选项是否可以保留并不本质,只决定不同的截止点刻画。

对以上模型和假设条件下截止规则的描述为:再搜索一次实现的期望效用减去已实现的效用,如果超过搜索成本就继续搜索,否则就停止搜索并与最高效用项匹配。容易看到,

(1) 如果已实现的搜索选项是不可保留的,那么代理人的最优策略是以单个选项的期望效用减去搜索成本为截止点的单调策略,本质是一个状态无关的静态策略。

(2) 而如果已实现的搜索选项是可保留的,那么最优策略表述如下。唯一的截止点 s^* 是如下方程的解:

$$\int_0^{+\infty} (s - s^*) \mathrm{d}F(s) = c$$

即在截止点处,再次搜索和停止搜索相比的收益和成本相等,Weitzman(1979)将其称为保留效用。因为方程的左侧为均衡决策 s^* 的单调递减函数,结合适当的边值条件,此方程存在唯一解。结合其单调性,我们可以推断搜索效用的边际收益随着搜索次数增加而递减,因此无须进一步考虑增加搜索次数的情况,这证明了策略的最优性。Rogerson 等(2005)还给出了一个利用动态规划处理劳动力搜索的模型扩展。

在分析随机搜索的比较静态分析中,文献的一个重要的推论是:在随机搜索的环境下,搜索成本的提高会导致代理人设定更低的保留效用,从而更早地结束搜索。如果我们采用数学模型来进行证明,结束搜索的次数 $T(c_i)$ 是一个随机变量,记其累积分布函数为 $G_i[T(c_i)]$。如果 $c_1 \leqslant c_2$,则 $G_1(x) \geqslant G_2(x)$,即随机变量 $T(c_1)$ 一阶随机占优于 $T(c_2)$。更低的成本会带来更多的搜寻次数,从而其累积分布函数也会更大。[②]

7.1.2 定向搜索

随机搜索模型的优势在于它提供了一个有效的框架来处理信息成本问题。在现实中,可以进一步扩展和丰富这个框架,其主要的挑战在如何假设合理的代理人的分布。如果候选的对象是外生的(如某个黑箱),我们可以将效用分布视为由异质性偏好的扰动所导致。但当候选对象实际上是同质的代理人群体时,如定价的厂商或招聘的公司,情况就变得复杂了。Rothschild(1973)和 Diamond(1971)强调了随机搜索模型在处理同质化竞争环境下的局限性,其中 Diamond(1971)特别指出,对于一系列同质化且质量固定的商品,在随机搜索模型下,市场的均衡状态是没有代理人会进行额外搜索的。

---

① 在经济学中,"时间偏好一致"是指个体在不同时间点上对于同一种物品或服务的偏好保持一致,即个体在不同的时间点上对于获得相同数量的某种物品或服务的愿意程度不随时间的推移而改变。这个概念涉及个体对于当前效用与未来效用的权衡。

② 将概率论中随机占优的概念引入金融,为风险资产选择提供了一个有效的数学工具(Whitmore 和 Findlay, 1978)。一阶随机占优的数学定义是关于累积分布函数,假设有两个随机变量 X 和 Y,它们的累积分布函数分别为 $F_X(x)$ 和 $F_Y(y)$。如果 X 在一阶意义上随机占优于 Y,那么对于任意实数 x,$F_X(x) \leqslant F_Y(y)$。这意味着 X 的累积分布函数处处大于或等于 Y 的累积分布函数。

Rothschild(1973)进一步指出,在包含更多异质性厂商的情形下,唯一的均衡是纯策略的,这对于价格或工资分布的内生化解释变得不切实际。这些发现对随机搜索理论框架的基础构成了挑战。其他可能的解释包括将待搜索集合看成异质性的随机加总,这与代理人在分布意义下理性预期是一致的,但是这将导致产品的异质性分布实质是非独立的,对已实现搜索的匹配效用的观察可以用于更新对整体分布的信念,也就是贝叶斯学习,这使得理论问题大大复杂化。另外由于随机搜索的环境设定,它不利于处理搜索选项个数有限的情形(动态规划递归性质被破坏),也较难推广到独立但不同分布的框架。为了克服以上的研究困难,诞生了以 Weitzman(1979)为代表的定向搜索文献。

Weitzman(1979)提供了一个具有一般性框架的定向搜索,其中主要蕴含的假设为:

(1) 代理人面对 n 个具有随机匹配效用的异质性独立选项,其分布记作 $F_i(s)$,必须搜索才能获得其具体实现值。

(2) 代理人可以保留其已实现的最高效用的选项。

(3) 每次搜索成本为常数 c,代理人的搜索策略包括了一个指定的搜索顺序及截止规则。

即与随机搜索不同,代理人可以在观察到待实现效用的分布后明智地选择以特定的顺序进行搜索。Weitzman(1979)证明最优的搜索规则为,对每个待搜索选项定义其保留效用 s_i^* 为如下方程的唯一解:

$$\int_{s_i^*}^{+\infty} (s - s_i^*)\,\mathrm{d}F_i(s) = c$$

在观察到待实现效用的分布之后,代理人按照 s_i^* 从高到低的顺序进行搜索,在已实现的匹配效用(记作 $\hat{s}_i$)中的最大值超过剩余待搜索选项的保留效用的最大值时,停止搜索并与最高效用的选项匹配。正式地,不妨设 $\{s_i^*\}$ 是单调递减的,则消费者沿此顺序搜索,搜索到第 t 个选项时停止,其中

$$t = \min\{x \mid \max(\hat{s}_i \mid 1 \leqslant i \leqslant x) \geqslant \max(s_j^* \mid x+1 \leqslant j \leqslant n)\}$$

证明一个策略的最优性可以通过反证法和调整法来进行,尤其是在面对有限的搜索选项时,动态规划的性质可能不再适用。这一证明的直觉核心在于理解"保留效用"——一个标志着代理人对是否继续搜索某个选项持中立态度的效用水平。当代理人已获得的最高效用超过这一保留效用时,他们便会停止搜索;反之,则继续寻找更好的选项(McCall,1970)。选项具有最高保留效用意味着它对那些已实现较高效用的代理人而言价值较大,应优先考虑。

容易看到,对于搜索选项外生且异质的环境,定向搜索是随机搜索的一个简单延伸(考虑了分布非同质的情形),随机搜索是定向搜索在同质化情形下的特例。这表明,定向搜索可以视为随机搜索的扩展,后者考虑到非同质分布的情况,而随机搜索则是定向搜索在同质化情形下的特例(Stigler,1961;Diamond,1971)。

7.1.3 观众搜寻与网络直播

为了帮助读者进一步理解数字经济与搜寻理论,本节借鉴了 McCall(1970)的定向搜索模型框架来分析数字经济的网络直播中的动态均衡。平台直播、短视频分享是数字经济中

一种重要的娱乐方式。随着网络的普及和主播的参与,许多观众在直播平台上付出了时间而收获快乐。平台考虑如何设计机制提高用户和主播对于平台的黏性,即增强用户和主播之间的匹配程度。

观众对主播展示内容进行搜寻可以采用定向搜寻的基本原理进行分析。本节考虑直播可以给观众带来的长期效用,观众在加入在线平台的初始时期对观看直播所获得总效用的预期期望收益为

$$\underset{\{x_t\}}{\text{Max}} E_0 \left[\sum_{t=0}^{\infty} \beta^t x_t \right]$$

代表性的观看者会搜寻观看效用较高的主播 $x_t \in X$,E_0 为 $t=0$ 时效用的期望算子。观众的搜寻过程如下:在浏览直播间过程中,观众虽然不用付出额外的搜索成本,但是也存在时间损耗,当观众在时间 t 找到自己喜爱的主播,并决定停止搜索永久驻足观看,则可获得当期效用 $x_t = w$。设此时开始观众的终身效用为 $W(w)$,则有贝尔曼方程

$$W(w) = w + \beta W(w) \tag{7-1}$$

上式中,$W(w)$ 为当期(t 时期)决定观看主播所带来未来所有的效用总和(value function),如果观众决定关注此直播间进行长期观看,则会获得当期收益 w 以及下一期开始继续观看的长期的折现收益 $\beta W(w)$。

如果观众没有停下来观看,观众会在很多直播间内进行大致的浏览,也就是常说的"刷手机"。付出时间进行大致的浏览和观看也会带来一个保留效用,设为 $x_t = b$。设此时的值函数为 U,则贝尔曼方程应满足:

$$U = b + \beta \int_0^{\infty} \max\{U, W(w)\} \mathrm{d}F(w) \tag{7-2}$$

上式中,U 为处于搜索"刷手机"状态下的值函数,在搜索过程中可以获得保留效用 b,同时在下一期可以选择继续刷手机或者驻足观看,其贴现收益为 $\beta \int_0^{\infty} \max\{U, W(w)\} \mathrm{d}F(w)$。

观众的搜索最优化问题为:因为观众每个时期只确切地知道当期效用,观众试图确定一个最优搜寻阈值 w_R,当 $x_t \geqslant w_R$ 时,停止搜索;反之,则继续搜索。

$$v(w) = \max \left\{ \frac{w}{1-\beta}, b + \beta \int_w v(w) \mathrm{d}F(w) \right\}$$

假定观众已知平台雇用主播视频的质量分别,即能带来效用的分布 $F(w)$。最优搜寻阈值 w_R 应使得观众继续搜索和留下来关注主播的效用无差异。根据方程(7-1),此时的值函数应满足 $W(w_R) = \dfrac{w_R}{1-\beta}$。根据方程(7-2),代入 $U = W(w_R) = \dfrac{w_R}{1-\beta}$,有

$$\frac{w_R}{1-\beta} = b + \beta \int_0^{\infty} \max \left\{ \frac{w_R}{1-\beta}, \frac{w}{1-\beta} \right\} \mathrm{d}F(w)$$

可得

$$w_R = b + \frac{\beta}{1-\beta} \int_{w_R}^{\infty} (w - w_R) \mathrm{d}F(w) \tag{7-3}$$

定理：本节的简单模型发现，在离散情况下如果观众可以通过定向搜索识别播出内容可以带来的效用，且知道平台上视频可以提供的视频质量分布时，同质的观众会确定一个内生的均衡阈值 w_R，且 w_R 由式(7-3)决定。

令 $g(w_R) = \dfrac{\beta}{1-\beta} \displaystyle\int_{w_R}^{\infty} (w - w_R) \mathrm{d}F(w)$，则

$$g'(w_R) = -\frac{\beta}{1-\beta}(w_R - w_R)f(w_R) - \frac{\beta}{1-\beta}\int_{w_R}^{\infty} \mathrm{d}F(w) < 0$$

因此，式(7-3)右侧函数为关于 w_R 的单调递减函数。左侧为关于 w_R 单调递增的函数，存在唯一交点，故可得以下推论。

推论：如果搜寻过程中遇到的主播效用高于此阈值则会停止搜寻，如果低于此阈值则会继续搜寻。消费者的搜寻阈值 w_R 与搜寻主播的分布 $F(w)$ 相关，并且分布 $F(w)$ 为一个单调增函数即可得到 w_R 的解存在且唯一。

在比较静态分析中，均衡阈值 w_R 与刷手机的保留效用 b、每一期效用的折现率 β 和平台主播的视频质量分布 $F(w)$ 三个外生变量相关。当其他参数不变，因为 $\dfrac{\mathrm{d}w_R}{\mathrm{d}b} = \dfrac{1}{1-g'(w_R)} > 0$，即可知当刷其他直播间获得的保留效用 b 也较大时，观众停止搜寻的阈值 w_R 会增大。

同时，当工资分布从 $F(w)$ 变为 $\widetilde{F}(w)$ 时，如果 $\widetilde{F}(w)$ 的均值不变，即 $\displaystyle\int_0^{\infty} w \mathrm{d}F(w) = \displaystyle\int_0^{\infty} w \mathrm{d}\widetilde{F}(w)$，但是方差增大，即 $\widetilde{F}(w)$ 是 $F(w)$ 的保均展形(mean preserving spread)，我们可以讨论分布 $F(w)$ 的变化会如何影响观众最优搜寻的效用阈值 w_R。函数 $g(w_R)$ 的二阶偏导数存在且为一个凸函数，即

$$g''(w_R) = \frac{\beta}{1-\beta}f(w_R) \geqslant 0$$

根据方程(7-3)可知

$$w_R - b = \frac{\beta}{1-\beta}\int_{w > w_R} (w - w_R)\mathrm{d}F(w)$$

$$w_R - b = \frac{\beta}{1-\beta}(E(w) - w_R) - \frac{\beta}{1-\beta}\left[\int_{w \leqslant w_R}(w - w_R)\mathrm{d}F(w)\right] \tag{7-4}$$

此处 $E(w) = \displaystyle\int_0^{\infty} w \mathrm{d}F(w)$ 表示 w 的均值。利用分部积分，有

$$\int_{w \leqslant w_R} w \mathrm{d}F(w) = \int_0^{w_R} w \mathrm{d}F(w)$$

$$= wF(w) \big|_0^{w_R} - \int_0^{R} F(w)\mathrm{d}w = w_R F(w_R) - \int_0^{w_R} F(w)\mathrm{d}w$$

上式代入式(7-4)并进行整理，可知最优阈值 w_R 与分布 $F(w)$ 的关系如下所示：

$$w_R - b = \beta(E(w) - b) + \beta \int_o^{w_R} F(w) \mathrm{d}w$$

当分布 $F(w)$ 的均值不改变,而方差增加时(保均展形,mean preserving spread),第二项的积分 $\int_o^{w_R} F(w) \mathrm{d}w$ 也会增加。因此如果我们认为 $\widetilde{F}(w)$ 二阶随机占优[①]于 $F(w)$,则搜寻停止的阈值 w_R 也会增加。

7.1.4　数字经济中搜寻现象

随着产业数字化进程的加快,线上平台搜寻逐渐成为主流。数字平台的独特属性,如网络外部性、数据隐私的交换、信息过载以及一站式购物体验等对搜索行为产生了显著影响,并极大地改变了消费者的搜寻行为模式。

传统广告通常在人流密集或注意力集中的地方投放,如高速公路边的广告牌、地铁站、电视和报纸等。然而,在数字经济中,广告的运作机制发生了变化,这主要得益于搜索引擎带来的网络外部性效应。Armstrong(2017)提出对数字经济下的定向搜索框架的思考,其主要内容探讨了网络效应将如何影响消费者的决策问题以及商家的定价策略。Armstrong(2017)凸显了数字平台如何通过网络外部性和数据分析重塑消费者行为和市场策略,同时也指出了数字经济中隐私权让渡和信息过载等潜在问题。数字经济为消费者和商家提供了前所未有的便利,但也带来了新的挑战和责任。

Armstrong 和 Zhou(2016)将搜索威慑策略[②]应用到搜索模型中,研究了搜索引擎如何基于记录数据而进行差异化定价的策略,即通过对那些曾经搜索过特定卖家的消费者实施惩罚性定价(或者采用补贴政策,为首次搜索的新用户提供即时购买优惠)的方式抑制消费者的搜索行为。Armstrong 和 Zhou(2016)指出,搜索威慑的好处在于通过减少搜索行为来削弱市场竞争,同时通过增加即刻购买的消费者比例来扩大市场份额,Armstrong 和 Zhou(2016)发现卖家几乎总是有动机采用部分威慑定价策略。该研究还探讨了在机制设计框架下的最优机制,形式上类似于一系列不可退还的定金和尾款合同。然而,搜索威慑的福利效应并不明确,且很有可能最终对消费者造成损害。因此,可能的建议集中在限制搜索引擎的滥用以及加强消费者教育上。

搜索威慑的策略直接关联到数字隐私和数字足迹问题。消费者在使用互联网时有时不自觉地留下数字足迹,当这些足迹被企业捕捉后,企业便有资格和信息实施策略性定价,例如通过筛选特定人群发放优惠券。这揭示了数字足迹的双刃剑特性:一方面,数字足迹有效提升了营销的效率,降低了营销成本;另一方面,这实际上也构成了对消费者的不公平对待。Armstrong 和 Zhou(2016)对数字经济中企业行为和市场动态提供了深刻见解,同时也提示市场或政府需要对消费者权益提供更多的保护措施。

Armstrong 和 Vickers(2022)延伸了 Varian(1980)的结果,该文章讨论了一个消费者搜索行为的简约形式,基于有限理性和有限信息的考虑,消费者只能考虑一个局部商品集合。每个消费者只选择自己待考虑集里的商品,在此待考虑集中,消费者可以完美比较商

品的价格,其均衡的结论丰富了 Varian(1980) 的判断。基于实证方面的考虑,Dinerstein 等 (2018) 用易贝(e-Bay)数据估计了一个基于待考虑商品集的搜索行为的结构模型,假设市场份额的分布形式为 Logistic,文章发现该模型可以较好地解释大部分市场势力带来的加成定价和价格分散。待考虑集的想法具有重要的理论和应用价值,该文指出同类市场企业数量的简单增加并不能等价为市场竞争程度的提高,企业之间的真实竞争只发生在有交集的部分。例如在现实中,企业通常进行各种形式的品牌塑造,目的之一就是希望扩大被捕获的消费者比例,而削弱精明的消费者比例(即市场竞争中的待选择商品集的交集部分)。这使得独特产品的价值包含了两种效应:①捕捉了类型最为匹配的消费者,会给商家带来更高的匹配效用;②减少了精明消费者所占比例,削弱了竞争。

Zhou(2014)、Rhodes 和 Zhou(2019)的研究讨论了多产品联合搜索的效应。因为消费者自身存在减少搜索成本的倾向,于是可能同时购买多个不同类别的产品。具体而言,当在一个平台内继续搜索的成本低于跨平台比较价格时,这种搜索成本的结构会导致类似价格分散的均衡现象。当考虑到组合销售的情况时,这种均衡性质在多方面与单一产品销售的均衡性质有所不同。由于市场结构的特点,降低搜索成本在这些情形下可能会导致均衡价格上升,进而损害消费者福利。平台可能通过对首次被搜索的产品进行激烈的价格竞争来吸引消费者(例如,通过秒杀商品、特惠补贴、新人优惠等方式),并利用搜索成本的结构鼓励消费者在同一平台上进行联合购买。然而,搜索成本的下降减弱了消费者进行联合购买的动机,从而削弱了平台间的竞争动力。

这一发现对应于一个直观的信念形成机制:若某平台上的商品性价比高,则消费者可能推断该平台上的其他商品也具有高性价比,因此更倾向于在单一平台上完成所有购物,而非与其他平台比价。平台的定价策略就是基于这种消费者行为的预期。这一逻辑与现实中平台为吸引新用户而提供的特惠活动和秒杀商品策略相符。

7.2 匹配理论

经典的经济学理论主要讨论在价格机制和一般均衡中进行市场交易的经济环境,即买卖双方如何通过市场价格信息来调节自身的需求与供给。货币作为一般等价物,可以在不同种类商品以及各种时间段中对有差异的供给和需求进行调度。因此市场机制中的价格,作为一只看不见的手促进了信息流动,指挥了市场生产。在 7.1 节,我们回顾了搜寻理论对经济学分析的贡献,"市场搜寻摩擦"作为一个重要的微观基础被引入瓦尔拉斯一般均衡中,解决了很多实证中难以解释的现象。正如我们举例为什么主播们希望能够吸引更多的观众,观众们也渴望找到合适的主播,但是仍总是有很多主播和观众没办法双向奔赴。

但搜寻理论的求解方式与均衡定义仍有赖于阿罗德布鲁一般均衡的概念范畴。随着数字经济的发展,我们观察到很多协调机制很难采用货币和价格解决,例如婚恋平台上男生和女生之间的相互寻找,扶贫工作中扶贫企业与贫困县之间的匹配,器官捐献与移植受体的匹配过程等。本节将介绍从 Gale 和 Shapley(1962)开始的匹配理论文献,该文献的均衡定义有别于阿罗德布鲁一般均衡,引入新的"稳定性均衡"的概念来对非价格机制下的最优匹配算法进行讨论。数字经济帮助实现了个体差异化的细致需求,满足了大家的差异化需求。在 1962 年，Gale 和 Shapley 发现，只通过市场中的价格机制可能无法让具有异质化的产品或者人与人之间的关系进行很好的匹配。因此他们发展了一套去中心化的匹配理论丰富了经济学对一般均衡问题的描述。

Gale 和 Shapley(1962)所提出的经典匹配算法具有以下三个特点：①双边匹配之间不存在市场摩擦；②每个异质性的用户之间匹配收益不可转移给其他人；③均衡的定义强调"稳定性"(stability)，即匹配的双方是否都没有动机偏离均衡。之后的小节也会基于 Becker(1973)的开创性婚姻模型论文考虑允许可转移收益的平行模型，其核心机制更接近于市场经济学。Becker(1973)发现，当匹配回报函数为超模①时，稳定性均衡的匹配结果是顺序匹配②。这篇文献很自然地被吸引到了婚姻市场、劳动力市场、住房市场、产业组织和国际贸易等各种经济背景下的关键分类问题上。

直到 20 世纪 90 年代，匹配和搜寻理论文献基本上是孤立进行的。但是无摩擦的匹配和有摩擦的搜寻相互融合诞生了一支新文献——摩擦匹配理论。在搜寻和匹配的文献中，都强调异质性和排序的重要性。那么如果匹配中也会存在信息的摩擦从而需要搜寻成本将会如何？当高能力的工人们都去进行低能力工作后，低能力工人的就业前景是怎样的？这两支文献的共同发展也促进了搜寻理论的进步，即定向搜寻理论。在定向搜寻中，不是明确地、单独地对动态匹配和价格谈判过程进行建模，而是公司首先设定价格，然后由买家指导搜寻，最终实现均衡。

匹配理论的研究重点在于如何进行匹配最优的机制设计，这要求对匹配算法的均衡结果的稳定性(stability)、防策略性(strategic proofness)和最优性(optimality)进行权衡取舍。这些均衡的具体性质将通过后文中的具体算法和算例为各位读者进行更严谨的介绍。

7.2.1 匹配理论与市场设计

Roth(2008)是匹配理论在市场设计中实际应用的重要总结。市场设计的目标是通过设计一种算法机制，可以去中心化地解决各种市场失灵问题。市场中存在许多类型的参与者，如何能够激励各种类型参与者并降低市场匹配效率的拥堵性是一个重要的发展方向，Roth 也因为市场设计和提高市场匹配效率获得诺贝尔经济学奖。市场设计的稳健性是另一个被关注的问题，即尽可能降低代理人的策略性虚报对匹配系统的破坏。市场设计还被希望有较低的参与门槛，以保证其广泛适用性。Roth(2018)提供了市场设计可以扩展应用的重要主题，例如非法，或至少不那么受人喜欢的市场设计及规制问题。

Roth(1984a)是市场设计领域的奠基之作，该文使用匹配机制算法研究劳动力市场匹配问题。Roth(2002)指出，应不仅采用经济学方法对市场进行均衡分析，还应主动使用机制设计等数理经济学工具对市场进行人为设计，并展示了实验、量化计算等方法是如何使用的。Abdulkadiroğlu and Sönmez(2003)则将机制设计的想法融入匹配中，这在之前的文献利用显示原理等技巧时已经有所体现，而这篇文章正式将其作为主要的技术工具，扩展

---

① 当存在两组实数 $x_i \in R$ 与 $y_i \in R$，如果 $x_1 > x_2$ 且 $y_1 > y_2$ 时，存在 $f(x_1, y_1) + f(x_2, y_2) \geqslant f(x_1, y_2) + f(x_2, y_1)$。则我们认为函数 $f(x_i, y_i)$ 是超模的。

② 即高水平高要求的男女之间会组成稳定的婚姻家庭。

了匹配的理论工具。Malinova 和 Park(2017)还讨论了新的信息技术(如区块链技术或者加密认证等)是如何在市场设计中发挥作用的,这使得市场设计中可使用的技术更加丰富。

Roth 和 Peranson(1999)的研究对美国国家实习医生匹配计划(National Resident Matching Program,NRMP)有重要推动作用。在原本的匹配机制下,医院向实习医生发出邀约,而邀约被拒绝后医院再根据剩余的位置向下一批次的实习医生发出邀约。但原本匹配设计并非最优:医生可能观望等待手中的其他邀约,并选择最好去向;当医院被拒绝后,它理想的下一批次对象可能也已经接受了其他邀约。这迫使医院不得不使用爆炸性邀约,即给医生非常短的接受或拒绝时间,并导致了严重的混乱。

除此之外,医疗系统的医生选取机制还面临相关联申请者偏好的问题。举例而言,在医疗系统中夫妻两人可能都是医生从而需要共同寻找工作,则夫妻二人会对相同的工作单位产生额外偏好,这种捆绑式选择会扭曲申请者的偏好结构。为了重新设计这一机制,Roth 和 Peranson(1999)的研究考虑了另一种申请模式:由实习医生向医院递送申请并接受面试,医院决定接受与否。医生和医院通过面试互相确认了双方的偏好,之后再通过一个中央匹配系统及一个特定的算法来进行匹配,这种匹配机制大大改善了匹配效率。结果显示这个新算法可以保证一个稳定匹配的存在,并随后被美国大量医疗系统所采用。

Abdulkadiroğlu 和 Sönmez(2003)、Abdulkadiroğlu 等(2005)则是对择校机制设计的实际研究。研究者们将延迟接受机制使用到对学校录取的设计中,这克服了严重的拥堵性带来的无效率问题和波士顿机制下的非如实报告问题。在纽约高中录取设计中,连续五轮没有被任何学校录取的学生将被政府系统通过指派而非录取的方式分配到一所高中,这被认为是无效率的一个重要度量。经过改良后的录取机制在 2003 年使通过指派录取的学生数目降低到了 3000 人,仅为原来的 1/10,因此新的匹配机制大幅度地提升了学校录取系统的效率。

接下来的小节会在算例中呈现波士顿机制如何具体实现。这种机制的风险在于大量的策略性填报,风险厌恶考生往往会倾向于填更加保守的学校,风险偏好的则可以通过考虑到风险厌恶学生的规避行为而填写更加激进的学校而获利,这种复杂的策略行动拖垮了整个匹配机制的有效性。

7.2.2　序贯决策算法

在本节中,我们将探索如何将 Roth(1990)在其著作《双边匹配》中提出的经典理论,应用于分析实际经济现象。下面以在脱贫攻坚中常见的扶贫企业和贫困村之间结对子的问题为例进行分析。由于贫困村的资源和条件各不相同,他们会倾向于接受来自不同行业的企业援助。例如,山区的贫困村可能会倾向于那些能够根据当地实际情况制定发展战略的制造业和能源企业;而沿海的贫困村可能更希望由外贸企业来帮助发掘和塑造其比较优势。

在设计匹配机制时,我们面对的场景是有 n 个贫困村寻求 m 个扶贫企业的定向对口帮扶,其中每个扶贫企业有资源和能力去帮助特定数量的贫困村,记作 q_i。假设每个贫困村对潜在的扶贫企业比较优势均有一定的偏好排列。同样地,每个扶贫企业对可能接受帮助的村庄能带来的效益也有自己的偏好排列考量。并且这些偏好排列是严格的,即在偏好序列中不存在任何的不确定性或者无差别情况。这意味着每个贫困村都能明确地排列出希望接受帮助的企业顺序,每个企业也能够明确地识别出它们愿意提供帮助的贫困村顺序。这种偏好的严格性对于设计有效和公平的匹配机制至关重要。令 $s \in S$ 表示扶贫企业,$i \in I$ 表示贫困村。假设 S 和 I 都是有限集。每个扶贫企业 $s \in S$ 都有其能力的上限,即指标限制 $q^s \in N$。对于每个贫困村 $i \in I$ 而言,$>_i$ 是贫困村 i 对于可选择集 $S \cup \{\phi\}$①的严格偏好序(即假设不存在两个扶贫企业对贫困村而言无差异)。此时当 $\phi >_i s$ 时,我们认为 s 中贫困村没办法找到合适的扶贫企业对扶贫村 i 进行有效帮助。

对于每个扶贫企业 $s \in S$ 来说,$\triangleright_s$ 是扶贫企业 s 对于可选贫困村集合 $I \cup \{\phi\}$ 的严格偏好序(同样假设不存在两个相同排序的贫困村)。此时当 $\phi \triangleright_s i$ 时,我们认为扶贫企业没有找到可以进行扶贫的贫困村。

定义 1:一个匹配 μ 是从 I 到 S 的二元关系($\mu \in I \times S$),满足条件

(1) 对于每个贫困村 $i \in I$,$(i,s) \in \mu$ 的匹配最多有一个扶贫企业 s 在企业集合 S 中,即 $s \in S$。

(2) 对于每个扶贫企业 $s \in S$,$(i,s) \in \mu$ 的匹配最多有 q^s 个贫困村 i 在集合 I 中,即 $i \in I$。

在上述定义中,匹配 μ 在集合 $I \times S$ 中,描述了贫困村和扶贫企业如何匹配。μ_s 表示贫困村的匹配结果 $\mu_s := \{i \in I : (i,s) \in \mu\}$。$\mu_i$ 表示扶贫企业侧的匹配结果,

$$\mu_i := \begin{cases} \phi & \text{如果没有扶贫企业 } s \in S, \quad \text{s.t.} (i,s) \in \mu \\ s & \text{如果} (i,s) \in \mu \end{cases}$$

考虑一种特殊情况,假设对所有扶贫企业 $\triangleright_S$ 都是一样的。我们考虑一种简单的匹配机制,这种市场设计可以被称为是"序贯决策"。

对于所有扶贫企业而言,收益排名最靠前的贫困村优先选择一所扶贫企业,然后排序第二优先的贫困村选择一所有剩余扶贫名额的企业。当然根据自愿参与原则,如果贫困村认为没有合适的扶贫企业,也可以选择退出此项目自由发展。以此类推,直到最后一个合格的贫困村。

序贯决策(serial dictatorship)的算法机制满足以下四个特殊且重要的性质,因此在偏好一致的假设下此种机制设计对政策制定者具有吸引力。

(1) 匹配均衡具有**防策略性**(strategic proofness)②,这是基于每个贫困村在选择扶贫企业时都有激励选择其最偏爱的企业这一事实。假设我们采用"序贯决策"算法,每个贫困村按照其偏好顺序 $>_i$ 进行报告,然后该机制根据每个贫困村报告的类型为其选择合适的扶贫企业,因此收到的偏好汇报是真实无误的。通过这种匹配算法设计每个贫困村都能以最大程度的效率和公正性获得援助,而扶贫企业也能在其最匹配的地区发挥其助力。

(2) 序贯决策得到的匹配满足**个体理性**(individually rational)③。因为空集选择的存在,没有一个贫困村与一所不可接受的扶贫企业匹配(与所汇报的偏好相比),也没有一所

---

① 这里以及本章的符号 ϕ 表示空集。
② 防策略性在此处指,这个算法机制中所有贫困村都会真实地汇报自己的偏好,正式的数学表达见 7.2.4 节中定义 2。
③ 正式的数学表达见 7.2.4 节中定义 3。

扶贫企业与一个不合格的贫困村匹配。

（3）在匹配结果 μ 中不存在**妒忌**（justified envy）[1]，因为没有贫困村 i 会严格偏好 s'，在真实汇报中所有 s' 的优先级低于 s。

（4）所得到的匹配结果是**帕累托有效的**（Pareto efficiency）[2]。假设还有另一个匹配 μ' 帕累托占优了本机制所产生的匹配 μ。对于一个扶贫企业的选择而言，我们给所有贫困村 i 从 1 到 I 依照优先级从高到低进行编号。对于贫困村 1 而言，匹配结果 $\mu_1'=\mu_1$，否则贫困村 1 的匹配结果如果为 μ'，则贫困村的情况严格变差了（贫困村的最优匹配结果为 μ）。同理对于贫困村 2 我们可以发现 $\mu_2'=\mu_2$，否则贫困村 2 在匹配结果 μ' 下的情况严格变差了。并且以此类推发现 $\mu_3'=\mu_3$，否则第三位贫困村的情况也会严格变差。按照演绎的方法依此类推最后得到 $\mu'=\mu$。与开始假设的 μ' 帕累托占优于 μ 相矛盾。

进一步地，如果现实环境中不同扶贫企业对于贫困村认可的优先顺序不同，由于没有一个所有扶贫企业都同意的最高优先贫困村，连续序贯独裁机制便无法实现以上这些良好的匹配均衡结果。对于两侧偏好排序均不同的情况，下面介绍三个基本且十分重要的算法：①即时接受机制（immediate acceptance mechanism）；②延迟接受机制（deferred acceptance mechanism）；③首位交换环机制（top trading cycle mechanism）。

7.2.3 即时接受机制

即时接受机制（IA）也被称为波士顿机制（Boston mechanism），在 2005 年之前被用于美国波士顿的公立高中录取系统中。这个机制的经济学文献脉络可以追溯到几篇关键的研究论文。其中，Abdulkadiroğlu 和 Sönmez（2003）的工作对理解和改进波士顿机制起到了重要作用。他们在研究学校选择和分配问题时，使用了匹配理论的工具和观点。他们的研究强调了不同分配机制的性质，包括波士顿机制的潜在问题，如策略性行为和效率损失。

如果我们采用波士顿机制来设计贫困村与扶贫企业之间的相互匹配。在第一轮中，所有的贫困村先汇报其最喜欢的扶贫企业。每个扶贫企业根据其偏好 $\rhd_S$ 接受最多为其名额上限的 q^s 个贫困村，并拒绝其他贫困村；如果没有超出名额则接受全部可接受的贫困村。

第二轮中，所有没有被一志愿接受的贫困村必须等到所有贫困村的一志愿录取结束后，再计算二志愿，而此时扶贫企业的名额数变为总共可接受的名额数减去一志愿录取的名额数并以此类推。

我们通过 IA 算法来计算一个例子，考虑 $I=\{1,2,3\}$，$S=\{A,B\}$ 并且扶贫企业的名额均为 1，即 $q^A=q^B=1$。贫困村的偏好如下所示：

$$1: B,A,\phi$$
$$2: A,\phi,B$$
$$3: A,B,\phi$$

扶贫企业的偏好为

$$A: 1,2,3,\phi$$

---

[1] 正式的数学表达见 7.2.4 节中定义 4。
[2] 正式的数学表达见 7.2.4 节中定义 5。

$$B：3,2,1,\phi$$

我们假设贫困村会真实地汇报自己的偏好,则以上的算法会被转化成一个直接机制即匹配结果 μ^{IA} 为 $(\mu_1^{\mathrm{IA}},\mu_2^{\mathrm{IA}},\mu_3^{\mathrm{IA}})=(B,A,\phi)$。虽然波士顿机制的计算复杂度非常低,使得其实现效率很高,但在理论分析上波士顿机制无法得到稳定[①]的匹配均衡。

在以上算例中可以观察到,如果贫困村 3 知道另外两个贫困村的偏好信息,并且假设贫困村 1 和 2 会如实报告,贫困村 3 可以谎报其偏好。贫困村 3 在首轮中将 B 列为首选从而获益。假如贫困村 3 不知道其他两个贫困村所报告的偏好,则它会不确定是否先汇报它最喜欢的扶贫企业 A。

我们可以看到,在 μ^{IA} 的匹配结果下,贫困村 3 刚刚对 1 产生了妒忌(envy)。因为由于 IA 的策略复杂性,我们不能期望报告的偏好与真实偏好相同。因此虽然数学上可以观察到 IA 产生的匹配 μ^{IA} 是帕累托有效的,但这可能不具有现实的经济学含义。

7.2.4　延迟接受机制

延迟接受机制(DA)是由 Gale 和 Shapley(1962)提出的。DA 机制要求贫困村来汇报其偏好,报告的偏好将通过以下算法来确定匹配结果:

在第一轮中,每个贫困村选择自己最想申请的扶贫企业进行申请,之后扶贫企业对贫困村进行评估,在可接受的贫困村中,保留至多前 q_i 个贫困村进入候选名单,并拒绝其余申请。

在第二轮中,被拒绝的贫困村在剩余未拒绝他的扶贫企业中,申请自己最想去的扶贫企业;未被拒绝的贫困村原地不动。扶贫企业在收到申请后,继续对所有申请者排序并保留至多前 q_i 个可接受的贫困村进入候选名单,并拒绝其余申请。

第二轮以后,每轮重复第二轮的流程,直到不再有贫困村申请。

此时被留下的贫困村即被扶贫企业所接受。容易看到,这个算法是可以停止的,因此是可执行的算法。然后,扶贫企业此时保存的所有申请都将被确定为匹配结果。在 IA 中,每一轮都会立即做出录取决定,但在 DA 中,扶贫企业只在每一轮中暂时保留一些贫困村,录取决定会推迟到算法结束。

我们同样来看一个例子,考虑 $I=\{1,2,3\}$,$S=\{A,B\}$,并且扶贫企业的名额均为 1,即 $q^A=q^B=1$。贫困村的偏好如下所示:

$$1：B,A,\phi$$
$$2：A,\phi,B$$
$$3：A,B,\phi$$

扶贫企业的偏好为

$$A：1,2,3,\phi$$
$$B：3,2,1,\phi$$

假设报告的偏好是真实的,则可以直接获得 DA 产生的匹配 μ^{DA} 为 $(\mu_1^{\mathrm{DA}},\mu_2^{\mathrm{DA}},\mu_3^{\mathrm{DA}})=(A,\phi,B)$。Gale and Shapley(1962)不仅引入了稳定性的概念,而且我们接下来从防策略

---

① 这里的稳定是指匹配达到均衡后,没有其他的申请者会嫉妒匹配结果。

性、个体理性、妒忌和效率的各种角度来讨论 DA 的性质。

定义 2：我们认为一个机制 κ 是**防策略性的**（strategic proofness），如果对于每个 i，$\succ_i, \hat{\succ}_i$ 而言，都存在 $\kappa(\succ_i, \hat{\succ}_{-i}) \succeq_i \kappa(\hat{\succ}_i, \hat{\succ}_{-i})$。

延迟接受算法对申请者是防策略的，即对每个申请者如实报告自己的偏好序是弱占优策略，这保证了结果的稳健性。

定义 3：一个匹配 μ 是**个体理性的**（individually rational），要求这个偏好集 $\succ$ 满足：（1）对于所有的 i 都存在 $\mu_i \succ_i \phi$；且（2）对于所有 $i \in \mu_s$ 存在 $i \rhd_s \phi$ 的关系。当一个匹配算法中所有的匹配结果 μ 都满足以上个体理性的条件时，我们认为匹配机制 κ 就是个体理性的。

容易发现延迟接受算法是个体理性的，因为贫困村和扶贫企业不会选择不可接受的扶贫企业和贫困村。接下来我们考虑合理妒忌的定义。

定义 4：一个匹配 μ 是**无合理妒忌的**（free of justified envy）指不存在 i 和 s 使得，$s \succ_i \mu_i$ 且存在 $i' \in \mu_s$ 满足 $i \rhd_s i'$。当一个匹配算法中所有的匹配结果 μ 都满足以上条件时，我们认为匹配机制 κ 就是无合理妒忌的。

无合理妒忌的直观含义是对于现有的匹配均衡 (s, i')，不存在一个贫困村 i 和扶贫企业 s 它们目前没有匹配上，但它们都愿意偏离现在的匹配转向匹配彼此。很容易看出延迟接受算法中没有妒忌。假设在匹配结果 $DA(s, i')$ 中有一些贫困村如 i 妒忌扶贫企业 s 录取的贫困村 i'，则 $s \succ_i \mu_i$ 意味着贫困村 i 应该意愿在这个匹配之前申请去扶贫企业 s。因此有两种可能性：①匹配结果未能实现的原因是 i 贫困村并没有资格去扶贫企业 s。则 i' 对于扶贫企业 s 而言有更高的优先级，i' 不应该妒忌 i。②如果 i 有资格去扶贫企业 s，但是却被拒绝时，说明扶贫企业 s 已经录取了 q^s 个贫困村达到限额，并且每个贫困村都比 i 排序更加靠前。因此，i' 也不应该妒忌 i。在满足以上考量的基础上，我们进一步考虑在匹配理论中帕累托有效的定义。

定义 5：一个匹配 μ 是**帕累托有效的**（pareto efficiency），当不存在匹配 μ' 满足：①对于所有 $i \in \mu_s$ 存在 $i \rhd_s \phi$ 和 $\mu_i' \succeq_i \mu_i$；②对于所有贫困村而言，至少有一个贫困村是严格偏好 μ_i' 的情况。当一个匹配算法中所有的匹配结果 μ 都满足以上条件时，则认为机制 κ 是帕累托有效的。

帕累托有效也称帕累托最优。上述定义考虑的是贫困村福利的帕累托有效性，类似方式可得到关于扶贫企业福利帕累托有效的定义。按照上述定义的思想，在延迟接受算法（DA）中，帕累托有效只适用于扶贫企业的福利，而贫困村的福利并没有实现帕累托有效。如果只考虑贫困村的福利，而不计算扶贫企业的福利，显然匹配 (B, ϕ, A) 帕累托占优于 $(\mu_1^{DA}, \mu_2^{DA}, \mu_3^{DA}) = (A, \phi, B)$。因此匹配中的帕累托有效一般需要明确福利计算的对象，当存在一方的福利是帕累托有效时，我们认为这种匹配机制设计是**无浪费的**（nonwastefulness）。

因此，延迟接受算法也不是完美的。延迟接受算法不是申请者帕累托有效的。即存在两个申请者可以交换录取的扶贫企业而使得贫困村都变得更好。可以认为这不是一个大的问题,因为这种帕累托改进很多时候意味着稳定性的丧失。当然,如果帕累托性质被认为是重要的,则需要对此进行改进。根据 Ergin and Sönmez(2006),波士顿机制(Boston mechanism)即志愿优先分配机制可能比延迟接受算法在效率上表现更好,而首位交换环机制(TTC)是申请者帕累托最优的。

7.2.5　首位交换环机制

首位交换环机制(TTC)允许申请者之间通过交易进行再分配,即在满足扶贫企业最低录取要求的前提下,两个贫困村被允许交换他们的扶贫企业,直到没有人能找到愿意交换的对象为止。可以证明,在 TTC 机制下匹配结果是具有帕累托最优性质的,但是 TTC 并不是一个稳定的机制,因此 TTC 难以被用于扶贫企业的选取问题。

另一个在匹配中被普遍关心的问题是防策略性。这与均衡概念是密切相关的,防策略性意味着参与人如实汇报自己的偏好是弱占优的。防策略性在偏好是私人信息的情形下非常重要,但以上所提到的防策略性、稳定性和帕累托最优三个性质无法同时被满足。

可以考虑将贫困村与扶贫企业之间的匹配机制设计成防策略且满足帕累托最优的匹配机制:首先贫困村按照某种顺序被赋予优先权,每个贫困村在前 $i-1$ 个村庄选定扶贫企业之后,依次报告自己的偏好序列。在其偏好序列中,第一个符合最低扶贫要求且尚有名额的扶贫企业将选择对该贫困村进行扶贫。显而易见,由于如实报告自己的偏好始终是贫困村的最优选择,且扶贫企业的偏好报告不会影响最终的配对结果,这个机制是防策略的,并且保证了贫困村的帕累托最优。然而,可以证明该机制可能不是稳定的。

尽管存在这样的挑战,首位交换环机制也可以为贫困村与扶贫企业之间的匹配提供一种新的设计思路,即在贫困村帕累托有效的匹配机制下,提供真实偏好对贫困村来说是一个占优策略。这一发现的证明与前述机制的逻辑完全一致,为我们提供了关于设计公平有效匹配机制的有价值见解。对于不具有最优性和稳定性的其他匹配规则,对防策略性的讨论往往过于复杂而失去了意义。概括地说,全局防策略性和稳定性很多时候是不兼容的,但单边防策略性很容易被一个单边最优稳定匹配所实现。Becker(1973)对婚姻市场的匹配和选择进行了更多讨论。

7.2.6　可转移效用匹配

在前面,我们介绍了三种匹配算法的机制:延迟接受算法、即时接受算法和首位交换环机制。并且通过五个定义,给出了在匹配均衡中可分析的四个性质:防策略性、个体理性、无妒忌性和帕累托最优。以上的分析主要考虑企业应该如何对口帮扶贫困村,使得企业的特长和村落的特点可以最大限度通过匹配进行发挥。当我们考虑匹配过程中贫困村和扶贫企业之间的利益可以通过某种方式实现协调,存在效用之间的相互转移时,目标函数的形式应该如何从经济学视角进行思考?

在无摩擦匹配的分析框架下,在匹配中如何分配收益是一个重要问题:存在①完全可转移效用(perfectly transferable utility),即参与人可以彼此自由转移配对成功后的收益;②不可转移效用(nontransferable utility),即匹配成功后各参与人获得的收益不能相互转移；以及③不完全效用转移(imperfectly transferable utility)，这是介于以上两种情况之间的一种效用转移方案。Roth 和 Sotomayor(1990)提供了经典无摩擦匹配的很多效用转移的有趣案例。

在数字经济时代中，在线教育蓬勃发展。以数字经济中的在线网络教育为例，如果平台上学习知识的学生可以对网络知识提供者进行点赞、打赏、转发等转移支付，则可考虑用完全可转移效用的匹配模型来分析知识消费者和知识提供者如何进行匹配的问题，特别是最优分配有何特征。接下来本节通过一个简单的示例说明 Koopmans 和 Beckmann(1957)以及 Shapley 和 Shubik(1972)如何设计社会效用最大化的匹配目标函数，并分析相应的匹配性质。

假设在线教育平台上存在 N 个教授不同难度内容的教师与 N 个不同需求的学生进行匹配。每个教师 i 提供课程的水平和质量(即教师的类型)采用 $x_i \in [0,1]$ 表示，假设 $x_1 < x_2 < \cdots < x_N$；每个学生 j 的可接受的课程水平与质量(即学生的类型)采用 $y_j \in [0,1]$ 进行表示，且 $y_1 < y_2 < \cdots < y_N$。当配对成功后可以产生的总收益为 $f(x_i, y_j) > 0$，而配对失败后只能获得零效用。我们想要讨论，在这种经济环境下(社会)最优匹配是什么样的?

假设在线教育平台采用一对一服务，即一个学生只能匹配一位老师，反之亦然。对于社会计划者而言，效用是可转移的，因此最优匹配要求所有匹配的产出之和最大。即最大化的目标是在所有可能排列 $\pi: \{1, 2, \cdots, N\} \to \{1, 2, \cdots, N\}$ 上取总效用最大值，即

$$\max_{\pi} \sum_{i=1}^{N} f(x_i, y_{\pi(i)})$$

此时可以证明，若函数 $f(x_i, y_j)$ 为超模(supermodular)[①]，则正向顺序的匹配为最优匹配，与教师和学生类型的具体分布无关。正顺序匹配指高水平的学生会追求高难度的教师和网课，较低水平的学生会选择相对简单的网课进行学习，即所有匹配 (i, j) 有 $i = j$。例如，在其他排序确定的情况下，假定两个教师 $i > i'$，分别与两个学生 $j > j'$ 进行匹配。超模函数意味着这两对的总收益 $f(x_i, y_j) + f(x_i', y_j') \geq f(x_i, y_j') + f(x_i', y_j)$，因此社会计划者更偏向于顺序匹配。同理，匹配效用函数 $f(x, y)$ 为次模(submodular)[②]函数，一个反向排列 $\pi(i) = N - i + 1$ 得到的负顺序匹配(negative assortative matching)为最优匹配。

我们可将上述情况做一些拓展，假设可以进行多对多匹配，即一个学生(教师)可以和多个教师(学生)进行匹配，这样的话学生(教师)需将全部时间在不同教师(学生)之间进行分配。假设每个个体的总时间为 1 单位，α_{ij} 为学生 i 和教师 j 进行匹配花费的时间。设匹配的总收益和时间投入呈线性关系，则 $f(x_i, y_j)$ 为一对一全时匹配的总效用，而 $f(x_i, y_j)\alpha_{ij}$ 为多对多匹配时匹配 (i, j) 产生的总效用。则在可转移效用情况下社会计划者的问题为

$$\max_{\{\alpha_{ij}\}} \sum_{i=1}^{N} \sum_{j=1}^{N} f(x_i, y_j)\alpha_{ij}$$

---

① 在引言中我们对超模有所介绍，对实数 $x_i \in R$ 与 $y_i \in R$，如果 $x_1 > x_2$ 且 $y_1 > y_2$，则 $f(x_1, y_1) + f(x_2, y_2) \geq f(x_1, y_2) + f(x_2, y_1)$，则认为函数 $f(x_i, y_i)$ 是超模的。

② 与超模的定义相对应，当存在两组实数 $x_i \in R$ 与 $y_i \in R$，如果 $x_1 > x_2$ 且 $y_1 > y_2$ 时，存在 $f(x_1, y_1) + f(x_2, y_2) \leq f(x_1, y_2) + f(x_2, y_1)$。则认为函数 $f(x_i, y_i)$ 是次模的。

$$\text{s. t.} \sum_{j=1}^{N} \alpha_{ij} \leqslant 1, \quad \sum_{i=1}^{N} \alpha_{ij} \leqslant 1, \quad \forall i, j$$

Koopmans 和 Beckmann(1957)以及 Shapley 和 Shubik(1972)已经证明,在上述问题中,存在一个最优解满足 $\alpha_{ij} \in \{0, 1\}$,即所有的匹配为一对一匹配。更进一步,如果 f 关于 (x, y) 是超模的,则最优解必是顺序匹配,即当 $i = j$ 时 $\alpha_{ij} = 1$,其他 $\alpha_{ij} = 0$。

上面是站在社会计划者的角度,分析了最优匹配的特点。如果要分析匹配的均衡结果,便涉及对均衡的定义,特别是对均衡稳定性的要求,如前面几节涉及的防策略性、无合理妒忌等,这里不再详述。

7.2.7　动态匹配与合同匹配

动态匹配是匹配中的另一个新兴的研究方向,动态匹配中代理人按顺序或随机地到达及离开。市场设计者通常面临着权衡取舍:更多的匹配选择项、更高的匹配质量以及匹配等待的时间成本。Anderson 和 Smith(2010)考虑了一个包括动态演化贝叶斯声誉和随机生产的劳动力市场匹配问题,发现长期演化的结果可能并不具有收敛性,工资始终不反映边际生产力,有效率的匹配不能实现。Akbarpour 等(2020)考虑了一个网络中的随机到达及离开的匹配问题,发现如果计划者能够识别到即将离开的匹配者,那么等待市场的扩张能够有效降低不匹配的代理人的比例,并且文章考虑了一个获取代理人到达时间的私人信息的机制设计。

Hatfield 和 Milgrom(2005)创造性地考虑了合同匹配问题,即两个代理人之间的匹配途径可能是不同的,而代理人对不同的匹配合同的偏好也是不同的,这扩展了匹配理论的可使用的环境,例如在市场设计的多对一的情形中,医院可能要使用多种合同来吸引不同的医生。目前,合同匹配已经成为匹配理论研究的热门方向。这相当于多个一对一的匹配问题的集成,引入了价格歧视的想法,产生了一些非常有趣的结果。Hatfield 和 Kojima(2010)引入了替代品(双边或单边)的概念,说明双边替代品是合同匹配中存在稳定匹配的充分条件,但是不保证最优匹配;在更强的单边替代品条件下,最优稳定匹配总是存在的。替代品条件是指:如果在一个选择集中加入一个合同,不会诱使代理人接受之前的选择集中被拒绝的合同。它本质是良好偏好的一些必要正则性条件。

Westkamp(2010)、Hatfield 和 Kominers(2012)、Echenique(2012)、Sönmez 和 Switzer(2013)、Rostek 和 Yoder(2020)等的工作补全了合同匹配的数学性质,类似于合作博弈核以及一个等价的线性规划问题解集的极值点,均衡匹配可被视为一系列单调不动点等。这些工作技术上很复杂,但它们验证了合同匹配的性质总体上是优良和可靠的。

7.2.8　数字经济时代的匹配现象

数字经济的一个代表是双边市场,而平台在其中扮演着重要角色。交易的形成需要通过一个中介,这只是双边市场的特征之一,这些特征对其他包括了中间商的市场结构也满足。正如 Rochet 和 Tirole(2006)所指出的,双边市场的核心特征是代理人的效用及均衡选择不仅与平台的收费结构有关,还和平台的双边结构有关。双边市场的出现和多产品定价及网络外部性有关,但是它又将其他代理人对代理人的效用内生化到平台中了。

双边市场作为数字经济中的新兴产业组织形式已经深入人们的生活中,例如搜索引擎将商品和消费者联系起来等。双边匹配中一些技术细节必须被严肃考虑,例如 Erdil 和 Ergin(2017)放宽了对于消费者偏好的假设,即如果考虑消费者无法识别两种商品之间的效用差异(假设为效用无差异),此时延迟接受算法是脆弱的,且它不再保证该算法生成的稳定匹配是消费者帕累托最优的。该文还开发了一个更精细的"快速算法"来处理存在消费者效用无差异的情形,以保证该算法生成消费者最优的稳定匹配。

Parker 和 Van Alstyne(2005)利用对网络外部性的观察,解释了即便这个市场没有其他竞争者,卖家仍有动机持续投资并免费提供某类商品的谜题。网络外部性使卖家有动力实施互补市场战略。更进一步地,对双边市场,它意味着平台可以策略性地选择对其中任何一方进行适度的补贴,或者仍然对双边收费,但向其中一方收取一个带有折扣的价格。总体而言,因为平台一定程度上解决了外部性的问题,平台企业的跨市场定价中会攫取一部分福利,但不会占据所有福利,跨市场定价总体上会使各方都受益。

数字经济中市场设计的实例异常丰富。例如,平台为了促进匹配的效率,往往会对市场进行进一步分割,这大大缩减了匹配算法中不可接受而被拒绝的申请数量。现实中许多婚恋网站会对用户进行注册信息审核,除了确保信息真实性,也有将用户分配到恰当的组中提高匹配效率的考虑;而注册不同等级的会员,也有分层的作用。

在金融市场匹配设计中,金融科技(fintech)公司可以将数据资源用于对未被传统金融行业覆盖到的小微企业的筛选识别中,提高了匹配的筛选能力,实现更好的风控和风投,从而带给储户更好的回报率。其他例子还包括区块链技术、数字契约为代表的匹配的安全机制创新,如工业数字化转型过程中,一些先进制造企业在流通端引入了微电商平台拍卖,提高了交易的透明性和公平性,削弱了信息不对称等。市场设计的理念为新经济模式的大胆创新提供了理论支撑,同时其模拟、实验、检验等工具也为企业探索市场进行数据分析提供了参考。可以说,市场设计为代表的理论和实践相结合的思想创新让经济学获得了经济工程学的美誉。

7.3 推荐算法

经济学中的搜寻理论和匹配理论与现代数字经济中的推荐系统理论之间存在着深刻的关联性。虽然这些领域在表面上看似不同,但它们都试图解决信息不对称和选择最优匹配的问题,无论是在劳动市场中寻找工作、在商品市场中寻找产品,还是在数字平台上寻找内容。搜寻匹配和推荐有三个共同点:

(1)信息不对称与搜寻成本:搜寻理论和匹配理论关注的核心之一是市场参与者如何在存在信息不对称和搜寻成本的情况下找到匹配。这一理论框架可以直接应用于数字经济中,尤其是在用户寻找商品或服务时。推荐系统旨在降低用户的搜寻成本,通过算法优化来提供个性化的选项,从而减少信息不对称。

(2)效率提升与减少市场摩擦:推荐系统通过精确匹配用户偏好和可用产品或服务,提高了市场的效率。这与搜寻理论和匹配理论的目标相符,即通过优化匹配过程来减少市场摩擦。在数字经济中,算法能够处理大量数据,识别模式和用户偏好,从而在买家和卖家之间创造更有效的匹配。

（3）推荐系统的动态匹配与适应性：数字经济的推荐系统不仅要处理静态的偏好和选择集，还要适应用户偏好的动态变化和内容的实时更新。这与匹配理论中对时间维度的考虑相似，搜寻理论和匹配理论提供了一套分析框架，帮助我们理解在信息不完全和选择成本存在的条件下如何实现有效的市场匹配。而在数字经济中，推荐系统实际上是在应用和扩展这些理论，通过算法来优化匹配过程，提高市场效率，并解决信息不对称的问题。这些理论和实践之间的互动不仅促进了经济学理论的发展，也为数字平台的设计和政策制定提供了重要的洞见。

推荐可以看作关于搜索和匹配的一个附属部分，它实际上是一个实现机制。现实中消费者不可能真正随机搜索或最优搜索，也不能自由匹配，事实上他们被搜索引擎提供了一个包括特定顺序的商品或对象列表。毫无疑问，平均而言，在列表靠前位置的对象比靠后位置的对象更可能被检索以及作为最优结果。而推荐位置，无疑是有价值的。通常来说，搜索引擎会将推荐位置及商品排序进行部分拍卖。这里部分的意义是，拍卖会对推荐位置产生影响，但推荐位置不由拍卖报价结果完全决定，还包括了一些随机性、质量考虑或其他因素。例如，常见的关键字拍卖方式包括按点击量支付、二价拍卖（VCG）、改良英式拍卖（GSP）等，关于这部分的更多一般理论性结果，可参考 Roughgarden(2010)。而另一方面，搜索引擎或平台之间的内容竞争，迫使服务提供者不能完全以拍卖决定分配，它们必须权衡内容质量和利润要求。例如，Armstrong 等（2009）在延伸部分指出，包括了最低质量要求的推荐可能是竞争环境下平台的最优推荐选择。

对推荐算法的研究大多集中在计算机科学领域（如深度学习），它们主要关心的问题是算法的训练表现，但是在经济学领域也有部分对推荐算法的分析（Cowgill 和 Tucker，2019），经济学的推荐理论的主要兴趣在于它的效率和公平性，即对福利产生了怎样的影响。Eliaz and Spiegler(2016)就研究了关于搜索池或推荐范围的最优设计问题。消费者对搜索范围内的选项进行有成本的随机顺序搜索，消费者对商品的评价包括随机的噪声，因此，如 Rochet 和 Tirole(2006) 那样，搜索池的设计同时面临着多样性和拥堵性的考量，这两种力量的相反作用使一个最优搜索机制存在。研究发现，如果消费者的偏好类型比例满足一系列不等式约束，一个实现了社会福利最大化的最优搜索机制是可行的。在机制设计的意义下，最优机制可以被看作一个包括"广泛匹配"特征的关键字拍卖机制。

De Corniere 和 Taylor(2014)讨论了搜索引擎的动机问题。一个普遍关注的问题是搜索引擎的整合是否会导致竞争削弱，合并后的搜索引擎更容易滥用自己的支配地位，将属于自己或有合作的内容商的产品放置在更高的搜索位置上，这种偏差可能导致信息质量降低，并损害其他内容商及消费者福利。而研究发现其福利效应是模棱两可的：搜索引擎整合会导致有偏程度提高，但搜索引擎整合同时又提高了内容的边际价值，并降低了用户受广告滋扰的负效用。

7.3.1　中介与有偏推荐

约翰·莱德盖特(John Lydgate)曾言："你不能一直取悦所有人。"随着消费者跟踪和推荐系统的发展,公司有可能仔细挑选目标受众,并提供符合消费者口味的推荐。人们可能会在使用产品的方式上有所不同。而中介机构在其中发挥了巨大的作用,可以帮助人们识别符合特定目的的产品。

Peitz 和 Sobolev(2022)的模型认为,利润最大化的中介决定是否向消费者提供新产品的个性化推荐。尽管许多电子商务网站提供不止一种推荐,但淘宝和京东等一些购物网站还是会针对不同的消费者进行差异化的推荐。更广泛地说,中介可能会增加某些产品的可见性,同时降低其他产品的可见性。可以预期推荐算法最终会为平台的利益服务。

什么能让中介推荐符合消费者利益的产品?如果消费者发现他们收到了不符合他们口味的产品推荐,他们可能会轻视将来收到的进一步推荐。这表明,出于自身利益考虑,中介不会推荐不符合消费者口味的产品,因为随后的交易会减少其利润。当中介可以公开承诺其推荐策略时,这意味着它不会推荐不好的匹配。但是 Peitz 和 Sobolev(2022)同样发现,利润最大化中介有可能为了迎合不同消费者群体从而夸大推荐的作用,导致一定程度上糟糕的匹配。

出于利润最大化的考虑,中介机构可能存在提供有偏见建议的动机。具体而言,夸大推荐意味着某一产品被推荐的频次超过了社会最优水平。有偏见的推荐指的是推荐的产品种类与社会最优的产品种类不一致,或者在顺序搜索过程中较早地推荐质量较差(或价格较高)的产品。有偏见推荐的一个典型例子是"自我偏好",这种情况可能出现在中介既是卖方又是平台运营者的情形下。即该平台公司可能会倾向于促使消费者选择其自身的产品,从而产生有偏见的推荐行为。

7.3.2 推荐与贝叶斯说服

在社会经济活动中,信息不对称常常表现为一些群体比其他群体掌握着更多的信息,而这些有着"信息优势"的群体可以通过信号的传递来影响其他人的行为决策。这种行为被称为"说服"或"劝说"(persuasion),而推荐也可以被视为一种说服行为。我们可以将发出信号的群体称为信息发送者(sender),将接收信息并做出决策的群体称为信息接收者(receiver)。例如,上市企业会披露公司的财务状况,信用评级机构会对企业的风险进行评价,央行会定期向公众释放宏观调控的信号,而广大的投资者则根据这些披露的信息进行决策。在多数情况下,信号发送者和信号接收者的利益诉求并不一致,信号发送者往往会以最大化其收益为目的通过设定信号发送的规则来"操纵"信号接收者的决策。如果信号接收者是理性的,他将如何对信号做出反应呢?结合我们前面对"有偏推荐"的讨论,既然消费者知道推荐可能是有偏的,他们在什么条件下会接受推荐呢?更进一步,对于推荐者来说,如果他的利益驱使他的推荐结果偏离真实情况,那么何种偏离程度是最优的呢?在信息经济学领域,贝叶斯说服(Bayesian persuasion)对这一问题展开了探讨。

贝叶斯说服最初由马修·根茨科(Matthew Gentzkow)和埃米尔·卡梅尼察(Emir Kamenica)在 2011 年的一篇开创性论文中提出,其核心思想是人们会根据先验的知识和获取的信号不断地更新自己的信念(belief),并根据后验知识做出行为决策,其研究的是一个信息发送者(比如一个公司、政府机构或个人)如何对其信息的披露策略进行选择,以期影响信息接收者(比如消费者、选民或其他决策者)的信念和行为,这一过程在接收者持有贝叶斯理性(即根据贝叶斯规则更新信念)的前提下进行。贝叶斯说服是信息设计领域的重要理论框架,其不再将信息结构视为给定的环境条件,而是允许经济主体对信息结构的设计进行决策,强调了信息策略在经济互动中的重要性。一些前沿的研究已将贝叶斯说服理论拓展至多信息发送者、多信息接收者以及序贯决策等复杂情景,并进一步探索信息设计和市场结构之间的相互影响。

为了更好地理解贝叶斯说服,我们可以考虑一个商品推荐的案例。近年来社交平台上兴起了一批"意见领袖"(key opinion leader,KOL),他们通常拥有着丰富的专业知识或经验,对各类产品进行评价("推荐"或"不推荐"),消费者则参考 KOL 的评价完成购买决策("购买"或"不购买")。假设商品的质量有 0.3 的概率是优质商品,有 0.7 的概率为劣质商品,商品质量的先验分布是所有消费者的共同知识。如果消费者购买了优质商品,他将获得效用 1,若购买了劣质商品,其效用为 −1,其保留效用为 0。因此,在缺少 KOL 的评价时,消费者根据其先验知识,会选择不购买商品。接下来,假设 KOL 制定以下推荐策略:如果商品是优质的,那么 KOL 会选择推荐。如果商品是劣质的,KOL 会以 3/7 的概率选择推荐,4/7 的概率选择不推荐。此时,若消费者是理性的,当 KOL 不推荐该商品时,他将推断出该商品是一个劣质商品,他会选择不购买;当 KOL 推荐该商品时,根据贝叶斯规则,该商品为优质商品的后验概率为 0.5,为劣质商品的后验概率为 0.5,假设在无差异时消费者会选择购买。可以看到,在引入 KOL 的推荐之后,即便消费者是理性的且消费者知晓 KOL 并不总是"真实地"反馈商品情况,消费者仍然会更多地购买商品。

从以上案例我们可以看到,在信息不对称的场景中,信息结构的设计能够对决策结果产生影响,进而改变了各类参与者的效用以及总福利。事实上,在现实经济中,说服行为是普遍存在的,贝叶斯说服理论因而也有着广泛的应用空间。早在 1995 年,唐纳德·麦克洛斯基(Donald McCloskey)和阿加·克莱默(Arjo Klamer)基于职业信息和就业数据指出说服行为已经构成了美国近 1/4 的 GDP,而这一数字在 2013 年格里·安蒂奥(Gerry Antioch)的测算结果中已经上升至 30%。在中国,数字平台的发展不断重塑人们的生活方式,平台或者有影响力的网络达人(influencer)的推荐已经渗透到经济中的每一个角落。无论是选择电影、挑选股票、预订酒店还是在线购物,消费者都习惯于参考他人的建议,商家的营销也常常通过达人推荐、平台推荐这类渠道来完成。对于网络达人以及平台来说,他们拥有了操纵消费者观念的能力,他们需要寻找最优的信息分发策略(即推荐策略),在说服消费者的同时最大化自身的利益。而监管者则需要从社会福利最大化的角度制定合理的信息披露政策以及推荐算法规则,以约束平台等信息发送者的行为,保障消费者的权益,让基于说服的经济互动更加有效率。

7.3.3　数字经济中的推荐算法

数字经济中的推荐算法蕴含了大量复杂因素,但其中一些特征是显著的。首先,推荐算法的设计主体会考虑利润和质量的平衡,不会一味只根据广告商的价格进行推荐。从推荐质量角度考虑,(1)搜索引擎的推荐算法中除了广告位置拍卖,常常包括流量排名和重要性排名:一个网页如果被许多其他网页所链接,那么这个网页就可能是更重要的。(2)并非接受所有拍卖内容。百度曾经因为魏则西事件卷入舆论漩涡,重要原因就是其推荐算法将不符合资质的莆田系医院排到了医疗问题的最前端,直接导致病人错误相信耽误了治疗。这也说明了最低质量要求在推荐算法中的必要性。

同时,推荐算法的优化设计应考虑包容性和针对性。例如谷歌认为直营商和分包商均具有对同一商标申请竞价的权利,这直接引起了一系列欧洲企业对商标权受到侵犯的抗议。谷歌则辩护称,品牌官网具有不可替代的独特地位,但不是无限的排他地位,直营商和分销商也可以通过购买更好的流量将自己的搜寻或者推荐排序置于官网之上。在推荐范围的选择上,推荐则要在广泛相关性推送但信息冗余和信息质量高但推送范围狭窄之间进行权衡取舍。

推荐的个性化和歧视的关系也十分有趣。消费者提供了更多个人历史数据后,平台可以对消费者进行更好的分类,从而提供更有质量的推荐;但这种个性化推荐同时还带来了数据隐私方面的顾虑和价格歧视的问题。例如,一个对价格更不敏感的消费者,更可能被推荐性价比低的商品。数字经济中的推荐的众多特征往往呈现为双刃剑,这需要推荐服务提供商和使用者以及监管者在决策时更加慎重。

本章小结

本章介绍了三个相互关联的经济学理论,分别是搜寻、匹配和推荐。本章介绍了搜寻理论的基本概念,搜寻理论探讨了在存在信息不完全和市场摩擦的情况下,经济主体如何进行匹配与交易。之后讨论匹配理论的基础概念,包括搜索成本、市场摩擦和稳定匹配等。重点讨论了莫滕森(Mortensen)、皮萨里德斯(Pissarides)、罗斯(Roth)和沙普利(Shapley)对稳定匹配和市场设计原则的研究。进一步解释了这些理论如何应用于市场设计,以及它们对市场效率和资源分配的重要性。

我们在每一节中均分别努力联系数字经济的新现象与其特点,并用搜寻匹配理论进行分析,随着数字化转型的加速,搜寻匹配理论在数字经济中的应用变得越来越重要。本章重点关注了算法推荐系统、直播平台和数字化市场中的搜寻和匹配机制,阐明了搜寻匹配理论在数字经济中的实际应用,并讨论了相应的挑战和机遇。

数字经济时代的市场设计面临着新的挑战和机遇。本部分提出了数字化转型对市场设计带来的影响,包括信息不对称、市场垄断和平台竞争等方面的挑战。强调了需要创新市场设计和搜寻匹配理论来适应数字化时代的需求,以提高市场效率和促进经济增长。本章力图通过对未来研究方向和发展趋势的展望,激发大家对数字经济时代市场设计问题的进一步思考和研究。学者和决策者们需更加关注数字经济时代的市场设计问题,提出创新性的解决方案,以应对数字化转型带来的挑战并推动经济的可持续发展。

习题

1. 随机搜寻模型计算:在标准的随机搜寻理论模型中,考虑一名求职者面临固定的搜寻成本以及已知工资报酬分布的情景。试建立模型计算求职者继续搜寻的期望效用,并应用随机搜寻理论分析求职者如何在搜寻成本和潜在工资之间做出最佳选择。

2. 最优停止规则：当我们给定一个产品价格的已知分布，基于 Stigler 的搜寻模型，计算消费者应该进行的最优搜寻次数，以最小化总成本（搜寻成本加上产品价格）。请问如何在已知价格分布的情况下，通过计算达到成本最小化。

3. 搜索引擎与消费者行为：分析一项新的搜索引擎技术（降低搜寻成本）对消费者行为和市场价格的影响。请问技术进步如何改变消费者的搜寻行为及其对市场的广泛影响。

4. 匹配算法效率：请应用 Gale-Shapley 算法于一个简化市场，找到稳定匹配，并计算所有参与者的总效用。请说明如何理解和应用 Gale-Shapley 算法，并讨论应该采用哪些性质评估匹配结果。

5. 平台推荐系统影响：考虑一个带有推荐算法的数字平台，分析该算法对消费者选择和市场多样性的影响，并探讨推荐算法如何塑造消费者偏好和市场结构。

参考文献

［1］　Abdulkadiroğlu，Atila and Tayfun Sönmez，2003. School Choice：A Mechanism Design Approach［J］. American Economic Review，93（3）：729-747.

［2］　Abdulkadiroğlu，Parag A Pathak，Alvin E Roth，and Tayfun Sönmez，2005. The Boston Public School Match［J］. American Economic Review，95（2）：368-371.

［3］　Akbarpour，Mohammad，Shengwu Li，and Shayan Oveis Gharan，2020. Thickness and Information in Dynamic Matching Markets［J］. Journal of Political Economy，128（3）：783-815.

［4］　Anderson，Axel and Lones Smith，2010. Dynamic Matching and Evolving Reputations［J］. The Review of Economic Studies，77（1）：3-29.

［5］　Armstrong，Mark，2017. Ordered Consumer Search［J］. Journal of the European Economic Association，15（5）：989-1024.

［6］　Armstrong，Mark and Jidong Zhou，2016. Search Deterrence［J］. The Review of Economic Studies，83（1）：26-57.

［7］　Armstrong，Mark and John Vickers，2022. Patterns of Competitive Interaction［J］. Econometrica，90（1）：153-191.

［8］　Armstrong，Mark，John Vickers，and Jidong Zhou，2009. Prominence and Consumer Search［J］. The RAND Journal of Economics，40（2）：209-233.

［9］　Baccara，Mariagiovanna，SangMok Lee，and Leeat Yariv，2020. Optimal Dynamic Matching［J］. Theoretical Economics，15（3）：1221-1278.

［10］　Becker，Gary S，1973. A Theory of Marriage：Part I［J］. Journal of Political economy，81（4）：813-846.

［11］　Burdett，Kenneth and Dale T Mortensen，1998. Wage Differentials，Employer Size，and Unemployment［J］. International Economic Review，pp. 257-273.

［12］　Burdett and Kenneth L Judd，1983. Equilibrium Price Dispersion［J］. Econometrica：Journal of the Econometric Society，pp. 955-969.

［13］　Carlson，John A and R Preston McAfee，1983. Discrete Equilibrium Price Dispersion［J］. Journal of Political Economy，91（3）：480-493.

［14］　Che，Yeon-Koo，and Johannes Hörner，2018. Recommender Systems as Mechanisms for Social Learning［J］. The Quarterly Journal of Economics 133. 2：871-925.

［15］　Choi，Michael，Anovia Yifan Dai，and Kyungmin Kim，2018. Consumer Search and Price Competition

[J]. Econometrica,86(4): 1257-1281.

[16] Coles,Peter,John Cawley, Phillip B Levine, Muriel Niederle, Alvin E Roth, and John J Siegfried, 2010. The Job Market for New Economists: A Market Design Perspective[J]. Journal of Economic Perspectives,24(4): 187-206.

[17] Corniere, Alexandre De and Greg Taylor, 2014. Integration and Search Engine Bias[J]. The RAND Journal of Economics,45(3): 576-597.

[18] Cowgill, Bo and Catherine E Tucker, 2019. Economics, Fairness and Algorithmic Bias[J]. Preparation for: Journal of Economic Perspectives.

[19] Cramton,Peter,2017. Electricity Market Design[J]. Oxford Review of Economic Policy,33(4).

[20] Dasgupta, Partha and Eric Maskin, 1986. The Existence of Equilibrium in Discontinuous Economic Games, I: Theory[J]. The Review of economic studies,53(1): 1-26.

[21] Dasgupta, Partha and Eric Maskin, 1986. The Existence of Equilibrium in Discontinuous Economic Games, II: Applications[J]. The Review of Economic Studies,53(1): 27-41.

[22] De Corniere, Alexandre, and Greg Taylor, 2014. Integration and Search Engine Bias[J]. The RAND Journal of Economics 45. 3: 576-597.

[23] Diamond, Peter A, 1971. A Model of Price Adjustment[J]. Journal of Economic Theory,3(2): 156-168.

[24] Dinerstein, Michael, Liran Einav, Jonathan Levin, and Neel Sundaresan, 2018. Consumer Price Search and Platform Design in Internet Commerce[J]. American Economic Review,108(7): 1820-1859.

[25] Echenique, Federico, 2012. Contracts Versus Salaries in Matching[J]. American Economic Review, 102(1): 594-601.

[26] Eliaz, Kfir and Ran Spiegler, 2016. Search Design and Broad Matching[J]. American Economic Review,106(3): 563-586.

[27] Ellison, Glenn and Alexander Wolitzky, 2012. A Search Cost Model of Obfuscation[J]. The RAND Journal of Economics,43(3): 417-441.

[28] Erdil, Aytek and Haluk Ergin, 2017. Two-sided Matching with Indifferences[J]. Journal of Economic Theory,171: 268-292.

[29] Ergin, Haluk and Tayfun Sönmez, 2006, Games of School Choice under the Boston Mechanism[J]. Journal of Public Economics,90(1-2): 215-237.

[30] Gale, David and Lloyd S Shapley, 1962. College Admissions and the Stability of Marriage[J]. The American Mathematical Monthly,69(1): 9-15.

[31] Hatfield, John William and Fuhito Kojima, 2010, Substitutes and Stability for Matching with Contracts[J]. Journal of Economic Theory,145(5): 1704-1723.

[32] Hatfield, John William and Paul R Milgrom, 2005. Matching with Contracts[J]. American Economic Review,95(4): 913-935.

[33] Hatfield, John William and Scott Duke Kominers, 2012. Matching in Networks with Bilateral Contracts[J]. American Economic Journal: Microeconomics,4(1): 176-208.

[34] Janssen, Maarten and Sandro Shelegia, 2015. Consumer Search and Double Marginalization[J]. American Economic Review,105(6): 1683-1710.

[35] Janssen, Maarten CW and José Luis Moraga-González, 2004. Strategic Pricing, Consumer Search and the Number of Firms[J]. The Review of Economic Studies,71(4): 1089-1118.

[36] Jr,John G Lynch and Dan Ariely, 2000. Wine Online: Search Costs Affect Competition on Price, Quality, and Distribution[J]. Marketing Science,19(1): 83-103.

[37] Kamenica, Emir, and Matthew Gentzkow. 2011. Bayesian Persuasion[J]. American Economic Review 101. 6: 2590-2615.

[38] Kim, Jun B, Paulo Albuquerque, and Bart J Bronnenberg, 2010. Online Demand under Limited Consumer Search[J]. Marketing Science, 29(6): 1001-1023.

[39] Knuth, DE, 1976. Marriages Stable. Université de Montréal Press, Translated as "Stable Marriage and Its Relation to Other Combinatorial Problems", CRM Proceedings and Lecture Notes, American Mathematical Society.

[40] Kohn, Meir G and Steven Shavell, 1974. The Theory of Search[J]. Journal of Economic Theory, 9(2): 93-123.

[41] Kojima, Fuhito and Parag A Pathak, 2009. Incentives and Stability in Large Two-sided Matching Markets[J]. American Economic Review, 99(3): 608-627.

[42] Lippman, Steven A and John J McCall, 1976. The Economics of Job Search: A Survey[J]. Economic Inquiry, 14(2): 155-189.

[43] Malinova, Katya and Andreas Park, 2017. Market Design with Blockchain Technology[J]. Available at SSRN 2785626.

[44] McCall, John J, 1965. The Economics of Information and Optimal Stopping Rules[J]. The Journal of Business, 38(3): 300-317.

[45] McCall, John Joseph, 1970. Economics of Information and Job Search[J]. The Quarterly Journal of Economics, pp. 113-126.

[46] Milgrom, Paul, 2000. Putting Auction Theory to Work: The Simultaneous Ascending Auction[J]. Journal of Political Economy, 108(2): 245-272.

[47] Milgrom, Paul and Paul Robert Milgrom, 2004. Putting Auction Theory to Work[M]. Cambridge University Press.

[48] Nelson, Phillip, 1970. Information and Consumer Behavior[J]. Journal of Political Economy, 78(2): 311-329.

[49] Niederle, Muriel and Alvin E Roth, 2003. Unraveling Reduces Mobility in a Labor Market: Gastroenterology with and without a Centralized Match[J]. Journal of Political Economy, 111(6): 1342-1352.

[50] Parker, Geoffrey G and Marshall W Van Alstyne, 2005. Two-sided Network Effects: A Theory of Information Product Design[J]. Management Science, 51(10): 1494-1504.

[51] Peitz, Martin, and Anton Sobolev, 2022. Inflated Recommendations. CEPR Discussion Papers 17260.

[52] Reinganum, Jennifer F, 1979. A Simple Model of Equilibrium Price Dispersion[J]. Journal of Political Economy, 87(4): 851-858.

[53] Reny, Philip J, 1999. On the Existence of Pure and Mixed Strategy Nash Equilibria in Discontinuous Games[J]. Econometrica, 67(5): 1029-1056.

[54] Rhodes, Andrew and Jidong Zhou, 2019. Consumer Search and Retail Market Structure[J]. Management Science, 65(6): 2607-2623.

[55] Rochet, Jean-Charles and Jean Tirole, 2006. Two-sided Markets: a Progress Report[J]. The RAND Journal of Economics, 37(3): 645-667.

[56] Rogerson, Richard, Robert Shimer, and Randall Wright, 2005. Search-theoretic Models of the Labor Market: A Survey[J]. Journal of Economic Literature, 43(4): 959-988.

[57] Rostek, Marzena and Nathan Yoder, 2020. Matching with Complementary Contracts[J]. Econometrica, 88(5): 1793-1827.

[58] Roth, Alvin E, 1982. The Economics of Matching: Stability and Incentives[J]. Mathematics of Operations Research, 7(4): 617-628.

[59] Roth, Alvin E, 1984. The Evolution of the Labor Market for Medical Interns and Residents: a Case Study in Game Theory[J]. Journal of Political Economy, 92(6): 991-1016.

［60］ Roth, Alvin E, 1984. Stability and Polarization of Interests in Job Matching［J］. Econometrica: Journal of the Econometric Society, pp. 47-57.

［61］ Roth, Alvin E, 2002. The Economist as Engineer: Game Theory, Experimentation, and Computation as Tools for Design Economics［J］. Econometrica, 70(4): 1341-1378.

［62］ Roth, Alvin E, 2008. What Have We Learned from Market Design? ［J］. The Economic Journal, 118 (527): 285-310.

［63］ Roth, Alvin E, 2018. Marketplaces, Markets, and Market Design［J］. American Economic Review, 108 (7): 1609-1658.

［64］ Roth, Alvin E and Axel Ockenfels, 2002. Last-minute Bidding and the Rules for Ending Second-price Auctions: Evidence from eBay and Amazon Auctions on the Internet［J］. American Economic Review, 92(4): 1093-1103.

［65］ Roth, Alvin E and Elliott Peranson, 1999. The Redesign of the Matching Market for American Physicians: Some Engineering Aspects of Economic Design［J］. American Economic Review, 89(4): 748-780.

［66］ Roth, Alvin E and John H Vande Vate, 1990. Random Paths to Stability in Two-sided Matching［J］. Econometrica: Journal of the Econometric Society, pp. 1475-1480.

［67］ Roth, Alvin E and Marilda Sotomayor, 1992. Two-sided matching［J］. Handbook of Game Theory with Economic Applications, 1, 485-541.

［68］ Rothschild, Michael, 1973. Models of Market Organization with Imperfect Information: A Survey ［J］. Journal of Political Economy, 81(6): 1283-1308.

［69］ Roughgarden, Tim, 2010. Algorithmic Game Theory［J］. Communications of the ACM, 53(7): 78-86.

［70］ Salop, Steven and Joseph E Stiglitz, 1982. The Theory of Sales: A Simple Model of Equilibrium Price Dispersion with Identical Agents［J］. The American Economic Review, 72(5): 1121-1130.

［71］ Salop, Steven and Joseph Stiglitz, 1977. Bargains and Ripoffs: A Model of Monopolistically Competitive Price Dispersion［J］. The Review of Economic Studies, 44(3), 493-510.

［72］ Sönmez, Tayfun and Tobias B Switzer, 2013. Matching with (branch-of-choice) Contracts at the United States Military Academy［J］. Econometrica, 81(2): 451-488.

［73］ Stigler, George J, 1961. The Economics of Information［J］. Journal of Political Economy, 69(3): 213-225.

［74］ Telser, Lester G, 1973. Searching for the Lowest Price［J］. The American Economic Review, 63(2): 40-49.

［75］ Varian, Hal R, 1980. A Model of Sales［J］. The American Economic Review, 70(4): 651-659.

［76］ Weitzman, Martin L, 1979. Optimal Search for the Best Alternative［J］. Econometrica: Journal of the Econometric Society, pp. 641-654.

［77］ Westkamp, Alexander, 2010. Market Structure and Matching with Contracts［J］. Journal of Economic Theory, 145(5): 1724-1738.

［78］ Zhou, Jidong, 2014. Multiproduct Search and the Joint Search Effect［J］. American Economic Review, 104(9): 2918-2939.

第8章

经 济 网 络

本章学习目标

1. 了解经济网络的基本概念
2. 掌握经济网络的含义和类型
3. 了解经济网络的主要特点
4. 理解经济网络的经济效应

引言

身处数字经济社会的消费者,其购物行为有着鲜明的数字特征和结构特点。消费者可能在朋友圈看到某一款新奇的产品并产生兴趣,然后在互联网上搜索该产品的基本介绍,接着在购物平台网站或应用上搜索该产品的价格,阅览其他消费者对该产品的评价,最后完成是否购买该商品的决策。在上述典型的生活场景中,经济的网络结构发挥着重要的作用。朋友圈影响了产品的到达,互联网的链接决定了搜索到的信息,购物平台上的销售商与消费者所形成的双边网络结构则决定了平台的网络效应,而该双边网络结构上其他消费者的参与则进一步改变了信息分享方式。上述的每一个环节都会对消费者的最终决策产生影响。

实际上,伴随着数字经济的持续发展和数字技术的广泛使用,当下经济社会中的个体间连接越发紧密,相互间的互动和影响也更加深入,通过社交平台、社交媒体、社交网络、购物平台等数字经济主体增强了联系,涉及各种商业和经济活动,包括电子商务、在线广告和数字货币等。

另一方面,经济网络的不断发展和演化丰富了数字技术的扩散方式以及数字经济的发展模式,为数字经济参与者选择与决策提供了更加多元的场景和环境,同时也增强了经济行为的互动性。社会成员间的连接和互动如何影响经济社会的各种行为,尤其值得关注。

研究者们很早就注意到,社会互动可以影响社会和经济活动的许多方面,包括移民、贸易、求职、投资行为、产品采用决策和社会流动等。为了更好地描述社会联系及互动行为,研究者们借助社会经济网络(social and economic networks)的概念对相关结构进行建模分析,并逐步将其发展为一门交叉学科,涉及经济学、物理学、统计学、政治学、社会学、心理学、传播学和公共卫生等诸多学科和领域。

本章将概要介绍经济网络的相关概念和理论,着重介绍经济网络的基本概念、重要模型、统计特征和经济效应。经济个体间的经济联系该如何刻画? 应该从哪些角度观察给定的经济网络结构? 网络结构又是如何形成的? 网络结构会对哪些经济社会行为产生影响? 作为经济网络概念在宏观层面的应用,生产者的网络结构又有什么特点? 本章将尝试着对上述问题进行简短而又清晰的回答。需要注意的是,经济网络的相关研究由来已久,其理论及实证研究成果都非常丰富,本章仅选取了与数字经济密切相关的部分内容。有关经济网络结构及其经济行为效应的系统性成果,读者可以参考 Jackson(2008)、Newman(2018)、Easley 和 Kleinberg(2010)等书籍;有关社会网络结构的研究,读者可参阅罗家德(2020);汪小帆等(2012)则从工程技术的角度对网络结构进行了探讨。

8.1　网络模型

恰当地用数学工具对网络经济学进行建模分析是理解其行为特征的关键。本节将介绍如何用网络图模型来刻画网络连接状态。该模型在本章的后续分析中扮演着重要的工具性角色。

8.1.1　网络图

一般而言,网络图是由图中的节点和节点间的连接所组成。其中,节点代表着网络经济的各参与者,而节点间的连接则表示各参与者两两之间的经济联系。给定某网络经济中包含 n 个参与者,记 $N=\{1,\cdots,n\}$ 表示该网络中所有参与者所构成的集合。参与者的类型根据网络的不同而有所变化,可以包括个人、企业、国家或其他组织等。参与者个数的多少决定了网络规模大小。参与者越多,网络经济规模越大,其结构也会越复杂。同时,参与者在网络中的位置不同,其在网络经济中所发挥的作用也会发生变化。

衡量网络经济中经济行为的主要方式是节点间的连接。给定任意两个节点 $i,j\in N$,我们用 g_{ij} 表示由 i 到 j 的连接。所有的两两连接组合在一起构成了网络经济中全部的经济行为抽象,通常用 $n\times n$ 矩阵 g 表示。由于该矩阵完整地列出了节点间的连接关系,也就是任意一对节点是否具备抽象意义上的相邻,故而也称其为相邻矩阵(adjacency matrix)。连接 g_{ij} 的取值一般为 0 或者 1。我们用 $g_{ij}=1$ 表示存在从节点 i 到节点 j 的连接,而 $g_{ij}=0$ 则表示不存在从节点 i 到节点 j 的连接。在某些情形下,我们也可以选择让 g_{ij} 取 0 或 1 之外的值以表示连接的强度。如果遇到该情况,我们会单独加以说明。

节点间的连接可分为有向连接和无向连接两种。对于无向连接而言,我们通常设 $g_{ij}=g_{ji}$,而该等式对有向连接则通常不成立。通常情况下,自我连接 g_{ii} 没有明确的实际意义,故而一般会被设定为 0,也即 $g_{ii}=0,\forall i\in N$。

基于上述讨论,我们可以把一个图模型 (N,g) 定义为由节点集合 $N=\{1,\cdots,n\}$ 和 $n\times n$ 实值矩阵 g 所构成的结构。其中,每个 $i\in N$ 表示网络参与者,而矩阵 g 中的每个元素 g_{ij} 代表了从个体 i 到 j 的连接。如果 (N,g) 为无向连接网络,其连接矩阵 g 为对称矩阵,

满足 $\boldsymbol{g}^{\mathrm{T}} = \boldsymbol{g}$。举例来说，如果 $N = \{1,2,3,4\}$，且

$$\boldsymbol{g} = \begin{bmatrix} 0 & 1 & 0 & 0 \\ 1 & 0 & 1 & 1 \\ 0 & 1 & 0 & 1 \\ 0 & 1 & 1 & 0 \end{bmatrix}$$

则该网络图表示个体 1 与个体 2，个体 2 与个体 3、个体 4，个体 3 与个体 4，两两之间均存在连接。而个体 1 与个体 3 或个体 4 均不存在连接。其连接形式可由图 8-1 表示。

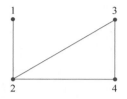

图 8-1　包含 4 个节点的某网络结构

考虑到 g 是表达所有两两节点间连接的一种形式，除了把 $\boldsymbol{g}$ 当作 $n \times n$ 矩阵之外，我们也可以用集合的方式来表述图网络。例如，在上述拥有四个连接的例子中，我们也可以将该图模型记作 $g = \{\{1,2\},\{2,3\},\{2,4\},\{3,4\}\}$ 或 $g = \{12,23,24,34\}$。换言之，我们用 ij 来表示节点 i 和 j 间的连接，并用 $ij \in g$ 表示节点 i 和 j 在网络 g 中处于直接连接状态，即 $g_{ij} = 1$。

因为 g 可以看作集合，关于集合的相关运算也同样适用于网络 g。例如，我们用 $g' \subset g$ 表示任意 $ij \in g'$ 必然有 $ij \in g$；用 $g + ij$ 表示在原有网络 g 中增加一个由 i 到 j 的连接；类似地，用 $g - ij$ 表示在原有网络 g 中去除掉由 i 到 j 的连接。两个网络 (N,g) 和 (N', g') 同构则表示存在一一双映射函数 $f: N \to N'$ 使得当 $ij \in g$ 时必然有 $f(i)f(j) \in g'$。注意，此时两个网络中个体的个数应当相同，而函数 f 可以看作对 N 中元素的重新标注，从而得到与 g' 一致的连接方式。

在对网络结构进行分析时，我们也常常会着重分析局部网络。给定 $S \subset N$ 是 N 中部分节点构成的新节点集合，我们用 $g|_S$ 表示从网络连接结构 g 中按照 S 节选出来的新网络连接结构，并称之为子网络。因此，当我们说 $ij \in g|_S$ 时，如下条件必须成立：$i \in S, j \in S,$ $ij \in g$。

接下来，我们引入几个描述跨节点连接的概念，它们都可以看作是子网络的一种。途径（walk）是指一系列的节点，$i_1, i_2, \cdots, i_K \in N$ 使得任意 $k \in \{1,2,\cdots,K-1\}$ 满足 $i_k i_{k+1} \in g$。途径描述的是以 i_1 为起点，中间经过若干两两连接着的可重复的节点，并最终走到 i_K 的一段传递过程。途径的长度（length）是指途径中连接的个数。路径（path）是一种所有节点均不重复的途径。也即，如果我们说 $i_1, i_2, \cdots, i_K$ 构成了路径，则其中包含了各不相同的 K 个节点，且任意 $k \in \{1,2,\cdots,K-1\}$ 满足 $i_k i_{k+1} \in g$。回路（circle）是另一种特殊的途径。如果我们称 $i_1, i_2, \cdots, i_K$ 为回路，则其起点和终点重合，$i_1 = i_K$，且其他各点各自不同，并有任意 $k \in \{1,2,\cdots,K-1\}$ 满足 $i_k i_{k+1} \in g$。从其定义中，我们不难发现，我们可以通过给路径增加一个从终点到起点的连接而获得一个回路。两个节点 i 和 j 间的捷径（geodesic）意指在节点 i 和 j 间连接最少的路径。而两个节点 i 和 j 间的距离（distance）是节点 i 和 j 间捷径的长度，也就是捷径上所经线段的个数。如果两个节点间没有路径连接它们，则称它们间的距离为无穷大。基于此，我们也可以将网络的直径（diameter）定义为网络中所有节点间距离的最大值。如果某网络存在孤立点，则其直径为无穷大。

在上述例子中，$1,2,4,3,2,3$ 构成了一个途径；$1,2,4,3$ 构成了一个路径；$2,4,3,2$ 构

成了一个回路；节点1和3之间的捷径为1,2,3；节点1和3间的距离为2。此处,1,2,4,3尽管构成了一个路径,却不是节点1和3间的捷径。回路2,4,3,2可以看作在路径2,4,3的基础上增加了一个连接32而形成的。该网络的直径则为2。

当网络(N,g)中任意两节点间都存在某个路径将它们连接时,则将该网络称为连通网络(connected network)。我们称网络(N,g)的某个子网络(N',g')为其组件(component),当如下两个条件成立：①N'内的任意两节点都存在路径连接；②对于N'中任意节点i,如果$ij\in g$则可知$j\in N'$并且$ij\in g'$。从中不难看出,网络(N,g)的组件是一种最大连通子网络,且我们无法在保证其为连通网络的前提下增添其内部节点。

邻居(neighborhood)是社交网络中另一个非常重要的概念,它描述了对给定节点造成直接影响的其他节点范围。对于网络(N,g)上的任一节点i,其邻居$N_i(g)$可定义为$N_i(g)=\{j\mid ij\in g\}$,也就是网络(N,g)中所有与其连接的节点所组成的集合。

8.1.2 网络的整体特征

在介绍了网络基本结构及相关概念后,我们将从整体量化的角度引入几个重要概念,以描述网络结构的统计意义上的特点,主要包括节点度分布(degree distribution)、网络平均距离、聚类(clustering)、中心性(centrality)和同类性(homophily)。

1. 节点度分布

为了描述网络中节点的连接状态,我们还引入另一个概念,叫作节点度(node degree)。节点i的节点度$d_i(g)$是指其在网络(N,g)中连接的个数,也即其邻居的数量,故而$d_i(g)=\mid N_i(g)\mid=\sum_{j=1}^{n}g_{ij}$。此处,对任意集合$A$,我们用$\mid A\mid$表示该集合中元素的个数。对于网络$(N,g)$,其所有节点的节点度形成了一个度向量,记作

$$\boldsymbol{d}(g)=(d_1(g),d_2(g),\cdots,d_n(g))$$

对于一个网络(N,g),我们更希望了解其节点度的整体特征,故而引入度分布(degree distribution)的概念。网络(N,g)的度分布是指网络中不同节点度的频度分布,记为P,它是节点度d的函数。也就是说,给定任意节点度d,$P(d)$表示节点度为d的节点占节点总数的比例。度分布是个网络经济学中非常重要的概念,可以帮助我们从整体上了解网络结构中经济联系的状态。在不同的网络结构中,度分布往往也各不相同。我们在这里介绍两个典型的例子：二项分布和指数分布。

在随机图论领域,厄多斯(Erdos)和瑞尼(Renyi)(1959)等经典文献用规则网络(regular network)来刻画网络中的连接状态。该结构假设所有节点的连接以相同的概率独立地随机形成。具体而言,对于此类网络(N,g)中任意两个节点i和j,它们之间形成连接的概率均为p,而不形成连接的概率相应地为$1-p$,同时该连接的形成与否不受网络中其他任何连接的影响。运用概率论的初步知识,我们可知该网络中拥有节点度d的概率服从二项分布,其数学表达式为

$$P(d)=\binom{n-1}{d}p^d(1-p)^{n-1-d}$$

当n很大而p相对较小时,该分布函数可以用泊松分布近似表示。故而,该网络结构也被

称作泊松随机图（Poisson random graphs）。作为最早被广泛使用的随机图模型，它有如下重要特点：首先，当 p 值很低时，网络中存在大量孤立点，而只包含少数连接；其次，随着 p 值增大，网络中逐步出现组件和回路；最后，当 p 值足够大时，网络中孤立点消失，并变成单个连通组件。泊松随机图示例参见图 8-2。

图 8-2　泊松随机图示例（$n=100$，$p=0.1$，Python 绘制）

由于规则网络结构的设定具有高度对称性，其度分布也自然呈现出中心对称的特点。而在现实经济世界中，我们经常可以观察到很多网络结构的度分布为非对称的，并且具有高度右偏的特点，此类分布具有厚尾（fat tail）属性。该分布特点意味着对应的网络结构中并存着大量节点的节点度很低而少量节点的节点度很高的情形，如航空网络、学术文章引用网络、万维网链接网络和银行间支付网络等。通常，我们用无标度网络（scale-free networks）来刻画此类网络，而用指数分布（power distribution）来建模此类的度分布。具体而言，对于无标度网络，我们假设其度分布函数为

$$P(d)=cd^{-\gamma}$$

其中，$\gamma>0$ 为某个给定参数，$c>0$ 为某个用于标准化的给定常数。该分布被称作无标度分布的原因是：对于任意给定的一组 d，d'，表达式 $P(d)/P(d')=P(kd)/P(kd')$ 对任意 k 均成立。与规则网络相比，无标度网络拥有如下特点：首先，经过取对数转化后，其度分布函数为线性形式：$\log(P(d))=\log(c)-\gamma\log(d)$；其次，该网络结构中某些节点拥有较多连接而大量节点连接较少的特点，可以用来描述经济网络中少数个体会产生重要影响的现实情形。

2. 网络平均距离

在上一节的内容中，我们定义过网络中两节点间的距离，用来表示对应两个体间的经济联系程度。对于一个经济网络而言，我们也希望从整体上了解个体之间的连接状况，故而引入网络平均距离的概念。对于网络 (N,g) 中的任意节点 i，该节点与网络中其他所有节点的距离均可以明确计算，其均值则为任意节点 i 在网络 (N,g) 中的平均距离。如果假设网络的节点度平均为 $\bar{d}$，则我们可以用如下公式近似计算网络节点的平均距离：

$$k=\frac{\log(n)}{\log(\bar{d})}$$

该公式做了较多近似处理，计算方式看似相对粗糙。然而，在各种常见的随机网络中，该公式的计算结果与实际值基本接近，如泊松随机图、特定度分布对应的网络、异质节点内生形成的网络等。有关该公式的推理及相关讨论，读者可以参考 Chung 和 Lu（2002）及 Jackson（2008）。与网络平均距离紧密相关的一个概念是网络平均路径长度。我们如果把所有网络节点的平均距离再取平均，则得到网络的平均路径长度。

网络节点的平均距离和网络的平均路径长度有着重要的现实意义。如果某网络的平均路径长度较短，则其节点相互比较靠近，对应经济网络中各经济体的相互经济联系较为

密切,相互影响较大。具有该特点的网络有很多形式,其中有一类较为著名的网络叫作小世界网络(small-world network)。在小世界网络中,诸多节点也许彼此之间并不相邻,但任一给定节点的邻居们却很可能彼此是邻居,并且大多数节点都可以从任意其他节点,用较少的步或跳跃访问到。Milgram(1967)曾做了一个非常著名的实验,他让美国某区域的人(搜寻者)与另一区域的人(搜寻目标)取得通信联系。试验中,搜寻者只知道搜寻目标的姓名和大致区域,搜寻者只能通过熟人逐步转递信件。出乎意料的是,往往只需要经过五次转递,搜寻者便可将信件转交到搜寻目标手中。这便是我们耳熟能详的"六度分离"理论。在实证分析中,可以观察到大量的小世界网络的例子,如熟人网络、网页链接网络、电话呼叫图、选民网络等,具体可参考 Watts(2004)。小世界网络示例参见图 8-3。

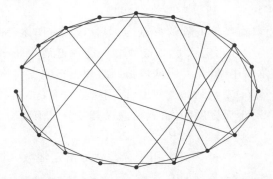

图 8-3　小世界网络示例($n=30$,$d=4$,$p=0.3$,Python 绘制)

▣ 专栏:六度分隔理论

六度分隔理论(six degrees of separation)是指基于"朋友的朋友"的关系建立连接,平均意义上只需要不超过六个人就可以将任何两人联系起来。早期的学者包括傅里杰士·卡林西(Frigyes Karinthy)、伊契尔·卜(Ithiel De Sola Pool)和曼弗雷德-科钦(Manfred Kochen)、迈克尔-古雷维奇(Michael Gurevich)等人对此问题有过初步探讨。1967 年,著名心理学教授斯坦利-米尔格拉姆(Stanley Milgram)在哈佛大学任教期间首次通过连锁信实验的方式清晰而直观地揭示了六度分隔现象,也被称作"小世界实验"(small world experiment)。

该项实验可以看作对由美国民众构成的社会网络中任意两节点平均长度的测度。为了控制社会及其间的距离足够远,米尔格拉姆在实验中将居住在内布拉斯加州奥马哈市和堪萨斯州威奇塔市的居民选为起点,而将居住在马萨诸塞州波士顿市的居民选作终点。米尔格拉姆给在奥马哈市和威奇塔市随机选中的居民寄送包裹,内含三份文件:写有研究目的和位于波士顿市目标联系人基本信息的一封信、实验参与者填写自己姓名的名册和预设发往哈佛大学的明信片。当被选中的居民愿意参加实验时,他将被询问是否认识信件上的目标联系人。基于该问题的回答,会有两种情形。如果实验参与者认识目标联系人,则被要求直接将包裹寄给目标联系人。如果实验参与者不认识目标联系人,他将被要求完成如下三件事:①从他的亲朋好友中选取一位极有可能认识目标联系人的人员;②在名册上签上自己的名字后将包裹寄给所选出的亲友;③将明信片寄回哈佛大学的收件地址。如此往复,直到位于波士顿的目标联系人收到包裹为止。

在真实的实验进程中,上述流程经过多个阶段的尝试和调整,也引发了关于实验自身科学性与否的诸多争议,有关其中的部分细节可以参考 Kleinfeld(2002)一文的讨论。尽管如此,米尔格拉姆开启了用现实世界的实验检验"六度分隔理论"的研究。后续的研究者们在电子邮件、即时通信软件、互联网社交平台等场景下重复了该实验,都为六度分隔理论提供了支持性的论据。

3. 聚类

聚类主要用来描述在经济网络中一类非常重要的现象:经济关系的传递性。例如,如果节点 i 与节点 j 之间形成连接,而节点 j 与节点 k 之间也存在连接,则节点 i 与节点 k 之间较大可能也形成了连接。我们可以采用不同方式测度聚类。常见的方式如下所示:给定节点 j,记其节点度为 d_j,则所有与 j 相连的点之间可能存在的两两连接最多为 $d_j(d_j-1)/2$ 个,记给定网络中与 j 相连的点之间两两连接的实际个数为 L_j,则节点 j 的聚类可定义为

$$C_j = \frac{L_j}{d_j(d_j-1)} \tag{8-1}$$

也即节点 j 的聚类是与 j 相连的所有节点 $N_j(g)$ 中两两形成连接的实际值与最大理论值之比。用连接矩阵的方式进行描述,节点 j 的聚类也可以写作:

$$C_j = \frac{\sum_{\{k \in N_j(g), i \in N_{\{j\}}(g), k \neq i\}} g_{ik}}{\sum_{\{k \in N_j(g), i \in N_{\{j\}}(g), k \neq i\}} g_{jk} g_{ji}} \tag{8-2}$$

给定网络中每个节点的聚类,对其进行取平均则可以得到整个网络的聚类,也即整个网络的传递性。

为了帮助读者更好地理解聚类的概念,我们用图 8-4 的例子进行简要说明。在该示例中,节点 2 有两个邻居,分别为节点 3 和节点 5,故而理论上最多只有一个连接,而节点 3 与节点 5 存在一个连接,故而节点 2 的聚类为 1。用类似的分析方法,我们可以计算出:节点 6 的聚类均为 1,节点 3 与节点 5 的聚类均为 1/3,而节点 1 与节点 4 的聚类为 0。

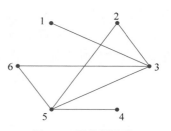

图 8-4 网络的聚类

4. 中心性

在经济社会网络中,我们往往可以观察到少数个体会对网络内其他个体产生较大的影响,其行为较大可能影响网络内其他个体的行为。例如,在新冠病毒疫情中,可能会存在超级传播者,他们会导致很多人受到传染;在交通网络中,有部分交叉路口承受着巨大的交通压力;在我们的社会关系网络中(如微博和微信朋友圈等),有部分人的观点更容易得到传播。

一个很自然的问题是,是不是我们通过网络中节点度来判断节点的重要性呢?对此,Padgett 和 Ansell(1993)分析了 15 世纪佛罗伦萨的家族婚姻网络,发现仅仅从节点度来看,难以合理解释美第奇家族在佛罗伦萨政治经济地位的上升情况。而经过中心性的计算,很容易看到美第奇家族的绝对地位,该家族占据整个佛罗伦萨婚姻网络的中心位置,拥有无

可比拟的网络优势。

通常，有关中心性的概念有如下几种：度中心性（degree centrality）、介数中心性（betweenness centrality）、特征向量中心性（eigenvalue centrality）和接近中心性（closeness centrality）等。

节点的度中心性是最为直观的中心性概念，它的定义为该节点的节点度与其最大理论节点度的比值。对于一个包含 n 个节点的网络而言，任意节点的节点度最大理论值均为 $n-1$，故而网络 (N,g) 中任意节点 i 的度中心性 CD_i 为

$$\mathrm{CD}_i = \frac{d_i}{n-1}$$

正如前述佛罗伦萨家族婚姻网络示例所展示的，度中心性有时候不能完整反映网络节点的重要性。我们也可以通过图 8-5 的例子来进一步展示。该网络中，节点 B 的连接个数也即度为 4，节点 H 的度仅为 3，但是我们从直观上也不难发现节点 H 的重要性。针对性地，Freeman（1977）引入了介数中心性概念，介数中心性着重强调了节点在连接其他节点所起到的独特作用。记 $P(jk)$ 为节点 j 和节点 k 之间捷径的数量，而 $P_i(jk)$ 则表示节点 j 和节点 k 之间的捷径中包含节点 i 的次数。那么节点 i 的介数中心性可以定义为

$$\mathrm{CB}_i = \sum_{\langle k \neq j\, ;\, i \notin k,j\rangle} \frac{P_i(jk)P(jk)}{(n-1)(n-2)2} \tag{8-3}$$

其中 $P_i(jk)/P(jk)$ 反映了节点 i 对于传递节点 j 和节点 k 之间相互影响的重要程度，而 $(n-1)(n-2)/2$ 则对应着网络中扣除节点 i 后可能存在的两两组合个数。不难发现，介数中心性越高的节点，其对网络传递的重要性也越大，反之则其重要性就越低。如果节点 j 和节点 k 之间没有路径，或者节点 i 不属于节点 j 和节点 k 之间的任何路径，则节点 i 对节点 j 和节点 k 间的传导机制不产生影响。如果节点 i 对网络上所有除其自身之外的其他所有节点间的传导机制均不产生影响，其介数中心性为 0。

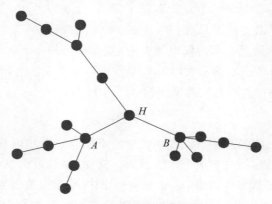

图 8-5　介数中心性示例

特征向量中心性通过重要性排序的形式予以每个节点相对分值，该方法在网络搜索等场景中较为常见。给定网络 (N,g)，任意节点 i 的相对中心性分数可以通过如下表达式定义：

$$\mathrm{CE}_i = \frac{1}{\lambda} \sum_{j \in N_i(g)} \mathrm{CE}_j = \frac{1}{\lambda} \sum_{j \in g} g_{ij} \mathrm{CE}_j \qquad (8\text{-}4)$$

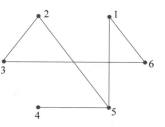

图 8-6 特征值中心性示例

其中,$N_i(g)$ 表示节点 i 的邻居,λ 是常数。记向量 $\mathbf{CE} = (\mathrm{CE}_1, \cdots, \mathrm{CE}_n)'$,该表达式可表述为

$$g\,\mathbf{CE} = \lambda\,\mathbf{CE}$$

从中可以发现,网络中所有节点中心性相对分数所构成的向量 $\mathbf{CE}$ 是其连接矩阵 g 的特征向量,这也是其名称的由来。在图 8-6 的示例中,各节点特征值中心性如表 8-1 所示。

表 8-1 各节点的特征值中心性

节点	1	2	3	4	5	6
特征值中心性	0.39	0.43	0.43	0.39	0.25	0.52

接近中心性主要是指某给定节点与其他节点的接近程度。记节点 j 到节点 i 的距离为 $l(ij)$,则节点 i 的接近中心性可定义为

$$\mathrm{CC}_i = \frac{n-1}{\sum_{j \neq i} l(ij)} \qquad (8\text{-}5)$$

也就是说,如果节点 i 与网络中其他节点的距离近,则其接近中心度相对较高;反之,则其接近中心度也相应较低。

需要补充说明的是,按照各种不同方式定义出来的节点中心性可能存在差异。故而,也有学者提出新的中心性度量方式,如把各中心性进行加权平均的融合中心性(compromise centrality)等。此处不再赘述,感兴趣的读者可以参阅 Newman(2018)等文献。

5. 同类性

与节点度分布、网络平均距离、积聚性、中心性等网络整体指标相比,同类性更多考察网络的连接如何受节点自身其他特征影响。例如,在社交关系网络中,某一类人可能因为某项共同的爱好而成为朋友,建立起网络连接。此时,共同的某项爱好是促成网络连接形成的重要因素。现实世界的经济社会网络,广泛存在着此类现象:网络中的节点更可能同与其自身具备某些相似特征的节点形成连接,参见 McPherson、Smith-Lovin 和 Cook(2001)。Lazarsfeld 和 Merton(1954)称此类现象为同类性。

Jackson(2007)详细讨论了同类性影响个体行为的各种方式。首先,网络中个体的行为倾向于受周边同类型相连个体的影响。例如,某人能否保持健身习惯往往受其周边好友的影响。如果她/他的朋友经常参加健身运动,其本人也更可能经常健身。其次,如果网络中存在着某些重要的同类性,更容易出现小团体,也即团体内部的个体联系更加紧密,而团体之间的交往相对较少。Jackson(2011)列举了很多种同类性影响现实决策的例子,包括教育投资、学习速度、慷慨程度,甚至团伙犯罪等。

为了方便对同类性进行定义,我们先将网络 (N, g) 的节点集合 N 按照其特征分为 m 组,即 $N_1, \cdots, N_i, \cdots, N_m$。其中,在同一组的节点拥有相同的特征,而不同组之间特征不同。记每组中节点的个数分别为 $n_1, \cdots, n_i, \cdots, n_m$。整个网络中平均连接个数为

$$p(g) = \frac{\sum_{j \in N} d_j(g)}{n(n-1)}$$

相应地,在每个分组网络中,同类型节点间的连接占所有理论可能连接数的比为

$$p_s(g) = \frac{\sum_{i=1,\cdots,m} \sum_{j,k \in N_i} g_{jk}}{\sum_{i=1,\cdots,m} n_i(n_i-1)} \tag{8-6}$$

二者的比值即为同类性。也即同类性 $H(g)$ 定义为

$$H(g) = \frac{p_s(g)}{p(g)}$$

从中可见,同类性 $H(g)$ 就是网络中同类性个体所形成的连接与整个网络连接的对比。如果 $H(g) > 1$,则说明同类性个体更倾向于形成连接,此现象也往往被称作同系同类性(inbreeding homophily)。如果 $H(g) < 1$,则组间的个体间比组内的个体间更有可能形成连接,此现象又被称作异系同类性(out-breeding homophily)。如果 $H(g)$ 恰巧为 1,则说明连接的形成方式在平均意义上不受分组特征的影响。类似地,我们也可以逐组分析同类性。对于任意一组 $N_i \subset N$,我们定义

$$p^i(g) = \frac{\sum_{j \in N_i} d_i(g)}{n_i(n-1)}$$

$$p_s^i(g) = \frac{\sum_{j,k \in N_i} g_{jk}}{n_i(n_i-1)} \tag{8-7}$$

组 N_i 的同类性则定义为

$$H^i(g) = \frac{p_s^i(g)}{p^i(g)}$$

其含义是组 N_i 的组内连接与最大理论值的比例与组 N_i 所有连接与最大理论值的比例的对比。

经济学与社会学的文献对网络的同类性进行了较多的探讨。其中包括同类性形成的原因、机理、影响以及相应的实证分析等,相关内容可以参考 Khanam,Srivastava 和 Mago(2023)的文献综述。

8.2 网络形成

前一节关于网络结构的讨论是基于给定网络而展开的,它重点介绍的是某给定网络的描述方式。自然地,我们会想到一个重要的问题,为什么网络会是特定的形式?那就要从网络形成的角度对此问题进行探讨。本节将从随机网络(random networks)和策略网络(strategic network formation)两个方面介绍网络形成的建模思想与方法。

8.2.1 随机网络

随机网络源于随机图论,以 Erdos 和 Renyi(1959)等工作为起点,是理解特定网络特征

形成方式的一种重要方法。它们更多侧重于特定网络形成方式所体现出来的网络特征。我们将介绍几种常见的随机网络,并简要分析它们的性质。

1. 泊松随机网络

正如我们在讨论节点度分布时所提到的,泊松随机网络(Poisson random networks)是一种形式非常简单、内容却非常丰富的网络模型。它由诸多学者如 Solomonoff 和 Rapport(1951)、Gilbert(1959)、Erdos 和 Renyi(1959,1960,1961)等独立提出,首次将概率论与图论两大数学领域结合而开创的随机图概念。因为 Erdos 和 Renyi 二人在该领域的独特贡献,也有学者将其称为 ER 模型。

记网络中所有个体组成的集合为 N。在该图网络模型中,任意一组节点 $i,j \in N$ 形成连接的概率独立于其他任何连接(包括节点 i 或 j 与其他节点的连接),且为某给定常数 $p \in (0,1)$。因此,其任意节点的度分布相同,均为二项式分布。由概率论的知识,我们容易知道,随着节点数的增加,该分布与泊松分布相近,故而该网络也称为泊松随机网络。

该网络有个重要的特点是随着连接概率 p 取值范围的改变,网络的性质呈现出显著差异。当 $p \geqslant 1/n$ 时,该网络中很大可能会出现环及组件等子网络。而当 $p < 1/n$ 时,环和组件等子网络出现的可能性就会下降很多。此类特征为该模型的广泛应用提供了更丰富的场景。在图 8-7 的例子中,我们选择 $n=20, p=0.15 > 1/n$,可以观察到网络中包含环和组件,也包含孤立点。

图 8-7 泊松随机网络($n=20, p=0.15$)

2. 小世界网络

正如其名称所揭示的,小世界网络尝试着去描述现实世界里大量网络所呈现出的小直径特点。而此类网络又同时呈现出明显的聚类特点。例如,如果两个人是朋友,那么她们各自的好友也极有可能是朋友。受 Milgram(1967)实验的启发,Watts 和 Strogatz(1998)通过把完全网络与泊松随机网络进行结合,提出了可以同时刻画小直径特点和高聚类特性的小世界模型,也被简称为 WS 模型。Kleinberg(2000)将该模型推广到二维网格上,并提出了 Kleinberg 小世界模型。

我们可以通过如下方式构造一个小世界网络:(1)给定 n 个节点均匀分布在圆环上,让每个节点都与其左右 $k/2$ 个节点形成连接(k 为偶数),形成了高聚类的特点;(2)以概率 π

随机地重新连接网络中原有的每个连接,也即固定连接的一端,而将另一端在网络的其他节点中任意选择,从而实现小世界属性。图 8-8 是一个 $n=20,k=4,\pi=0.3$ 的小世界模型示例,从中我们可以明显看到高聚类及小世界的特征。

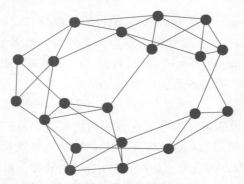

图 8-8 小世界网络($n=20,k=4,\pi=0.3$)

3. 无标度网络

泊松随机网络与小世界网络都有个明显的不足:其度分布不具有厚尾特点,而现实中的许多网络都具备厚尾属性。Price(1965)在研究论文引用网络时发现:论文被引用的次数服从厚尾的幂律分布。Barabasi 和 Albert(1999)研究万维网(WWW)时发现了同样的特点。类似的现象也出现在科研合作网络、蛋白质交互网络和电子邮件网络等现实网络中。正如在介绍度分布时所介绍的,由于此类网络的节点度没有明显的特征长度,它们被称作无标度网络。Price(1976)提出了一种解释论文引用网络产生幂律分布的机制,并称之为"累积优势"(cumulative advantage),也就是现今更被熟知的"偏好依附"(preferential attachment)。因此,无标度网络也被称作偏好依附网络(preferential attachment networks)。

按照 Barabasi 和 Albert(1999)的方法,我们可以用如下方式构造无标度网络:(1)从一个现有的连通网络出发,每次引入一个新节点,并使之与现有网络中的部分节点连接;(2)新节点与现有网络中的各节点连接的概率与现有网络中各节点的度成正比,也就是度较高的节点更容易与新节点形成连接,也就是偏好依附。在数学上可以证明,随着越来越多的节点加入到网络中,该网络的度分布逐步呈现出幂律分布特点。我们也可以计算出其平均路径长度约为 $\ln(n)/\ln(\ln(n))$,具有小世界特点。但是,小世界网络往往不具备高聚类特点。图 8-9 是一个 $n=20$、连通数 $m=2$ 的无标度网络。此处连通数是指每加入一个新节点后网络中新形成的连接个数。

8.2.2 策略网络

不同于前面随机网络的分析思路,策略网络主要从网络参与者的自身效用出发,将连接形成与否转变为二元选择问题,从而决定连接形成的方式。该网络强调了网络形成过程中个体的决策,以及个体间决策的相互影响,故而其分析工具主要为博弈论的工具方法,因此称此类网络形成模型为策略网络模型。

经济学中很早就有学者关注了策略网络模型的相关问题。Boorman(1975)研究了劳动

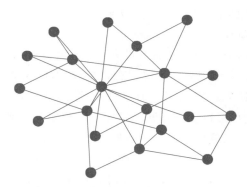

图 8-9　无标度网络($n=20,m=2$)

力市场上维持强弱连接的权衡问题。该文关心的是劳动者如何在维持少量的强连接还是保持较多的弱连接间进行权衡。Aumann 和 Myerson(1988)则首次把网络形成问题用博弈论方式进行建模。他们用含交流结构的合作博弈模型构建了一个网络形成的扩展型博弈。在该模型中,每个节点对应的个体序贯提议形成连接,另一方个体在观察到此前所有连接形成与否的信息后,决定是否接受连接。连接一旦形成,就不可以取消;如果连接没有被形成,则在新的信息(如有其他新连接形成)被传递后,连接对应的个体双方可以重新决策。尽管该模型拥有某些良好的特点,且其提出者都是诺贝尔经济学奖得主,但是该模型在提出后并没有引起足够重视。其背后主要的原因在于,该模型采用了扩展型,使其即便在分析很简单的网络结构时都难以分析。

为此,Myerson(1991)提出了新的博弈模型来对网络形成问题进行建模。该模型精炼而优雅,是理论建模的典范之作之一。在该模型中,每个节点的策略空间对应其他所有节点的集合。具体而言,节点 i 的策略空间 $S_i=2^{N\setminus\{i\}}$。所有节点同时宣布它计划形成连接的其他节点。故而,如果 $s=(s_1,s_2,\cdots,s_n)\in S_1\times S_2\times\cdots\times S_n$ 是某个选定的策略集,则节点 i 与节点 j 形成连接当且仅当 $j\in s_i$ 和 $i\in s_j$ 都成立。该模型既简洁又很好地刻画了连接形成过程。但是,该模型也有个明显的不足,那就是其纳什均衡的数量过多,包含了很多不符合实际观察的均衡解。

在上述的两个模型中,连接形成被设定为需要连接双方同意。该假设尽管符合实际观察、较为合理,但给理论分析带来较大挑战。该假设意味着后续的分析中必须借助联盟均衡(coalitional equilibrium)概念或特定规程的扩展型序贯博弈,而规程的设定方式又会直接影响模型的均衡结果。因此,更一般性的策略网络模型需要从另一个角度出发,而适当放弃部分网络形成的非合作博弈细节。

在一篇非常有影响力的论文中,Jackson 和 Wolinsky(1996)从网络稳定性角度入手并引入成对稳定性(pairwise stability)概念以探讨策略网络的均衡。为了更详细地描述该模型,我们先引入网络价值函数或网络效用函数的概念。给定节点集合 N,记所有可能的网络连接所构成的集合为 $G(N)$。我们定义函数 $u_i(g):G(N)\to R$ 为在网络(N,g)中个体 i 所获得的效用。当如下两个条件满足时,我们称网络(N,g)为成对平稳网络:①对于所有 $ij\in g$,有 $u_i(g)\geqslant u_i(g-ij)$ 和 $u_j(g)\geqslant u_j(g-ij)$;②对于所有 $ij\notin g$,如果 $u_i(g+ij)\geqslant u_i(g)$,则必有 $u_j(g+ij)<u_j(g)$。其中,$g-ij$ 表示将连接 ij 从原网络(N,g)中去

除掉,而 $g+ij$ 则表示在原网络 (N,g) 上新增连接 ij。第一个条件的含义是,在网络 (N,g) 中,个体 i 和个体 j 维持连接 ij 的效用高于解除该连接的效用,故而网络的所有连接不会减少。第二个条件是说,对于网络中所有没有形成相互连接的任意对个体 i 和个体 j,至少有一方形成新连接 ij 后会出现效用下降,故而没有动力形成新连接。因为网络 (N,g) 中的连接不发生改变,故而达到稳定状态。值得注意的是,成对稳定性概念不依赖于网络形成的具体过程。成对稳定性可以看作是网络结构达到稳定的必要条件,而非充分条件。尽管如此,由成对稳定性出发依然可以得到丰富的关于网络结构的理论结果。根据网络形成连接的成本不同,Jackson 和 Wolinsky(1996)提供了各种网络结构的几种可能。Jackson 和 Wolinsky(1996)还探讨了存在支付转移时,网络结构的形成与变化。在 Jackson 和 Wolinsky(1996)工作的基础上,后续大量文献研究进一步研究了策略网络形成的相关问题,如动态网络、混合网络和网络有效性等,具体内容可参考 Block 和 Dutta(2011)及 de Paula(2020)等文献的探讨。

8.3 经济效应

经济网络在经济社会中发挥的作用随着数字经济的发展而越发重要。由于数字技术的发展,经济个体通过各种平台而形成网络连接,他们的经济社会行为受网络结构的作用而相互影响,如网络交易、网络传播(diffusions)、社会学习(social learning)、社会互动(social interactions)和劳动力市场等。本节将简要介绍经济网络影响经济社会行为的机理。

8.3.1 网络交易

网络交易主要研究网络中的相互关系如何影响贸易的开展,是较早考察网络结构如何影响经济行为的领域之一。早期研究交易网络的文献包括 Cook 和 Emerson(1978)及其他来自社会学领域的工作。后来在经济学领域又有大量的文献研究网络交易问题,如 Ioannides(1997)、Kirman(1997)、Tesfatsion(1997)、Corominas-Bosch(2005)等。

我们将通过一个简单的经济环境设定来展示网络结构对贸易的影响,考虑一个改编自 Corominas-Bosch(2004)的关于讨价还价的例子。假设网络上的每个节点要么是购买者要么是销售者。销售者只有一件商品,而购买者最多也只购买一件商品,故而每位参与者最多只参与一次交易。当购买者 i 与销售者 j 发生交易时,将会带来交易总价值 v_{ij}。该交易总价值可以按照交易价格的方式在购买者与销售者之间分配。如果交易价格为 p,则销售者通过交易获得了价值 p,而购买者获得了价值 $v_{ij}-p$。购买者仅可与销售者交易,反之,销售者也仅可与购买者交易。假定交易引发成本,对购买者来说每次交易的成本为 $c_B \in (0,1/2)$,而销售者每次参与交易需付出成本 $c_S \in (0,1/2)$。为简单起见,进一步假定所有交易的价值均为 1,也就是 $v_{ij}=1$。因为 $c_S+c_B<1$,交易网络将按照最大连接数而产生。一个有效网络将具备如下特点:连接数将等于购买者数量或销售者数量间的最小值,且每个节点形成的连接数不超过 1 个。

进一步,我们假设市场上仅一位销售者和两位购买者。那么,该市场上有没有可能形成两个网络连接呢？连接形成与否的关键取决于销售者与购买者的期望收益。运用逆向归纳的思路，我们可以先分析连接形成之后决策者的行为。如果讨价还价发生在连接形成之后且决策者们忽略形成连接所引发的沉没成本，则在单连接网络中参与连接的销售者和购买者各分得 $1/2-c_i$ 的净收益，$i=S,B$，其中交易的收益为 $1/2$，各自的成本为 c_i。如果形成了两个连接，则销售者将具备更强的讨价还价能力，从而获得更高的收益分配，我们记之为 v。故而，销售者的净收益为 $v-c_S$，而两位购买者的期望净收益为 $(1-v)2-c_B$。显然，v 的取值范围决定了哪个网络才是成对平稳的。如果 $1/2+c_S<v<1-2c_B$，则 $v-c_S>1/2-c_S$ 且 $(1-v)2-c_B>0$，故而销售者与未形成连接的购买者（与单连接网络相比）都通过增加连接而获得了更大的期望收益。当 $v>1-2c_B$ 时，未形成连接的购买者将会因为增加新连接受损；当 $v<1/2+c_S$ 时，销售者将会因为增加新连接受损。故而，当 $v>1-2c_B$ 或 $v<12+c_S$ 时，单连接网络将成为成对平稳网络。

通过上述简单示例，我们依然能看到网络形成过程中的外部性会产生作用，单个购买者的决策会影响其他购买者的收益。从社会福利的角度，单连接网络是最优的。但是，因为网络形成的外部性特点，有可能会形成双连接网络，并带来社会福利损失。关于交易网络的更多深入内容，可以参考 Corominas-Bosch(2004) 及其引文。需要补充说明的是，交易网络与我们在 8.4 节中所探讨的生产网络紧密关联，具体可参见 Bernard 等 (2019)。

8.3.2 网络传播

网络传播是社会经济网络发展初期的主要研究对象之一。Rapoport(1953) 研究了疾病在具有网络效应的社会群体中传播的初始模型。Anderson 和 May(1988) 及 Sattenspiel 和 Simon(1988) 建立了相应的网络结构模型。Kretschmar 和 Morris(1996)、Pastor-Satorras 和 Vespignani(2000)、Lopez-Pintado(2004)、Jackson 和 Rogers(2004) 等文献研究了传播速度如何受网络结构特定特征的影响。实际上，网络传播的对象不限于疾病传播，也包括行为的传播、思想的传播、知识的传播和技术的传播等，在我们的实际生活中产生着重要作用和影响。

我们依然用疾病传播的例子来分析网络结构如何影响传播结果。在网络 (N,g) 上，节点处于可疑状态(susceptible)或感染状态(infected)。某个健康节点 i 在给定时期感染病毒的概率是 vd_ir_i，其中 $\nu\in(0,1)$ 是描述病毒传播速度的参数，d_i 是 i 的节点度，r_i 是节点 i 的邻居中被感染群体的比例。同时，我们也假设任何受感染节点在给定时期内恢复的概率为 $\delta\in(0,1)$。受其邻居的影响，节点在可疑状态和感染状态间转换，形成了马尔可夫链(Markov chain)。为简单起见，我们假设相互连接的节点间度不存在相关性。记该网络的度分布为 P，稳态下节点度为 d 的节点感染率为 $\rho(d)$，并定义平均感染率 $\rho=\sum_d\rho(d)P(d)$。记网络平均节点度为 $\bar{d}=E_P(d)$，则某给定连接对应到节点度为 d 的节点概率为：$dP(d)/\bar{d}$。基于此，我们可以得到某给定连接对应到被感染节点的概率为

$$\theta=\frac{\sum\rho(d)dP(d)}{\bar{d}}$$

为了得到稳态时感染率 $\rho(d)$ 的值，我们可以建立如下关系式：

$$\mu d\theta(1-\rho(d))-\delta\rho(d)=0 \tag{8-8}$$

该式中，$\mu d\theta(1-\rho(d))$ 表示健康群体 $1-\rho(d)$ 中新感染节点量，而 $\delta\rho(d)$ 为新恢复节点比例。在稳态时，二者应该相等。求解该式，我们不难得到

$$\rho(d)=\frac{\mu d\theta}{\delta+\mu d\theta}$$

将该条件与上述 θ 定义式相结合便可求解出平均感染率 ρ。在某些特殊形式下，我们能够得到 ρ 的显示表达式。如当网络为节点度均为 $\bar{d}$ 的规则网络时，我们有 $\theta=\rho$ 且 ρ 满足

$$\rho=\frac{\mu d\rho}{\delta+\mu d\rho}$$

满足该条件的 ρ 有两个取值，$\rho_1=0$ 或 $\rho_2=1-\delta/(\mu d)$。从中可见，$\rho>0$ 的必要条件是 $1-\delta/(\mu d)>0$，也就是 $\delta/\mu<d$。换言之，疾病在网络中持续传播的必要条件是感染率与康复率之比必须超过一定阈值。当网络结构为无标度网络时，Pastor-Satorras 和 Vespignanni (2000)计算出平均感染率约为 $\rho=2e^{-\delta/(\mu\bar{d})}$。故而在无标度网络中，即便是康复率远远大于感染率，$\delta\gg\mu$，疾病依然可能会持续传播。Lopez-Pintado(2004)给出了社会网络中平均感染率 $\rho>0$ 的一般条件，感兴趣的读者可以阅读原文，此处不再赘述。

通过上述分析，我们很容易发现不同网络结构对疾病传播方式的影响存在差异。此类分析结果也适用于知识传播、技术推广、新产品宣发和危机扩散等各类经济行为的描述。感兴趣的读者可以阅读 Jackson 和 Yariv(2011)。

8.3.3 网络学习

在某个产业中，竞争对手可能通过观察对方的决策行为而更新自身对经济状态的判断，也就是说，竞争网络可能会影响企业的认知。对此类问题一般意义上的抽象建模主要包括两类方法：贝叶斯学习(Bayesian learning)和德格如特模型(DeGroot model)。

我们先考虑如下来自 Bala 和 Goya(1998)的基本模型。社交网络中个体都面临着相同的随机稳态环境。社交网络外生固定，时间为离散态。每一期，每个个体都从有限行动集合选择一个行动。行动的回报是随机的，其分布取决于未知的自然状态。每个个体的行动集合及所面临的自然状态都是相同的。假定个体们有相同的偏好，也都面临着相同的不确定性。随着时间的推移，每个个体都能观察到其邻居的选择和收益。Bala 和 Goya(1998)发现，在该模型设定中，所有个体将倾向于选择相同的行动。其分析的主要思路是，从长期来看任意两个邻居都将获得相同的收益。如果某一个邻居表现得更好，那么收益较低的邻居将观察到此种差异并模仿其收益较好的邻居的决策，最终使决策和收益都趋同。观察到邻居的决策并推断其信息，正是运用了贝叶斯思想，故而称为贝叶斯学习。

贝叶斯学习最大的挑战是，经过多期的信息更新迭代后，问题将可能变得异常复杂而难以求解计算。一个替代的方法便是运用德格如特模型，参见 DeGroot(1974)。该模型又称加权平均模型，在很多学科都有着广泛应用。该模型假设个体只观察到一次信号，此后通过重复地互相交流而升级想法。其社交网络是一个有向权重信任矩阵 $T\in[0,1]^{n\times n}$。其中，T_{ij} 是个体 i 赋予个体 j 的观点的权重。该矩阵为随机的，且对任意个体 i 有 $\sum_j T_{ij}=$

1. 如果假设权重网络是无向的且节点赋予其邻居的权重相同,那么对于给定的社交网络(N,g),我们有

$$T_{ij} = \frac{g_{ij}}{d_i(g)}$$

其中,$g_{ij}=1$ 表示节点 i 和节点 j 间存在连接,$d_i(g)$ 是节点 i 的节点度。记起始状态时个体 i 的信念为 $b_i(0) \in [0,1]$。其每一期的升级规则为

$$b_i(t) = \sum_j T_{ij} b_j(t-1)$$

用向量的形式可以将其写成:

$$b(t) = T^t b(0) \tag{8-9}$$

其中,$b(t)=(b_1(t),b_2(t),\cdots,b_n(t))^{\mathrm{T}}$ 为所有个体在 t 时期的信念向量。

该模型有诸多优点。首先,由于我们有 $b(t)$ 的显性表达式,故而该模型便于分析和处理;其次,该模型直接通过权重矩阵 T 刻画了网络结构的影响方式;最后,该模型便于从直觉上分析为什么其结果与贝叶斯学习不同。

网络学习的相关文献也在持续发展中。如 Acemoglu 等(2011)探讨了社交网络上序贯学习模型的完美贝叶斯均衡(perfect Bayesian equilibrium)。Molavi 等(2018)研究了社交网络学习的非贝叶斯模型的行为基础,并发展了一套通用框架中信息聚集的分类条件。

Board 和 Meyer-ter-Vehn(2021)提出了一个便于处理的大型随机网络贝叶斯学习模型以考察选择网络学习的动态特征。Chandrasekhar 等(2020)和 Choi 等(2023)通过设计实验来研究网络结构在信息获取中的作用。

8.3.4 社会互动

在数字经济的高速增长过程中,社交网络和在线平台的发展推动了社会几乎所有领域的相对评分的爆炸式增长,从而激励了个体可能根据自己的相对评分而改变自身的行为决策,引发了同伴效应(peer effects)。同伴效应是指个体在做决策时,不仅受市场环境的影响也受到其周围社交网络的影响,从而使其行为及结果发生改变。同伴效应是一种非常典型的社会互动场景。

Morris(2000)研究了一个非常有意思的社会互动情形。社会网络中的个体只可以在{0,1}中选择行动。个体偏好行动 1 当且仅当其邻居中 q 比例节点也选择了行动 1,否则她/他就会选择行动 0,其中 $0 < q < 1$。显然,该博弈存在多个纳什均衡,所有个体都选择行动 1 和所有个体都选择行动 0 都是纳什均衡。同时,该网络中也可能存在一部分个体选择 1 且另一部分选择 0 的纳什均衡。但是,后者存在与否取决于网络结构。如果网络中存在多个较大的组件,其中一个组件中的个体都选择了 1 而整个网络的其他个体都选择 0 是一个纳什均衡。

Bailey 等(2022)研究了社交互动在产品采用决策中的作用,其中可能有多种机理,包括社交互动提供了信息、消费外部性的作用或想与邻居保持同步。该文研究了朋友购买新手机如何影响一个人自己的手机购买概率。利用脸谱网(Facebook)的数据中所包括移动活跃用户的设备使用信息,Bailey 等(2022)识别了个人及其社交网络的新手机购买情况,尤其

是利用了随机丢失手机后朋友购买手机的变化来识别同伴效应的作用。研究发现,一个人的朋友因为丢失手机而购买新手机后,她/他购买手机的概率会大幅增加,而且会购买与朋友同品牌型号的新手机。这一结果表明个人的决策有很强的同伴效应。

8.3.5　其他经济效应

除了上述介绍的几种主要效应外,社会经济网络产生的经济影响涉及更多方面和领域,其中包括对教育的影响、对房地产市场的影响、对公共品提供的影响、对劳动力市场的影响、对金融风险的影响等。其内容之丰富远超本节所总结的主要发现。对相关内容感兴趣的读者可以阅读相关书籍,如 Jackson(2008)、Jackson 等(2017)、Easley 和 Kleinberg(2010)等。

8.4　生产网络

本节将前几节中提供的分析工具运用到宏观经济内在连接的分析中,着重探讨生产网络的结构,以及在该结构下宏观经济的传导机制。

生产网络通常是多部门一般均衡模型的演进,更偏向于探讨宏观经济问题内在的连接性特征。某个经济体由多个生产各不相同产品的竞争性产业构成,把它们统一分别记作 $\{1,2,\cdots,n\}$。每个产品既可以作为终端消费品,也可以作为其他产品生产的中间投入品。当产品 i 作为产品 j 的中间投入品时,便形成了由 i 指向 j 的方向性连接 g_{ij}。由于在实际生产中,各投入品对最终产出所发挥的作用有所差异,我们此处允许连接包含权重差异,也即 g_{ij} 可以取 0 和 1 以外其他的数值。在接下来的分析中,我们将设定 $g_{ij}\in[0,1]$。故而,我们可以用权重有向网络 (N,g) 来刻画宏观多部门经济体中的内在经济连接。其中,$N=\{1,2,\cdots,n\}$ 表示该经济体中所有的行业,g 则为 $n\times n$ 的权重方向矩阵,其任意元素 $g_{ij}=0$ 时表示商品 i 不是生产商品 j 的中间投入品,权重 g_{ij} 的大小反映了商品 i 在生产商品 j 时的贡献度。通常情况下,g_{ij} 与 g_{ji} 并不相等。

为了便于后续分析,我们假设每个行业里的企业都采用柯布-道格拉斯(Cobb-Douglas)技术以规模报酬不变的形式进行生产,通过劳动力将中间投入品加工为最终产品。特别地,假定行业 i 的生产函数为

$$y_i = z_i \varepsilon_i l_i^{\alpha_i} \prod_{j=1}^{n} x_{ji}^{g_{ji}} \tag{8-10}$$

其中,z_i 表示希克斯中性的技术冲击,ε_i 是由模型参数决定的标准化常数,l_i 表示行业 i 的劳动输入,$\alpha_i>0$ 表示行业 i 的生产中劳动力对应的产出份额,x_{ji} 表示生产产品 i 时所投入的中间品 j 的数量,g_{ji} 则反映了中间品 j 对于生产商品 i 的重要程度,其值越高,则意味着 i 对于生产 j 越重要。由于我们假定了规模报酬不变,故而有 $\alpha_i + \sum_{j=1}^{n} g_{ji} = 1$ 对于所有 $i \in N$ 成立。

为了便于集中分析生产部分特征,我们假设经济中存在代表性家庭。作为劳动供给者,该家庭提供固定的单位劳动力。同时,作为消费者,该家庭对经济中的 n 种商品消费偏

好为

$$u(c_1, \cdots, c_n) = \sum_{i=1}^n \beta_i \log\left(\frac{c_i}{\beta_i}\right) \tag{8-11}$$

其中,c_i 表示商品 i 的消费数量;β_i 满足 $\sum_{i=1}^n \beta_i = 1$ 并表示各商品的效用权重。

　　给定上述设定,行业 i 中企业面临的决策行为是选择最优劳动和中间投入品以最大化其利润。也就是说,给定所有商品价格和工资的前提下,行业 i 中企业的最大化问题为

$$p_i y_i - w l_i - \sum_{j=1}^n p_j x_{ji} \tag{8-12}$$

该问题的一阶条件为

$$p_i g_{ji} \frac{y_i}{x_{ji}} - p_j = 0$$

$$p_i \alpha_i \frac{y_i}{l_i} - w = 0$$

对任意 $i, j \in N$ 成立。故而,行业 i 中企业对中间品 j 的需求为

$$x_{ji} = p_i y_i g_{ji} / p_j \tag{8-13}$$

且其对劳动力的需求为

$$l_i = \alpha_i p_i y_i / w \tag{8-14}$$

该结果对所有行业均成立,将它们合到一起便可求解出该经济系统的均衡价格及产出。具体来说,将上述表达式代入生产函数并取对数可得:

$$\log\left(\frac{p_i}{w}\right) = \sum_{j=1}^n g_{ji} \log\left(\frac{p_j}{w}\right) - \zeta_i \tag{8-15}$$

其中,$\zeta_i = \log(z_i)$ 代表行业 i 所受到的技术冲击。不失一般性,我们可以标准化工资 $w = 1$。由此,我们得到一个关于均衡价格的线性系统为

$$\begin{bmatrix} \log p_1 \\ \vdots \\ \log p_n \end{bmatrix} = \begin{bmatrix} \sum_{j=1}^n g_{j1} \log p_j \\ \vdots \\ \sum_{j=1}^n g_{jn} \log p_j \end{bmatrix} - \begin{bmatrix} \zeta_1 \\ \vdots \\ \zeta_n \end{bmatrix} \tag{8-16}$$

如果记

$$\boldsymbol{P} = \begin{bmatrix} \log p_1 \\ \vdots \\ \log p_n \end{bmatrix}, \quad \boldsymbol{g} = \begin{bmatrix} g_{11} & \cdots & g_{n1} \\ \vdots & \ddots & \vdots \\ g_{1n} & \cdots & g_{nn} \end{bmatrix}, \quad \boldsymbol{\zeta} = \begin{bmatrix} \zeta_1 \\ \vdots \\ \zeta_n \end{bmatrix}$$

则上述系统(8-16)可表示为

$$\boldsymbol{P} = \boldsymbol{g}\boldsymbol{P} - \boldsymbol{\zeta} \tag{8-17}$$

由于我们假设了 $\alpha_i + \sum_{j=1}^n g_{ji} = 1$,其中 $\alpha_i \geqslant 0, g_{ji} \in [0, 1]$,故而矩阵 $(\boldsymbol{I} - \boldsymbol{g})$ 的逆矩阵一定

存在,该系统一定有解。其解为

$$P = -(I - g)^{-1}\zeta \tag{8-18}$$

也即,该经济系统的均衡价格向量(取对数后)P 由经济网络 g 和技术冲击 ζ 决定。

该模型展示了产业间内在关联的方式,可以用来分析很多经济现象。例如,在宏观领域,Acemoglu 等(2012)用其揭示了微观个体冲击如何通过生产网络引发宏观经济波动。从产业角度,Liu(2019)利用生产网络框架分析发展中国家的政府部门在设计产业政策时倾向于资助上游企业的理论基础。在微观层面,Bernard 等(2019)研究了生产网络中链接的重要性,并发现新链接形成将提升企业的生产效率。目前该分析框架及其运用都在持续发展中,深刻揭示了经济链接在经济活动中所产生的重要影响,是学术研究尤其是数字经济领域的重要前沿。

本章小结

经济个体间以某种特定的网络结构相互联系是数字经济的重要特点。理解该经济联系的构成、特点及影响,对于把握数字经济的内在规律有着重要意义。本章通过对网络模型、网络形成、经济效应及生产网络的介绍,为读者展示分析数字经济中个体间经济连接的模型、工具及方法。

首先,本章介绍了网络结构基本模型和用以描述给定网络的主要术语,包括子网络、途径、路径、回路、捷径、直径等。在此基础上,本章引入了描述网络结构整体特征的重要概念,包括节点度分布、网络平均距离、积聚性、中心性和同类性等。

其次,本章基于基础假设的不同,从随机网络和策略网络两方面介绍网络形成方式。其中,随机网络着重从随机图论的角度刻画网络连接形成方式中的随机性。而策略网络则从网络参与者的个体决策出发讨论网络结构的形成方式,并在探讨网络结构中博弈均衡时引入了成对稳定性概念。

最后,本章介绍了几种重要的由网络结构所引发的经济效应,包括网络贸易、网络传播、社会学习、社会互动和劳动力市场等。此处所列举的各场景中,网络结构都改变了经济个体的决策行为。此外,本章通过生产网络进一步展示了在生产领域的网络结构同样会对经济行为产生重要影响。

习题

1. 给定网络(N, g),其参与者为 $N = \{1, 2, 3, 4, 5\}$,其网络结构如下图所示,请给出该网络结构的矩阵表达形式。

2. 给定网络(N, g),其参与者为 $N = \{1, 2, 3, 4, 5, 6\}$,其网络结构如下图所示,请写出该网络中节点 1 和 6 间的所有途径,并找出其路径,计算该网络的直径。

3. 给定网络(N,g),其参与者为 $N = \{1,2,3,4,5,6\}$,其网络结构如下图所示,请计算该网络的节点度分布和各节点的特征值中心性。

4. 试以生活中的实际案例说明经济网络如何影响技术的传播。

5. 经济网络影响经济行为的机制包括哪些? 试举例说明。

参考文献

[1] 罗家德,2020.社会网分析讲义[M].第三版.北京:社会科学文献出版社.

[2] 汪小帆、李翔、陈关荣,2012.网络科学导论[M].北京:高等教育出版社.

[3] Acemoglu D,Carvalho V M,Ozdaglar A,Tahbaz-Salehi A,2012. The Network Origins of Aggregate Fluctuations[J]. Econometrica,80:1977-2016.

[4] Acemoglu D,Dahleh M,Lobel I,Ozdaglar A E,2011. Bayesian Learning in Social Networks[J]. Review of Economic Studies,78:1201-1236.

[5] Bailey M,Johnston D,Kuchler T,Stroebel J,Wong A,2022. Peer Effects in Product Adoption[J]. American Economic Journal:Applied Economics,14(3):488-526.

[6] Bala V,Goyal S,1998. Learning From Neighbours[J]. Review of Economic Studies,65(3):595-621.

[7] Bernard A,Moxnes A,Saito Y,2019. Production Networks,Geography,and Firm Performance[J]. Journal of Political Economy,128(2):639-688.

[8] Board S,Meyer-Ter-Vehn M,2021. Learning Dynamics in Social Networks[J]. Econometrica,89:2601-2635.

[9] Chandrasekhar A G,Larreguy H,Xandri J P,2020. Testing Models of Social Learning on Networks:Evidence from Two Experiments[J]. Econometrica,88(1):1-32.

[10] Choi S,Goyal S,Moisan F,To Y T,2023. Learning in Networks:An Experiment on Large Networks with Real-World Features[J]. Management Science,10.1287/mnsc.2023.4680.

[11] Cranmer S J,Desmarais B A,Morgan J W,2021. Inferential Network Analysis[M]. Cambridge University Press.

[12] DeGroot M H,1974. Reaching a Consensus[J]. Journal of American Statistical Association,69:118-121.

[13] De Paula A,2020. Strategic Network Formation[G]. Chapter 3 In Graham,B. and De Paula,A. (eds). The Econometric Analysis of Network Data. Cambridge(Mass.):Academic Press,p.41-61.

[14] Easley D,Kleinberg J,2012. Networks,Crowds,and Markets[M]. Cambridge University Press.

[15] Erdos P,Renyi A,1959. On Random Graphs[J]. Publicationes Mathematicae(Debrecen),6:290-297.

[16]   Hunter D R,Goodreau S M,Handcock M S,2008. Goodness of Fit of Social Network Models[J].
         Journal of American Statistical Association,103(408)：248-258.

[17]   Jackson M,2008. Social and Economic Networks[M]. Princeton University Press.

[18]   Jackson M O,Rogers B W,Zenou Y,2017. The Economic Consequences of Social-network Structure
         [J]. Journal of Economic Literature,55(1)：49-95.

[19]   Khanam K Z,Srivastava G,Mago V,2023. The Homophily Principle in Social Network Analysis：A
         Survey[J]. Multimedia Tools and Applications,82：8811-8854.

[20]   Kleinfeld J S,2002. The Small World Problem[J]. Society,39：61-66.

[21]   Liu E,2019. Industrial Policies in Production Networks[J]. Quarterly Journal of Economics,134(4)：
         1883-1948.

[22]   Molavi P,Tahbaz-Salehi A,Jadbabaie A,2018. A Theory of Non-Bayesian Social Learning[J].
         Econometrica,86：445-490.

[23]   Newman M,2018. Networks：An Introduction(2nd Edition) [M]. Oxford University Press.

[24]   Watts D J,2004. Six Degrees：The Science of a Connected Age[M]. WW Norton.

[25]   Wilson J D,Palowitch J,Bhamidi S,and Nobel A B,2017. Community Extraction in Multilayer
         Networks with Heterogeneous Community Structure[J]. Journal of Machine Learning Research,
         18(1)：5458-5506.

第9章

平台市场运行与治理

本章学习目标

1. 了解双边市场的定义与分类
2. 区分网络效应与交叉网络效应
3. 理解平台分层运行的经济逻辑
4. 掌握用户归属与平台之间竞争的关系
5. 理解平台不同的治理模式与优劣

引言

本章主要探讨平台市场的运行机制、市场竞争与治理问题。平台市场是借助数字平台开展市场交易和互动的双边或多边市场,其核心特征是平台用户之间存在的交叉网络效应,激活和提高这一效应构成了平台市场运行机制的核心。用户的异质性和规模是影响交叉网络效用的核心变量。为降低用户异质性对交叉网络效用的影响,平台市场往往通过分层的方式运行。而为争夺用户规模,平台市场则是通过调整价格结构和用户锁定策略进行。此外,市场秩序也是影响用户交叉网络效用的因素之一,因此,平台企业也会主动参与市场秩序维护,与政府公共部门对平台市场进行协同监管。

主要内容包括四部分:平台市场与交叉网络外部性;用户异质性与平台市场分层运行;用户归属与平台竞争;平台市场的协同监管。

9.1 平台市场与交叉网络效应

9.1.1 基本概念

1. 平台市场及其分类分级

平台市场(platform market),也被称为**在线平台**(online platform),主要是指依托信息技术搭建的网络服务平台,供买卖双方等开展互动交易的市场。理论研究中,往往根据其连接的边数把平台市场分为双边市场和多边市场。

双边市场(two-sided market)的一个典型例子是电子商务平台：该平台一边连接的是消费者，另一边连接的是商户，消费者和商户共同构成了该平台市场的两边，双方在平台上进行交易，平台为这双方提供搜寻匹配和撮合交易的服务，故从平台的角度看，他们共同构成了平台企业的双边。除了电子商务平台之外网约车平台、婚恋交友平台等也都属于双边平台。

多边市场(multi-sided market)的一个典型例子是外卖平台，其连接了消费者、餐户和骑手共三边用户，平台需要为这三方提供撮合服务，首先帮助消费者搜寻到合适的餐户，然后再为餐户匹配合适的骑手。除了外卖平台之外一些金融理财平台也构成了多边市场，这些平台要为资产方、投资者和信用评级等第三方服务机构提供相互交易的平台。

一些互联网平台还可以通过平台扩边策略使得该平台从原先的双边市场逐渐扩展成为多边市场。平台企业往往先连接两种不同类型的用户，如买方和卖方，形成平台市场的双边，然后再逐渐连接更多类型的用户，即从双边市场扩展到多边市场，逐渐形成一个多种类型用户的平台经济系统。

在现实中，人们往往根据平台市场发挥的功能进行分类。比如我国根据平台市场的连接属性和主要功能将平台划分为了网络销售类和生活服务类等六大类平台。① 美国将平台企业划分为了在线搜索平台和在线商务平台等十大类。②

除了平台分类之外，对平台进行分级可以更好地考察平台经济的运行状况。我国根据用户规模和平台市值划分成：超级平台、大型平台和中小平台。③ 欧洲依据平台在网络生态系统中的角色、规模大小和影响力程度的不同，进行分级。④ 从而针对不同的网络服务提供商施加不同程度的义务并提出一些大型互联网平台成为具有市场关键地位的"**守门人**"(gatekeeper)，企业被认定为守门人的原则性条件是：企业对内部市场有重大影响；提供核心平台服务且作为商务用户和终端用户的重要交互手段；在其业务中享有稳固和持久的地位，或者可以预见它将在不久的将来享有这种地位。美国政府也于 2021 年 6 月公布了《终止平台垄断法案》《平台竞争和机会法案》等五项法案，指出一些大型平台的业务覆盖了数字经济的众多领域，有着极为广泛的用户群体，成为"**广覆盖平台**"(covered platform)。这些概念的提出说明各国意识到平台分类分级在平台发展中的重要作用，需要把超级平台与一般平台区分开来进行考察和分析。

目前各国的平台市场都在不断发展，越来越多的活动从线下转移到了线上并依托平台市场开展，因此我们有必要深入了解平台市场的运行机制。

2. 网络效应与交叉网络效应

在线市场与传统市场的一个重要区别就是在线市场依托互联网技术展开，而互联网技

---

① 具体见《互联网平台分类分级指南（征求意见稿）》。
② 具体见《数字市场竞争状况调查报告》(Investigation of Competition in Digital Markets)。
③ 具体见《互联网平台分类分级指南（征求意见稿）》。
④ 具体见欧盟委员会发布的《数字市场法案》(Digital Market Act)和《数字服务法案》(Digital Service Act)两大草案。

术带来的网络结构特征就导致了平台市场运行的核心机制在于交叉网络效应。理解交叉网络效应首先需要理解**网络效应**（network externalities），主要是指用户从某种商品或服务中获得的效用取决于兼容产品的用户数量。例如，我们生活中经常使用的电话，当大家都不使用电话进行交流时，安装电话对于个人而言是没有价值的，而同时使用电话的人越多，安装电话的价值就会越高。[①]

网络效应也可以进一步划分为**同边的网络效应**（inter-group externalities）和**交叉网络效应**（cross-group externalities）。同边的网络效应是指一边用户给与自己位于同一边用户带来的效用影响。例如，生活中经常使用的社交分享平台，就是通过用户生产内容来激发同边用户之间互动意愿进而维持社区的活跃。交叉网络效应主要是指一边用户给不同边用户效用带来的影响。例如，生活中电子商务平台就是通过吸引大量的卖家进入平台，为买家创造更大的商品选择空间，进而吸引更多的买家进入平台交易，又进一步扩大了对卖家的吸引力。

交叉网络效应可以进一步拆分为，Armstrong（2006）定义的**成员外部性**（membership externality），主要是指平台一边的用户参与决策会对平台另一边用户效用带来影响，以及Rysman（2009）定义的**使用外部性**（usage externality），主要是指平台一边用户的互动决策才会对另一边用户效用产生影响。参见图 9-1。

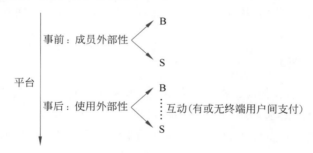

图 9-1　成员外部性和使用外部性

不同的交叉网络效应就导致了不同平台的商业模式。比如，内容运营平台主要就是靠激活成员外部性来盈利，但单纯依靠成员之间的互动和分享可能给平台带来的利润不是很高，还需要引入其他的变现方式，如通过广告推广等方式进行流量变现；而电子商务平台中的使用外部性作用更大，买家和卖家之间的互动决策可以直接给平台带来利润，因此平台更加关注交易转化率，双方产生更多的交易就可以让平台获取更多的利润。但不论是成员外部性还是使用外部性都会导致平台企业产生用户黏性，让平台企业进一步扩张，甚至出现赢者通吃、一家独大的情况。

9.1.2　理论模型分析

前文我们对网络效应和交叉网络效应进行了定义上的区分，下面我们将聚焦于交叉网络效应对用户的需求又会产生怎样的影响，特别是与传统的市场需求相比导致什么变化。

① 本书第 8 章对网络效应进行了更深入的考察。

Rochet & Tirole(2006)经典模型对这些问题做出了分析。

假设存在一个双边市场,边 $i \in \{B, S\}$,并且市场中只存在一个垄断性平台。平台对市场第 i 边的每个会员服务需要付出固定成本 C^i,对会员与市场另一边会员的每次互动需要付出边际成本 c。对于市场的任意一边 i 而言,其会员与市场另一边会员每次互动的平均收益 b^i,以及加入平台可以获得的固定收益 B^i 都是具有异质性的。第 i 边的终端用户向平台支付 A^i 的会员费和每次交易的佣金 a^i。

下面将用户参与平台获得的交叉网络效应刻画到用户的效用函数中:第 i 边一用户参与平台互动的效用函数为

$$U^i = (b^i - a^i)N^j + B^i - A^i \qquad (9\text{-}1)$$

这里 N^j 代表平台另一边的会员数量。因此,可假设第 i 边决定加入平台的终端用户数量是

$$N^i = \Pr(U^i \geqslant 0) \qquad (9\text{-}2)$$

注意到 N^i 只取决于另一边的会员数量 N^j 以及"每次互动的价格",即平台可以从会员每一次互动中获得的收益:

$$p^i = a^i + \frac{A^i - C^i}{N^j} \qquad (9\text{-}3)$$

事实上,式(9-1)右边加上并减去 C^i,然后两边同时除以 N^j,再联立式(9-3),化简可得需求函数:

$$N^i = \Pr\left(b^i + \frac{B^i - C^i}{N^j} \geqslant p^i\right) \equiv D^i(p^i, N^j), \quad i \in \{B, S\} \qquad (9\text{-}4)$$

根据上式可以发现,和传统的需求函数相比,因为交叉网络效应的存在,在双边平台中不仅价格会影响用户的需求,另一边用户的数量也会影响用户的需求。通过式(9-4)就可以解释为何现实世界中平台企业可以快速扩张了,因为交叉网络效应的存在,我们可以发现另一边用户数量 N^j 越大则这一边的用户数量 N^i 也会越大。

在正则条件下,根据式(9-1)~式(9-4)可以推导出会员数量 N^B 和 N^S 是关于 (p^B, p^S) 的函数:

$$\begin{cases} N^B = n^B(p^B, p^S) \\ N^S = n^S(p^B, p^S) \end{cases}$$

对式(9-4)的 D^B 和 D^S 进行全微分,可由此得出 n^B 和 n^S 分别对 p^B 和 p^S 的偏导数:

$$\frac{\partial n^B}{\partial p^B} = \frac{\dfrac{\partial D^B}{\partial p^B}}{1 - \dfrac{\partial D^B}{\partial N^S}\dfrac{\partial D^S}{\partial N^B}}$$

$$\frac{\partial n^S}{\partial p^B} = \frac{\dfrac{\partial D^B}{\partial p^B}\dfrac{\partial D^S}{\partial N^B}}{1 - \dfrac{\partial D^B}{\partial N^S}\dfrac{\partial D^S}{\partial N^B}} \qquad (9\text{-}5)$$

与上式类似可得 $\partial n^B / \partial p^S$ 和 $\partial n^S / \partial p^S$,可以进一步求得平台的利润等于:

$$\pi = (A^B - C^B)N^B + (A^S - C^S)N^S + (a^B + a^S - c)N^B N^S$$

并可转化为

$$\pi = (p^B + p^S - c)n^B(p^B, p^S)n^S(p^B, p^S)$$

平台企业实现利润最大化的途径是提高交易量，即业界所关心的 GMV（总商品价值，gross merchandise volume），故给定总价格（$p^B + p^S = p$），可以通过最大化交易量得到最优价格结构：

$$V(p) = \max\{n^B(p^B, p^S)n^S(p^B, p^S)\}（约束条件为 p^B + p^S = p）$$

由标准的勒纳公式确定的价格水平是：

$$\frac{p - c}{p} = \frac{1}{\eta} \tag{9-6}$$

其中，η 是交易量相对总价格的弹性：$\eta \equiv -pV'(p)/V(p)$。当交易量对两个价格的偏导相等时，可以得到最优价格结构：

$$-\frac{1}{p - c} = \frac{\frac{\partial n^B}{\partial p^B}}{n^B} + \frac{\frac{\partial n^S}{\partial p^B}}{n^S} = \frac{\frac{\partial n^S}{\partial p^S}}{n^S} + \frac{\frac{\partial n^B}{\partial p^S}}{n^B} \tag{9-7}$$

综上所述，平台企业通过设定不同的价格结构可以影响平台的使用人数，进而影响交易量和平台总利润。其本质原因就在于，平台可以通过使用价格结构的手段将用户的交叉网络效应内部化，给予交叉网络正效应大的一方补贴，而对交叉网络效应小的一方进行收费。如果大家对模型的推导细节感兴趣建议参考 Rochet 和 Tirole（2006）。

9.1.3 拓展讨论

以上是对双边市场的分析，如果市场是多边市场又会对需求产生怎样的影响？毕竟与传统企业不同的是，平台企业的扩张策略之一是通过增加市场边数（sides of markets）来进行的：正如前面所提到的，平台可以通过拓展连接更多边的用户来完成扩边。比如，电子商务平台一开始连接的是消费者和商户两边，后来逐渐扩展到物流公司、服装模特、小额信贷等多边；外卖服务平台则是从消费者、商户、外卖骑手三边，进一步扩展到米、面、油等厂商，信息化管理软件商，充电宝企业，商旅服务企业等多边。因此，平台的发展除了增加原有边上的用户数量外，更需要考虑如何通过市场扩边来增加用户种类和数量。

具体来说，对于平台企业来说，平台扩展市场的边数可以给现有用户带来扩边效应，主要体现为新增一边的用户可以给现有用户带来交叉网络效应，从而提升现有用户的效用，增加用户黏性。这种黏性的增加显然会提高平台企业对平台用户的议价能力，使得平台有可能针对现有平台用户提价；另一方面，为了吸引新类型的用户，实现市场扩边，平台也可能针对新类型的用户进行补贴。因此，平台市场扩边会使得平台企业的定价策略变得更加复杂，不见得一定会提高全体用户的价格水平。

如果在垄断市场中，平台企业处在规模收益不变时，为实行扩边策略，可能会降低对原有用户的定价。这是因为平台市场扩边后，原有边用户不只为一边用户提供交叉网络效应，而是对两边用户提供交叉网络效应，对平台的价值上升。因此，平台愿意对原有边用户降低定价。此时，平台市场为了保障利润水平，愿意维持的最优用户规模下降，原有边的用户规模也随之下降。由此可见,垄断市场中的平台企业尽管会选择实行市场扩边战略来拓宽业务领域,但是不会无限制地增加自身用户规模来形成一个超级垄断平台。与之相反,在实行市场扩边战略后,垄断平台会主动限制自身用户总规模,且不需要利用自身的垄断地位来对原有边用户收取高额费用。

传统企业可能会因为垄断而借助自身在市场上的垄断地位滥用市场势力,从而损害消费者利益,降低社会福利水平。但平台企业主要是依靠把这些交叉网络效应进行部分内部化来获益,并且交叉网络效应也会提高平台用户的收益,因此,在平台企业扩边中,提高交叉网络效应是其最主要的目标,而提高价格水平会降低其交叉网络效应,未必符合平台的利益。因此,需要通过分析平台扩边时其定价策略的变化和用户的福利水平来思考监管政策的制定。

9.2 用户异质性与平台分层运行

9.2.1 基本概念

在上一节我们提到了平台快速扩张的最主要原因是其存在交叉网络效应,为了激活并保持交叉网络效应,平台在运行方式上也在不断创新,涌现出平台分层运行、智能算法推荐、电商直播带货、社交电商等多种方式,其中较为值得关注的是**平台市场的分层运行**(platform stratification)现象。

平台市场的分层运行是指平台企业根据用户的特征将其划分到不同层(也可称为子平台)中,进而在每层内分别进行匹配和交易。经调查发现,国内外的主要平台企业都采取了分层运行。例如:在电商领域,不少平台都对消费者推出会员制并对商家也进行了分类以方便撮合交易;在网约车领域则是将服务细分为顺风车、快车和专车等,以便于异质性消费者分别进行选择、匹配。其他领域中的交易平台也大多以分层方式运行。

1. 用户异质性及其影响

针对上述平台企业分层运行的现象,仅靠上节所讲的交叉网络效应无法提供良好的解释。这是因为根据交叉网络外部性,买家数量的增加会吸引卖家进入,而卖家的数量又会吸引新的买家加入,并以此交互并强化该效应,形成平台市场的**自我加强机制**(self-forcing mechanism)。交叉网络外部性可以很好地解释平台市场为何能够迅速成长,以及平台企业快速发展为**独角兽**(unicorn)[①]的逻辑。但是,根据该理论,如果平台企业分层运行,则会减少双边用户的数量,造成交叉网络正效应降低,从而无法更好地吸引双边用户加入平台,平台企业缺乏动机进行分层。这与现实中平台企业的普遍分层运行形成了矛盾。

上述矛盾的出现主要是因为既有的双边市场的文献假定同边用户是同质的,即所有的买家都相同,所有的卖家也都相同。但在现实中,往往同边**用户是异质性的**(user heterogeneity),即买家之间往往不同,卖家之间往往也不同,不同用户对于各类潜在交易对象的评价是有差异的,因而与其进行交易带来的潜在收益也是不同的。Weyl(2010)、White

---

[①] 独角兽企业一般指成立不超过 10 年,估值要超过 10 亿美元的企业。

和 Weyl(2010)等较早注意到同边用户的异质性,在双边市场框架内引入了用户异质性的假设,并以此为基础扩展讨论了平台企业的价格结构与竞争策略,得出了和早期双边市场文献不一样的结论。Jullien 和 Pavan(2019)等通过引入用户异质性,讨论了用户类型信息不对称情况下,平台企业的最优定价问题。

当存在用户异质性时,原有的交叉网络外部性可以进一步划分为**交叉网络正效应**(positive cross-group externalities)和**交叉网络负效应**(negative cross-group externalities):交叉网络正效应就是通常所指,买家越多,越吸引卖家,而卖家数量的增加,又会吸引更多的买家。交叉网络负效应则是指,高质量买家越多,固然会吸引高质量卖家,但会降低对低质量卖家的吸引力;同样,高质量卖家越多,固然会吸引高质量买家,但会减少对低质量买家的吸引力。即由于用户存在异质性,导致对相同类型的另一边用户产生正效应,但对不同类型的另一边用户产生负效应。如果用户是同质的,随着平台的不断扩张、用户数量的增加,在不发生拥堵的情况下,会增加交易机会、促进信息流通、提高产品多样化程度,进而强化交叉网络正效应、产生正反馈,进一步促进平台的扩张。而如果存在用户异质性,平台双边的用户都希望与自己的最佳交易对象进行交易,用户数量的增加在强化网络正效应的同时也会提高用户之间的交易成本,降低匹配的效率,甚至可能出现较严重的错误匹配,导致对于匹配效率和风险比较敏感的用户选择退出平台,从而导致用户规模下降,影响其收益。由于用户异质性而产生的交叉网络负效应,使得平台企业有动机选择分层运行,以降低因交叉网络负效应可能给平台带来的利润损失。由此产生了平台企业的分层设计问题:如何将双边(或多边的)交易对象按照相应特征进行划分,尽量促成相近类型潜在交易对象之间的有效匹配,从而减少用户之间的交易摩擦并提高整体匹配效率,降低因交叉网络负效应所带来的用户负效用、用户流失及平台利润损失?

2. 市场设计与平台分层

我们认为,平台企业的分层设计问题在本质上属于**市场设计**(market design)的问题。市场设计问题是指如何为交易各方设计良好的匹配或搜寻机制,以更好地降低交易成本,提升交易的撮合效率。就如市场设计理论的创始人 Alvin Roth[①](2008)所总结的:设计一个有效运作的市场需要考虑三个因素:维持**市场的稠密性**(market thickness)、避免**市场的拥堵性**(market congestion)和保证**市场的安全性**(market safety)。市场的稠密性是指参与市场中不同边的用户数量增加可以提高市场密度,从而扩大用户的交易选择范围并提高交易成功率;拥堵性是指当同边用户数量增加,如买方增加较多,则会降低每一个买方成交的可能性;安全性则是当双边用户数量都增加时,就会提高错误匹配的概率,导致交易出现损失。

有了用户异质性假设后,上述市场的稠密性概念可以对应双边市场中存在的交叉网络正效应。平台如果进行分层则会造成市场的分割,即用户只在自己所处层中进行交易,相当于减少了每一层中可参与交易的用户数量,也就削弱了交叉网络正效应,即降低了市场的稠密性,这也是平台进行分层决策需要考虑的负面因素之一。拥堵性的概念可对应于因

---

① 1951 年 12 月 19 日出生,1971 年毕业于哥伦比亚大学运筹学专业。1998 年赴哈佛大学任教。Roth 在博弈论、市场设计和实验经济学领域曾做出显著贡献。2012 年获得诺贝尔经济学奖。

用户异质性所产生的交叉网络负效应,即当双边市场中用户存在异质性,那么用户数量过大时反而可能导致交易匹配效率的下降,类似于发生了"交通堵塞"。在双边平台市场上,平台进行分层的一个重要目的就是减少因市场拥堵而带来的福利损失。而且,当用户的实际交易对象与最佳交易对象之间的差距过大时,一些对于交易风险比较敏感的用户可能因不愿承担相应的错配风险而选择退出平台。

安全性是指当双边用户匹配偏离给用户带来的重大损失。例如,在互联网金融平台上,不同用户的风险承受能力不同,不同借款人的资信等级和还款能力也不同,当平台不能很好地区分这些不同投资人和借款人的类型,并进行撮合匹配时,就会出现性质比较恶劣的"欺诈"现象,即借款人伪造资信等级和借款项目,从而严重损害投资人的利益。现实中,我们可以看到,国内非常有名的互联网金融平台陆金所通过对用户进行很好的分层,不仅有 P2P 的撮合交易子平台,也有撮合用户和信托机构、商业银行的长短期理财产品交易平台,还有撮合用户和基金公司、保险公司的高风险金融产品交易平台,从而提高了其作为一个互联网金融产品交易平台的安全性。

9.2.2 理论模型分析

基于以上逻辑,我们认为有必要把用户异质性的假设,以及由此衍生的稠密性、拥堵性和安全性等因素,引入双边市场,王勇等(2021)构建了一个新的理论框架来研究平台市场的分层运行问题。

我们先刻画用户异质性对平台用户的固定效用和交叉网络效用的影响,并在此基础上考虑平台企业的最优分层。

根据 Rochet 和 Tirole(2003)、Armstrong(2006),假设平台某边用户 i 的效用函数为 U_i:

$$U_i = \delta_i + \alpha_i N_{-i} - p_i \tag{9-8}$$

其中,U_i 表示位于平台某边的用户 i 参与平台交易能够获得的总效用;δ_i 表示用户参与平台可以获得的固定效用;α_i 用来度量用户所获得的交叉网络正效应的大小;N_{-i} 表示平台另一边用户参与平台的总人数;p_i 表示平台对用户收取的费用。

接下来,我们引入用户异质性的假设。根据 Weyl(2010)、White 和 Weyl(2010),用户异质性是指平台上每一边的用户,不管是买家还是卖家,相互之间都是不同的。这意味着他们参与平台交易得到的固定效用和交叉网络效用可能会有差别。因此,我们假定用户异质性对用户效用的影响可以分为两个方面:一方面对用户固定效用的影响,即不同用户参与平台可以获得不同的固定效用;另一方面则是对交叉网络效用的影响,即不同类型用户参与平台能够给其他用户带来的交叉网络效用也有所不同。由此可构建新的平台用户效用函数:

$$U_i = U_{\text{fixed}} + U_{\text{cross}} - p_i \tag{9-9}$$

其中,U_{fixed} 表示该用户参与平台能够获得的固定效用;U_{cross} 表示该用户参与平台能够获得的交叉网络效用;p_i 表示平台对该用户收取的费用。[①]

---

① 通常平台主要有两种收费方式:第一种就是收取交易费(佣金);第二种就是收取会员费。因为会员费的收费方式无论是在交易类平台(如京东采用的京东 PLUS 会员,亚马逊采用的 Prime 会员),还是非交易类平台(百合网和世纪佳缘采用的会员制)中使用都更加广泛。因此本文假设平台只通过收取会员费的方式对用户进行收费。

进一步,我们假定平台的双边各有 N_i 和 N_{-i} 个用户,用户 i 的类型记为 X_i,其潜在交易对象的类型记为 X_{-i}。为简单起见,假定 X_i 和 X_{-i} 在$[0,1]$区间内均匀分布。当交易双方的类型越接近,达成交易产生的效用对于双方来讲都更高,彼此就更有可能进行交易;而如果双方类型相差较大,达成交易给双方带来的效用值较低,则有可能彼此不进行交易。具体的交易条件我们将会在下文进行推导分析。

给定上述假定,如果平台企业不对平台市场进行分层,双边用户的类型匹配难度较大,用户需要付出较高的搜寻、等待等交易成本,会降低成交率,用户数量会流失,从而减少平台企业的收入。因此,为了更好地撮合交易,平台需要对用户按照其类型进行分层。具体地,假定平台按照双边用户的类型将其从高到低均匀划分为了 k 层,其中第 m 层用户 i 的类型区间为 $X_i^m \in \left(\dfrac{m-1}{k}, \dfrac{m}{k}\right)$,$m=1,2,3,\cdots,k$。一边用户将和另一边同层用户进行匹配,这样做可以保证用户与交易对象之间的类型不会相差太大。因此,位于 m 层的用户 i 对其潜在交易对象的类型的期望值为

$$E\left(X_{-i}^m \middle| \frac{m}{k} \geqslant X_i^m \geqslant \frac{m-1}{k}\right) = \frac{2m-1}{2k} \quad (i=1,2,3,\cdots,N;\ m=1,2,3,\cdots,k) \quad (9\text{-}10)$$

1. 用户异质性对固定效用的影响

有了上述假定就可以继续分析用户异质性对固定效用的影响。首先,当用户的类型为连续分布时,无法实现完美匹配,这意味着用户异质性会使得固定效用减少。其次,当平台进行分层时,一方面会减少同层匹配偏离的损失,另一方面可能出现用户进入其他分层带来的错层匹配偏离。[①] 基于此,我们假定,用户 i 的固定效用 U_{fixed} 为

$$U_{\text{fixed}} = f_i - a\left|\frac{2m-1}{2k} - X_i^m\right| \quad (9\text{-}11)$$

其中,U_{fixed} 表示位于平台某边的第 m 层用户 i 参与平台交易能够获得的固定效用;f_i 为外生变量,表示该用户在完美匹配情况下获得的最佳效用,反映了用户对匹配结果的宽容程度,如果 f_i 较小,就说明即使实现了完美匹配,其固定效用也较低,表明该用户对匹配结果宽容度较低,即非常挑剔;反之,当 f_i 较大时,即使没有实现完美匹配,用户的固定效用值也比较高,表明该用户对匹配结果有较高的宽容度,挑剔程度较低。a 表示市场匹配偏离给用户带来的效用损失系数,a 越大表明用户出现错误匹配时遭受的损失越大。a 也可以用来衡量用户对于市场安全性的重视程度,越大表明用户对于市场安全性越为看重,故下文也将其简称为安全敏感系数。[②] $\left|\dfrac{2m-1}{2k} - X_i^m\right|$ 表示位于第 m 层的用户 i 的期望交易对象与最佳对象之间的错配程度。

式(9-11)表明,存在用户异质性的情况下,平台用户的固定效用等于完美匹配下的效用减去匹配偏离带来的损失。其中,匹配偏离损失是由用户的安全敏感系数和匹配偏离程度

---

① 在现实平台市场中,尽管平台企业会进行分层,但用户可以自由地进出各个市场层次,由此会产生错层匹配问题。对此,需要平台企业进行机制设计,激励用户选择正确的层次进行交易。我们在后文会展开分析。

② 一般来说,不同用户对交易安全的敏感度是不同的,但因为本文关注的重点是匹配类型的异质性,故这里假定所有的用户敏感度是相同的。

共同决定。根据这一假定，平台市场的分层也会影响用户的固定效用。

2. 用户异质性对交叉网络效用的影响

基于上述分析，我们进一步假定用户的交叉网络效用函数 U_{cross} 为

$$U_{\text{cross}} = [\mu_i - b(N_{-i})]kn_{-i} \tag{9-12}$$

其中，U_{cross} 表示用户参与平台能够获得的交叉网络效用，因为我们这里的交叉网络效用是沿用经典文献对于其的定义，认为一边用户在平台上所获得的交叉网络效用是另一边所有实际参与交易的用户数量 kn_{-i} 所带来的；μ_i 表示交叉网络正效应系数，用来衡量平台一边用户给另一边用户带来的交叉网络正效应，μ_i 衡量了市场稠密性的影响，市场越稠密，交叉网络正效应就越强，因此在下文中我们也将其简称为"稠密性系数"；$b(N_{-i})$ 表示交叉网络负效应系数，用来衡量平台另一边用户带来的拥堵性损失，我们假定其大小与平台另一边总人数 N_{-i} 成正比，因为只要进入平台都会产生一定的拥堵性；n_{-i} 表示平台每一层中实际参与交易的人数。注意：n_{-i} 为内生变量，是根据其效用函数和平台收费水平来决定的，具体的推导我们会在下一节详细给出。

为简化分析，我们假定：

$$b(N_{-i}) = b_i N_{-i} \tag{9-13}$$

其中，b_i 用来衡量交叉网络负效应大小，可以对应市场设计理论中的"拥堵性"概念，因此下文中我们都将其简称为"拥堵性系数"。

综合上述式（9-9）、式（9-12）、式（9-13），可以得出，存在用户异质性的平台用户的总效用函数：

$$U_{i(m)} = f_i - a \left| \frac{2m-1}{2k} - X_i^m \right| + (\mu_i - b_i N_{-i})kn_{-i} - p_i \tag{9-14}$$

3. 平台的最优分层

给定上述用户参与分层的总效用，下面分析平台的分层决策。平台分层需要成本，成本主要来自于平台需要对每个用户的个人信息进行搜集和判断，我们假设平台搜集一边用户信息所需要付出的成本为 $c_i k$，c_i 为成本系数，即分层所需要付出的信息成本会随着分层数的增加而增加，可以理解为平台分层数越多所需要搜集用户的信息维度也就越高，所以其分层成本也就越高。因此，可以写出平台的总利润 π：

$$\pi(p, k) = p_i n_i k + p_{-i} n_{-i} k - c_i n_i k - c_{-i} n_{-i} \tag{9-15}$$

接下来，我们从机制设计的角度考虑平台企业进行分层设计的约束条件：首先是用户的参与约束（individual rationality constraint，IR），即只有当用户进入平台参与交易的预期效用大于 0 时，才有激励进入平台：

$$U_{i(m)} = f_i - a \left| \frac{2m-1}{2k} - X_i^m \right| + (\mu_i - b_i N_{-i})kn_{-i} - p_i \geqslant 0 \tag{9-16}$$

其次，考虑用户的激励相容约束（incentive compatibility constraint，IC），即平台企业需要鼓励用户不要错层交易，这意味着，对于被分配到 m 层中的用户 i 在 m 层参与交易的期望效用需要不低于他在其他 m' 层中进行交易的期望效用，故用户的激励相容约束为

$$U_{i(m)} \geqslant U_{i(m')} \tag{9-17a}$$

$$U_{i(m)} = f_i - a\left|\frac{2m-1}{2k} - X_i^m\right| + (\mu_i - b_i N_{-i})kn_{-i} - p_i \tag{9-17b}$$

$$U_{i(m')} = f_i - a\left|\frac{2m'-1}{2k} - X_i^m\right| + (\mu_i - b_i N_{-i})kn_{-i} - p_i \tag{9-17c}$$

其中,$U_{i(m)}$代表用户i在m层交易得到总效用,$U_{i(m')}$代表用户i在m'层交易得到的总效用,m与m'代表不同的市场层次。

当用户的效用函数满足上述 IC 和 IR 条件时,我们可以确定最终参与实际交易的用户人数。为了简化分析,本文只考虑完美匹配的情况,即假定平台双边用户数量相同而且是对称的,不存在竞争性匹配的问题,因此,令$N_i = N_{-i} = N$;$f_i = f_{-i} = f$;$\mu_i = \mu_{-i} = \mu$;$b_i = b_{-i} = b$。考虑到用户的对称性,平台向双边用户的收费和分层成本也是一样的,即$p_i = p_{-i} = p$;$c_i = c_{-i} = c$。

通过上述简化后,将式(9-16)和式(9-17a)联立,得出均衡时平台每一层实际参与的用户数量为

$$n^* = \frac{f-p}{\dfrac{a}{2N} - (\mu - bN)k} \tag{9-18}$$

当n^*满足$n^* < \dfrac{N}{k}$时,把上述均衡用户数量n^*代入平台企业的利润函数式(9-15),可以得出如下包含会员费p和分层数k的利润函数:

$$\pi(p, k) = \frac{2k(p-ck)(f-p)}{\dfrac{a}{2N} - (\mu - bN)k} \tag{9-19}$$

如果大家对模型细节感兴趣可以参见王勇等(2021)。

9.2.3 拓展讨论

9.2.2 节的模型结果告诉了我们在平台利润最大化的情形下的最优分层应该是多少,在下面拓展部分,我们将分析社会福利最大化情形下的最优分层可能会高于利润最大化情形下的分层[具体推导见王勇等(2021)],这意味着在无监管的市场环境下,当平台企业以利润最大化为目标进行市场设计时,可能出现分层不足的情况。

上述所反映的直观含义是,依照社会总福利最大化的目标进行分层设计时,要考虑到平台所有用户的总效用,由此导致它在进行分层设计时,不仅会考虑市场稠密性,同样会计算拥堵性和安全性对用户的负面影响,会增加相应分层的数量。而当平台企业仅为最大化自身利润而进行分层设计时,由于提高市场稠密性可以促成更多交易,与平台企业目标更为一致,因而在相同条件下,平台企业会选择较少分层。可以将拥堵性和安全性看作一种负的交叉网络外部性或负效应,平台企业进行分层设计时并没有将这种负效应充分纳入自己的决策之中,但是社会计划者进行分层设计时会将这种负效应充分内部化,进而提高分层数。

上述分析也对平台监管政策提供了新的理论基础和启示。研究结论告诉我们,平台企业从自身利益出发,一般会选择较低的分层数,但这会给消费者带来较大的福利损失。所

以,此时政府可以要求平台企业提高分层层数,或者直接敦促平台企业投入更多资源以缓解拥堵性和安全性问题;而当这两个因素的负面影响处于相对次要地位时,政府可以相应放松对平台企业分层的监管要求。

从本模型的分析框架出发,还有多个未来的研究方向可以扩展。一是可以考虑不同的市场结构对分层的影响。因为上述主要是探究垄断平台的分层决策,并没有分析在寡头和完全竞争情形下的分层决策。但是基于上述的研究结果我们也可以对这方面进行一些拓展猜想:在寡头和完全竞争的情形下,很可能平台的稠密性被减弱,有减少分层的趋势。但如果新进入者采用利基策略,很可能会分走原有平台的部分目标用户,从而倒逼原有平台进行分层。二是模型主要考虑的是对称匹配的情况,即双边用户数量相同,类型分布也是相同的。一个可能的扩展是引入不对称匹配情况,由此可以分析同边用户之间的竞争会对分层设计产生的影响。三是模型主要探讨了平台收费结构为收取会员费情况下的平台分层设计,未来研究还可以拓展到收费结构为按交易收费时的平台分层设计。四是模型没有考虑技术进步对平台分层的影响,因为随着数字技术的不断发展,有很多新技术涌现出来,比如推荐算法技术可以帮助平台缓解拥堵性和安全性问题,这项技术可能对于平台分层起着替代性的作用。现实中,通过算法推荐已经成了很多电子商务平台促进交易匹配的做法。引入这一算法推荐后,会对分层设计产生什么影响,也是饶有意味的研究方向。

9.3 用户归属与平台竞争

9.3.1 基本概念

为了强化平台间的交叉网络正效应,平台相对传统企业会面临更为激烈的用户竞争,但是和传统企业不同的是,平台企业之间的竞争主要是通过限制**用户多归属**(multi-homing)和设定**价格结构**(price structure)来进行。

1. 用户归属

现实中平台企业也可以通过限制用户归属的手段来竞争用户。用户归属问题可以划分为**用户单归属**(single-homing),即平台与用户签订排他性协议,用户只能选择加入一个平台或者都不加入,无法同时加入多个平台;以及**用户多归属**(multi-homing),即用户可以自由选择同时加入多个平台进行交易而不受到限制。平台企业可能通过搜索降权[①]等手段强制卖家单归属。但对于用户来讲,加入两个平台与加入一个平台相比,具有两点好处:第一点是,增加用户匹配成功的概率,有更大的概率遇到那个适合的交易对象;第二点是,如果两个平台都匹配成功的话,用户可以选择收取费用较小的那个平台。值得思考的一点是,对于整个社会来讲,前者会提升社会净效率,后者不会,只是一种福利转移,即将平台的利润转移为消费者的剩余或效用。

拥有多归属权利的一方用户会有更多的好处,因此在平台没有限制的情形下,用户更

---

① 搜索降权具体是指,搜索引擎给商家评定的级别下降,会导致商家在消费者搜索界面中排序靠后或者根本不给予搜索显示。

倾向于选择多归属,但用户的多归属问题会加剧平台之间的竞争,因为平台需要借助其他手段来吸引更多的用户激活交叉网络效应。

2. 价格结构

价格结构正是平台企业吸引和争夺用户的主要手段。所谓价格结构是指平台企业对不同类型的用户收费的结构。比如,在电子商务平台中,平台企业主要向商户收费而对于消费者免费;而在网络出行平台上,平台企业既向消费者收费也向网约车司机收费。

价格结构非中性是平台经济的一个核心特征。所谓非中性是指在平台对买家(A^B)和卖家(A^S)收取的价格总和($A^B + A^S$)不变的情况下,如果调整A^B和A^S会影响双边用户进入平台的意愿和交易量,则称价格结构是非中性的。现实中酒吧通常会对女性免费入场($A^F = 0$)而对男性收取进场费($A^M > 0$),如果我们将两个费用的总和($A^F + A^M$)固定并调整其价格结构,例如对女性收费提升同时降低对男性的收费,在这种价格结构下并不一定会增加用户总体的进入数量,反而可能导致双方参与的人数都减少,主要原因在于女性群体进入酒吧的决策对于男性群体产生了交叉网络正效应,因此当平台双方收费总量不变,但提高对男性的收费同时降低对女性收费的这种价格结构可以改变进入平台的用户总数量。

那么平台通过怎样的收费方式来构建价格结构呢?通常的收费方式主要有两种:**会员费**(membership fee),即平台对于使用服务的用户收取固定的费用作为其收入;**佣金**(commission fee),即平台按照成交金额抽取部分交易额作为其收入。现实生活中收取会员费的平台有在线购物平台和婚恋匹配平台等,收取佣金的平台有出行服务平台和游戏娱乐直播平台等。

在9.1节我们通过"交叉网络效应"的视角定义了双边市场,这一节我们将从**价格结构**(price-structure)的视角来理解双边市场。Rochet和Tirole(2006)将双边市场按照价格结构的角度定义为:市场中双边用户之间的交易量不仅取决于平台征收的总体费用水平,更取决于其价格结构。双边市场在价格结构上的变动会影响双边用户对平台的需求和参与规模进而影响到交易量。平台的会员费(或可变收费)会影响双边在平台上交易的意愿,及其通过潜在交易获得的净剩余;平台的会员费(或可变收费)决定终端用户是否使用该平台。只有当双边用户无法通过协商解决使用外部性和会员外部性时,平台精细设计的价格结构才有意义。

9.3.2　理论模型分析

对于考虑用户存在多归属时平台之间如何通过价格结构的手段来竞争用户,Rochet和Tirole(2003)的经典模型给出了很好的刻画,我们下面就以该模型为例进行探究。

假设市场中存在两个相互竞争的平台,买方与卖方都是异质的,双方在交易中产生的收益在各自群体中存在差别且为私人信息。买方和卖方的收益分别记为b_i^B(其中的i表示交易发生在第i个平台上)和b_i^S,并假设其分布均连续。平台i向买方和卖方收取的佣金费分别为p_i^B和p_i^S。如果一个买家在平台i上交易产生的总剩余为b_i^B,如果平台满足$b_i^B \geqslant p_i^B$则该买方愿意使用该平台,然而,若存在平台j满足$b_j^B - p_j^B > b_i^B - p_i^B$,则买方将

更偏好平台 j。类似地,剩余为 b_i^S 的卖方会在 $b_i^S \geqslant b_i^S$ 时选择在平台 i 上交易,在 $b_j^S - p_j^S > b_i^S - p_i^S$ 时偏好于平台 j。

基于上文分析,此处假定卖方同时进入两个平台,买方会选择其中一个平台进行交易,从买方行为可以得出"准需求函数":

$$D_i^B = D_i^B(p_i^B) = \Pr(b_i^B - p_i^B > 0) \tag{9-20}$$

及

$$d_i^B(p_1^B, p_2^B) = \Pr[b_i^B - p_i^B > \max(0, b_j^B - p_j^B)] \tag{9-21}$$

其中,D_i^B 代表买方中愿意在卖方仅关联平台 i 时在该平台上交易的比例。与之类似,d_i^B 表示在卖方多栖时买方中愿意在平台 i 上交易的比例。总的来说,这些函数满足如下性质:

$$d_i^B \leqslant D_i^B \leqslant d_1^B + d_2^B \tag{9-22}$$

假设 (b_1^B, b_2^B) 的分布是对称的,这意味着需求函数是对称的:

$$D_1^B(p^B) = D_2^B(p^B) = \hat{D}^B(p^B) \text{ 与 } d_1^B(p_1^B, p_2^B) \equiv d_2^B(p_2^B, p_1^B)$$

当价格相等时,$p_1^B = p_2^B = p^B$ 及 $p_1^S = p_2^S = p^S$。剩余为 b^S 的卖方在 $b^S \geqslant p^S$ 时同时关联两平台,否则不关联任何平台。因而每个平台交易量等于

$$Q = d^B(p^B) \cdot D^S(p^S) \tag{9-23}$$

如前所述,卖方净剩余等于

$$V^S(p^S) = \int_{p^S}^{+\infty} D^S(t) \, dt$$

相应地,买方净剩余为

$$V^B(p_1^B, p_2^B) = \int_{p_1^B}^{+\infty} d_1^B(t_1, p_2^B) \, dt_1 + \int_{p_2^B}^{+\infty} D_2^B(t_2) \, dt_2$$

$$= \int_{p_1^B}^{+\infty} d_2^B(p_1^B, t_2) \, dt_2 + \int_{p_2^B}^{+\infty} D_1^B(t_1) \, dt_1$$

为了分析平台间的竞争行为,我们需要确定各平台上与不同定价水平所对应的交易量。先分析卖方的行为。假设平台 1 对卖方来说价格较低:$p_1^S < p_2^S$。卖方 b^S 有三种可选行动:不进行交易、只在平台 1 上交易和同时在两平台上交易。

当 $b^S \leqslant p_1^S$ 时第一种行动最优;当 $b^S \geqslant p_1^S$ 需要在后两种方案中选择时,就存在较低的交易量(仅在平台 1)和必须在昂贵的平台上交易(同时在两个平台)之间的权衡。两种情形下卖方的净剩余期望分别为 $(b^S - p_1^S) D_1^B(p_1^B)$ 和 $(b^S - p_1^S) d_1^B(p_1^B, p_2^B) + (b^S - p_2^S) d_2^B(p_1^B, p_2^B)$。

当 b^S 足够大,即

$$b^S > \hat{b}_{12} \equiv \frac{p_2^S d_2^B - p_1^S(D_1^B - d_1^B)}{d_2^B - (D_1^B - d_1^B)} \tag{9-24}$$

时卖方选择多归属。

根据上述分析可以总结出卖方的最优选择方案:

- 低类型的卖方($b^S \leqslant p_1^S$):选择不进入平台参与交易。
- 高类型的卖方($b^S \geqslant \hat{b}_{12}$):选择同时在两个平台上进行交易。
- 中间类型的卖方($p_1^S < b^S < \hat{b}_{12}$):选择仅在收费较低平台(此处为平台 1)交易。

通过降价挤掉竞争对手平台,每个平台可以引导一部分卖方(中间类型)放弃多归属,这一竞争策略称为"拉拢"。根据对称性,通过变量替换就可得到 $p_1^S > p_2^S$ 时的各式子。如果 p_1^S 和 p_2^S 都收敛至 p^S,则 $\hat{b}_{12}$ 和 $\hat{b}_{21}$ 的定义式就具有连续性。

定义 $\sigma_i(i=1,2)$:

$$\sigma_i = \frac{d_1^B + d_2^B - D_j^B}{d_i^B}, \quad i,j=1,2; \ i \neq j$$

由式(9-22)可知,σ_i 属于区间 $[0,1]$。该变量代表用户对平台 i 的"忠诚度",亦即用户中会在平台 i 停运后退出交易的百分比。称 σ_i 为平台 i 的"单归属"指数。如果卖方面对的买方需求独立于卖方是否关联平台 i(即 $d_1^B + d_2^B = D_j^B$),则 σ_i 等于 0。如果卖方脱离平台 i 后将失去所有该平台买方(即 $D_j^B = d_j^B$),则 σ_i 等于 1。对于对称价格结构(即 $D_1^B = D_2^B = \hat{D}^B$),有

$$\sigma_1 = \sigma_2 = \sigma = 2 - \frac{\hat{D}^B}{d^B}$$

从对称价格结构出发(此时所有入驻的卖家都是多归属的),假设平台 1 将其价格 p_1^S 减少一个小量 ε。这样可以从两方面增加卖方对平台 1 的需求:一方面,吸引新的商家($p_1^S - \varepsilon \leq b_1^S < p_1^S$)进入;另一方面,"拉拢"原为多归属商家变成单归属($p_1^S < b_1^S < \hat{b}_{12}$)。给定 $\left(\frac{\partial \hat{b}_{12}}{\partial p_1^S}\right) = 1 - (1/\sigma_2)$,拉拢效果依赖于 σ_2:$\sigma_2 = 1$ 时边际效果为 0,而 $\sigma_2 = 0$ 时则为无穷。

通过上述分析发现,当用户都是多归属时,平台之间竞争的主要是中间类型的用户,想要通过"拉拢"策略来让其选择单归属,从而降低平台之间的竞争。因为不同平台之间竞争的都是多归属用户,当更多的用户选择单归属,不同平台之间的竞争也会减少。感兴趣的读者可以进一步阅读论文中的模型和推导细节(Rochet 和 Tirole,2003)。

9.3.3 拓展讨论

用户的多归属源于用户在互不联通的平台之间获得网络外部性收益的诉求。例如:在不存在统一市场时,一栋房屋的卖家希望与多家房地产中介签订非独占性协议,从而能够接触到更大范围的潜在买家;此外,买家也可能与多家房地产中介交易。更为一般的,当平台互不兼容或互不连通时,市场至少有一边的参与者需要通过多归属才能从交易中获益。

在 9.3.2 理论模型分析中讨论了买卖双方都不需要付出转换成本就可以选择多归属的情形下平台的竞争情况,下面我们考虑在买卖双方中有一方需要付出转换成本才可以选择多归属的情形下对平台竞争和价格结构产生怎样的影响。当存在转换成本时,如果转换成本过高可能导致用户更多选择单归属,从而减少平台之间的竞争。

然而也有学者研究这种多归属的灵活性可能导致适得其反的结果。换言之,买方的多归属能力实际上是一种障碍,因为这将使得他们获得的消费者剩余减少。Armstrong(2006)研究发现买方多归属可能会加剧平台对买方的竞争程度:如果更多的买方被同时吸引到两个平台上则平台之间的竞争会更加激烈。Guofu Tan 和 Junjie Zhou(2020)证明了

在存在外部性的情况下,竞争的标准效应可以被逆转,标准效应是指随着平台之间的竞争加剧会让消费者福利上升,但在双边市场存在外部性的条件下,随着平台竞争的增加,平台的价格和平台利润可以同时上升,而消费者剩余则会下降。

正是因为用户多归属会加剧平台之间的竞争,平台往往通过提高用户的转换成本来限制用户的多归属。例如社会曾热议的"二选一"问题:其法律定义为相关市场经营者通过某些技术措施或者合同安排,使得交易对象面临"与自己进行交易,不与其他经营者进行交易"或者"拒绝与自己进行交易"的选择,并通过惩罚性或奖励性措施促使交易对象选择前一选项,从而排除竞争对手的交易机会。简而言之就是通过限制用户的多归属选择来实现自身利益最大化。现实中平台企业通常会借助新兴技术,包括补贴、折扣、优惠、流量资源支持等奖励性措施或者屏蔽店铺、搜索奖券、流量限制等惩罚性措施,诱使或强制交易对象与其签订独家协议,或选择只在其平台进行新产品的独家首发,或不在竞争对手平台进行促销活动等。[①] 平台进行"二选一"的本质是通过限制用户的多归属从而减少平台间的竞争,可能不利于平台企业健康发展,对此我国出台了反垄断的相关法律法规,要求对各类市场主体一视同仁、公平公正对待,旨在预防和制止平台经济领域垄断行为,促进平台经济规范有序创新健康发展。[②]

9.4 平台市场的协同监管

9.4.1 基本概念

在前一节中我们讨论了平台间竞争的问题,这一节我们将聚焦于平台内部的治理问题。如频繁出现的"假货泛滥"问题,即卖家在平台上以次充好售卖假货;"虚假好评"问题,即卖家通过好评返现等方式进行的刷单和刷好评等行为;以及"自我优待"问题,即平台通过操控推荐顺序和引流等方式让平台自营的商店出现在消费者的推荐列表中;等等。这些平台企业内部的治理问题不仅提高了用户之间的交易费用进而导致用户流出的情况出现,更为严重的可能带来用户对于平台市场的不信任甚至导致市场的失败。

1. 平台企业的私人监管

平台企业的私人监管是指平台企业自身进行的监管。针对上述存在的问题,平台企业出于自身利益最大化的动机会进行自我监管。平台企业的收入可能有多种,但最主要的收入来源是市场交易额的提成。如果市场中存在机会主义行为,则有可能破坏市场环境,减少平台的交易额,平台的收入也会随之降低。也就是说,良好的市场交易秩序有助于增加市场的活力并提高平台的交易额,这使得平台企业在主观上有意愿去监管平台中所存在的

---

① 2021年2月,国务院反垄断委员会印发《关于平台经济领域的反垄断指南》:明确"二选一"可能构成滥用市场支配地位限定交易行为。2021年4月10日,市场监管总局对"阿里巴巴'二选一'案"做出行政处罚决定,责令阿里巴巴集团停止违法行为,并处以182.28亿元罚款;2021年4月26日,市场监管总局依法对美团实施"二选一"立案调查,同年10月,对美团做出34.42亿元行政处罚。

② 2021年2月7日,国务院反垄断委员会制定发布《国务院反垄断委员会关于平台经济领域的反垄断指南》(以下简称《指南》)http://www.ipraction.gov.cn/article/gzdt/bmdt/202102/335636.html。

机会主义行为。比较早注意到平台企业具有一定监管作用的是 Farrell 和 Katz(2000)，他们指出："平台企业像是一个维护'公共利益'的监管者。"Rochet 和 Tirole(2006)也发现，平台企业具有对市场的准入权力，类似一个政府的牌照机构(licensing authority)。除此以外，Spulber(2008)、Church 等(2008)也从平台企业可以协调参与者的行为的角度，讨论了平台企业具有的监管作用。

平台企业的私人监管的手段有很多种。除了扣除保证金、关闭网店等强制措施外，平台企业可以采用的监管手段有评价管理机制、支付担保机制和大数据监控技术等。

强化评价管理机制的监管作用。相比传统经济，平台经济中的信息传递通常更为通畅，反馈的传导也更顺利，这使评价管理机制可以在很大的范围内发挥作用。评价管理机制不但可以对交易价格和交易数量产生影响，甚至成为很多交易的先决条件。用户可以根据历史交易的反馈信息，对交易的风险进行预判，进而决定是否进行此项交易，这使存在不良行为的参与者难以持续地产生交易。

完善支付担保机制。平台经济中，商品流、信息流和资金流往往是在时间上分离进行的。尽管这一分离提高了交易的效率，但也带来了支付的道德风险问题，即有可能出现付了钱，收不到商品或是收到假冒伪劣产品，或者是发了货，但无法收到货款。解决这些问题的主要手段就是借助支付的担保机制。

全方位应用大数据监控技术。大数据技术的发展使得企业可以存储海量的交易数据，并利用数据进行市场的动态评估与预测，一些平台可以用交易大数据发现造假的情况，利用算法技术发现刷单和刷好评的问题。

虽然平台企业拥有了许多新型的监管手段并且这些监管手段也较为高效，可以有效减少交易中的机会主义行为。但是由于平台企业的监管动机是逐利的，加之其监管手段也存在局限性，导致平台企业的私人监管也会存在一些问题。如监管松懈的问题，平台中存在着一些知假买假，买卖双方你情我愿的售假行为。这些交易没有人投诉，却损害了第三方的利益。对于这类的交易，平台企业可以从中获利，因此并没有监管的积极性。再如平台权力有限的问题，由于平台企业不属于国家机关，不具有行政征收、行政监督、行政处罚、行政强制等执法权，只能履行与用户所签订的合同中的责任，不能超出合同强制执行。还有如内部腐败问题，如果私人监管的制度中存有漏洞，则监管人员就可能会被利益所驱使，将用于构建平台体系的规则变为内部人员牟利的工具。这样的行为不仅对平台中的参与者造成了巨大的损失，也会使平台本身遭到重创。

2. 政府部门的公共监管

正是因为平台监管存在上述种种局限，无法更好地维护平台交易的秩序。因此，平台交易还需要政府进行公共监管。政府部门的公共监管就是指政府部门借用公权力对破坏平台市场运行秩序的企业和个人进行监督和管理的行为。传统经济中，政府机构作为主要的监管主体实施公共监管。政府的监管动机与平台企业不同。通常认为，政府代表公众利益，对作为交易方的企业进行监督管理，其目的是纠正市场失灵，维护市场秩序，提高资源配置效率，增进社会福利，但也不排除政府部门会徇私贪图利益。

政府的监管手段也与平台企业不同。政府通常是借助公共力量，实施行政手段，通过强制性的命令、指示、规定等,对市场中的经济主体进行直接干预。

资质监管:主要是指政府对企业进行资质审核,并给符合资质的企业发放业务上的运营执照,例如:金融许可证就是指国家金融监督管理总局依法颁发的特许金融机构经营金融业务的法律文件。

行政指导:是指国家行政机关在职权范围内,为实现所期待的行政状态,以建议、劝告等非强制措施要求有关当事人作为或不作为的活动。例如,2022 年 7 月,北京市市场监督管理局组织全市主要保健食品生产经营企业、广告单位、网络平台、电视购物平台、直销企业及分支机构代表近 800 人召开打击整治养老诈骗线上指导会。从广告活动、公平竞争、特殊食品安全监管等方面对参会企业进行了集中行政指导。

行政处罚:是指行政机关依法对违反行政管理秩序的公民、法人或者其他组织,以减损权益或者增加义务的方式予以惩戒的行为。例如,2021 年 10 月,国家市场监督管理总局依据《中华人民共和国反垄断法》(以下简称《反垄断法》),对某公司滥用市场支配地位行为进行了调查,并依法进行行政处罚。

政府监管的主要好处在于威慑力强,可以通过法律和行政处罚的手段对于平台内部出现的违法行为进行严厉处罚并具有威慑作用,对以后想要进行违法行为用户起到警示作用。政府监管的不足在于,可能因为监管程序复杂进而存在时间上的滞后性,对一些犯罪金额较小或造成社会影响较小的违规违法行为可能没有办法及时做出反应,反而让打擦边球的违法分子钻了空子。此外,除了上述政府监管效率低下的问题之外还可能存在权力寻租导致腐败,并且运用行政手段进行监管往往社会成本比较高可能损失社会效率。

3. 平台企业与政府部门的协同监管

根据上述分析,无论是平台企业的私人监管还是政府部门的公共监管都存在弊端,最好的办法是将两者结合进行协同监管。以往的监管模式更多的是政府对企业的公共监管,而协同监管的含义是指要把平台企业的私人监管和政府的公共监管有机结合,形成政府监管平台,平台监管用户的双层监管结构,如图 9-2 所示。平台经济中"政府—平台—企业"的监管结构是一种双重监管体系。政府作为委托人(principal),目的是实现社会福利最大化;平台企业作为监督者(monitor),虽然拥有监管技术,但其监管目的是自身利益的最大化;而入驻平台的企业拥有私人信息,也可以贿赂平台企业。这样就形成了一个双重监管的体系,政府可以通过设计方案对平台企业和参与交易的企业进行激励,使企业能够"说真话",也使平台企业不会参与合谋。

以网约车市场为例,早期以出租车为主体的网约车平台可视作由政府进行公共监管的市场;随着私家车辆与自有车辆的引入,网约车平台可视作由平台企业进行私人监管的市场;再之后,随着相关监管政策逐渐完善,网约车平台则可视为由政府与平台企业进行协同监管。

9.4.2 理论模型分析

根据上文的讨论,由政府部门和平台企业的私人监管结合,为了从理论上考虑监管的

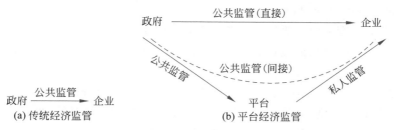

图 9-2　传统经济监管与平台经济监管

有效性，我们借鉴王勇等（2020）的文章构建了平台协同监管的理论模型来探究协同监管带来的影响。

考虑平台市场中三类参与人之间的监管博弈：进行公共监管的政府（下文简称"政府"，G），运营平台的垄断性平台企业[①]（下文简称"平台"，P），以及入驻平台的卖家（下文简称"卖家"，S）。

平台搭建平台市场，卖家可以通过这一平台将商品销售给消费者，消费者无法直接观察到商品质量。我们假设卖家可以选择其网络销售商品的实际质量 q，并且，卖家如果试图提升商品质量，需要付出一定的成本，$\varphi(q)$。不失一般性，我们假设 $\varphi(q) = \dfrac{1}{2}q^2$。[②] 即，卖家选择的商品质量越高，其成本也越高，并且边际成本递增。注意到，由于高质量商品意味着更高的成本，卖家有动机选择质量尽可能低的商品进行销售，因此需要监管部门对卖家销售的商品进行抽检。本文所讨论的经济环境存在两类潜在监管者：政府和平台。但是，两类监管者在监管目标上存在着根本差别：政府监管卖家的目标是最大化消费者的福利；平台监管卖家则是为了自身利益的最大化。

相关质监部门会事先针对在平台市场销售的商品质量制定相关标准，我们将该质检标准记为 $Q(Q \in (0,1])$。如果卖家所选择的实际质量高于质检标准，即 $q \geqslant Q$，那么监管者就不会处罚卖家；但如果实际质量低于质检标准，即 $q \leqslant Q$，并且被监管者发现了，卖家必须向监管者缴纳一定的罚金。所缴罚金的数目取决于两个因素：一是卖家商品质量偏离质检标准的程度，二是平台私人监管和政府公共监管中规定的处罚强度。为此，我们引入处罚强度参数 $m_i > 0$，其中 $i = g$ 或 p，分别代表政府公共监管或平台私人监管中的处罚强度。因此，卖家销售低劣商品被发现后所缴纳的罚金函数为

$$M_i(q) = m_i \cdot \max(Q - q, 0) \tag{9-25}$$

在给定罚金 $M_i(q_i)$ 的函数形式下，商品的实际质量同质检标准的差距越大，卖家需缴纳的罚金也越多。另外，我们假定式（9-25）中的处罚强度参数 m_i 是外生的。原因是，对于政府的公共监管来说，处罚强度往往是由立法部门所制定的法律法规确定的，负责进行监管的执法部门主要的决策就是决定监督力度，对商品低劣的卖家进行处罚。因此，对于进

---

① 该设定意味着进入该平台企业的消费者与卖家均为"单属"（single-homing）：对于消费者来说，只能选择是否在该平台市场购买商品；对卖家而言，只能选择是否入驻这一平台销售商品。

② 注意到，只要成本函数满足一定的凸性，模型的主要结论仍成立，但会增加均衡解的复杂性。因此，为了计算简便并获得显示解（closed-form solutions），我们设定了成本函数的具体形态。

行公共监管的政府部门来说,处罚强度这一参数是外生给定的。对于平台的私人监管来说,平台企业中的监管部门主要是根据平台企业事前制定好的监管惩罚规定来进行抽检和惩罚,并且这些处罚强度也要遵循相关法律法规来制定。因此对平台企业而言,该参数也可以近似地被看作外生给定。

如上所述,我们假定,不管是政府的公共监管,还是平台的私人监管,作为监管者主要选择的变量不是处罚强度,而是监管力度。一般来说,监管者的监管力度越大,比如提高抽检的数量和范围,那么发现某一卖家销售低劣商品的可能性也就越大。因此,我们引入卖家被抽检的概率为 $P(e_i)$,其中 $e_i(i=G,P)$ 表示平台或者政府的监督力度。同样,为简单起见,我们假设 $P(e_i)=e_i$,并且 $e_i \in [0,1]$。我们同时还引入监管者的监管成本 $\phi(e_i)$,假设 $\phi(e_i)=\frac{1}{2}e_i^2$。注意到,我们假定政府的公共监管和平台的私人监管的监管成本函数形式都相同,不同的只可能是监管力度。

这里设定的质量成本、罚金成本与监管成本均为单位商品成本。因此,在分析监管者的目标函数时,还需考虑平台市场的整体规模。

假设存在一个监管部门,无需耗费任何成本便可观测到平台市场的商品质量。该监管部门试图最大化社会福利的目标函数就是消费者效用减去提升商品质量所需付出的成本。

假设消费者数量为单位为 t 的连续统,并且每位消费者均为单位需求。另外,消费者对于商品质量的最低要求为 ϕ,即只有当预期产品质量 $q^E \geqslant \phi$ 时,消费者才会选择购买商品。假设 ϕ 在区间 $[0,Q]$ 上服从均匀分布,根据大数定理(law of large number,LLN),选择购买商品消费者比例为 $\frac{q^E}{Q}$,数量为 $t \cdot \frac{q^E}{Q}$。最后,如果消费者选择在平台市场购买商品,其效用水平仅取决于所购买商品质量的高低,即

$$u(q)=q \tag{9-26}$$

此时,社会福利水平 $[W(q)]$ 为消费者购买商品所获效用减去单位商品质量提升成本,再乘以购买商品的消费者数量,即

$$W(q)=t \cdot \frac{q^E}{Q} \cdot [u(q)-\varphi(q)]=t \cdot \frac{q^E}{Q} \cdot \left[q-\frac{1}{2}q^2\right] \tag{9-27}$$

对商品质量(q)取导数以最大化社会福利水平,并基于理性预期均衡(rational expectation equilibrium,REE),要求 $q^E=q$,我们便可得到社会最优的商品质量 $q^{FB}=1$。[①]

注意到,由于社会最优的质量水平为1,质监部门所设定质量标准不会比社会最优水平来得更高,这与我们上文中提到的质量标准 $Q \leqslant 1$ 相一致。

对于政府公共监管与平台私人监管并存的情形,我们同时考虑政府、平台和卖家三方的博弈。虽然政府和平台共同监管卖家,但是两者的监管决策相互独立。换言之,政府和平台会分别选择各自的监督力度,如果发现商品质量未达标,也会各自进行处罚。另外,如果政府发现商品质量未达标,除了对卖家进行处罚外,还会对平台处以一定的罚金 $N_G(q)$,

---

① 注意,这里假设监管部门无法直接影响消费者对于产品质量的预期,即 q^E。因此,监管部门将 q^E 作为外生参数,选择 q 最大化社会福利水平,通过一阶条件,得到 $q^E=f(q)$。之后,再利用理性预期均衡观念,要求 $q^E=q$,求解出 q^{FB}。但在我们的设定下,可以直接求解出 q^{FB}。因此,直接令 $q^E=q^{FB}$ 即可满足理性预期均衡的条件。

即平台会承担一定的连带责任。假设平台因连带责任所受罚金同政府对卖家所处罚金成正比，即 $N_G(q) = f \cdot M_G(q)$，其中，f 衡量连带责任的强度，假设 $f > 1$。此时，政府会将从平台获得的连带责任罚金返还给消费者，因此，消费者的效用函数变为

$$u(q) = q + (1+f) \cdot P(e_G) \cdot M_G(q) \tag{9-28}$$

此情形下的博弈时序如下：首先，政府选择监督力度；其次，平台在观察到政府的监督力度后选择自己的监督力度；最后，卖家在观察到政府和平台的选择后，选择所售商品的质量。我们仍利用逆向归纳法求解该博弈的子博弈精炼纳什均衡。

首先考虑卖家的成本最小化问题。由于卖家会同时受到政府和平台的监管，因此其目标函数由三部分组成：来自政府的预期罚金、来自平台的预期罚金和提升商品质量所需付出的成本，即：

$$\min_q P(e_G) \cdot M_G(q) + P(e_P) \cdot M_P(q) + \varphi(q) \tag{9-29}$$

此时，卖家的最优反应函数为

$$q(e_G, e_P) = m_G \cdot e_G + m_P \cdot e_P \tag{9-30}$$

之后，平台选择监督力度以最大化自身利益。注意到，连带责任所产生的罚金会进入到平台的目标函数：

$$\max_{e_P} t \cdot \frac{q^E}{Q} \cdot [T(q) + P(e_P) \cdot M_G(q) - N_G(q) - \phi(e_P)]$$
$$\text{s.t. } q = m_G \cdot e_G + m_P \cdot e_P \tag{9-31}$$

其中，平台同政府最大的不同之处在于平台企业拥有数量极大的消费者历史交易数据。因此，平台企业可以准确推断出商品质量与平台规模之间的量化关系，即 $t \cdot \frac{q}{Q}$。[①] 据此，我们引入下面的平台（规模）收入函数：

$$T(q) = \eta \cdot t \cdot \frac{q}{Q} \tag{9-32}[②]$$

其中，η 表示平台企业从全部交易中获取收入的强度（可理解为提成比例）。由于 η 与 t 的位置对称，作用机制相同，为了分析的简便，我们假设 $\eta = 1$[③]。因此，$T(q) = t \cdot \frac{q}{Q}$。

对 e_P 求导数，我们便可得到平台的最优反应函数：

---

① 但是，与政府监管部门一样，平台企业仍然无法影响消费者对于产品质量的预期 q^E。

② 我们这里采用的方式是直接假设简约式（reduced-form）引入平台规模与商品质量对平台收入的影响，即式（9-34）。实际上，我们可以基于经典的双边市场模型，推导出这一模型。例如，Rochet 和 Tirole（2006）中，在假设没有固定费用的情况下，命题 1 中的平台企业利润函数可写为：$\pi = (a^B + a^S - c)N^B(q)N^S$。其中，$a^B$ 和 a^S 为平台企业分别针对买家和卖家收取的价格；c 为平台企业运营的边际成本；N^B 和 N^S 分别为买家和卖家的数量，即平台规模。这里假设商品质量会对买家数量带来影响。如果不考虑平台的定价问题（即，价格结构外生给定），不难看出这里的平台企业利润函数同式（9-34）是等价的。

③ 如果将 η 理解为平台企业规模收入的提成比例，那么，η 一般属于区间 $[0,1]$；$\eta = 1$ 意味着平台企业获得了全部的垄断租金，这与前文垄断性平台企业假设一致。另外，注意到，在模型参数假设下，均衡时的商品质量（q）一定低于质量标准（Q）。因此，$\frac{q}{Q}$ 一定介于 0 和 1 之间。

$$e_P(e_G) = \frac{Q + \dfrac{t}{Q} + (f-1) \cdot m_P \cdot e_G}{\mathcal{A}} \qquad (9\text{-}33)$$

其中,$\mathcal{A} \equiv 2 \cdot m_P + \dfrac{1}{m_P}$。

最后,政府在考虑到监管成本下,选择监督力度(e_G)最大化消费者效用:

$$\max_{e_G} t \cdot \frac{q^E}{Q} \cdot \left[q + (1+f) \cdot P(e_G) \cdot M_G(q) - \phi(e_G) \right]$$

$$\text{s.t. } q = m_G \cdot e_G + m_P \cdot e_P$$

$$e_P = \frac{Q + \dfrac{t}{Q} + (f-1) \cdot m_P \cdot e_G}{\mathcal{A}} \qquad (9\text{-}34)$$

通过对 e_G 求导数,并要求 $q^E = q$,我们便可以得到均衡的政府与平台的监督力度(e_G^{III} 和 e_P^{III}),以及卖家所选择的均衡质量(q^{III})。具体如下:

$$\begin{cases} e_G^{\text{III}} = \dfrac{\dfrac{1}{m_P}(1 + Q + f \cdot Q) + m_P \cdot (1+f) \cdot \left(1 + Q - \dfrac{t}{Q} \right)}{2 \cdot (f^2 - 1) \cdot m_G \cdot m_P + \mathcal{A} \cdot \left[2 \cdot m_G (1+f) + \dfrac{1}{m_G} \right]} \\[20pt] e_G^{\text{III}} = \dfrac{Q + \dfrac{t}{Q}}{\mathcal{A}} + \dfrac{(f-1) \cdot m_G}{\mathcal{A}} \cdot e_G^{\text{III}} \\[20pt] q^{\text{III}} = \dfrac{Q + \dfrac{t}{Q}}{\mathcal{A}} \cdot m_P + \left[\dfrac{(f-1) \cdot m_G}{\mathcal{A}} \cdot m_P + m_G \right] \cdot e_G^{\text{III}} \end{cases} \qquad (9\text{-}35)$$

对于政府和平台协同监管的情形,政府的监督力度(e_G^{III})会:①随着平台规模(t)的扩张单调下降;②随着政府处罚强度(m_G)的提高呈现先上升后下降的趋势;③随着平台处罚强度(m_P)的提高单调下降;④随着平台连带责任(f)的提高而单调下降。

平台的监督力度(e_P^{III})会:①随着平台规模(t)的扩张单调上升;②随着政府的处罚强度(m_G)单调上升;③随着平台处罚强度(m_P)呈现先上升后下降的趋势;④随着平台连带责任(f)的提高而不断上升。

当政府和平台协同监管卖家时,首先,平台的质检力度会随着政府处罚强度的增大而提升,这意味着从平台的角度看,平台与政府是相互促进的互补关系。但是,政府的质检力度会随着平台处罚强度的增大而降低,这意味着从政府的角度看,平台与政府是此消彼长的替代关系。

其次,政府的质检力度会随着平台规模的增大而降低,这一结果说明当平台规模足够大而使得自身拥有足够的激励进行平台治理时,政府会主动减少对于市场的干预,即平台与政府之间存在着替代关系。

最后,平台连带责任的提高意味着销售低质商品会导致平台承受更高的罚金,这会激励平台提升自身监督力度;同时,由于从政府的角度看,平台与政府间是替代关系,因此平台监督力度的提高会降低政府的监管激励。

9.4.3 拓展讨论

在 9.4.2 节我们通过建模分析比较了不同监管模式,根据王勇等(2020)研究发现平台企业和政府部门的协同监管最为有效。那么在监管过程中双方如何协同进行监管才会最有效呢? 我们可以按照事前、事中和事后分类进行监管分工。

平台监管中的事前监管主要是准入资质监管,即对平台商家准入门槛的制定,对平台商家提出一定的要求,防止不合规商家入驻平台。在事前监管的分工中,政府应当降低准入资质,鼓励平台建立私人秩序,使平台可以依靠市场化的手段对商家进行监管。同时,为调动平台监督的积极性,应引入连带责任:当政府发现平台上的不合格资质商家时,不仅对商家进行惩罚,还需要对平台经营企业进行惩罚。

平台监管的事中监管是对平台用户运营过程的监管,筛选用户运营过程中出现的违规违法行为。在事中监管中,平台私人监管相较于政府规制有明显的技术优势和信息优势,监管方式相较于规制成本低且效率高。因此,在事中监管上,平台企业应该承担主要责任,政府可以放松事中监管,以降低监管成本。

平台监管中事后监管是对平台用户违规行为的惩罚措施。在事后监管中,政府规制相较于平台私人监管存在优势。平台企业只能对违规用户采取惩罚措施,平台间数据的不流通也增加了监管的难度。政府规制则可以利用政府职能优势,对平台企业和平台用户提出强制性要求。因此,政府规制的事后监管应该利用法律的手段对平台以及平台用户进行要求和约束,结合私人监管中事中监管手段,提高平台监管效果。

平台企业负责的私人监管功能与平台企业需要承担的主体责任有着密切的关系。平台企业的主体责任是指平台企业作为数字经济与社会各类活动组织者和协调者,需要承担维护经济与社会活动秩序的治理责任,其本质是向本平台用户提供公共物品(public goods)或准公共物品服务,即平台企业的主体责任具有公共物品属性。同时,平台企业需要承担的主体责任既非单纯社会责任,也非单纯的经营责任,而是具有一定复合性的治理责任,包含新型经济责任和新型社会责任,即平台企业的主体责任具有双重责任属性。其中,交易类平台需要承担交易秩序维护责任,生态类平台需要承担生态协作秩序责任,综合类平台需要承担行业竞争秩序责任,金融类平台需要承担风险防控责任,公众服务类平台需要承担社会公共秩序责任;同时,所有平台在承担制定平台规则制度和平台私人监管的经营责任,以及与政府部门开展协同监管的社会责任与义务的基础上,超大型平台企业还需承担维护市场公平竞争的经营责任,以及形成健康平台商业生态、风险管理和防范的社会责任与义务。

本章小结

本章首先从平台市场最重要的特征交叉网络效应开始分析,其次讨论由用户异质性和交叉网络效应产生的平台新型运行机制——分层运行,进而讨论由于交叉网络效应和用户归属衍生的平台市场竞争问题,最后讨论有关平台治理模式的相关问题。平台市场的核心特征是平台用户之间存在的交叉网络效应,即平台一边用户参与平台进行互动和交易会给另一边用户带来相应的正外部性或负外部性。基于用户异质性产生的交叉网络负外部性,我们探究了平台市场分层运行的这一新型运行机制,研究发现平台分层与市场拥堵性和安全性呈正相关,与市场稠密性呈负相关。进而本章研究了平台为争夺用户规模激活交叉网络正效应所采用的价格结构和用户锁定策略。最后,由于市场秩序也会影响用户交叉网络效用,因此,平台企业有动机参与市场秩序维护,与政府公共部门对平台市场进行协同监管。

习题

1. 请举出生活中双边平台和多边平台的例子,并分别说明每一边都是哪些用户。
2. 请比较交叉网络正效应和交叉网络效应的异同并举例说明。
3. 请分析市场稠密性、拥堵性和安全性三者之间的关系。
4. 尝试分析用户单归属和多归属对于同质性平台竞争的影响。
5. 尝试分析当双边用户完全对称时是否还会存在交叉补贴①现象。
6. 请详细论述为何协同监管模式要优于另外两种监管模式。

参考文献

[1] Armstrong M,2006. Competition in Two-sided Markets[J]. The RAND Journal of Economics,37(3):668-691.

[2] Caillaud B,Jullien B,2003. Chicken & Egg:Competition Among Intermediation Service Providers[J]. RAND Journal of Economics,309-328.

[3] Church J,Gandal N,Krause D,2008. Indirect Network Effects and Adoption Externalities[J]. Review of Network Economics,7(3).

[4] Farrell J,Katz M L,2000. Innovation,Rent Extraction,and Integration in Systems Markets[J]. The Journal of Industrial Economics,48(4):413-432.

[5] Jullien B,Pavan A,2019. Information Management and Pricing in Platform Markets[J]. The Review of Economic Studies,86(4):1666-1703.

[6] Rochet J C,Tirole J,2003. Platform Competition in Two-sided Markets[J]. Journal of the European Economic Association,1(4):990-1029.

[7] Rochet J C,Tirole J,2006. Two-sided Markets:a Progress Report[J]. The RAND Journal of Economics,37(3):645-667.

[8] Roth A E,2008. What Have We Learned from Market Design? [J]. The Economic Journal,118(527):285-310.

[9] Rysman M,2009. The Economics of Two-sided Markets[J]. Journal of Economic Perspectives,23(3):125-143.

[10] Spulber D F,2008. Unlocking Technology:Antitrust and Innovation[J]. Journal of Competition Law and Economics,4(4):915-966.

---

① 交叉补贴是指平台对一边用户收费而对另一边用户补贴的情况。

［11］　Tan G，Zhou J，2021. The Effects of Competition and Entry in Multi-sided Markets[J]. The Review of Economic Studies，88(2)：1002-1030.

［12］　Weyl E G，2010. A Price Theory of Multi-sided Platforms[J]. American Economic Review，100(4)：1642-72.

［13］　Weyl E. Imperfect platform competition：A general framework[J]. 2010.

［14］　王勇、吕毅韬、唐天泽、谢丹夏，2021.平台市场的最优分层设计[J].经济研究，56(7)：144-159.

［15］　王勇、刘航、冯骅，2020.平台市场的公共监管、私人监管与协同监管：一个对比研究[J].经济研究，55(3)：148-162.

第10章

数 字 生 态

本章学习目标

1. 了解生态形成的背景

2. 对数字生态的概念、结构有一个全面、清晰的认知

3. 掌握生态组织的核心特点

4. 了解数字生态的培育

5. 对数字生态的竞争有一定认识

引言

在信息技术革命之前,传统经济中企业以供应链(包括研发商、原料商、生产商、分销商和用户)为主要商业模式垂直地开展经济活动,商业竞争围绕产品展开。随着网络经济的发展,企业开始转向平台战略,其经济行为的核心从产品转向对买卖双方的匹配、服务。平台经济以网络效应为基础,核心企业在此之上提供平台产品或服务,通常只囊括买家和卖家,而不包括卖家的卖家、卖家的买家等更复杂网络。

目前,平台经济经历了从消费型平台(双边平台)(Rochet 和 Tirole,2003)到生产型平台(产业平台)(Gawer 和 Cusumano,2002)的演变。而在云计算、人工智能、大数据等技术的驱动下,数字经济逐渐发展,社会的数字化进程逐步推进。如今,企业身处 VUCA 时代——易变性(volatility)、不定性(uncertainty)、复杂性(complexity)、模糊性(ambiguity)(K. Rong 等,2013;吴晓波等,2019),面对着技术发展不确定性和宏观环境的不确定性。一方面,技术发展飞快且复杂度提高:如今的技术发展迭代飞快(如人工智能),交易成本和制度设计的成本都将提高(Zott 和 Amit,2008),压缩了单个企业(尤其是弱小企业)适应潮流的空间(Chesbrough 和 Rosenbloom,2002;应瑛等,2018;余江等,2021)。另一方面,市场应用的不确定性和外界冲击也为企业所生存的宏观环境带来了不确定性:市场应用的不确定性是技术发展的不确定性加之消费者需求的不确定性共同促成的,这可能会导致产业发展初期企业难以抵抗外界频繁而多样的冲击(Rong,Wu,等,2015),交易风险和成本升高;如新冠疫情、国际政治斗争等社会事件也会提高战略设置的风险(吴晓波等,2019),构

成宏观环境的不确定性(Rong等,2010)。与作为供给方的企业相对应的,作为需求方的新世纪受众也越发多元,对差异化的集成解决方案的需求更为迫切。

更加复杂多变的环境要求企业从平台战略转型到生态战略(Rong等,2018),以平台为基础、囊括更多成员伙伴、网络更加复杂广阔的平台商业生态系统就此而生。它不仅包括平台原有的、与价值链相关的部分,还包括了提供丰富多样资源的社会网络,其参与者更加复杂,能完成的功能也更加多样;谷歌、苹果、百度、阿里、腾讯等互联网公司在内的大型企业大都启动了生态化进程,涉足的业务逐渐多元(Ceccagnoli等,2012;Gawer和Cusumano,2002;Ke Rong等,2013)。

时至今日,数字经济蓬勃发展,数字生态也将深刻影响社会生活的方方面面。在本章接下来的部分,我们将从数字生态的结构、如何培育和治理数字生态、数字生态的国际化竞争等几个方面走进数字生态。

10.1　数字经济与数字生态

10.1.1　何为数字生态

随着信息技术的进一步发展,个体逐渐依赖于商业伙伴网络,竞争不再局限于个体之间,而逐渐衍化为多边竞争。平台企业利用网络效应,汇集大量、广泛的利益相关者,逐渐形成了商业生态系统,这一系统包含了消费者、生产商、互补者、研究机构、政府等多元主体。商业生态系统,可以通过发起(initiating)、识别(identifying)和整合(integrating)利益相关者,在生态系统中创造价值来重塑价值,并为参与其中的公司带来竞争优势(Rong,Wu,等,2015)。**商业生态是指由相互交互的各类组织、企业和个人共同支撑的一个经济共同体**(economic community),**是整个商业世界的有机组织**(the organisms of the business world)(Moore,1999)。事实上,如今的市场竞争已经很大程度转化为商业生态系统之间的竞争(Gawer和Cusumano,2002;G. Liu和K. K. K. Rong,2015;Rong,Hu,等,2015;Rong,Wu,等,2015)。

"商业生态"一词来源于自然界的"生态圈":在自然界的生态圈中,物种之间进行资源竞争并相互作用,从而形成复杂的网络,去适应不同的外在环境。最早对商业生态系统的定义强调企业不仅是单个成员,更作为一个完整商业生态系统的一个组成部分而存在,且同时跨越多个行业(Moore,1993)。商业生态系统中的企业作为利益相关者相互合作和/或竞争,并共同进化。共同进化在生物学中指两个或多个生态上相互依存但独特的物种之间的连续变化,其进化轨迹逐渐交织。相应地,**在商业生态系统中,一家公司的发展将影响其他公司的发展(其中,核心企业在进化过程中的影响更大),从而构成了商业生态系统的核心——以互利的方式共同进化**。学者们还将共同进化机制解构为三大支柱——共同愿景、共同设计和共同创造(G. Liu和K. Rong,2015)。生态成员可以紧密耦合或松散耦合,均通过特定的战略愿景(vision)被动员起来,嵌入新的价值链中。作为回报,所有新创建的业务将作为生态系统的新资源嵌入系统。

商业生态中的成员囊括了政府、行业协会、供应商、主要生产商、竞争对手、客户等一系列利益相关者(stakeholders),这些生态伙伴在整个生态共同演化(co-evolve)中,分享愿景,发展解决方案,相互建立信任,从而形成命运共同体;而生态的核心企业(ecosystem leader)将在整个过程中起到关键的主导、协调和促进作用。生态系统的核心企业往往是那些能够吸引具备各类资源的合作伙伴(包括供应链伙伴、客户、金融资本等)的企业(Moore,1993),协调整个生态系统应对日益增加的技术复杂性和日益多元化的市场需求(Adner 和 Kapoor,2010)。

商业生态系统理论从新视角发现和解决成员企业及利益相关者在宏观和微观上的战略和衍化,更好地解释多边商业竞争——它模糊化原有边界、开放原有封闭系统、整合多方资源(魏江等,2021)。而商业生态系统的关键正是利益相关者之间的共同进化、共同为客户创造商业价值。

从产业组织的角度,商业生态系统可以被理解为围绕核心技术而形成的供应商和客户之间的关系网络,并以获得商业成功和生存为目的。企业在生态中扮演不同的角色,最终提高生态系统的运营效益,如核心企业(keystone)、关键供应者(landlord)、支配者(dominator)、利基者(niche)和普通商品供应者(commodity)(Iansiti 和 Levien,2004)。核心企业指与其他伙伴合作创造并分享价值的生态系统枢纽;关键供应者指根据其枢纽位置获取最大价值的生态系统枢纽;支配者能纵向或横向整合,控制关键生态系统,获取最大价值;利基专注开发细分领域;普通商品供应者则专注于最低成本的产品。

商业生态系统具有如下主要特征:

(1)集成性。在商业生态系统内,有着众多的商业模式,商业生态系统组织各种不同的商业模式进行协作、互补以及演绎,是商业模式的集成,因此,商业生态系统又被称为"商业模式的商业模式";如阿里巴巴将电商、支付、物流、金融、娱乐、云计算等集成为一体,各个商业模式独立运行,又互为补充与支撑。

(2)延展性。商业生态系统的延展性包括立体延展和动态延展:立体延展指的是商业生态系统内的不同成员、不同商业模式朝着技术、价值链、伙伴等方向多层次、多维度发展,更为立体;动态延展指的是随技术进步、利益相关者扩展,商业生态系统进行共同升级演化,又表现出动态特征。图 10-1 描述的是商业生态系统的延展性:三个坐标轴描述的是商业生态系统朝着科技发展、价值链、合作伙伴网络方向立体化延展;商业生态系统响应科技发展,在数字时代,结合并发计算、云计算、人工智能等数字技术扩张商业生态系统,改变和创造新的商业模式,三个饼状图的上半部分描述的就是商业模式的增加;商业生态系统仍然保留传统价值链的特征,研发环节和市场销售环节结合紧密,市场进一步分化出销售,三个饼状图的中间部分描述的就是传统价值链的细化分化;商业生态系统把"朋友圈"从传统产业链中的上下游价值链伙伴,延伸到泛社区合作伙伴、社会资源池,三个饼状图内的下半部分描述的就是伙伴层级的扩张。

(3)可持续性。商业生态系统能够持续地发现应用场景,寻求新的消费市场,强化正外部性,形成更强的韧性和更高的灵活性。同样以阿里巴巴为例,阿里巴巴初期聚焦电商平台的单一模式,但随着电商平台信任缺乏、支付手续烦琐、物流效率低等短板的暴露,阿里巴巴将"支付宝"从支付工具拓展至金融工具、物流平台"菜鸟物流"等,创造新的商业模式,不仅更好地满足了用户需求,而且纳入了众多新的利益相关者,形成更强的市场竞争力。

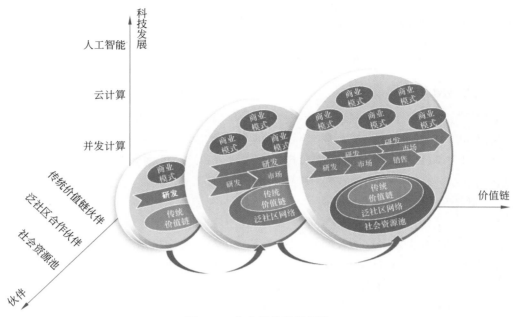

图 10-1 生态系统的延展性

数字生态是商业生态系统在数字经济条件下的具体化形态。数字经济涵盖了数据要素、数字技术、数字产业化、产业数字化、数字化治理等众多内容,涉及从数据要素到数字产业的全产业价值链,其产业价值需要各个主体积极配合(余江等,2021)。与传统供应链结构和产业结构相比,此时的企业更需要形成生态系统以应对复杂、动态、多变的数字经济中存在的种种不确定性。**围绕数字产业发生交互的各类组织、企业和个人共同支撑的一个数字产业共同体即数字生态。** 依照从底层数字技术到场景应用的逻辑,数字生态可以分为数字技术生态、数字平台生态和数字应用生态三大层级。数字生态成员同样囊括了政府、行业协会、供应商、主要生产商、竞争对手、客户等一系列利益相关者(stakeholders),在核心企业(ecosystem leader)的主导、协调和促进下,这些生态伙伴在整个数字生态中共同演化(co-evolve)中,分享愿景,发展解决方案,相互建立信任,从而形成命运共同体。

📖 **专栏:与生态相关的名词补充**

创新生态:强调生态系统的功能或目的,是由地理位置、基础设施、创新文化、政府支持等经济、社会和自然环境与企业、高校及科研机构、顾客、政府、中介机构等创新主体及研究、开发和应用群落构成的创新网络。以核心企业或共享技术平台为核心,边界开放、模糊、流动,从而促进创新要素的自由流动(陈健等,2016)。

平台生态:强调生态系统的承载或组织,是平台企业及其互补企业构成的生态网络,平台企业作为核心企业构筑基础框架、提供价值、协调互补企业之间的交互,互补企业生产互补产品以增强平台价值。生态系统利用平台经济的资源配置能力和网络效应加速、放大价值创造,并最终通过平台交付成果和解决方案。

数据生态:数据产业从授权采集到消费,涵盖了产业链全环节,而数据生态正是围绕数据产业发生交互的各类组织、企业和个人共同支撑的一个数据产业共同体。数据生态的动态迭代演化使得处于生态中不同位置的各个企业在生态网络中的流动性大大增强,从而及时淘汰不合理的商业模式和制度设计,实现商业系统的优化。

10.1.2 解析数字生态

1. 数字生态的结构

数字生态中包含了一系列通过数字产业链、价值链等相关联的企业或组织,这些企业或组织又被称作生态合作伙伴。数字生态中的全部生态合作伙伴,分为产业价值网络和泛社区网络两大类(Rong,Hu,等,2015),产业价值网络和泛社区网络的嵌入资源保持着动态的更新与互动,互相促进、协同成长,随着产业发展动态迭代演化。

(1)静态结构

数字生态系统由数字产业价值网络和数字泛社区网络两部分组成,可以借用社会学中的"差序格局"概念去理解这两种网络的关系(图 10-2)。差序格局是发生在亲属关系、地缘关系等社会关系中,以自己为中心像水波纹一样推及开,越推越远、越推越薄且能放能收、能伸能缩的社会格局,且它随自己所处时空的变化而产生不同的圈子;在差序格局下,每个人都以自己为中心结成网络。这就像把一块石头扔到湖水里,以这个石头(个人)为中心点,在四周形成一圈一圈的波纹,波纹的远近可以标示社会关系的亲疏(费孝通,2013)。在生态系统中,不同核心企业的生态伙伴构成、位置都各不相同。数字生态的核心企业,就是差序格局中的"石头",即"中心个人";数字生态的产业价值网络通常以平台为基础,各个参与主体在平台上进行互动,其中的企业从价值链上看关系更为直接、紧密,是差序格局中的"近的波纹",类似于"近亲";而泛社区网络则指生态系统潜在价值创造的其他成员与附加资源,包括用户画像数据、商业信用(如芝麻信用体系)、用户在互动中产生并强化的社交信任等,其中的伙伴成员和核心企业的关系是更间接、更疏离的,而正因为这种"间接""疏离",是差序格局中的"远的波纹",类似于"远亲"。产业价值网络的伙伴成员与核心企业关系密切,往往与核心企业的核心产品息息相关;相较之下,泛社区网络参与者与核心企业的业务重合度更低,但它们获得的信息也会和核心企业大不相同,从而能够为核心企业提供其他差异化的社会资源。

数字产业价值网络,即企业为创造数字产业价值而建立的直接合作伙伴系统,包含数字产业价值链上的所有合作伙伴。

数字产业价值链包括数字基础设施、数据要素市场、产业互联网、消费互联网等数字价值创造过程,以及数字化赋能的万行万业。其中,数字基础设施包括硬件(芯片)、软件(操作系统、数据库、中间件等)、云(云计算)、网(5G、工业互联网)等。数据要素市场包含数据授权、采集、加工、定价、交易、利用、分配等环节,涉及政府、企业(平台企业及其他企业)、个人等主体。产业互联网包括为满足各行业企业提升生产效率、按需调整生产活动、实现运营协同的需求,依托行业经验知识(know-how)和生产数据,并利用智能机器、工业软件、云计算、人工智能、5G 等新一代数字技术,所形成的连接企业内部生产单元和企业外部产业链合作伙伴的数字化生产网络,涉及政府、企业(平台企业及其他)等主体。消费互联网包括为满足用户日益增长的各类生活需求、部分企业便捷出售商品和服务的需求,依托用户的消费数据画像,利用 4G、定位、大数据等数字技术,所形成消费市场中各类用户、企业的数

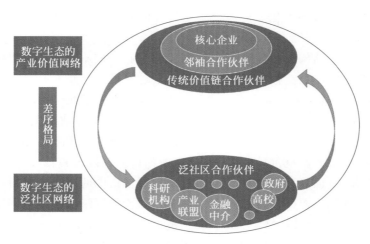

图 10-2　数字生态的静态结构

字化消费网络,涉及企业(平台企业及其他)、个人等主体。

根据其在数字产业价值网络中的地位,合作伙伴可分为核心企业、领袖合作伙伴、产业链中的其他合作伙伴。其中,核心企业是指主导构建数字产业价值网络的企业,领袖合作伙伴主要是指数字产业中处于优势领导地位或者具备优秀发展前景的企业,产业链中的其他合作伙伴则是指其他连接到核心企业所构建的数字产业价值网络中的各类企业。

数字泛社区网络,即企业为实现数字产业的未来价值而需要的潜在合作伙伴,以及所有支撑企业实现产业价值,但又不直接创造产业价值的间接合作伙伴。还包括各类为数字产业价值发展提供支撑的**社会资源池**,比如政府、科研机构、高校、产业联盟、金融中介、用户等。泛社区网络的核心特征是当前没有参与企业的价值创造过程。

数字泛社区网络囊括了没有直接参与价值创造,但是却有助于产业价值网络成员实现价值创造的各类主体,主要包括两类。第一类为**实现未来产业价值**而需要的**潜在合作伙伴**,当前不参与价值创造过程。比如,一些目前因为数据难以采集等原因而数字化陷入停滞、无法参与数字产业创造的企业,如果未来具有数字价值创造的潜能,那么也属于潜在合作伙伴。第二类是所有**支撑企业实现产业价值**,但又不直接创造产业价值的**间接合作伙伴**。立法机关可以通过建立健全相关法律法规体系,产业联盟和评级机构可以协助制定数据要素市场标准,从而让数据要素市场更加规范化发展,因此立法机关、产业联盟、评级机构是间接合作伙伴;涉及数字经济监管的政府机构和协会、推动数字经济迭代和发展的开放社区,乃至通过反馈改进重塑数字产业价值链的用户也都属于数字生态的间接合作伙伴。

（2）动态结构

与聚焦单个企业或产业链动态变化的传统理论相比,商业生态系统更关注生态的发展议题:从演化经济学的视角看,如何通过建立或优化企业所处的整个系统来实现与其他相关组织相协调的发展、促进整个商业生态系统的价值共享共创,形成多向、多级、网络状的发展体系,并完成整个商业生态系统的协同进化?从知识管理理论的视角看,如何实现生态成员间知识、价值共享从传统的单向共享向多向、充分、高效共享的转变?从创新经济学的视角看,生态成员的协同进化如何促进企业的价值创新? 同样,以数字经济为背景的数字生态的动态发展也离不开这些议题。

事实上,处在静态结构中的合作伙伴并不是固化的、一成不变的。在数字生态中,随着新场景和商业模式的开发,泛社区网络主体有可能进入数字产业价值链中,而有些数字产业价值链中的主体也可能因为商业模式的不可持续,转化为泛社区网络主体,最终起到支撑数字产业价值链的作用。这种动态迭代演化的过程可以更好地激发数字经济的市场活力,推动商业模式升级和制度设计优化,不断推动数字市场健康可持续发展。

数字生态的动态结构分析往往围绕"核心企业如何通过接入和转换嵌入在社交网络中的资源池中的资源,从而建立价值网络"开展。泛社区网络中的资源池包括有形资源(资金和基础设施等)和无形资源(信息和建议等),会对产业价值网络产生反馈作用,资源与主体都可能随着这一过程在泛社区网络和产业价值链之间流动。如图 10-3 所示,核心企业通过接入、嵌入在泛社区网络中的本地资源(人力资源、风险资本和本地基础设施等)回应社会愿景关切,调整新产品研发方向;从泛社区网络的本地资源到产业价值网络实际商品、服务的价值创造过程正是从社交网络到价值网络的转变过程的一类具象;生产出新产品,获得市场反馈,能够反过来促进高校科研、政府制度制定等泛社区网络伙伴成员的行为,丰富泛社交网络的资源池,形成新的社会关切,由核心企业或者其他产业价值网络成员伙伴进行生产(Rong,Wu,等,2015)。

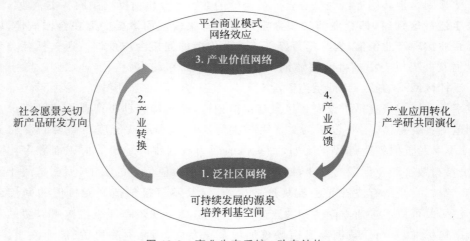

图 10-3　商业生态系统:动态结构

2. 6C 理论系统认识数字生态

为了更系统地认识数字生态,下面介绍一个研究解析商业生态系统的 6C 框架:运营情境(context)、结构(construct)、范式(configuration)、运行机制(cooperation)、能力(capability)和变革(change)(Rong,Hu,等,2015;Rong 和 Shi,2023)。6C 之间相互关联:运营情境是商业生态系统发展的环境设置,结构要素组成商业生态系统的基本框架,而运行机制是培育商业生态系统以实现战略目标的方式。运行机制和结构共同决定了特定生态系统及其目标的范式,不同的能力是生态结构和运行机制的反映,每个商业生态系统都面临着变革的挑战。图 10-4 所示的 6C 框架能够帮助同学们系统化、结构化地认识数字生态系统及其核心企业,其子框架及对应的活动、策略将在下文展开。

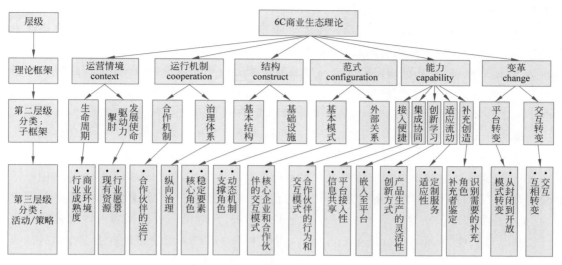

图 10-4 数字生态系统的 6C 框架

数字生态系统的运营情境(context)是生态所处的环境与背景,从复杂性和动态性的角度识别宏观环境特征。其子框架主要包括企业所处生命周期阶段和生态的发展使命、驱动力和掣肘。这一维度不仅关注生态系统的产业价值网络,也不能忽略泛社区网络中的其他非直接业务合作伙伴,例如政府机构、行业协会、利益相关者以及对行业产生巨大影响的竞争对手。

数字生态的结构(construct)维度定义了数字生态系统的基本结构(structure)和支持性的基础设施(infrastructure)。基本结构主要包括组成整个生态的各类固定要素(消费者、企业、政府等),以及核心企业在生态中所扮演的角色。基础设施包括各类要素之间互相动态交互的机制,以及在这一动态机制中起到重要支持性作用的各类角色。数字生态系统涉及成员往往十分复杂,如硬件提供商、芯片提供商、解决方案及算法提供商、云平台、线上平台、终端用户、政府机构等。可以从基本结构和基础设施两个维度认识数字生态系统的各个成员,这有利于梳理、分析各成员在生态中所处的位置和发挥的作用,能够更好地理解该生态如何运行,其中成员如何共同进化。

数字生态系统的运行机制(cooperation)维度指合作伙伴为实现共同战略目标而相互作用的机制,包括合作机制和治理体系,是为达成某个战略目标而培育数字生态系统的方式。合作机制,就是相关企业及所有的合作伙伴之间是如何协同运行的。比如微信就是作为一个完整独立的平台,鼓励第三方去开发自己的 App,部分使用和接入微信的功能和信息。治理体系,主要指的是该生态纵向的治理体系,讨论是自上而下(up to down)的治理模式,还是自下而上(down to up)的治理模式,抑或是两者的结合。

数据生态系统的范式(configuration)是生态所呈现出来的形态,主要回答"基于一个运营情境,如何建立供应网络和生态,以实现目标功能"的问题。范式可以分为基本模式和外部关系:基本模式是指生态中核心企业与各类生态要素的交互模式,从而形成不同类别的生态范式。外部关系所说的是生态中除了核心企业外的其他生态合作伙伴之间的在生态培育中的各类行为,以及生态伙伴之间所形成的各类交互模式。不同的生态系统具有不同的结构范式,也展现了不同的价值创造策略。

数字生态系统的能力(capability)是生态创造价值、成功和成长的关键基础,希望回答"为什么一种类型的生态运行得比另一种更好"的问题。主要包括接入便捷、集成协同、创新学习、适应流动、补充创造五种能力。接入便捷能力(communication and accessibility)指的是生态中搭建的各类平台对各类生态成员的接入便捷性,平台内信息的共享程度。比如电子地图开放给绝大部分参与者,智能驾驶操作服务软件开放 API、SDK 给开发者。集成协同能力(integration and synergizing ability)指的是生态中各类生态成员是否较好地嵌入所搭建的平台之中,并形成良性的协同作用。创新学习能力(innovation and learning ability)衡量的是生态给出的产品解决方案是否是灵活多变的,生态又是否适合各类创新活动的开展。这与接入能力也有一定的联系,当开放程度高的时候,创新的来源和参与则更为广泛,比如智能汽车驾驶系统,当核心企业提出需求,大量第三方开发者可以加入其中进行创新。适应能力(adaption and mobility),衡量生态对用户需求是否具有适应性和灵活程度。补充创造能力(complementor creation ability),指生态能够识别出其所需要的补充性成员,并使得补充者加入并创造价值贡献给核心产品平台。

数字生态系统的变革(change)反映商业生态系统的模式更新和演化,一种生态在其生命周期的结束阶段,其运营环境如何从一种模式演变为另一种模式;在生态系统的范式和运行机制的维度上又有什么变化。从主体的角度,主要分两个维度进行考察,主要包括系统模式的更新(renewal)和演化(evolution)。更新主要是数字生态系统中的核心平台本身模式的转变,比如可以表现为构建的平台是逐渐从封闭转向开放,也有可能是在产品层面变得更为开放,也有可能只是在功能上有了较大突破和增加。共同演化描述生态的交互转变,一旦变革发生,生态中各类角色的交互模式也会随之进行调整,发生相应转变。共同演化比较明显的例子有从传统电视到网络电视,用户跟内容提供者、软件开发者的互动,从原来的单纯接受的单项互动,到现在的双向互动。

10.2　数字生态组织:互补者行为与生态互补性

10.2.1　生态的互补性

互补性是商业生态系统(包括数字生态系统)的核心特征,也是使得生态系统的机制设计区别于传统供应链模式机制设计的重要因素。在传统的供应链模式下,企业内部机制设计往往通过采购或者营销职能来管理供应链的上下游关系。然而,生态系统的成员之间是互补关系,"互补者"(complementors)既不必是买方,也不必是卖方,而是一种间接互相依赖(indirect interdependence)。与供应链模式的上下游关系相比,"互补者"涉及范围更广,涵盖了包括上下游关系的产业价值网络和不参与价值创造的泛社区网络的成员,因此对生态系统的机制设计提出了更高的要求(Kapoor,2013)。生态系统成员的互补性成为生态信任构建的利益基础,促使合作伙伴间协调互动、价值共创、共同演化,最终使客户受益(Jacobides 等,2018)。

细分来看,生态成员间的互补性可以分为"独特互补性"和"超模互补性"两类,既可以体现在生产方面,也可以体现在消费方面(Jacobides 等,2018)。

独特互补性(unique complementarities)存在"失去 B 则 A 无法运作"(A doesn't "function" without B)的严格定义,而更广泛的版本是"B 能最大化 A 的价值"(the value of A is maximized with B)。这种互补性可以是单向的,也可以是双向的。在生产上,指如果没有共同协调的话,A 和(或)B 无法生产,如 iOS 系统和与 iOS 兼容的应用程序;在消费上,指同时消费比分别消费 A、B 的效用更高,且 A、B 单独消费时效用大打折扣,如网球拍和网球。

超模互补性(supermodular complementarity,也称 Edgeworth complementarity)是指"B 增加能带来 A 的价值增加"(more of B makes A more valuable)。体现在生产上是"生产的 B 越多,生产 A 的成本越低"或"生产 B 能带来 A 的质量提升"或"A 行为越活跃,则 B 行为的效率也越高",如兼容 5G 的物联网产品生产体系;体现在消费上是两者共同消费的收益回报递增,如芭比娃娃和芭比娃娃专用服装等具有一定互补性的消费品。

接下来,本节将通过案例分别介绍产业价值网络和泛社区网络中的互补者行为。

10.2.2　产业价值网络中的互补者行为

产业价值网络中的互补者参与价值创造,他们的贡献常常通过供应链作用到最终的商品和服务上。这一过程可以改变生态的开放性、创新性、韧性等,甚至可能带来生态本身的扩张。比如,在智能手机市场上,研发操作系统的核心企业通过开源代码,可以开放接口给应用软件开发,从而吸引更多的应用开发人才、企业进入该企业生态系统中的产业价值网络,成为该企业的互补者,丰富基于该操作系统的手机的功能。这里的应用开发互补者和传统产业价值链的上游企业的直观区别是,核心企业(操作系统企业)并没有直接给应用软件开发企业"下订单""招投标",而是通过开源提高整个生态的开放性,让应用软件开发企业更自主地参与到手机价值创造中。

2019 年杰弗里·帕克(Geoffrey Parker)对手机端操作系统巨头——苹果和谷歌的开发者生态系统进行了研究,并成为产业价值网络互补者行为的典型案例(Parker 等,2017)。在这一研究中,帕克详细讨论了怎样逐步开放对核心企业来说才是"最优"的开放策略。

苹果的 iOS、谷歌的安卓(Android)作为全球知名操作系统,都有一个企业外部的应用软件开发价值网络。众多开发者基于操作系统开发各种应用软件,从而为基于该操作系统的手机扩展出丰富的功能。与传统供应链的封闭创新相比,这种在企业外部发生的开放创新,溢出效应(spillovers)更强,创新成果更多,开源代码多次使用的零成本更是强化了这一优势。

苹果 iOS 和谷歌安卓的开放性并不相同,苹果更偏向从封闭收费中获得利润,而谷歌更偏向从开源创新中获得利润。苹果虽然追求第三方开发者,但它保持着相对封闭,开发者必须接受苹果严格的质量审查才能发布应用,同时唯一的发行渠道也被苹果控制。相比之下,谷歌发布了开源的安卓,虽然时间上晚于苹果的 iOS,但其对硬件制造商开放参考设计,从而降低安卓手机的开发成本,得到了各方开发者的关注。这种开放性不同导致了两类操作系统的收费和开发应用数量的巨大差异——苹果通过相对封闭的系统获取了更大的定价权和更高的利润率,而谷歌的应用程序数量多,并在 2014 年超过了苹果 iOS 的应用数量。帕克研究中的核心企业正是通过在封闭收费与开源创新之间权衡取舍,确定如何借助开发者(重要的产业价值网络合作伙伴)的力量。

帕克建立的开发者创新模型中,设定了两类生产者。一类是核心企业,也可以理解为平台的运营者(如 iOS 生态系统中的苹果公司),负责基础平台的开发和服务,同时决定本平台上代码有多少比例会开放给市场为其他生产者所用;另一类是开发者,负责利用核心企业开发的代码平台进行应用开发。比如某操作系统 A 的研发企业是核心企业,开发操作系统 A 相关的代码,同时也可能自研部分应用软件;同时由于核心企业开源了代码,市场上的程序员(开发者)可以直接在操作系统 A 上研发丰富的应用软件。消费者在购买拥有操作系统 A 的手机时,相当于同时购买了核心企业自研的软件和开发者研发的其他应用软件。

假设平台通过服务消费者从市场可获得的总价值为 V,核心企业决定释放占比为 σ 的业务开放给开发者提供,剩下占比为 $(1-\sigma)$ 的部分由自己提供。比如苹果手机 iOS 最初推出时会有通话、短信、视频观看等诸多功能,其中部分由苹果手机自身提供,部分由外部提供。开放平台可以理解为开放平台基础代码(开发平台或环境),因此此时的代码开放量为 σV,开发者可以使用这部分开源代码进行开发,其收益会受到开发者数量、创新质量等的影响,核心企业可以通过抽成开发者 50% 的收益获得利润。平台封闭部分价值为 $(1-\sigma)V$,核心企业可以靠自身对这部分服务的代码研发获得服务收益 $(1-\sigma)V$,这部分收益完全由核心企业自身的条件决定,不受开发者的影响。对于开发者开发的 APP,核心企业同样决定其何时应对市场开源代码,在此之前为代码的社会封闭期,设长度为 t,类似专利的有效期。因此,在封闭期内开发者之间不能互相使用对方的代码,核心企业可以对使用开发平台的开发者抽成,不开源代码不会流入市场被其他企业购买或使用。如果核心企业不和开发者合作、完全不开放平台,它也可以单纯靠自身代码研发的服务从市场中获得收益(比如所有的应用软件都由自己开发的手机企业)。

市场上的开发者都是同质的,数量为 N_d($N_d > 1$),单个开发者的生产函数是柯布-道格拉斯生产函数:

$$y = f_{\text{developer}}(C) = kC^{\alpha}$$

其中 k 表示企业的生产效率;C 是唯一的生产要素——代码;α 是柯布-道格拉斯生产函数的系数,表示生产要素(代码)的生产率。在不同的阶段 i($i = 1, 2$),单个同质开发者的产出为 y_i。

核心企业和开发者的博弈可以分为两个阶段。在博弈期初,核心企业决定平台开源的代码比例;第一阶段核心企业设定对开发者代码的封闭期,t 是这一阶段的长度,此时开发者使用核心企业对外公开的基础代码生产产品,核心企业能够从开发者的总产出中抽成,但开发者生成的代码没有开源,开发者之间是封闭的,因此此时开发者可用的代码为 $C = \sigma V$;在第二阶段,开发者代码的封闭期结束,开发者之间也互通有无,第一阶段的代码可被多次使用(溢出效应),此时的可用代码为第一阶段所有开发者生产出的所有代码,核心企业继续从开发者的产出中抽成。模型假设抽成的比例是 50%,开发者的总产出可以用开发者生产的总代码数量表示。

核心企业和开发者生产出的产品和服务被消费者消费。对于消费者而言,开源代码研发出的产品服务的价值是 v;但是如果等到封闭期 t 过去,代码完全开源后购买,产品服务的竞争价格将归于 0,此时根据传统利率,折现率为 $\delta = e^{-rt}$,也就是开源后购买的产品和服务的现值是 δv。换句话说,消费者只要愿意等待,总能免费享受现值为 δv 的产品和服务,因此,消费者在封闭期购买产品服务的支付意愿(能接受的最高价格)为 $v - \delta v$。同质开发者之间进行古诺竞争,最终的均衡价格为

$$p = \frac{1}{N_d} \times (v - \delta v)$$

模型进一步计算了核心企业的收益 $\pi_{\text{focalfrim}}$。

(1)博弈最初,核心企业通过销售不开源代码自研的产品服务获得收益:

$$V(1 - \sigma)$$

(2)在第一阶段,核心企业释放出部分市场需求 σV 给开发者,对这些开发者的收益抽成 50%。第一阶段单个开发者创造的产出是 $y_1 = k(\sigma V)^\alpha$,总产出是

$$Y_1 = y_1 N_d = k(\sigma V)^\alpha N_d$$

因此第一阶段核心企业的收益为

$$\frac{1}{2} p Y_1 = \frac{1}{2 N_d}(v - \delta v) k(\sigma V)^\alpha N_d = \frac{1}{2}(v - \delta v) k(\sigma V)^\alpha$$

(3)在第二阶段,核心企业仍然与开发者之间互通有无,因此每个开发者都可以利用第一阶段的总产出代码,此时单个开发者创造的产出是 $y_2 = k(Y_1)^\alpha$,总产出是

$$Y_2 = y_2 N_d = k(Y_1)^\alpha N_d = k(k(\sigma V)^\alpha N_d)^\alpha N_d = k^{1+\alpha}(\sigma V)^{\alpha^2} N_d^{1+\alpha}$$

因此,第二阶段核心企业的收益为

$$\frac{1}{2} p Y_2 = \frac{1}{2 N_d}(v - \delta v) k^{1+\alpha}(\sigma V)^{\alpha^2} N_d^{1+\alpha} = \frac{1}{2}(v - \delta v) k^{1+\alpha}(\sigma V)^{\alpha^2} N_d^\alpha$$

综上,核心企业的总收益现值 $\pi_{\text{focalfirm}}$ 为

$$\pi_{\text{focalfirm}} = V(1 - \sigma) + \frac{1}{2} p Y_1 + \delta \frac{1}{2} p Y_2$$

$$= V(1 - \sigma) + \frac{1}{2}\left(\frac{1}{N_d}(1 - \delta) v\right)(N_d k(\sigma V)^\alpha) + \delta \frac{1}{2}\left(\frac{1}{N_d}(1 - \delta) v\right)(N_d^{1+\alpha} k(\sigma V)^\alpha)$$

$$= V(1 - \sigma) + \frac{1}{2} v(1 - \delta) k(\sigma V)^\alpha + \frac{1}{2} \delta v(1 - \delta) k^{1+\alpha} N_d^\alpha (\sigma V)^{\alpha^2}$$

核心企业的问题即通过选取合适的 σ 最大化上式。这一模型发现,产业价值网络中的互补者对核心企业核心产品的价值创造和创新都有着促进作用,同时又提高了生态内部的开放水平——虽然可能对个体开发者有所损害,但将有助于整个商业生态的发展。随着技术成功的可能性增加,核心企业将扩大开放度吸引开发者,直到开发者数量达到均衡水平;同时,“专利”期也随着开发者数量的增加而缩短,从而为生态带来更多的溢出价值。为维持生态的稳定,核心企业会对开发者进行补贴。

此外,互补者数量可能对数字生态本身的规模、核心企业与互补者的联结方式带来改变:当开发者较少的时候,企业仍然会倾向于接近供应链模式封闭的分包合同的垂直整合;

而随着开发者 N_d 越来越多,第二阶段的溢出效应越来越强(尤其是数字商品),核心企业反而会更愿意使用开放的外部合同完成创新——这进一步扩大了该开发者生态的规模,甚至可能带来泛社区网络中的第三方资源。

10.2.3　泛社区网络中的互补者行为

回顾上一节对数字泛社区网络的定义:泛社区网络即企业为实现数字产业的未来价值而需要的潜在合作伙伴,以及所有支撑企业实现产业价值,但又不直接创造产业价值的间接合作伙伴,即"社会资源池"。政府、科研机构、高校、产业联盟、金融中介、用户等都包含在内。泛社区网络成员没有参与企业的价值创造过程,但却能够通过提供相关服务所需的技术支持、制定规则与营造营商环境等方式反哺数字生态。

以爱彼迎(Airbnb)公司为例,其基于数字平台匹配房源,是数字时代共享经济的典型代表,其发展离不开泛社区网络的支持。数字基础设施的完备和技术的迭代创新为爱彼迎打造了工具底座,包括智能手机的指数型增长、第三方支付等数字技术,这些技术降低了交易成本并提高了交易撮合率。智能手机在中高收入、年轻群体中渗透率更高,移动智能终端普及为爱彼迎供需双方提供了硬件基础。第三方支付的发展不仅归功于阿里、腾讯等电商、社交企业的技术研发,同时也需要央行发布第一批第三方支付牌照等信用背书以保证其合法性。电信移动运营商为位置定位服务(LBS)技术铺设软硬件网络支持用户定位功能;云计算运用虚拟化技术、分布式计算扩大了资源共享范围,并通过网络连接实现随时随地访问和存取;大数据快速挖掘海量数据,并进行可视化的预测分析。LBS定位、云计算以及大数据等创新技术发展,为爱彼迎发展提供技术支撑。

政府对爱彼迎的正向作用不仅在于对第三方支付等技术的合法性赋予,也在于通过更加灵活的市场监管为爱彼迎一类企业制造了相对宽裕的发展空间,提供了更丰富的发展选项,协调进入各国市场时与监管部门之间的关系。在中国,政府也是各行业核心企业生态泛社区网络中的重要合作伙伴,中国在早期非正式创新的发展环境较为宽松,"先开发,后监管"的管理模式成为数字经济发展的有力土壤。

10.3　数字生态的培育与治理

10.3.1　生态培育理论

1. 模型:生态培育五步论与 VSPTO 模型

数字生态中的成员囊括了政府、行业协会、供应商、主要生产商、竞争对手、客户等一系列利益相关者,这些生态伙伴在整个生态共同演化中,分享愿景,发展解决方案,相互建立信任,从而形成命运共同体。而生态的核心企业将在整个过程中起到关键的主导、协调和促进作用,也是生态培育的主体。

数字生态系统培育的五步论系统归纳了数字生态核心企业培育生态的步骤与过程,如图 10-5 所示(Rong 和 Shi,2023)。①确定行业生态构建基础,包括所在行业的生态构建基础(宏观环境和产业组织、技术开放性程度和应用多元化程度),和核心企业自身的生态构建基础(技术不确定性和应用不确定性)两个方面。②确定所在行业的生命周期阶段,包括兴起阶段、多元阶段、聚集阶段、巩固阶段和更新阶段。③进行 VSP 三大决策,形成 VSPTO 模型,这也是本节的重点模型。核心企业在每个阶段都需要进行愿景(V,vision)设计,提出解决方案(S,solution)以及挑选合作伙伴(P,partners),合称为 VSP 决策,加上其目的——培育生态信任(T,trust),和核心企业用以评估和优化生态的具体运营(O,operation)方案,形成商业生态培育 VSPTO 模型。④在不同的生态系统范式中做出抉择。核心企业在各阶段的 VSP 决策下,会形成不同的生态范式,比如苹果 iOS 系统生态范式相对封闭,而谷歌的安卓系统则相对开放。⑤数字生态系统的进一步扩张,是否进入新的行业或者新的市场区域。进入新的行业时,核心企业需要调整愿景,寻找新行业中的合作伙伴,基于自身能力提出起码一个核心应用场景的解决方案。而在进入新的地区时,核心企业无须改变总体愿景,但需要针对当地文化等制度因素微调,并给出更接近当地传统和现状的解决方案,引导原有合作伙伴加入该地或建立新合作伙伴关系。

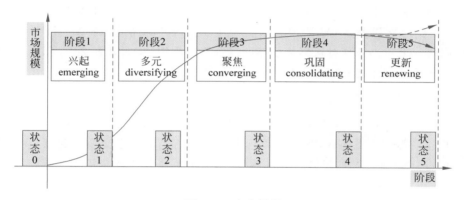

图 10-5　生命周期

处在不同生命周期的核心企业培育数字生态的措施不尽相同:①兴起阶段。针对新兴市场提出新解决方案,调动产业链建立简单供应链(Adner 等,2009),最终形成一个单一的供应链,作为之后产业价值网络的基础。②多元阶段。"多元"体现在解决方案从单一转向多元化,以应对市场不确定性。此时,核心企业与核心伙伴建立的网络具有高度的互操作性和灵活性(Iansiti 和 Levien,2004),同时非直接的商业伙伴也逐渐丰富,成为泛社区网络的基础。③聚集阶段。市场专业化,解决方案融合成熟、被集成到合作伙伴的价值网络中,完成一体化,新产业建立。④巩固阶段。合作伙伴网络长期稳定发展,形成紧密联盟以主导批量生产设计(Moore,1996)。⑤更新阶段。更新包括邻近区域更新(如中国—非洲,创新的英—美—中转移)和邻近行业更新(2G—3G—4G—5G)。这一阶段的特征是利基市场和合作伙伴网络重组。随着利基市场出现,市场构成变化,合作伙伴网络开始自我重组(Moore,1996)。市场的这一变化可能使原有市场被新兴市场取代,实现产业升级,此时回到第一阶段;也可能最终保持原状,并逐渐走向衰退。

2. 案例:ARM

ARM(ARM Holdings plc.,安谋)成立于 1990 年,是英国知名半导体设计与软件公司,全球领先的半导体 IP(知识产权)供应商,全球总部位于英国剑桥,2016 年被软银收购。

ARM 的发展经历了从手机芯片到嵌入式系统,再扩张至服务器市场的三阶段历程。

ARM 在不同的阶段,提出了不同的愿景(vision)。在手机芯片行业正在多元发展的阶段,市场中存在众多活跃的竞争者,ARM 提出"移动设备芯片需要低功耗、低成本和高性能",引领了未来智能手机芯片的标准。在智能手机发展逐渐成熟后,ARM 进一步调整愿景,提出"未来移动设备的数字化",从而为进军嵌入式系统行业铺开道路。

在解决方案(solution)层面,ARM 不断顺应市场要求,更新迭代其架构,引领行业前沿。在行业兴起时,ARM 推出创新解决方案 ARM7,并且与诺基亚(Nokia)和 TI(德州仪器)合作,形成第一个基于 ARM 的手机 Nokia 6110。随着行业的发展,ARM7 升级为 ARM9,更注重产品的多元化,兼容和连接能力,后续 ARMv6、ARM11、ARMv8 陆续推出,并形成了 ARM 独特的授权商业模式。

ARM 在合作伙伴(partner)上也形成了差序格局的培育体系。在泛社区网络上,ARM 选择行业的领先者作为其最重要的领袖合作伙伴,比如发展之初的诺基亚和 TI,与领袖合作伙伴共同开拓新行业。ARM 同时也培育价值链伙伴:2010 年 ARM 主导成立非营利公司 Linaro,主要开发基于 ARM 架构的开发工具、Linux 内核等,支持 ARM 架构的数字生态;与此同时,ARM 对泛社区网络伙伴的培育格外重视。ARM 在 2003 年设立"互连社区",为社区成员提供了各种资源,促进全球网络建立。

3. 案例:华为与移动通信行业

华为技术有限公司于 1987 年由时年 43 岁的任正非在深圳宝安县(现已撤销)创立,现总部位于广东省深圳市龙岗区,其最早以开发面向电信局的程控交换机起家,逐渐成长为全球领先的 ICT 基础设施和智能终端提供商,当前主要业务领域涉及运营商业务、企业业务、消费者业务和云服务等领域。[①]

1G 时代可以视为是移动通信行业的兴起阶段,此时华为以开发面向电信局的程控交换机起家,生存环境艰难到一旦不能及时出货就会破产的境地。2G 时代是移动通信行业的多元发展阶段,此时的华为渐成规模,但仍然是行业的跟随者。在这两个时期,华为以维持生存、追赶先进技术为愿景(V),有余力则尽可能提高市场占有和销售额,以求得公司的生存和缓慢发育。为此,华为以上游的原材料供应商和下游的采购商为合作伙伴(P),把研发放在解决方案(S)的核心位置,追赶国际先进技术。

3G—4G 时代是移动通信技术行业的集聚阶段,华为在这个时期挑战现有格局并最终与时代同步。在这一时期内,华为积极参与建立行业标准(V),推行多元化战略扩大产品适用范围,进行国际扩张(S),此时,华为也依靠自身的技术硬实力塑造生态信任(T),逐步建立起与国内政府部门、行业协会等规则制定机构,高校、研究机构、大唐公司等研究开发组织,国外当地政府行会等组织机构的合作伙伴关系(P),主要通过泛社区网络扩大自身的话语权(O)。

4G—5G 时代则是移动通信行业的巩固阶段,华为在这一时期成为行业的领头羊,尤其是凭借对 5G 理论研究、标准建立、产业发展的全程参与,不但逐步建立自主的通信行业标

---

① 资料来源于华为官网 https://www.huawei.com/cn/corporate-information,以及国务院新闻办公室网站 http://www.scio.gov.cn/32621/32629/32755/Document/1479671/1479671.htm。

准,也使我国的 5G 水平达到了全球领先。此时华为致力于在通信技术标准上要在世界通信领域占据一定话语权,在产业发展上要尽快投入商用并服务智慧医疗等新兴应用场景(V)、早决策、敢投入,重视基础研究和关键技术,尝试多条技术路线(S)。华为 2009 年就在 5G 研究中投入了 6 亿美元,并对多个路径进行了研究和探索,同时启动 5G 知识产权专利保护。在这一时期,华为将更多的产业价值链伙伴纳入生态(P),与来自全球 20 多个国家的 5G 研究团队展开研究合作,积极与 5G 应用相关、跨行业的企业展开合作,乃至为此联合推动建立了多个跨行业组织(如 5G 应用产业方阵、5G 汽车联盟、5G 工业互联及自动化联盟)。然而,随着华为占据领头企业的生态位,其狼性文化和学习模仿能力往往给生态中的弱势伙伴带来压力,以至于被称作"黑寡妇"。目前,华为正在努力加固与合作伙伴之间的信任(T),以更好地维持生态的稳定。

10.3.2　生态治理

所谓生态治理,其关键在于对生态中互补者的治理。因此本节将介绍核心企业如何根据互补者类型进行生态治理。

1. 根据互补者类型制定治理的战略

早在公司治理理论的相关研究中,与企业本身关系较为松散的利益相关者的治理问题就已经受到学者的关注。随着商业模式从供应链模式向生态系统模式演变,其内部治理也从以更具象化、更直接的奖惩机制、合同契约为主,转变为更灵活、更宽泛的利益分配、信任关系构建等形式。

数字生态治理(digital ecosystem governance)的主体是生态中的核心企业。同时,由于生态系统更为模块化、互补者流动性强、和供应链模式相比核心企业的控制力较弱,生态中产业价值网络和泛社区网络的互补者作为共同参与者同样深度参与到生态治理的过程中。生态治理的对象是生态中的合作伙伴关系及其创造的价值,其目标在于通过治理协调互补者之间的利益矛盾,达成价值、利益在互补者之间的均衡分配,以求生态的可持续发展(Jacobides 等,2018;崔淼和李万玲,2017)。

复杂结构对数字生态系统治理机制的针对性和灵活性提出了较高的要求,需要核心企业根据互补者类型制定治理机制以满足互补者的需求,构建生态信任、构筑共同愿景,激励互补者在生态中价值共创、共同进化:

(1) 对生态中产业价值网络互补者而言,利益的合理分配是生态治理需要达到的效果,从而能够激励生态的价值共创;同时,也需要考虑维持核心企业自身生存与发展的资源投入,在资源倾向互补者和倾向核心企业之间权衡取舍。

(2) 对不参与价值创造的泛社区网络互补者而言,生态也需要满足其利益诉求并维持其多样性,从而保持生态社会资源池的活跃。有效的商业生态治理能够塑造共同愿景、形成激励,帮助产业价值网络和泛社区网络互补者实现共同目标、完成共同进化,激发生态活力、提高生态韧性。

(3) 对所有互补者而言,生态的开放性(Jacobides 等,2018)、核心企业的控制能力和互补者的自治水平(Wareham 等,2014)同样是生态治理需要考虑的重要议题。

2. 产业价值网络互补者

为了平衡产业价值网络的互补者利益,核心企业往往采用调整开放程度、改变股权结构、制定门槛等形式与产业价值网络互补者互动,其治理策略以市场策略为主。其互动主要包括以下几类:①共享研发计划和技术路线图;②共享有关特定市场或者应用的信息;③联合产品开发;④为其定制产品;⑤联合营销;⑥设置标准;⑦授权;⑧注资(Kapoor,2013)。

其中,共享关于特定市场或者应用的信息、共享研发计划和技术路线图最为常见,在市场信息、资源匹配中更具优势的核心企业(如淘宝、京东等电商平台)更便于采用前者,而以技术研发为核心竞争力(如华为等)的公司则更具备实现后者的能力和底气。通过信息的共享,核心企业能够降低互补者的搜寻成本、开发成本,帮助互补者尽可能低成本地协调经济活动。更进一步地,核心企业可以更深入地参与到产业价值网络互补者的生产过程中,譬如联合开发产品或为其定制产品。而这种互动则意味着核心企业对产业价值网络互补者经济行为更深度的参与,同时也是更强的干预,在增强控制力的同时也损失了部分灵活性。而联合营销、制定标准、授权和投资的使用较少,往往出现在一些特殊的企业和情形上(Kapoor,2013)。

在前面出现过的苹果和谷歌操作系统开发者生态治理是产业价值网络互补者治理的生动案例。核心企业(苹果、谷歌)可以通过提高开放性来吸引更多的互补开发者;同时,为了促进创新,核心企业需要通过补贴等方式推行"专利"制度以在生态内部实现更充分的资源共享,从而促进平台整体创新(Parker 等,2017)。

通过以市场策略为主的治理策略,核心企业通过调整生态互补者之间、核心企业与合作伙伴之间的利益分配来协调产业价值网络各个成员的步调,促进生态的共同演进和共同进化(Kapoor,2013)。

3. 泛社区网络互补者

泛社区网络互补者并不直接参与价值创造,包括政府、行业协会等规则制定机构,高校等知识创造与技术研发组织,以及市场中的主要竞争对手和用户。对不同类型的泛社区网络互补者,生态中的核心企业需要采取不同的互动方式以建立信任和共同愿景。

对于政府、行业协会等规则制定机构,数字生态对其的诉求在于为自身发展创造更宽松、灵活的制度环境。生态规模大的核心数字企业具有较强的承诺能力和游说资本,在与政府、行业协会等话语权较强的泛社区网络互补者接触时能够更大程度上争取自身的利益。这一互动的主导权归属受核心企业自身发展水平高低及经济影响力大小、政府及行业协会的干预能力大小影响,生态是否能得到规则制定机构的支持还受到该企业或该生态塑造的自我形象与规则制定者的引导方向的贴合度的影响。

数字生态与高校等知识创造与技术研发组织之间往往进行共赢合作。技术的快速迭代是数字经济时代的重要特征,不论是高校的学术研究还是企业的行业应用,都对技术的深度、实用性研究提出了更高的要求。数字核心企业可以通过提供教学技术人员、开放参观实习等方式与高校合作,加强理论建设与应用落地的深度结合,共享技术进步,甚至赢得社会声誉。

"信息反馈"是主要竞争对手和用户等市场参与者对数字生态的重要意义之一。核心企业通过观察竞争对手的发展规划、用户对自身以及竞争对手产品的反馈等途径收集市场变化的信息，从而改进产品、调整生态网络的结构，以便更灵活地应对宏观市场中的不确定性，及时调整发展规划与发展方向，促进生态可持续发展。

10.4　数字生态的国际化竞争

10.4.1　数字生态的国际化

之前的几节以"企业"为单位介绍生态，而本节将介绍"国家"视角下的生态。

与传统行业相比，数字经济的全球化涉及了更多元的利益相关者、更具颠覆性的模式创新以及高度动态的发展。"生而国际化"的特性让很多数字企业在初期就将国际化作为其首要战略。

数字经济的国际化可能在用户、互补者、制度三个维度面临着生态整合劣势(liability of ecosystem integration，LoEI)。①用户维度。用户作为数字生态泛社区网络的重要组成部分，和生态进行互动并实现商业模式的共同创新和共同进化，譬如腾讯常常推出一个不甚完善的功能，通过用户的反馈不断调整、优化功能实现。传统的国际商务理论早已强调了理解不同国家的用户群体的品位和偏好对跨国公司的重要性；生态系统理论则更进一步要求数字跨国企业在此基础上，还需与用户共同创造、共同创新。②互补者维度。数字公司往往突破传统的供应链结构、创造更多元的互补者网络，以动态地支持产品生产、交付和共同创新。与本地竞争者相比，数字跨国公司对当地网络、行业缺乏深度了解和扩张合法性，在吸引互补者上困难重重。③制度维度。数字跨国企业需要与当地的政治、法律、社会等方面的正式制度和非正式制度进行互动，可能面临的制度合法性危机也是数字生态国际化的潜在障碍。生态整合劣势扩大了外来者劣势(liability of foreignness，LoF)与外部性劣势(liability of outsidership，LoO)的范畴，它不仅仅包含跨国企业本身面临的挑战，还包括生态嵌入当地市场的困难与挑战，如表 10-1 所示。

表 10-1　企业国际化劣势的概念

概　　念	定　　义	特　　征
外来者劣势	外国公司在东道国因其非本国人的身份将遇到的成本和问题	来自于特定国家
外部性劣势	由于在当地市场的商业网络中缺乏地位而产生的成本与问题	来自于特定商业网络
生态整合劣势	在当地市场培育和管理平台生态系统所涉及的成本与问题	来自于特定生态

数字生态常常依托平台，网络效应成为影响数字生态国际化的重要因素。跨国网络效应较强的企业，其拓展所受本地制约较少，国际化进程将相对容易且快速；反之则国际化进程相对困难且缓慢。社交媒体脸谱网(Facebook)比打车工具优步(Uber)的国际化之路就顺利许多。

　　数字平台企业的繁荣发展将全球用户前所未有地连接了起来,产业互联网的发展也将突破现有全球供应链的边界和局限,走向更广泛的互联互通。数字经济下,商业生态系统将成为企业的发展方向,多场景、广连接的数字生态将全方位地赋能人们的生活。随着数字技术的不断更新和对产业的全面赋能,数字基础设施将融入未来生产、生活的方方面面,数据要素作为全新的生产要素为企业生产、创新等经济行为带来巨大的变革,数字经济的发展将给我国带来新的发展机遇,塑造全新的世界格局。数字全球化的潜能无可限量。

10.4.2　数字生态国际竞争

　　数字经济时代下,市场竞争已经逐渐转变为生态的竞争。数字生态系统可以利用其产品或服务中的市场力量进入邻近市场,使自己比潜在竞争对手具有优势,并破坏这些市场的竞争。数字生态系统也可能成为新竞争对手进入的障碍,并发挥具有巨大信息优势的守门人作用,这使他们能够保护其最有利可图的服务免受竞争。

　　依照从底层技术到场景应用的逻辑,数字生态竞争包含三个层面:数字技术生态竞争、数字平台生态竞争和数字应用场景生态竞争。技术生态主要指由硬件(芯片)、软件(操作系统、数据库)、云(云计算)、网(5G、工业互联网)等构成的数字基础设施;平台生态主要指面向 C 端(消费端)的双边平台和面向 B 端(生产端)的产业平台等;应用场景生态则主要是在这些数字平台上开发的面向各类应用场景的 App 和解决方案。参见图 10-6。

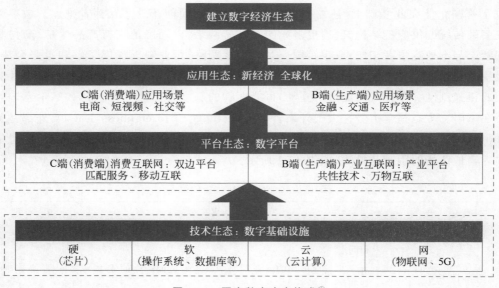

图 10-6　国家数字生态构成 ①

　　数字产业生态涉及不同层级、高度交互的利益主体,生态成员之间的信任是生态稳定和韧性的重要支撑。接下来,本书将以国际数字生态竞争为例,从数字技术生态竞争、数字平台生态竞争和数字应用场景生态竞争三个层面介绍数字情境下的生态竞争。

---

　　①　戎珂、施新伟、周迪. 如何建立计算产业第二创新生态? 科学学研究,2021,39(6),973-976. https://doi.org/10.16192/j.cnki.1003-2053.2021.06.005。

1. 数字技术生态竞争

数字技术生态竞争指围绕两个或多个竞争性核心技术形成的商业生态系统之间的竞争。在数字经济时代下，不仅关键技术至关重要，实现、维持技术优势需要建立数字技术生态。数字技术主要包括硬件(CPU、GPU等)、软件(操作系统、中间件、数据库等)、云(云计算)、网(5G、工业互联网)。

在技术生态层面，中国对国外技术依赖度高，关键技术(例如处理器芯片和操作系统)有待突破，尚没有形成自主可控强大的技术生态。IBM和Oracle(甲骨文公司)进入国内市场的时间较早，凭借先发优势和技术实力曾经一度垄断国内厂商。而随着东方通、宝兰德、普元、中创、金蝶天燕等国产厂商的技术积累逐渐成熟，对于海外厂商的替代也在逐步进行。然而，我国面临的国际政治经济环境愈趋复杂，计算产业的技术引进氛围恶化，对计算产业关键技术的突破，任重而道远。

数字技术不是互相独立的，芯片、基础软件、整机、应用软件、打印机等，彼此之间互相兼容，是信创推进的根本保障，也是中国数字技术生态参与竞争的重要条件。信创产业的推进不是零散、独立的，而是被看作一个生态整体去推进。

中国在技术生态层面坚持核心技术的自主可控，坚持技术生态的开放共赢，这也是中美贸易战带来的教训。在产业政策层面，中国已经出台了信息技术领域的国产化替换和产业补贴等政策。这些政策正在起到积极作用，比如，华为在传统服务器领域无法撼动英特尔(Intel)的情况下正在基于鲲鹏和昇腾芯片，带领麒麟软件、金蝶、达梦、用友等国内生态领袖合作伙伴(leading partners)发展云＋人工智能服务器，开辟新的赛道以期实现弯道超车。同时，坚持以开放的心态接纳国际上志同道合的国家和企业共同构建第二生态，如吸纳俄罗斯的基础数学理论能力、欧洲的算法能力。

2. 数字平台生态竞争

数字化浪潮之下，平台生态系统成为数字生态系统的常见类型，平台企业及其互补企业构成网络，平台企业利用网络外部性，通过基础框架提供价值、控制互补企业之间的交互，互补企业生产互补产品，通过平台交付成果和解决方案，增强平台价值。其中，与控制生态系统的平台所有者相比，互补者(通常是独立生产者)的竞争地位变得更弱，在市场竞争中更容易形成"赢者通吃"的局面。如果无法在平台生态层面的商业化应用中实现突破，那么技术生态的研发就没法实现开放式创新，形成内生增长的动力。

基于技术核心基础设施，数字平台充当中介，打破规模边界和地域空间限制，将各种内部和/或外部参与者互连，导入数字要素，融合传统产业，孵化产业集群，以实现信息共享、产品开发和供需匹配等目的。围绕核心生态契约，通过核心企业提供的"公共服务"，大量生态企业享有交易、金融、物流等公共服务，实现多个行业、大量企业联营运营的协同运行模型。数字经济时代，大型平台在数据、流量方面更有优势，通过接入第三方可以迅速展开新的业务，实现更好的专业化和多元化组合，这大大拓展了范围经济发挥作用的边界。

产业互联网是平台经济主要经济形态，对传统产业的产品形式、运营模式、组织变革等产生重大影响，实现了产品的服务化、服务的智能化。产业互联网使传统产业链上的企业之间、终端之间通过信息网络、数据流联接实现了无缝合作、资源整合。传统产业链上游、下游、合作企业将因数据信息的智能联接而形成垂直行业整合一体化的基础。第一、第二、第三产业的界限将更加模糊,垂直分工则更加明显。智能终端分布在企业内部生产、服务的各个环节,每一个环节都有相应的数据呈现,而消费者通过智能端会产生用户画像的相关信息,通过将相关数据实现在线化,企业与企业之间、企业与消费者之间就能实现实时互动。

平台生态能够发挥平台的集聚能力,吸引各种资源加入,创造出巨大价值。平台作为创造和聚集价值的桥梁,引领新兴经济增长、推动产业持续创新、加快制造业服务化转型。因而,数字平台之间也将形成越来越激烈的生态竞争趋势。

我国的数字企业在生产、消费两个领域都进行了平台生态构建的初步探索。在生产领域,国内著名工业互联网平台(例如,海尔卡奥斯 COSMOPlat,三一重工树根互联,航天云网、浪潮云、华为 Fusion Plant、阿里 supET 等)已经探索形成了多样的商业模式。比如,目前海尔积极推动工业互联网平台落地,已经打造了物联生态品牌,诸如日日顺、海乐苗、食联网等应用场景,并开始尝试往海外进行推广。在消费领域,华为、小米等企业也在积极打造各种消费场景中所需要用到的手机、电视、电脑等硬件平台。因此,华为等企业打造的技术生态不断成熟,能够促进技术生态支撑平台生态商业化发展、平台生态反哺技术生态深入研发的良性循环。

3. 数字应用场景生态竞争

相比于传统经济,数字经济更强调应用场景(包括 C 端、B 端),这在于数字化的应用场景的可塑性更强,应用场景效果会进一步驱动数字化需求和数字技术的发展前景。

在操作系统的应用生态层面,开源软件成功的核心之一,就是面向全球范围的开发者的开放和共赢,从而形成强大的网络效应和市场口碑。谷歌、苹果、脸谱网召开的全球开发者大会,华为的开发者大会强调为开发者提供各种便利,BAT 大厂[①]也有各自的开发者社区,以及过去多年主张软件闭源的微软也收购了 GitHub,都在充分显示出巨头对于开发者群体的友善和争取。2020 年,在华为开发者大会上,华为正式发布深度欧拉 V1.0(deepinEuler V1.0)。深度欧拉 V1.0 是统信软件基于 openEuler(欧拉操作系统)内核发行的支持鲲鹏处理器的服务器操作系统,全面支持鲲鹏处理器的新特性。同时,统信软件将与 openEuler 联合打造丰富的操作系统应用生态,为用户提供完整的应用开发及运行环境,帮助客户将现有业务快速、平滑地迁移到鲲鹏平台上。随着 deepinEuler 的不断升级,以及鲲鹏生态的完善,deepinEuler 有望被更多的用户喜爱和使用。

通过反垄断强化平台生态赋能、通过出海实现数据生产要素的充分利用都是数字应用场景生态竞争的重要举措。由于强大生态网络效应的存在,平台生态本身具备趋向于垄断、减少差异化竞争的属性,进而可能损害应用生态层面创新创业的环境。因此为提高平台生态的赋能水平,首先需要加强平台反垄断,以促进应用生态层面中小企业的创新,《互联网平台反垄断指南》等政策文件正是我国在强化平台赋能上做出的努力。通过鼓励应用生态中各类 App 和解决方案的出海,我国可以更好地利用全球数据生产要素,对应用场景

---

① 百度公司(Baidu)、阿里巴巴集团(Alibaba)和腾讯公司(Tencent)。

竞争形成充分支撑。

本章小结

随着数字时代的来临,企业面对的宏观环境更加复杂,生态这一更具灵活性和韧性的产业组织走入公众视野。

本章介绍了数字生态这一产业组织,从静态视角把数字生态的结构分为产业价值网络和泛社区网络,并从动态视角认识了数字生态。互补性是数字生态的核心特征,数字生态中的各个成员伙伴也称为"互补者"。根据数字生态的静态结构,本章分别介绍了产业价值网络和泛社区网络,及两类网络上成员伙伴的互补者行为。为了更好地让生态成员之间优势互补,实现价值共创,核心企业需要精心培育并治理数字生态,在本章中介绍了数字生态培育的 VSPTO 模型和国内外公司生态培育的经典案例。培育过后,还需治理。核心企业在治理产业价值网络的互补者时需要针对不同类型的互补者制定治理的策略。最后,本章从企业层面上升到国家层面,介绍了国家数字生态的国际化竞争。

习题

1. 数字生态和数字平台有什么联系和区别?
2. 数字生态的静态结构和动态结构是什么?
3. 数字生态的核心特征是什么?请举出现实案例。
4. 数字生态中的核心企业可以采取什么生态治理措施?
5. 根据我国数字生态发展的现状,我国数字生态发展有何困境、如何破局?

参考文献

[1] Adner,Ron,Kapoor,& Rahul,2009. Value Creation in Innovation Ecosystems:How the Structure of Technological Interdependence Affects Firm Performance in New Technology Generations[J]. Strat. Mgmt. J.,nVa-nVa.

[2] Adner R,& Kapoor R,2010. Value Creation in Innovation Ecosystems:How the Structure of Technological Interdependence Affects Firm Performance in New Technology Generations[J]. Strat. Mgmt. J,31(3),306-333. https://doi.org/10.1002/smj.821.

[3] Ceccagnoli M,Forman C,Huang P,& Wu D J,2012. Cocreation of Value in a Platform Ecosystem! The Case of Enterprise Software [J]. MIS Quarterly,36 (1),263-290. https://doi.org/10.2307/41410417.

[4] Chesbrough H,& Rosenbloom R S,2002. The Role of the Business Model in Capturing Value from Innovation:Evidence from Xerox Corporation's Technology Spin,ff Companies[J]. Industrial and Corporate Change.

[5] Gawer A,& Cusumano M A,2002. Platform Leadership:How Intel,Microsoft,and Cisco Drive Industry Innovation[M].Boston:Harvard Business School Press.

[6] Iansiti M,& Levien R,2004. Strategy as Ecology[J]. Harvard Business Review,82(3),68-126.

[7] Jacobides M G，Cennamo C，& Gawer A，2018. Towards a Theory of Ecosystems［J］. Strategic Management Journal，39（8），2255-2276. https：//doi. org/10. 1002/smj. 2904（Strategic Management Journal）.

[8] Kapoor，R，2014. "Collaborating with Complementors：What Do Firms Do?"，Collaboration and Competition in Business Ecosystems（Advances in Strategic Management，Vol. 30），Emerald Group Publishing Limited，Leeds，pp. 3-25. https：//doi. org/10. 1108/S0742-3322（2013）0000030004.

[9] Liu G，& Rong K，2015. The Nature of the Co-evolutionary Process：Complex Product Development in the Mobile Computing Industry's Business Ecosystem［J］. Group and Organization Management，40（6），809-842.

[10] Liu，G，& Rong，K，2015. The Nature of the Co-Evolutionary Process：Complex Product Development in the Mobile Computing Industry's Business Ecosystem［J］. Group & Organization Management，40（6），809-842. https：//doi. org/10. 1177/1059601115593830.

[11] Moore J F，1993. Predators and Prey：A New Ecology of Competition［J］. Harvard Business Review，págs. 75-83.

[12] Moore James，1996. The Death of Competition：Leadership and Strategy in the Age of Business Ecosystems/J. F. Moore. New York，NY：Harper Business.

[13] Moore J F，1999. Predators and Prey：A New Ecology of Competition［J］. Harvard Business Review，71（3），75-86.

[14] Parker G，Alstyne M V，& Jiang X，2017. Platform Ecosystems：How Developers Invert the Firm［J］. MIS Quarterly，41（1），255-266.

[15] Rochet J -C，& Tirole J，2003. Platform Competition in Two-sided Markets［J］. Journal of the European Economic Association，1（4），990-1029. http：//www. jstor. org/stable/40005175.

[16] Rong K，Hou J，Shi Y，& Lu Q，2010. From Value Chain，Supply Network，Towards Business Ecosystem（BE）：Evaluating the BE Concept's Implications to Emerging Industrial Demand. IEEE International Conference on Industrial Engineering & Engineering Management. IEEE.

[17] Rong K，Hu G，Lin Y，Shi Y，& Guo L，2015. Understanding Business Ecosystem Using a 6C Framework in Internet-of-Things-based Sectors［J］. International Journal of Production Economics，159，41-55. https：//doi. org/10. 1016/j. ijpe. 2014. 09. 003.

[18] Rong K，Lin Y，Li B，Burström T，Butel L，& Yu J，2018. Business Ecosystem Research Agenda：More Dynamic，More Embedded，and More Internationalized［J］. Asian Bus Manage，17（3），167-182. https：//doi. org/10. 1057/s41291-018-0038-6.

[19] Rong K，Lin Y，Shi Y，& Yu J，2013. Linking Business Ecosystem Lifecycle with Platform Strategy：A Triple View of Technology，Application and Organisation［J］. International Journal of Technology Management，62（1），75-94.

[20] Rong K，Shi Y，& Yu J，2013. Nurturing Business Ecosystems to Deal with Industry Uncertainties［J］. Industrial Management & Data Systems，113（3），385-402.

[21] Rong K，Wu J，Shi Y，& Guo L，2015. Nurturing Business Ecosystems for Growth in a Foreign Market：Incubating，Identifying and Integrating Stakeholders［J］. Journal of International Management，21（4），293-308. https：//doi. org/10. 1016/j. intman. 2015. 07. 004.

[22] Wareham J，Fox P B，& Giner J L C，2014. Technology Ecosystem Governance［J］. Organization Science，25（4），1195-1215. https：//doi. org/10. 1287/orsc. 2014. 0895（Organization Science）.

[23] Zott C，& Amit R，2008. The Fit between Product Market Strategy and Business Model：Implications for Firm Performance［J］. Strategic Management Journal，29（1），1-26.

[24] 戎珂、施新伟，2024. 持续共赢——商业生态构建方法论［M］. 北京：中信出版集团.

[25] 陈健、高太山、柳卸林、马雪梅，2016. 创新生态系统：概念、理论基础与治理［J］. 科技进步与对策，33

(17)：8.

[26] 崔淼、李万玲，2017. 商业生态系统治理：文献综述及研究展望[J]. 技术经济，36(12)：11.

[27] 费孝通，2013. 乡土中国(修订本.)[M]. 上海：上海人民出版社.

[28] 戎珂、施新伟、周迪，2021. 如何建立计算产业第二创新生态？[J]. 973-976. https://doi.org/10.16192/j.cnki.1003-2053.2021.06.005.

[29] 魏江、刘嘉玲、刘洋，2021. 新组织情境下创新战略理论新趋势和新问题[J]. 管理世界，37(7)，182-197+113. https://doi.org/10.19744/j.cnki.11-1235/f.2021.0100.

[30] 吴晓波、许宏啟、杜朕安、项益鸣，2019. 感知的环境不确定性对企业商业模式创新的影响研究：高管连带的调节作用[J]. 管理工程学报，33(4)：10.

[31] 应瑛、刘洋、魏江，2018. 开放式创新网络中的价值独占机制：打开"开放性"和"与狼共舞"悖论[J]. 管理世界，34(2)：17.

[32] 余江、丁禹民、刘嘉琪、陈凤，2021. 深度数字化背景下开源创新的开放机理，治理机制与启示分析[J]. 创新科技，21(11)：8.

第11章

数字经济与经济增长

本章学习目标

1. 了解探究经济增长问题的基本思路
2. 了解如何将数据要素纳入经济增长分析框架
3. 了解人工职能对经济增长影响的主要机理
4. 了解数据要素、人工智能的特征和对经济增长的影响

引言

从第11章开始,我们将探究数字经济对宏观经济增长的影响。就其重要性而言,经济增长与发展应当是经济学领域中最核心的问题。而经济增长理论所探究的问题可以具体概括为经济增长的动力是什么,为什么不同国家的发展程度存在差异,什么阻碍了经济持续增长。其中,增长的动力来源都在随着新的技术进步而不断切换,经济学家所关注的核心生产要素从人口、土地、资本到知识不断迭代。数字经济包含了个人和企业通过数字技术连接所产生的一系列经济活动,这些经济活动在微观层面深刻影响了企业组织模式和产业组织形式等,在宏观层面也已经成为一种重要的经济增长新动能和新模式。

为了学习和理解数字经济所蕴含的经济增长新动能和新模式,本章选取了数据要素和人工智能技术这两个极具代表性的新事物为切入点。选择二者的原因如下:第一,数据要素和人工智能技术在宏观层面已经初具规模并且影响重大,各个国家颁布了一系列的政策和法规以鼓励和规范二者的发展。第二,数据要素和人工智能在技术上有相辅相成的关系,人工智能技术的开发是数据密集型的,大量的数据要素积累是开发人工智能技术的前提,而人工智能技术的应用潜力是当前企业需求数据的重要原因之一。第三,数据要素和人工智能具有一系列新特征,而这些特征并没有被传统经济学理论所讨论或刻画,这吸引了众多经济学者的关注,由此形成的一系列新的学术研究也奠定了本章内容的严谨性。

围绕宏观经济增长理论,本章具体安排如下:在11.1节,介绍数据的特征和经济价值。在11.2节和11.3节,围绕数据的三种非竞争性,探究数据要素将会通过什么机制影响未来的经济增长,并指出数据在利用过程可能存在的市场扭曲和应对措施。在11.4节,介绍人

工智能所驱动的新型自动化对未来经济增长的影响。最后进行总结。

11.1 数据成为新的生产要素

近年来,数据要素在经济中的重要性越来越明显。据 Statista 估计,全球数据量将从 2022 年的 97ZB 提高到 2025 年的 181ZB,而这个数字在 2010 年仅为 2ZB。[①] 这意味着人类历史上 90% 的数据就是在过去的十年间产生的,也就是说,最近数字经济的蓬勃发展,其实和数据的快速积累息息相关。同时,更强大的计算机和机器学习等算法的进步,导致了数据有用性的爆炸式增长,这些数据推动了自动驾驶汽车、实时语言翻译、医疗诊断、产品推荐和社交网络等技术和产业的高速发展。2020 年 4 月,《中共中央国务院关于构建更加完善的要素市场化配置体制机制的意见》(以下简称《意见》)正式发布,就构建更加完善的要素市场化配置体制机制进行了顶层设计,明确将数据列为与土地、劳动力、资本、技术并列的第五大基础生产要素,并提出要加快培育数据要素市场,健全要素市场运行机制。

在过去,经济增长理论关心的核心生产要素从人口、土地、资本到知识不断演进,如今数据要素是数字经济时代的核心生产要素,如何认识其内含的经济价值并实现对其有效的利用自然成为当前数字经济研究的重大问题。本节首先介绍数据的特征和经济价值,从而帮助读者认识数据要素。之后,我们将分析当数据成为一种新型生产要素时,它将会通过什么机制影响未来的经济增长,并指出数据在利用过程中可能存在的市场扭曲和增长低效。最后,我们结合既有研究,探讨应如何设计配套制度以保障数据的有效利用。

这些问题的新颖之处在于数据推动经济增长的机制和潜在问题难以从既有理论中直接找到答案。以生产要素为依据可以将既有的增长理论大概划分如下:①托马斯·马尔萨斯(Thomas R. Malthus)在前工业时代提出的增长理论关注土地与人口两个生产要素。②罗伯特·索洛(Robert M. Solow)引入了资本生产要素。③保罗·罗默(Paul M. Romer)的"内生增长理论"纳入了内生的知识(或技术)。区别于前两种理论,知识的研发创新使得经济形成了内生的长期增长动力。但是,数据和土地、劳动力、资本、知识具有很大差异,例如数据同时具备非竞争性、排他性、隐私问题和经济伴生品等特征。对此,Jones 和 Tonetti(2020)、Cong 等(2021)、Farboodi 和 Veldkamp(2021)、Cong 等(2022)等围绕数据推动经济增长展开了广泛的学术研究。

11.1.1 数据的特征[②]

1. 非竞争性

数据的第一个特征叫作非竞争性,即数据可以被任意数量的公司、人员或机器学习算法同时使用,而不会减少其中任何一方的可用数据量。这源于数据在技术层面上可以近乎

---

① 从 2010 年到 2025 年全球范围内创建、捕获、复制和消费的数据/信息量,https://www.statista.com/statistics/871513/worldwide-data-created/。

② 本书第 6 章对数据要素的经济属性和数据产权等问题进行了专门讨论,为了便于阅读,这里介绍了和本章密切相关的部分内容。

零成本复制、无限可用。这和知识的非竞争性有很大的相似性,例如知识可以和全球各地的人进行分享,而获得知识的人不会影响其他人对知识的利用。然而,大多数生产要素都是竞争性的,例如当多个人同时使用同一台设备时,每个人所能占用的设备性能将会随人数增多而下降。以 Jones 和 Tonetti(2020)为例,数据的非竞争性可以刻画如下。

假设经济存在 N 种消费品,每个品种的消费品以常替代弹性形式(constant elasticity of substitution,CES)结合,产生社会的总产出 Y,依据对称性,总产出表达如下:

$$Y = \left(\int_0^N Y_i^{\frac{\sigma-1}{\sigma}} \, \mathrm{d}i \right)^{\frac{\sigma}{\sigma-1}} = N^{\frac{\sigma}{\sigma-1}} Y_i \tag{11-1}$$

每种消费品由一个企业利用数据 D_i 和劳动力 L_i 生产,产出为 Y_i:

$$Y_i = D_i^\eta L_i \Rightarrow y_i \equiv Y_i / L_i = D_i^\eta \tag{11-2}$$

式(11-2)描述了人均产出 y_i 依赖于企业 i 掌握的总数据量 D_i,而非人均数据量 D_i / L_i。这刻画了数据在企业内部的非竞争性,每个员工都可以使用企业 i 的数据,且不影响其他员工同时使用。与之相对的,投入资本与劳动力的柯布-道格拉斯生产函数描述了人均产出取决于人均资本量 k_i:

$$Y_i = K_i^\alpha L_i^{1-\alpha} \Rightarrow y_i = k_i^\alpha$$

同时,在最大化总产出 Y 的条件下,如果数据可以在不同企业充分流转,在理论上每个企业都可以同时利用社会所积累的所有数据,所以总产出 Y 可以进一步写为

$$Y = N^{\frac{\sigma}{\sigma-1}} Y_i = N^{\frac{\sigma}{\sigma-1}} D_i^\eta L_i = N^{\frac{\sigma}{\sigma-1}} D^\eta \left(\frac{L}{N} \right)$$

其中,D 为社会总数据量,L 为总劳动力,L/N 为每个企业分配的劳动力。

在后文,为突出研究问题的差异,我们会将数据的非竞争性进一步细分为水平非竞争性(horizontal nonrivalry)、动态非竞争性(dynamic nonrivalry)和垂直非竞争性(vertical nonrivalry)。

2. 可排他性

数据的第二个特性是可排他性,也就是说在一定的制度安排下拥有数据的人可以阻止他人使用数据。可排他性涉及数据的交易和产权问题,即数据相关的权利应该如何在不同的社会主体之间进行分配。《意见》中强调要"扩大要素市场化配置范围、促进要素自主有序流动、加快要素价格市场化改革"。要建立健全数据要素市场,肯定会有大量市场交易,数据就一定要具备某种排他性。因为如果数据可以被随意拷贝、完全被免费共享的话,也就不存在数据要素市场和交易所了。在这一点上,数据和知识是相似的。实践中,技术知识可以通过法律制度来实现排他,例如用专利、版权、商业机密等来实现:当某人拥有专利时,其他人必须付费才能使用专利所蕴含的特定技术知识,如果不付费就不能使用。因此,首先应该通过制度和法律的适当设计使得数据要素具有排他性,并且要易于计价和交易,从而培育出有效的数据要素市场。同时,应适当设计数据产权制度以发挥数据最大的价值,否则可能出现数据要素的采集激励不足、分配不合理等问题,阻碍数据要素推动经济增长。在传统模型中,技术知识的产权总是由发明者持有,但数据的产权则有更大的讨论空间和复杂性。

3. 隐私问题

数据的第三个特征是它涉及的隐私问题，这是和知识生产要素的重要差异。现实中，很多数据是由消费者产生的，和消费者的历史行为密切关联（例如搜索记录、消费记录、还款记录等），这些数据可能已经被很多公司比如平台企业大量使用。公司在使用数据的过程中，可能会涉及消费者隐私问题，给消费者带来一些不便甚至伤害，比如处于持续监视下的不适、数据泄露或黑客入侵的损失、平台利用消费者数据进行价格歧视带来的额外成本等。而知识和数据迥然不同，知识很少会涉及隐私问题，它是客观的、普适的、中性的。因此，隐私问题是我们研究数据经济和经济增长时所不能忽视的问题。也就是说，与"干净"的知识不同，数据是含有"杂质"的，最好是对数据中"不纯"的、对消费者不利的东西加以剔除或进行有效控制。

在数学上，数据的隐私问题可以体现在消费者效用中。假设每个消费者效用 $u(c,d)$ 由消费量 c 和他共享或出售的数据量 d 决定，隐私问题的存在会导致 $\partial u(c,d)/\partial d < 0$，即当消费量不变时，共享数据量越大，消费者效用越小。

对隐私问题感兴趣的读者可以进一步参考 Acquisti 等（2016）对三次隐私经济学浪潮的综述。

4. 经济伴生品

数据的第四个特征是可以伴生于经济活动，例如每当消费一种商品时，经济就会自然生成一条数据，每驾驶汽车行驶一公里，行车记录仪就会生成数据。这意味更大规模的经济活动可能产生了更多的数据，数学上可以刻画为 $D = f(Y)$，$f'(Y) > 0$，即数据量与经济总产出正相关。这一函数存在一个重要的启示：在经典内生经济增长理论下，由于知识的作用，小体量经济体也可以实现很高的人均收入，例如卢森堡；但是在数据经济下，小体量经济体的数据生成量可能是不足的，经济规模大的国家则可能因数量大而面临巨大机遇。当数据可以为经济提高生产效率时，大体量经济伴随而来的大规模数据在非竞争性的作用下可以提高每个个体的产出。当然，数据产生量大并不意味着这些数据都可以被有效地利用和存储，这需要高效的数据设施和数据制度，这在 Hou 等（2022）、Cong 和 Mayer（2022）有所强调。[①]

11.1.2 数据的经济价值

数据第一个可能影响经济的重要渠道是，数据可以用于生产过程，改善产品和服务的质量。这被 Jones 和 Tonetti（2020）所重点讨论，数学形式如前文式（11-2）所示。例如，数据可以用来训练机器学习算法，以帮助智能驾驶更安全；可以用来规划路线，让快递送得更快等。

数据第二个可能影响经济的重要渠道是，数据可以用于创新过程，产生不同价值水平和等级的知识。想象中国人口普查数据、资本市场统计数据、癌症数据以及各种实验数据，当我们拥有了一个具有价值的数据集时，往往就意味着我们可以通过分析这个数据集，发

---

① 本章不考虑数据形成所需要的采集和清洗等成本，如果考虑这些成本，则数据的经济伴生品属性会减弱。

现新的科学规律,创造出一般性的新科学知识或新种类产品。

Cong 等(2021)重点讨论了数据投入创新过程,数学形式可以表示为①

$$\dot{N}(t) = \eta N(t)^\zeta D(t)^\xi L_R(t)^{1-\xi} \tag{11-3}$$

其中,$N(t)$为社会的知识存量,$\dot{N}(t)$为 t 时刻的新增知识($\dot{N}(t) = dN(t)/dt$ 表示知识在 t 时刻的边际增量),$D(t)$为数据量,$L_R(t)$为研发部门就业人数。上式刻画了一个创新过程,研发人员可以通过投入劳动力 $L_R(t)$、数据 $D(t)$,在现有知识 $N(t)$ 的基础上发现新的知识 $\dot{N}(t)$。

数据促进生产与提高创新的差异可以简单总结为:投入生产过程强调直接改善现有产品和服务,投入创新过程强调创造出新产品、新技术和新专利(统称为新知识,而这些新知识可以用于在未来进一步创造新的知识)。

数据的经济价值还具体体现在其他微观方面,例如减少不确定性(Farboodi 和 Veldkamp,2021)、实现价格歧视、缓解信息不对称等。在后文,我们重点关注数据用于生产和创新的价值,因为这可以很直接地纳入现有经济增长模型中,同时提供清晰的经济直觉。

11.1.3 三种非竞争性初探

沿着前文所提到的增长理论发展脉络,我们能够以 Romer(1990)为基础,将数据要素纳入内生增长模型,有三篇具有代表性论文对此进行了探究:第一,Jones 和 Tonetti(2020)重点考虑了数据投入生产过程的经济价值,用以提高当期的生产效率。根据他们的模型,在每个企业支付数据"使用费"后,数据还可以在当期的多个企业之间被非竞争性地"共享"使用,用于生产产品(或提高当期的生产效率)。我们将这种在同一时期内的不同个体之间同时使用的性质称为"水平非竞争性"。第二,Cong 等(2021)重点考虑了数据投入创新过程的经济价值,用以创造出很多新产品、新专利,甚至催生新的产业。根据这一模型,数据可以被研发部门(或创新型企业)生产新的知识,而这些新知识不仅可以在当期,还可以在未来无限期进行使用,再次产生新的知识[见式(11-3)右侧的 $N(t)$]。我们将这种在不同时期跨期利用的性质称为"动态非竞争性",其最重要的经济内涵在于:数据是含有"杂质"的,每次使用的时候,不论多么小心,总是可能把相关隐私信息泄露出去,造成福利损失,但是当数据产生新的知识之后,未来可重复使用的"纯粹"知识就不再和隐私相关了。公司可以通过反复观察以前基于数据的知识来渐进地创新,而不会产生任何额外的隐私成本。我们将这称为"从数据到知识的漂白凝练"过程。这是在数字经济时代基于数据的研发创新过程的新作用,也是后文"数据驱动内生经济增长"所阐述的主要机制。第三,Cong 等(2022)重点考虑了数据同时投入生产和创新过程的经济价值,也就是生产部门的企业使用数据来生产产品,而创新部门的公司同时使用相同的数据来创造新的产品品种。我们将这种跨部门的多重使用称为"垂直非竞争性","垂直"一词用以强调数据在生产知识与专利的上游(创新部门)和利用知识与专利的下游(生产部门)的同时使用。三篇文章的关系可以参考图 11-1。

---

① 为了突出数据的非竞争性,也可以将指数修改为 $\dot{N}(t) = \eta N(t)^\zeta [d(t)L(t)]^\xi L_R(t)$。

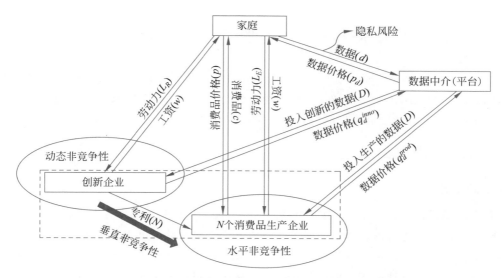

图 11-1 数据在经济增长中的作用以及三种非竞争性

图 11-1 包含四个方框，分别代表一个宏观经济系统中的四类决策者：家庭、数据中介、创新企业、消费品生产企业。家庭成员一方面会工作，挣到工资后进行消费，另一方面还可以产生数据（比如在消费过程中产生），家庭可以把数据卖给数据中介，数据中介再把数据最终销售给企业。该经济系统中除了数据中介之外，还存在两类企业，一类是创新型的企业，另一类是生产型的企业。创新型企业利用数据和现有知识进行创新，产生专利或者是新的技术，再把这个专利或新技术卖给生产型企业。所有生产型企业同时使用相同的数据提高产品质量，这体现了数据的水平非竞争性。同时，生产型企业和创新型企业同时利用相同的数据，体现了数据跨部门的垂直非竞争性。

经济增长理论的一个重要目标是刻画经济系统的动态演变过程。也就是说，可以把时间拉长，看经济体随时间将如何变化。

图 11-2 展示了数据推动创新内生增长的动态特性以及数据的"动态非竞争性"。其中，横轴表示时间，在时刻 1 的时候，数据用于创新过程，并创造出了一些新的知识，这些新的知识不仅可以在当期使用，还可以在时刻 2 与旧知识一起在未来时期继续创造新的知识。而在时刻 2，运用该时刻的数据所创造出的新知识也是如此，可以在时刻 2、时刻 3 及未来时期继续使用。这体现出了数据的"动态非竞争性"：数据在创造出知识之后，这些知识不只是可以在当期使用，还可以在未来时期被无休止使用，这放大了数据对于经济增长的促进作用。更重要的是，相对客观的知识在使用过程中并不涉及消费者隐私问题，因此当数据变成知识时，数据的隐私风险也被"漂白"了，在未来以知识的形式不断为经济增长提供动力。

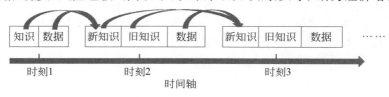

图 11-2 数据的"动态非竞争性"

11.2 数据投入创新过程的增长理论

本节将以 Cong 等(2021)为基础,具体介绍如何将数据生成过程、数据隐私风险、基于数据的创新等纳入图 11-1 的框架中,通过经济参与者[包括代表性家庭、中间品厂商(研发部门)、最终品厂商(消费品生产部门)]的决策加以体现。

11.2.1 理论模型设定

1. 代表性家庭

在无限期经济的设定下,代表性家庭部门存在 $L(t)$ 个相同的消费者,人口数量以常数 n 的速率增长。每个消费者在每一期无弹性地供给 1 单位的劳动力并在中间品生产厂商和最终品生产厂商之间分配。每个消费者生产数据(作为消费的副产品),并可以将数据出售给中间品生产商来获取收入,同时承担由于数据泄露可能导致隐私侵犯而产生的负效用。故而,对于单个消费者来说,我们有如下所示的家庭效用最大化问题:

$$\max_{c(t),\varphi(t)} \int_0^\infty e^{-(\rho-n)t} \left[\frac{c(t)^{1-\gamma}-1}{1-\gamma} - \varphi(t)^\sigma \right] dt \tag{11-4}$$

预算约束为

$$\dot{a}(t) = (r(t)-n)a(t) + w(t) + p_\varphi(t)\varphi(t) - c(t), \forall t \in (0,\infty] \tag{11-5}$$

且

$$\varphi(t) \leqslant s(t)f(c(t)) \tag{11-6}$$

此处,$c(t)$ 是 t 时刻的人均消费水平,$\varphi(t)$ 是每个消费者给中间品厂商研发所提供的数据量。我们遵循文献[例如 Jones 和 Tonetti(2020)],假设数据完全折旧。σ 是描述数据滥用或隐私侵犯的负效用 $\varphi(t)^\sigma$ 的参数,ρ 是消费者折现率,γ 是消费跨期替代弹性的倒数。

在预算约束(11-5)中,$a(t)$ 是消费者在时刻 t 持有的资产,$r(t)$ 为利率,$w(t)$ 和 $p_\varphi(t)$ 分别为 t 时刻的工资和数据的价格。约束(11-6)刻画了可以共享或出售的数据量是消费量的函数,这表示数据是消费者经济活动的伴生品,其中参数 $s(t)$ 代表了限制的程度,这取决于一国的数字基础设施、隐私监管政策和法律制度的发展程度等。我们可以将 $s(t)$ 标准化为 1,然后针对 $s(t)$ 讨论比较静态,以理解政策干预的影响。此外,在隐私风险较小的背景下,式(11-6)也暗含着消费者可以通过多消费来提高自己可以共享的数据量,缓解式(11-6)的约束,从而从数据共享中获得更多的好处。

我们可以将家庭的无限期优化问题更简单地写为如下的一期问题:

$$\max_{c,y,\varphi} u(c,\varphi) + y \tag{11-7}$$

其中 $u(c,\varphi)$ 包括来自消费品的正效用和共享数据的负效用,y 为消费者手中的剩余货币。假设消费者的初始货币量为 y_0,预算约束可以写为

$$c + y = y_0 + p_\varphi\varphi \tag{11-8}$$

且

$$\varphi \leqslant sf(c) \tag{11-9}$$

这一单期优化问题也足以纳入数据要素的经济伴生品{约束(11-9)、隐私风险[效用函数 $u(c,\varphi)$]}的特征。

2. 最终品厂商

经济中存在一个代表性的最终品厂商,并具有如下生产函数:

$$Y(t) = L_E(t)^\beta \int_0^{N(t)} x(v,t)^{1-\beta} \mathrm{d}v \tag{11-10}$$

其中,$L_E(t)$ 是雇佣的劳动力;$N(t)$ 是在最终品生产中使用的中间品种类数;$x(v,t)$ 是第 v 类中间品的投入数量,它只能在当期被用于最终产品生产,价格为 $p_x(v,t)$(或者中间品对应专利权的租金);β 是劳动力在最终产品生产中的需求弹性。

考虑到各中间品是对称的,最终品的生产函数可以写为 $Y(t) = L_E(t)^\beta N(t) x(v,t)^{1-\beta}$,这里中间品种数 $N(t)$ 表示了这个经济体在 t 期的知识存量,随着知识增多(中间品种数增多),总产品的产出也会同步提高。

在完全竞争的环境下,最终品厂商的利润最大化问题如下:

$$\max_{L_E(t),x(v,t)} \left\{ L_E(t)^\beta \int_0^{N(t)} x(v,t)^{1-\beta} \mathrm{d}v - w(t)L_E(t) - \int_0^{N(t)} p_x(v,t)x(v,t)\mathrm{d}v \right\}$$

对劳动力和每种中间品数量的一阶条件为

$$x(v,t) = \left[\frac{1-\beta}{p_x(v,t)} \right]^{\frac{1}{\beta}} L_E(t) \tag{11-11}$$

和

$$w(t) = \beta L_E(t)^{\beta-1} \int_0^{N(t)} x(v,t)^{1-\beta} \mathrm{d}v \tag{11-12}$$

3. 中间品厂商

经济中存在无数个潜在中间品厂商决定是否进行研究以及在多大程度上进行研究,研究成功使他们能够垄断所开发的中间产品并从中获利。因此,中间品厂商进入市场的方式是进行研发,并评估成功后的预期利润,减去研发投入的劳动力和数据成本。我们通过逆向归纳法解决中间品厂商利润最大化问题。

生产阶段。在研发成功后,每个进入的中间品厂商在垄断市场上生产不同种类的中间产品。种类 v 的中间品专利的总价值现值为

$$V(v,t) = \int_t^\infty \exp\left(-\int_t^s r(\tau)\mathrm{d}\tau\right) \pi(v,s)\mathrm{d}s \tag{11-13}$$

其中,种类 v 的中间品在 t 时刻的单期利润为

$$\pi(v,t) = p_x(v,t)x(v,t) - \phi x(v,t) \tag{11-14}$$

其中,ϕ 是中间品生产过程的边际成本,为便于计算将其假设为常数。

将式(11-11)代入式(11-14),并对 $p_x(v,t)$ 求导得到每一种类的中间品的最优价格:

$$p_x(v,t) = \frac{\phi}{1-\beta} \tag{11-15}$$

可以看出,这一价格在不同种类和不同时期都是相同的。将式(11-15)代入式(11-11)得到中间品的生产数量

$$x(v,t) = \left[\frac{(1-\beta)^2}{\psi}\right]^{\frac{1}{\beta}} L_E(t) \equiv x(t) \tag{11-16}$$

可以看出,在同一时期,每种中间品的生产数量是相同的。

将式(11-15)、(11-16)分别代入式(11-10)、式(11-14),得到中间品每一期的利润为

$$\pi(v,t) = \psi^{1-\frac{1}{\beta}} \frac{\beta}{(1-\beta)^{1-\frac{2}{\beta}}} L_E(t) \tag{11-17}$$

和最终品的总产出为

$$Y(t) = L_E(t) \left[\frac{(1-\beta)^2}{\psi}\right]^{\frac{1}{\beta}-1} N(t) \tag{11-18}$$

此外,依据式(11-12)可以得到工资为

$$w(t) = \beta \left[\frac{(1-\beta)^2}{\psi}\right]^{\frac{1}{\beta}-1} N(t) \tag{11-19}$$

进入和研发(R&D)阶段。潜在的中间品厂商利用劳动力 $L_R(t)$(研究人员,例如从事数据分析工作和设计人工智能的人员)和从消费者购买的数据 $\varphi(t)L(t)$ 进行研发。同时,参考内生增长理论的一般设定,既有知识存量对研发过程具有溢出效应(也就是存量知识可以被用于生产新的知识)。最终,在研发阶段中,创新前沿的演变模式如下(可以看作研发阶段的生产函数):

$$\dot{N}(t) = \eta N(t)^\zeta \left[\varphi(t)L(t)\right]^\xi L_R(t)^{1-\xi} = \eta N(t)^\zeta \varphi(t)^\xi l_R(t)^{1-\xi} L(t) \tag{11-20}$$

其中,$\eta > 0$ 表示创新的效率,$\xi \in (0,1)$ 表示数据在创新过程中的相对贡献,$\zeta \in (0,1)$ 表示知识的外溢性。$\varphi(t)L(t)$ 对应于从所有消费者那里购买的数据,$L_R(t)$ 是研发部门雇佣的劳动力,$l_R(t) = L_R(t)/L(t)$ 表示研发部门雇佣的劳动力比例。劳动力市场出清条件为 $L_R(t) + L_E(t) \leqslant L(t)$。我们假设式(11-20)为数据和劳动力的柯布-道格拉斯组合,它体现了竞争的创新过程,同时保持自由进入条件(即研发过程本身不产生利润)。

当潜在进入者研发成功一个新的专利时,他可以利用该专利成为一个垄断的中间品生产商,因此一个新的专利的价值为式(11-13)定义的所有通过生产和出售中间品获得的利润折现值之和,期望净利润最大化问题为:

$$\max_{L_R(t),\varphi(t)} \eta \dot{N}(t)V(t) - w(t)l_R(t)L(t) - p_\varphi(t)\varphi(t)L(t)$$

一阶条件产生两个自由进入条件(the free-entry condition):

$$\eta\xi N(t)^\zeta \varphi(t)^{\xi-1} l_R(t)^{1-\xi} V(t) = p_\varphi(t) \tag{11-21}$$

$$\eta(1-\xi)N(t)^\zeta \varphi(t)^\xi l_R(t)^{-\xi} V(t) = w(t) \tag{11-22}$$

直到增加数据或劳动力的边际效益等于边际成本时,不会再有新的中间品厂商进行研发并进入市场。

4. 均衡定义

模型均衡被定义为如下分配,$\{c(t),\varphi(t),L_E(t),L_R(t)\}_{t=0}^\infty$ 由消费者效用最大化决定,$\{L_E(t),x(v,t)\}_{v\in[0,N(t)],t=0}^\infty$ 由最终品厂商利润最大化决定,$\{p_x(v,t),\varphi(t),$

$L_R(t)\}_{v\in[0,N(t)],t=0}^{\infty}$ 由中间品厂商利润最大化决定，$\{N(t)\}_{t=0}^{\infty}$ 的演化由式(11-20)决定，$\{r(t),w(t),p_\varphi(t)\}_{t=0}^{\infty}$ 使得要素市场出清。

11.2.2 平衡增长路径下的数据经济

这一部分给出了模型在平衡增长路径下(balanced growth path, BGP)的求解结果，包括去中心经济的竞争均衡和社会计划者的最优均衡。

1. 去中心经济中的竞争均衡结果

均衡路径要求所有内生变量 $X(t)$ 的增长率 $\dot{X}(t)/X(t)$ 均为常数。我们可以通过改写式(11-20)得到一些直观的经济学直觉：

$$\dot{N}(t) = \eta N(t)^\zeta [\varphi(t)L(t)]^\xi L_R(t)^{1-\xi}$$

$$\Rightarrow \ln(\dot{N}(t)/N(t)) = (\zeta-1)\ln(N(t)) + \xi\ln(\varphi(t)) + (1-\xi)\ln(L_R(t)) + \ln(L(t))$$

依据 $\mathrm{d}\ln(X(t))/\mathrm{d}t = \dot{X}(t)/X(t)$，我们将上式两侧同时对 t 求导，可以得到(等式左侧知识的增长率 $\dot{N}(t)/N(t)$ 在平衡增长路径上为常数，因此求导为 0)

$$0 = (\zeta-1)g_N + \xi g_\varphi + (1-\xi)g_{lR} + n$$

$$\Rightarrow g_N = \frac{\xi g_\varphi + (1-\xi)g_{lR} + n}{1-\zeta}$$

其中，$g_X \equiv \dot{X}(t)/X(t)$ 为变量 $X(t)$ 在均衡路径上的增长率，n 为人口增长率。可以看到经济体的知识增长速度由数据量的增速、研发部门的就业比例增速和人口增长率决定。**这意味着任何影响数据量增长的现实因素都会影响数据推动经济增长的效率，这说明了数据制度、数据相关的设施在宏观增长层面的深刻影响。** 由于知识增长可以为总产出 $Y(t)$ 增长提供动能，因此数据量的增长与经济整体发展息息相关。此外，人口增长对知识增长的贡献包括两部分：一是在人均共享数据量保持不变的情况下，人口增长也会提高整个经济体可以利用的总数据量，进而推动知识创新增长；二是在研发部门就业比例不变的情况下，人口增长可以提高研发部门的就业总人数，从而推动知识创新增长。

进一步地，可以得到如下定理[①]：

定理 11.1：在市场竞争均衡的平衡增长路径上，可以得到如下增长率：

$$g_c^* = g_y^* = g_N^* = g^* = \left[\frac{\sigma}{(1-\zeta)\sigma - \xi(1-\gamma)}\right]n \tag{11-23}$$

人均数据供给的约束条件在 BGP 下不受约束，其增长率为

$$g_\varphi^* = \frac{1-\zeta}{\xi}g^* - \frac{1}{\xi}n = \left[\frac{1-\gamma}{(1-\zeta)\sigma - \xi(1-\gamma)}\right]n \tag{11-24}$$

关于定理 11.1 有如下值得我们关注的点：第一，依据宏观和行为研究中的实证估计，

---

① 我们在这里直接给出增长模型的结果，并讨论模型结果背后的经济学直觉。感兴趣的读者参考 Cong 等(2021)了解具体求解过程。

一般有,消费跨期替代弹性的倒数 $\gamma > 1$,如 Jones(2016)。因此,依据(11-24),可以得到 g_φ^* 为负。这意味着从长期来看,随着人口增长和知识积累,每个消费者贡献的数据量逐渐减少,但总的数据使用量仍逐渐增长。这意味着,当我们通过数据获得了更多不包含隐私风险的知识时,我们可以利用这些干净的知识进行更高效的创新(相对于依赖大量隐私风险的创新过程),而节省每个人所需要共享的包含隐私担忧的数据。第二,由于数据是研发阶段的投入要素,所以经济增长率 g^* 不仅取决于人口增长率(n),还与数据对创新的相对贡献(ξ)、隐私厌恶程度(σ)有关。这再次说明了在数字经济中,当数据成为推动知识创新的核心生产要素时,和数据有关的经济变量都可能会在宏观层面影响经济的增长问题,因此数据相关的制度设计至关重要。

除了增长率之外,可以进一步得到劳动力在生产过程和研发过程的就业比例。

定理 11.2:在市场竞争均衡中,中间品厂商在研发过程所雇佣的劳动力占比为

$$s_D = \frac{1}{1+\theta_D}$$

其中

$$\theta_D = \frac{g^* \gamma + \rho - n}{g^*(1+\xi)(1-\beta)}$$

这里,下标 D 代表去中心经济。一个较高的增长率 g^* 鼓励企业在研发阶段雇佣更多的劳动力。当人口停止增长时($n=0$),R&D 部门雇佣的劳动力为 0。

2. 社会计划者下的最优均衡结果

在本节,我们给出社会最优分配下的经济增长率和劳动力分配的结果,这构成了与去中心经济的比较基准,便于我们发现经济中可能出现的市场低效与福利损失。社会最优分配的结果如下。

定理 11.3:当 $\gamma > 1$ 时,在 BGP 下,社会计划者最优配置下的经济增长率与去中心经济的增长率相同。研发过程雇佣的劳动力占比在 BGP 上为常数,等于:

$$s_S = \frac{1}{1+\theta_S}$$

其中

$$\theta_S = \frac{(\sigma - \xi)n + \xi\rho}{\xi(1-\xi)g_S^*} - \frac{(\sigma - \xi)(1-\zeta)}{\xi(1-\xi)} \tag{11-25}$$

与最优均衡相比,去中心经济的净产出更低但以同样的速度增长。这与 Jones 和 Tonetti(2020)类似,可见增长率本身并不能完全表征一个经济体的效率。为了保证 $s_S \in [0,1]$,即 $\theta_S \geqslant 0$,我们也注意到最优分配的经济增长率不能过高:

$$0 < g_S^* < \frac{1}{1-\zeta}\left(n + \frac{\xi}{\sigma - \xi}\rho\right) \tag{11-26}$$

直觉上,社会计划者不希望经济增长过快,因为更高的增长率需要更多的数据使用,这可能会造成过多的隐私问题。市场竞争均衡与最优均衡的差异更多体现在劳动力分配的差异,而劳动力的差异会进一步影响其他变量。特别地,根据现有文献对 n、β、γ 和 ρ 的标

准取值,在社会计划者问题中的研发部门劳动力分配总是大于去中心化经济。这揭示了数据经济中存在的一种市场低效:依据创新生产函数(11-20),由于去中心经济的增长率和社会计划者问题下的增长率相同,但前者在创新过程的劳动力分配不足,这意味去中心经济在研发过程可能更加依赖数据,从而导致数据的过度使用问题,这意味着即使数据被消费者所有,经济仍暴露在过高的隐私风险之下。这种在研发过程挤出劳动力挤入数据的效应形成了低效。这一发现与 Jones 和 Tonetti(2020)和后文"11.3 垂直非竞争性与数据到知识的漂白凝练"的结果形成对比,该类研究的结论强调由于数据的非竞争性,所以共享过程往往具有正外部性,数据量通常是不足的。

11.2.3 转移动态与监管政策

在达到平衡增长路径之前,经济体往往需要经历一个转移过程。可以想象,当个人消费量很小时,即使全部分享,也不会造成太大的隐私问题,因此数据生成约束[式(11-6)]是有效的。因此,在经济初期,经济最大的可用数据不足,所以会全部投入使用,这产生了如下反馈过程:更多的数据增加了创新的多样性,这反过来刺激了消费,然后进一步放松数据生成约束、提高个人数据供给。在这一动态反馈过程中,个人数据供给量的增长率是正值。而从长远来看,随着人口增长和数据不断用于产生新知识,经济对个人数据的需求量减少(总数据量仍不断增加),人均数据供给量的增长率会不断降低至负数,最终达到稳态,数据生成约束[式(11-6)]将不再有效。

上述反馈过程也暗示了增长率较低的经济体可能面临的一种新增长陷阱:在数据经济中,因为数据在研发新的中间品种类中是作为投入要素之一的,低初始增长限制了数据的生成,这又负向地反馈到了增长率上。这使得数据生成约束会长期存在,经济体需要非常漫长的时间才能达到平衡增长。

其次,隐私条例可能影响了式(11-6)的约束 s 进而影响数据的使用和增长率。[①] 假设两个经济体在数据经济刚刚出现时处于相同的发展阶段,不同的隐私保护程度(不同的 s)会导致它们在不同的路径下增长,并在不同的时间最终到达 BGP。如果一项能够改善数据基础设施或放松隐私保护的干预政策(降低 s)将使经济快速形成数据与产出的反馈机制,经济体可能因此早一些逃离数据经济增长陷阱。

11.3 垂直非竞争性与数据到知识的漂白凝练

本节将介绍 Cong 等(2022)的增长模型的部分结果。正如垂直非竞争性的定义,这个模型实际上是将 Jones 和 Tonetti(2020)和 Cong 等(2021)进行结合。经济参与者包括代表性家庭、在位厂商(生产部门)、创新部门和数据中介。依据这个模型,我们可以清晰地对比数据投入生产和投入创新的差异,澄清数据和知识这两种非竞争的生产要素之间的联系,并且探讨多重使用会不会存在正向或负向的交互作用。

---

① GDPR(通用数据保护条例)和 CCPA(加州消费隐私法案)都对个人信息的收集和使用给予了一定的权利,但它们在多个方面有所不同(如 Hospelhorn 2020)。例如,加州是一个更大的经济体,意味着比 GDPR 更严厉的惩罚,后者对应更严格的约束(11-3)。

11.3.1 理论模型设定

1. 代表性家庭

假设代表性家庭部门存在 L 个相同的消费者。区别于 Jones 和 Tonetti(2020)、Cong 等(2021),为了强调内生增长,即经济增长不是由外生人口增长所驱动的,该模型假设人口增长率 n 为 0。这有助于分离出数据特有的经济机制,获得清晰的经济直觉。和前文类似的,每个消费者生产数据作为消费的伴生品,并出售获得收益,同时由于担心隐私问题和数据泄露而产生负效用。每个消费者单期效用为

$$u(c(t),d(t)) = \ln c(t) - \frac{\kappa d(t)^2}{2}$$

其中

$$c(t) \equiv \left(\int_0^{N(t)} c(v,t)^{\frac{\gamma-1}{\gamma}} \, \mathrm{d}v \right)^{\frac{\gamma}{\gamma-1}} \tag{11-27}$$

为消费指数,即不同品种消费品的 CES 集合[可参考 Acemoglu(2012)的 12.4 节]。γ 为替代弹性,$N(t)$ 为消费品的种数。$c(v,t)$ 是种类 v 在时刻 t 的消费水平,价格为 $p(v,t)$。$d(t)$ 为共享或销售的数据数量,$\kappa \in (0,1)$ 反映了隐私问题的严重程度。隐私问题造成的负效用为出售的数据数量的凸函数。

每个消费者提供一单位劳动力以获得工资 $w(t)$,同时持有资产 $a(t)$ 以利率 $r(t)$ 赚取回报,他们以内生价格 $p_d(t)$ 出售数据 $d(t)$。最终,消费者效用最大化问题为

$$\max_{c(v,t),d(t)} \int_0^\infty \mathrm{e}^{-\rho t} u(c(t),d(t)) \mathrm{d}t \tag{11-28}$$

预算约束为

$$\dot{a}(t) = r(t)a(t) + w(t) + p_d(t)d(t) - \int_0^{N(t)} p(v,t)c(v,t)\mathrm{d}v, \quad \forall t \in (0,\infty] \tag{11-29}$$

且

$$d(t) \leqslant g(c(t)) \tag{11-30}$$

此处,ρ 是消费者折现率。和前文类似的,约束(11-30)刻画了数据是经济活动伴生品的特征,消费者出售的数据数量不能超过他们通过消费活动生成的数量。$g(c(t))$ 是描述数据生成过程的外生函数。

2. 在位企业(生产部门)

每个在位企业拥有一项专利,并通过从数据中介购买数据集 $D(v,t)$(后文将介绍)和雇佣劳动力 $L_E(v,t)$ 来垄断性地生产一种消费品 $v \in [0, N(t)]$。所有在位企业构成生产部门,企业价值为 $V(v,t)$,每个在位企业的生产函数定义具体如下:

$$Y(v,t) = L_E(v,t)D(v,t)^\eta$$

如前文所述,数据的非竞争性意味着人均产出不再取决于人均数据,而是取决于企业购买的数据总量。$\eta \in (0,1)$ 反映了数据在生产中的相对贡献,假设数据边际收益递减,这和 Farboodi 和 Veldkamp(2021)的理论基础,Sun 等(2017)、Jones 和 Tonetti(2020)的实证证

据或校准是一致的。

3. 潜在进入者(创新部门)

市场的潜在进入者,也就是创新部门,可以通过使用数据和雇佣劳动力发明新的专利(代表了新的知识),具体而言,创新部门的生产函数为[对应式(11-20)创新前沿的演变模式]:

$$\dot{N}(t) = \varepsilon N(t) D(t)^{\xi} L_R(t)^{1-\xi} \tag{11-31}$$

其中,$\varepsilon > 0$ 表示创新的效率,$L_R(t)$ 是研发部门雇佣的劳动力,$\xi \in (0,1)$ 表示数据 $D(t)$ 在创新过程中的相对贡献。与前文模型式(11-20)不同的是,由于控制了人口增长,为了保证经济体仍能持续增长,式(11-31)假设现有知识的指数为 1(即存量知识的外溢效应为 1),而非小于 1,这在增长理论中被称为全内生增长模型,而小于 1 的设定被称为半内生增长模型。

潜在进入者面对给定的数据价格 $q_d^{\mathrm{inno}}(t)$ 最大化他们的期望利润:

$$\max_{L_R(t),D(t)} \dot{N}(t)V(t) - w(t)L_R(t) - q_d^{\mathrm{inno}}(t)D(t) \tag{11-32}$$

其中 $D(t)$ 表示潜在进入者购买的数据集,与在位厂商是相同的,这反映了数据的垂直非竞争性,也就是上下游所有参与者都利用了相同的数据集。

4. 数据中介

经济中存在一个竞争激烈的数据中介,它以给定的价格 $p_d(t)$ 从消费者处收集数据,并将数据打包成数据集 $D(t)$。中介分别向在位企业和潜在进入者同时出售数据集,通过歧视性定价来实现利润最大化。在自由进入的情况下,数据中介的利润被限制为零。因此,我们通过成本最小化问题和零利润条件来描述数据中介的决策:

$$\min_{d(t)} p_d(t)d(t)L \tag{11-33}$$

数据打包的约束为

$$D(t) \leqslant Ld(t) \tag{11-34}$$

零利润条件为

$$\int_0^{N(t)} q_d^{\mathrm{prod}}(v,t)D(v,t)dv + q_d^{\mathrm{inno}}(t)D(t) = p_d(t)d(t)L \tag{11-35}$$

在数据非竞争的情况下,中介可以通过购买所有消费者的数据(花费 $p_d(t)d(t)L$),并将其同时出售给在位企业和潜在进入者而获利,分别对应式(11-35)中的 $\int_0^{N(t)} q_d^{\mathrm{prod}}(v,t)D(v,t)dv$ 和 $q_d^{\mathrm{inno}}(t)D(t)$。

5. 均衡定义

模型均衡被定义为如下分配,$\{c(v,t),c(t),a(t),d(t)\}$ 由消费者效用最大化决定,$\{Y(v,t),Y(t),L_E(v,t),D(t),p(v,t),V(t)\}$ 由在位企业利润最大化决定,$\{L_R(t),D(t)\}$ 由新进入者的期望利润最大化决定,$\{q_d^{\mathrm{prod}}(v,t),q_d^{\mathrm{inno}}(v,t)\}$ 由数据中介的成本最小化决定。$\{w(t)\}$ 使劳动力市场出清 $\int_0^{N(t)} L_E(v,t)dv + L_R(t) = L$,$\{r(t)\}$ 使资产市场出清

$a(t)L = N(t)V(t), \{p_d(t)\}$ 使数据市场出清 $d(t)L = D(t)$。$\{N(t)\}$ 的演变遵循创新生产函数。

11.3.2 平衡增长路径下的数据经济

这一部分给出了模型在平衡增长路径（BGP）下的求解结果，包括去中心经济的竞争均衡和社会计划者的最优均衡。

1. 社会计划者下的最优结果

为了简单起见，我们首先讨论数据在最优分配下的多重使用。用 $l_R(t)$ 表示创新部门雇佣的劳动力比例，用 $l_E(t)$ 表示在位企业 v 雇佣的劳动力比例，那么劳动力市场出清变为 $\int_0^{N(t)} l_E(v,t)\mathrm{d}v + l_R(t) = l_E(t) + l_R(t) = 1$。

最优分配下，数据共享的边界应该是使得数据的边际社会效益等于数据的边际成本。在垂直非竞争性下，边际效益来自两个方面，而非一个：一是生产部门的数据使用，增加了产出；二是创新部门的数据使用，增加了产品的多样性（或知识）。

回忆前文所提到的动态反馈，由于每一期存在可使用的数据上限，在某些时期 t'，社会计划者可用的最大数据 $\bar{d}(t') = g(c(t'))$ 可能伴随的隐私风险很小。在这些时期，社会计划者会选择共享所有可用的数据，形成角点解，共享数据的数量随着消费同步增长［依据 $\bar{d}(t) = g(c(t))$］。然后，不断增加的数据量在生产部门和创新部门中同时利用、相互作用，以推动经济增长，可以进一步将社会总产出写成增长率的形式：

$$\frac{\dot{Y}(t)}{Y(t)} = \frac{\gamma}{\gamma-1}\frac{\dot{N}(t)}{N(t)} + \frac{\dot{Y}(v,t)}{Y(v,t)}$$

$$= \underbrace{\frac{1}{\gamma-1}\varepsilon l_R(t)^{1-\xi}Ld(t)\xi}_{\text{来自创新部门的增长}} + \underbrace{\frac{\dot{l_E}(t)}{l_E(t)} + \eta\frac{\dot{d}(t)}{d(t)}}_{\text{来自生产部门的增长}} \tag{11-36}$$

当数据量增大到超过一定阈值时，会存在一个期望的内点解 $d_s(t)$ 来平衡边际效用损失和边际产出与边际创新之和。沿着 BGP，社会计划者不会无限制地共享数据，而是会在每一期共享相同数量的数据 d_s。我们可以得到如下定理。

定理 11.4：当 $\kappa d^2 - \eta > 0$，在 BGP 下，最优配置的产品种类数量的增长率 g_{Ns} 和每个人投入的最优数据量 d_s 存在，由以下两式联合唯一决定：

$$g_{Ns}(d) = \frac{(\gamma-1)\rho}{\xi}(\kappa d^2 - \eta) \tag{11-37}$$

和

$$g_{Ns}(d) = \varepsilon L \underbrace{\left[\frac{\dfrac{1-\xi}{\xi}(\kappa d^2 - \eta)}{1 + \dfrac{1-\xi}{\xi}(\kappa d^2 - \eta)}\right]^{1-\xi}}_{\text{研发部门雇佣的劳动力比例}} d^{\xi} \tag{11-38}$$

式(11-37)描述了数据负效用与要求的增长率回报之间的关系,即社会计划者需要更高的增长率,作为对更多使用数据造成的更高负效用的补偿。式(11-38)反映了(11-31)所刻画的技术约束,即通过共享数据可以达到的增长率。这两个方程一起确定了沿着 BGP 的经济增长和人均共享数据数量,如图 11-3 所示,虚线与实线的第一个交点为 $\kappa d^2 - \eta = 0$,经济均衡点为第二个交点。

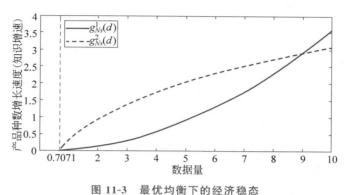

图 11-3 最优均衡下的经济稳态

沿着 BGP,社会总产出可以表示为

$$\frac{\dot{Y}(t)}{Y(t)} = \frac{\gamma}{\gamma-1}\frac{\dot{N}(t)}{N(t)} + \frac{\dot{Y}(v,t)}{Y(v,t)} = \underbrace{\frac{1}{\gamma-1}\varepsilon l_R{}^{1-\xi}L d_s^{\xi}}_{\text{来自创新部门的增长}} \tag{11-39}$$

t 时刻的总产出 $Y(t)$ 为

$$Y(t) = N(t)^{\frac{1}{\gamma-1}}(1-l_{Rs})d_s^{\eta}L^{1+\eta} \tag{11-40}$$

也就是说,长期来看,总产出的增长是仅由品种的增长决定的。创新部门的数据使用对经济增长起着重要的作用。与式(11-36)相比,来自生产部门的长期增长为零。原因是生产的增长需要更大的数据量,但这意味着消费者将面临更大的隐私成本,但由于数据的边际产出递减,很难抵消隐私成本的指数级增长。因此,数据投入量是恒定的,从而使得隐私成本在长期是有限的,但同时生产部门的增长也是无法持续的。**与生产部门相对应,创新部门将数据转化为知识,创造"漂白"(desensitized)的数据,如蓝图、算法代码或经济机制。公司可以通过反复观察以前基于数据的知识来渐进地创新,而不会产生任何额外的隐私成本。**因此,正如 Cong 等(2021)所述,由于动态非竞争,脱敏数据可以在未来的每个时期都被利用,而在每个时期以恒定水平提供的数据可以在长期内促进内生经济增长。

2. 去中心经济中的竞争均衡结果

定理 11.5:在市场竞争中的均衡增长路径上,产品种类数量的增长率 g_{Nc} 和每个人投入的最优数据量 d_c 存在,由以下两式联合唯一决定:

$$g_{Nc}(d) = \rho\frac{\kappa d^2 - (1-1/\gamma)\eta}{\xi\Gamma - [\kappa d^2 - (1-1/\gamma)\eta]} \tag{11-41}$$

和

$$g_{Nc}(d) = \varepsilon L \underbrace{\left[\dfrac{\dfrac{1-\xi}{\xi} \dfrac{\kappa d^2 - (1-1/\gamma)\eta}{1-1/\gamma}}{1 + \dfrac{1-\xi}{\xi} \dfrac{\kappa d^2 - (1-1/\gamma)\eta}{1-1/\gamma}} \right]^{1-\xi}}_{\text{研发部门雇佣的劳动力比例}} d^{\xi} \tag{11-42}$$

其中

$$\Gamma \equiv 1 - \left(1 - \frac{1}{\gamma}\right)(1+\eta)$$

若 $\Gamma = 1 - (1-1/\gamma)(1+\eta) > 0$，那么 $\kappa d^2 - (1-1/\gamma)\eta \in (0, \xi\Gamma)$。

这里的参数 Γ 反映了在位企业拥有的利润份额，假设 $\Gamma > 0$。在上述两个方程中，式(11-41)从消费者角度描述了数据负效用与要求的增长率回报之间的关系。式(11-42)从潜在进入者的角度，描述了受创新可能性边界约束的数据需求与可实现增长之间的关系。图 11-4 表示了上述两个方程及其交点，虚线与实线的第一个交点为 $\kappa d_c - (1-1/\gamma)\eta = 0$，经济均衡点为第二个交点。

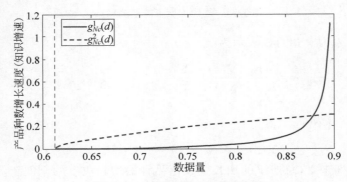

图 11-4　竞争均衡下的经济稳态

11.3.3　竞争均衡与最优均衡之间的对比

总的来说，当数据可以同时用于生产和创新时，数据的配置会被生产部门的垄断加价以及比最优配置更高的收益率要求所扭曲，造成数据量共享不足、经济增长率低下。在去中心化经济中，我们可以从以上两个方程[式(11-41)和(11-42)]中观察到以下三种低效率的渠道：

第一个低效率问题涉及数据价格的扭曲，类似于 Jones 和 Tonetti(2020)所讨论的情况，这反映在式(11-41)中的参数项 $(1-1/\gamma)\eta$。与最优配置相比，在同样的隐私成本下，消费者从垄断在位企业(生产部门)那里得到的补偿更少，这种扭曲会促使消费者在其他条件不变的情况下，共享更少的数据量。

第二个低效率问题来自于经济增长率不足。去中心经济下，在同样的隐私成本下，消费者会对创新部门提供的资产补偿要求更高的增长率来补偿隐私问题。当消费者共享更多数据时，创新部门可以利用这些数据生成动态非竞争的"脱敏"知识，供未来不断重复使用，提高产品种类的增长率 g_{Nc}。通过创新部门的"漂白凝练"过程，消费者的隐私担忧得到了缓解,但同时他们也无法从利用他们的数据产生的知识中获得收益。这提高了要求回报率,从而降低了创新以资产形式所提供的隐私补偿。这种低效率促使消费者在增长率相同的情况下共享更少的数据。

第三个低效率问题来自于劳动力的配置扭曲。在去中心经济中,劳动力是按照如下比例分配的:

$$\left(\frac{l_R}{l_E}\right)_c = \frac{1-\xi}{\xi}\frac{\kappa d_c^2 - (1-1/\gamma)\eta}{1-1/\gamma}$$

而在社会最优分配中,劳动力是按照如下比例分配的:

$$\left(\frac{l_R}{l_E}\right)_s = \frac{1-\xi}{\xi}(\kappa d_s^2 - \eta)$$

由于在位企业的垄断加价扭曲了均衡分配,生产部门未充分利用劳动力,这被上式中的分母所体现。但是,其他两种低效导致的数据量不足也会影响劳动力分配,这被分子所体现(即,与最优分配的数据量 d_s 相比, d_c 是被市场低效扭曲的)。这种数据短缺会使数据作用更明显的创新部门就业更加不足,最终去中心经济陷入低增长的陷阱中(后文将给出数值模拟结果)。并且,当数据在多部门同时利用时,因为所有部门的补偿共同决定了数据共享量,所以两部门的市场低效会相互传导:生产部门导致的数据共享不足(第一种低效)也会传导到创新部门,使其可利用数据不足,加剧劳动力分配扭曲。

对比前文 Cong 等(2021)的模型可以注意到,该模型中生产部门的垄断会导致生产中的就业不足、数据是过度使用的。然而,在垂直非竞争性下,这一模型的最终情况恰恰相反:创新过程的就业不足,数据使用量严重不足。这并不意味着模型的错误,因为不同模型的前提假设和设定是不同的(用以强调不同的问题),多种市场低效结合的最终表现也会有所不同。模型所强调的经济机制是分析现实的基准,在应用中应根据现实情况具体对应分析。

11.3.4　数据不同用途的对比

在本节,我们比较数据的两种用途,以更深入了解数据对经济增长的贡献。

首先,当数据仅用于生产过程时,在最优分配的增长路径上,每个人投入的最优数据量 d' 为

$$d' = \left(\frac{\eta}{\kappa}\right)^{\frac{1}{2}}$$

产品种类数量的增长率 g_N' 为

$$g_N' = \varepsilon L - (\gamma - 1)\rho$$

研发部门就业比例为

$$l_R' = 1 - \frac{\rho(\gamma - 1)}{\varepsilon L}$$

关闭数据在研发过程的利用可以帮助我们更直观地看出数据的使用量在长期是常数。由于数据边际收益递减($\eta < 1$),而隐私负效用不是,所以当数据产生量充裕时(即数据生成约束不成立),社会计划者不会将所有可用数据都投入,而是选择一个固定的数量。另外,当

我们将结果与 11.3.2 节进行比较时，可以看出：

推论：当数据仅用于生产过程时，数据的使用（体现在 κ 和 η）不会影响经济长期增长率，而只会影响每一期的总产出水平。此外，人均的数据使用量低于当数据可以用于创新时的使用量。

其次，当数据仅用于创新过程时，在最优分配的增长路径上，产品种类数量的增长率 g''_N 和每个人投入的最优数据量 d'' 由以下两式联合唯一决定：

$$(g_N^1)''(d'') = \frac{(\gamma-1)\rho}{\xi}\kappa d''^2$$

和

$$(g_N^2)''(d'') = \varepsilon L \left[\frac{\dfrac{1-\xi}{\xi}\kappa d^2}{1+\dfrac{1-\xi}{\xi}\kappa d^2}\right]^{1-\xi} d''^\xi$$

则研发部门就业比例为

$$l''_R = \frac{\dfrac{1-\xi}{\xi}\kappa(d'')^2}{1+\dfrac{1-\xi}{\xi}\kappa(d'')^2}$$

可以看出，由于创新的"漂白凝练"过程和知识积累（数据的动态非竞争性），数据才能提供长期经济增长，而这两种作用在生产部门是不存在的。不过，当社会计划者只在创新部门使用数据时，经济在生产部门会存在福利损失。因为如果利用垂直非竞争性，把相同的数据同时投入到生产过程（不需要消费者共享额外的数据）可以进一步提高产品质量或增加生产产量。

进一步地，我们可以利用数值模拟的方法直观比较不同的经济体，重点关注如下三个变量：产品种数的增长率 g_N（代表知识或技术的增长率）、人均数据量投入量 d 和创新部门劳动力占比 l_R。表 11-1 总结了数值模拟所采用的参数设定[读者可以参考 Cong 等（2022）的代码附件改变参数自主模拟]。

表 11-1　数值模拟所采用的基准参数

变　量　名	变　量　含　义	变　量　取　值	备　注
η	数据在生产部门的贡献	0.1	标准取值
ξ	数据在研发部门的贡献	0.5	任意给定
κ	对隐私问题的担忧程度	0.2	任意给定
γ	产品种类间的替代弹性	4	标准取值
ρ	消费者主观贴现因子	0.3	标准取值
L	人口水平	1	标准取值
ε	创新效率	1	标准取值

表 11-2 总结了数值结果，可以看出三个关键变量的值在不同的场景中有很大的不同。多重使用下的最优均衡可以实现最高的增长率。与仅投入创新相比，同时与生产部门共享数据可以增加数据使用量和增长率。这是因为，当生产部门可以同时使用数据时，消费者

可以通过向 $N(t)$ 个在位企业同时出售数据获得额外的补偿。这种额外的补偿增加了经济中的数据量,通过垂直非竞争性,创新部门可以使用更多的数据,从而提高增长率。这反映了一个事实,即两个部门在经济增长方面是互补的,一个部门数据的使用可以使对方受益。不过,这也意味着一个部门的扭曲也会传递到另一个部门,这可以从最优均衡与竞争均衡的对比看出(见前面 11.3.3 节)。

表 11-2　数值模拟结果

模型	产品种数增速 g_N(代表知识增速)	投入数据量 d	创新部门就业比例 l_R
多重使用下的最优均衡	2.9160	9.0277	0.9419
多重使用下的竞争均衡	0.2897	0.8783	0.0956
仅投入生产的最优均衡	0.9100	0.7071	0.9100
仅投入创新的最优均衡	2.9097	8.9903	0.9417

此外,仅投入创新过程的数据量要高于仅投入生产部门的数据量。原因在于,当数据进入创新过程时,随着知识的积累,数据被"漂白凝练"了,从而减轻了对隐私的担忧。这使得创新中的数据使用比生产中的数据使用更经济,并带来更高的增长率。

11.3.5　应对市场低效的政策干预

在去中心经济中,由于消费者选择投入的数据量对社会来说是低效的,这使得经济增速和产出水平都低于最优配置下的水平。而这些市场低效不是通过提高数据分析技术就可以缓解的,为了将去中心经济推至最优水平,我们需要通过税收、补贴等制度安排进行优化。

11.4　人工智能与经济增长

11.4.1　人工智能在经济中的作用

人工智能(artificial intelligence,AI)旨在通过识别数据中的统计模式来学习完成任务的算法(Webb,2019),最终实现利用机器模仿甚至超越人类来完成各项任务。最近,这项技术在大量有经济价值的任务中取得了超人的表现,例如医疗诊断、智能营销、刑事司法、技术创新等,开辟了许多新市场和新机会。与此同时,经济学家对人工智能潜在影响的猜测也越来越多,包括经济增长、收入分配、不平等、劳动力就业等(Goldfarb 等,2019)。本节将重点探讨人工智能影响经济增长的机制,主要分为以下两个主题:

首先,我们将从"生产自动化"与"创新自动化"两个视角总结当前学者的主要观点,讨论人工智能提供的经济增长动力与潜在担忧。自工业革命起,推动经济增长的一种重要创新是发明减少劳动力投入的技术,如蒸汽机、火车、汽车、半导体、计算机等。也许人工智能是这一过程的下一个阶段,例如自动驾驶对司机的替代、实时语言翻译对翻译人员的替代、算法交易对交易员的替代。因此,和 Aghion 等(2019)、Acemoglu(2021)观点相似,我们将人工智能视为自动化的一种新形式。这将允许我们将其与机器人、信息技术等边界模糊的概念一起讨论,并且便于我们借鉴过去有关自动化的研究框架和历史经验。在讨论中,我们也将强调人工智能相较于传统自动化的新性质,例如人工智能在认知任务上具有优势、可能替代高技能工人而非低技能工人。

其次,从既有经济理论出发,我们将以人口生育决策为切入点,指出人工智能推动的自动化可能影响劳动力市场,进而间接影响家庭决策和经济增长。在许多内生增长模型中,人口规模及人口增长率起着至关重要的作用,因为更多的人口意味着更多的研究人员,这会带来更多的新知识从而推动增长(Jones,2020)。然而,正如 Becker 和 Barro(1988)所指出的,生育成本(或抚养成本)随着技术进步不断提高,许多国家的人口增长率持续下降甚至为负数,经济的长期增长也随之受到影响。这立即引发了一个新的问题:当人工智能这一最令人兴奋的技术遇到人口这一最基本的增长来源时,会发生什么? 人工智能技术进步是否与传统技术进步不同,其推动的自动化是否可以降低生育成本?

11.4.2　人工智能、自动化与经济增长

1. 生产自动化与经济增长

依据 Zeira(1998)、Acemoglu 和 Restrepo(2018)、Aghion 等(2019),我们可以在如下基于任务的生产函数中体现人工智能技术:考虑一个具有唯一最终产品 Y 的经济体。最终产品 Y 的生产需要一系列连续的生产任务实现,任务的集合是区间$[0,1]$:

$$\ln Y = \ln A + \int_0^1 \ln x_i \, \mathrm{d}i \tag{11-43}$$

其中,x_i 表示任务 i 的产出,A 是全要素生产率。尚未自动化的任务可以由劳动力一比一地生产。当一项任务通过 AI 实现自动化时,它可以由资本(或机器人)一比一地生产,也就是说,在自动化任务中,资本和劳动力是完全可以替代的。变量 $m \in (0,1)$ 表示 AI 能够自动化的任务份额的最大值,也就是 AI 的技术水平。那么,任务 i 的生产函数可以表示为

$$x_i = \begin{cases} K_i, & i \in [0,m] \\ L_i, & i \in (m,1] \end{cases}$$

其中,L_i 表示任务 i 所雇佣的劳动力,K_i 表示任务 i 所投入的资本。那么总产出 Y 的生产函数可以描述为

$$\ln Y = \ln A + \int_0^m \ln K_i \, \mathrm{d}i + \int_m^1 \ln L_i \, \mathrm{d}i \tag{11-44}$$

当 t 时刻经济体的总资本 K_t 和总劳动力 L_t 被最优分配时,总产出可以表示为

$$\ln Y_t = \ln A_t + \int_0^m \ln\left(\frac{K_t}{m}\right) \mathrm{d}i + \int_m^1 \ln\left(\frac{L_t}{1-m}\right) \mathrm{d}i$$

$$\Rightarrow Y_t = A_t \left(\frac{K_t}{m}\right)^m \left(\frac{L_i}{1-m}\right)^{1-m} \tag{11-45}$$

这一生产函数说明了 AI 技术进步的三个潜在影响:

第一,AI 通过生产自动化可以提高经济增长率。在新古典增长模型的平衡增长路径上储蓄率为常数,人均资本 $k_t = K_t/L_t$ 的增长率 g_k 与人均产出 $y_t = Y_t/L_t$ 的增长率 g_y 相同,进一步可以得到

$$g_y = g_A + mg_k \Rightarrow g_y = \frac{g_A}{1-m}$$

当 AI 技术水平 m 提高时,人均产出的增长率随之上升。这是由资本积累的乘数效应驱动的:当 m 提高时,更多的资本产生更多的产出,反过来导致在未来会有更多的资本和产出。这个良性循环所形成的乘数为 $1/(1-m)$,放大技术增长率 g_A。随着人工智能使资本能够胜任更多的生产任务,乘数会被进一步放大。

第二,AI 通过生产自动化对当期产出的影响是模糊的。依据式(11-45),AI 进步能使有限的资本可以被用于更多的任务(体现在指数 m),这提高了资本的边际产出,但也降低了劳动力的边际产出。同时,这也意味着固定数量的资本会被更多的生产任务分散(体现在分母 m),这降低了资本的边际产出,提高了劳动力的边际产出。将 $\ln Y_t$ 对 m 求导可以得到

$$\frac{\partial \ln Y_t}{\partial m} = \underbrace{\ln \frac{K_t}{L_t}}_{\text{自动化任务扩张}} + \underbrace{\ln \frac{1-m}{m}}_{\text{资本分散}} \tag{11-46}$$

可以看出,当资本充裕($K_t > L_t$)且劳动力承担了过多任务($1-m > m$)时,AI 进步将充裕的资本投入更多的任务并将有限的劳动力集中到更少的任务上,从而提高经济产出。

第三,AI 通过生产自动化可以提高资本收入份额,但降低劳动收入份额。在一个完全竞争的经济里,依据式(11-45)可以得到

$$\frac{r_t K_t}{Y_t} = \frac{\partial Y_t}{\partial K_t} \frac{K_t}{Y_t} = m \tag{11-47}$$

$$\frac{w_t L_t}{Y_t} = \frac{\partial Y_t}{\partial L_t} \frac{L_t}{Y_t} = 1 - m$$

可见,与资本深化、通用技术增长等不同,在以 Zeira(1998)为代表的生产函数中,自动化一定会提高资本收入份额。Acemoglu 和 Restrepo(2018)在 CES 生产函数下也发现了相同的现象。Bergholt 等(2022)、Karabarbounis 和 Neiman(2014)等学者也将自动化、信息技术进步用于解释自 1980 年开始的全球劳动收入份额下降。

然而,利用这个生产函数解释未来经济增长还存在两个重要问题:

第一,如果 AI 不断进步,经济可能实现近乎完全的自动化($m \to 1$),此时经济增长率 $g_y \to \infty$,资本收入份额 $r_t K_t / Y_t \to 1$,而这可能不切实际,也就是说这个模型缺少一个维持经济平衡增长的力量。对此,Acemoglu 和 Restrepo(2018)指出自动化不仅会在既有任务上替代劳动力,还会创造出新的任务,而人类在这些新的复杂任务上是具有优势的。当替代旧任务和创造新任务达到平衡时,经济增长率和收入份额可以长期保持稳定。Aghion 等(2019)在 CES 生产函数下指出自动化产品和非自动化产品的替代弹性可能是小于 1 的[即式(11-48)中,$\rho < 0$],尽管资本可以承担更多生产任务,自动化产品的增长速度更快,但它的价格相对于非自动化产品的价格会下降。由于需求相对缺乏弹性,自动化产品在 GDP 中的份额也会下降。

$$Y_t = A_t \left[m \left(\frac{K_t}{m} \right)^\rho + (1-m) \left(\frac{L_t}{1-m} \right)^\rho \right]^{1/\rho} = A_t F \left(m^{\frac{1-\rho}{\rho}} K_t, (1-m)^{\frac{1-\rho}{\rho}} L_t \right), \quad \rho < 0$$

$$\tag{11-48}$$

同时,当 A_t 为常数($g_A=0$)且替代弹性小于 1($\rho<0$)时,式(11-46)所提到的资本分散效果会占主导,自动化可以通过不断将劳动力集中在更少的任务来推动经济增长(当 $\rho<0$ 时,$(1-m)^{(1-\rho)/\rho}$ 与 m 成正比)。

第二,该模型没有刻画 AI 自动化的研发激励。Abeliansky 和 Prettner(2017)、Acemoglu 和 Restrepo(2022)从人口的角度分析了自动化技术的研发激励。他们指出下降的人口增长率和老龄化提高了劳动力成本,因此企业将会有激励开发自动化技术利用廉价的机器替代昂贵的劳动力。其次,Beraja 等(2020)通过实证发现,数据量是人工智能技术开发的重要激励,政府数据共享极大地刺激了中国人工智能技术的创新。

第三,人工智能驱动的生产自动化和创造的经济财富并不是在整个社会中平均分配的,这可能伴随所需的技能的变化以及经济结构的变化。例如,19 世纪的特点是技术变革提高了低技能工人相对于高技能工人的生产率,从而造成收入不平等,失业率上升等问题,例如 Krueger(1993)、Autor 等(1998)、Autor 等(2003)等对计算机、信息技术的讨论。David 等(2013)、Graetz 和 Michaels(2018)和 Acemoglu 和 Restrepo(2020)估计机器人对不同行业和生产任务的就业和工资的影响。对于人工智能而言,Acemoglu 等(2022)指出人工智能对劳动力的总体替代效应还太小,企业的人工智能活动从 2016 年才开始加速,目前仅在某些岗位上改变了招聘需求。Acemoglu(2021)从理论上指出当存在市场摩擦时,人工智能可能会造成自动化过度,加剧不平等,最终压低工资,而不能提高生产率。不过,Webb(2019)指出,与软件和机器人相比,人工智能是针对高技能任务的,这可能减少高技能和低技能劳动者之间的工资差距,缓解过去自动化造成的工资不平等。

2. 创新自动化与经济增长

除了生产自动化,人工智能技术可以发现高维数据中的复杂结构(LeCun 等,2015),在高度复杂的知识空间中发现现有知识的有用新组合,从而改变我们创造新想法和技术的过程。这些大海捞针式的研究在基因组学、药物发现、材料科学和粒子物理学等领域普遍存在。Agrawal 等(2018)开发了一个基于组合的知识生产函数,以探索人工智能技术的进步如何提高发现最优知识组合的概率,进而促进经济增长。同时,当人工智能技术使得计算机可以替代研究人员时,有限的研究人员可以被集中到越来越少的研究任务中,进而提高创新效率。

此外,Aghion 等(2019)指出人工智能技术可能会让前沿技术的模仿/学习变得自动化。也就是说,机器可以很快知道如何模仿前沿技术。这种逆向工程(reverse engineering)可能使得潜在的创新者不愿意为自己的发明申请专利甚至缺少创新激励,担心披露新知识会导致直接模仿。

11.4.3 人工智能与人口生育

面对新一轮自动化,人类可以内生地将有限的时间分配到具有相对优势的新的或更复杂的任务上。例如,Dauth 等(2018)发现机器人的采用并没有增加现有制造业工人的就业风险,许多人会通过在原来的工作场所转换职业来进行调整,最终制造业的失业可以被商业服务部门的增长所抵消。在本节,我们将结合 Wei 和 Xie(2022)考虑家庭生产任务——

生育决策,来补充这些观点,从时间分配的角度强调人工智能自动化所造成的更深层次的影响。因为人工智能或机器人不能生产人类后代,所以以是否可被人工智能替代为标准,生产消费品和"生育后代"被自然地划分为两类任务。

第一,考虑一个没有资本积累和经济增长的单期模型。成年人从消费和孩子的数量中获得效用,并在赚取工资的市场生产(消费品生产)和生育抚养孩子的家庭生产之间分配时间,具体效用函数如下:

$$u(c, \hat{N}) = \ln c + \varepsilon \ln \hat{N} \tag{11-49}$$

多生一个孩子意味着本可以用于工作的时间变少,因此,放弃的工资决定了生育的机会成本,这称为生育的时间成本。当人工智能使资本可以替代劳动力生产消费品时,它会降低工资和劳动收入份额[回忆式(11-47)],从而降低生育的时间成本,鼓励家庭多生孩子。可见,自动化技术的进步与 Becker 和 Barro(1988)所讨论的通用技术进步(A_t↑)是截然相反的,后者会提高工资和抚养成本,进而减少家长分配在生育的时间。

第二,在存在资本积累的动态模型中,生育成本是时间成本加上资本稀释成本的总和,后者源于生育更多的孩子会减少人均资本和人均资本收入,从而造成消费下降。因为人工智能驱动的自动化导致资本收入份额上升,人们的消费会变得更加依赖于资本收入。因此,人工智能会降低时间成本但增加资本稀释成本。在这种情况下,总生育成本的变化取决于家长对孩子的偏好。当父母相较于自身消费更喜欢孩子时(即 $\varepsilon > 1$),资本稀释成本是较低的,而时间成本较高,此时自动化可以将相对昂贵的时间成本转化为较低的资本稀释成本,从而提高生育率。相反,如果父母更喜欢自身消费时(即 $\varepsilon < 1$),资本稀释成本是更高的,此时自动化会降低生育率。

第三,在存在资本积累和知识创新的动态模型中,新生儿长大后可以研发产生新的知识,更多的后代可以驱动未来更高的经济增长,这增加了一种新的生育效用。此时,人工智能驱动的自动化可以增加资本的边际产出,这使得知识从长远来看价值更大。因此,自动化增加了生育的效用,而不仅是改变生育的成本。这使得即使父母更喜欢消费而不是孩子,也有可能分配更多时间在家庭生产,抚养更多的孩子。然而,如果父母没有考虑到人口规模对未来知识创新的积极影响,社会的最优均衡和竞争均衡可能产生分歧:随着 AI 进步,前者倾向于生育更多后代,而后者则会生育更少的后代。

综上,自动化进程可能会影响家庭的生育决策,从而对经济增长造成更深层次的影响,并且对于不同的经济体,这种影响可能是截然相反的。如果能够有效把握人工智能推动的新一轮自动化,不断降低的人口增长率可能可以被有所缓解。

本章小结

本章首先探究了数据的特征、经济价值和对经济增长的影响。我们强调了数据的水平非竞争性、动态非竞争性和垂直非竞争性,并指出数据在创新部门的投入使用对经济增长具有决定性的影响:当数据创造出新知识之后,新知识可以在未来被重复使用不断产生新知识,而且不再产生新的隐私成本。这产生了直接且重要的政策建议:对于经济系统中存在的创新与生产两种部门,我们应该鼓励数据更多地在创新部门中使用,因为这样可以非常有效地产生一些无害的、在未来还可以无限期使用的"干净"知识,将大大降低数据隐私所可能造成的损失。

其次,我们依据经济学模型指出了数据经济中可能存在的低效及其影响。例如,漂白凝练后的知识可能无法为最初共享数据的消费者提供充足补偿,同时垄断的存在也会导致消费者得到的补偿不足,因此数据的投入使用量是不足的。在垂直非竞争下,这会导致创新部门就业不足和经济增长缓慢。

此后,我们分别从生产自动化、创新自动化、生育决策三个角度讨论了人工智能技术对经济增长可能造成的影响。在 AI 提高经济增长率的同时,当前学者也指出 AI 可能造成收入不平等、失业率上升、减少创新激励、降低生育率等问题。此外,我们还强调人类在面临 AI 和自动化时会内生地改变决策,减少 AI 的负面冲击,例如及早改变工作岗位、将时间分配到难以替代的任务上。目前的观点只是初步探索,许多观点是建立在过去自动化的历史经验和对未来的理论猜想上,人工智能的影响仍然是一个开放性问题(这还包括金融学、政治经济学等主题)。随着这一技术的不断发展,将会涌现更多的研究和洞见。

我们正处于数字经济研究的开端,无论是从学术研究的角度还是实践应用的角度,都还有许多悬而未决的问题等待探索。我们希望可以通过本章帮助读者了解如何从增长理论入手认识数字经济,并加入到数字经济与经济增长的研究之中。

习题

1. 数据要素和人工智能具有哪些特征?这些特征如何利用数学刻画并被纳入经济学模型?(除了本章介绍的,你还能想到哪些特征?)

2. 简要说明数据要素和人工智能如何推动经济增长(注意结论中所包含的潜在假设),其中可能产生那些市场低效?(除了本章介绍的,你还能想到哪些影响经济增长的机制?)

3. 除了本章探讨的数据要素和人工智能,你认为数字经济还有哪些新事物会影响经济增长而无法被现有增长模型所刻画?尝试描述这些新事物的特征,说明它们影响经济增长的潜在机制。

参考文献

[1] 程啸,2018. 论大数据时代的个人数据权利[J]. 中国社会科学,2018(3).

[2] 申卫星,2020. 论数据用益权[J]. 中国社会科学,2020(11).

[3] Acemoglu D,2012,Introduction to Economic Growth[J]. Journal of Economic Theory, Vol. 147, pp. 545-550.

[4] Acemoglu D,Makhdoumi A,Malekian A,et al. ,2019. Too Much Data:Prices and Inefficiencies in Data Markets[J]. American Economic Journal:Microeconomics,Vol. 14,pp. 218-256.

[5] Acquisti A,Taylor C and Wagman L,2016. The Economics of Privacy[J]. Journal of Economic Literature,Vol. 54,pp. 442-492.

[6] Chari V V and Jones L E,2000. A Reconsideration of the Problem of Social Cost:Free Riders and Monopolists[J]. Economic Theory,Vol. 16,pp. 1-22.

[7] Coase R H,1960. The Problem of Social Cost[J]. The Journal of Law and Economics,Vol. 3,pp.

1-22.

[8] Cong L W，Xie D and Zhang L，2021. Knowledge Accumulation，Privacy，and Growth in a Data Economy[J]. Management Science，Vol. 67，pp. 6480-6492.

[9] Cong L W and Mayer S，2022. Antitrust and User Union in the Era of Digital Platforms and Big Data [J]. Available at SSRN.

[10] Cong L W，Wei W，Xie D，et al. ，2022. Endogenous Growth under Multiple Uses of Data[J]. Journal of Economic Dynamics and Control，104395.

[11] Dosis A and Sand-Zantman W，2019. The Ownership of Data[J]. Available at SSRN 3420680.

[12] Farboodi M and Veldkamp L，2021. A Growth Model of the Data Economy. Cambridge，NBER Working Paper.

[13] Gehrig T and Stenbacka R，2007. Information Sharing and Lending Market Competition with Switching Costs and Poaching[J]. European Economic Review，Vol. 51，pp. 77-99.

[14] He Z，Huang J and Zhou J，2020. Open Banking：Credit Market Competition When Borrowers Own the Data，NBER Working Paper.

[15] Hou Y，Huang J，Xie D，et al. ，2022. The Limits to Growth in the Data Economy：How Data Storage Constraint Threats[J]. Available at SSRN 4099544.

[16] Ichihashi S，2021. The Economics of Data Externalities[J]. Journal of Economic Theory，Vol. 196，pp. 105316.

[17] Jones C I，2016. Life and Growth[J]. Journal of Political Economy，Vol. 124，pp. 539-578.

[18] Jones C I and Tonetti C，2020. Nonrivalry and the Economics of Data [J]. American Economic Review，Vol. 110，pp. 2819-2858.

[19] Judd K L，1998. Numerical Methods in Economics[M]. MIT press.

[20] Romer P M，1990. Endogenous Technological Change[J]. Journal of Political Economy，Vol. 98，pp. S71-S102.

[21] Sockin M and Xiong W，2022，Decentralization through Tokenization，National Bureau of Economic Research.

[22] Sun C，Shrivastava A，Singh S，et al，2017. Revisiting Unreasonable Effectiveness of Data in Deep Learning Era. Proceedings of the IEEE international conference on computer vision.

[23] Wei W and Xie D，2022，Can AI Help to Raise the Fertility Rate？ [J]. Available at SSRN 4171328.

第12章

数字经济与发展

本章学习目标

1. 掌握数字红利、数字鸿沟、头部效应、信息茧房、算法歧视等重要概念的基本含义和具体表现

2. 了解数字经济如何影响目前的 GDP 核算体系

3. 明确数字技术影响人力资本发展的渠道,能分析数字技术如何影响劳动力市场

4. 了解企业数字化转型的主要举措

5. 掌握数字技术影响经济增长和区域经济差距的内在机制

引言

数字经济是继农业经济和工业经济之后的主要经济形态,它为经济的发展带来了崭新的机遇,但同时也带来了一系列前所未有的挑战。在本章中,我们将从发展经济学的角度探讨数字经济与人的发展之间的关系,包括人力资本的重要性、个体层面的不平等现象以及不同人群之间的差异。此外,我们还将深入研究数字经济与企业的发展之间的相互作用。这包括数字化转型对企业的影响,投资和资产的专用性,以及通用性技术在企业中的运用。最后,我们将关注数字经济与地区和国家的发展之间的联系。这包括集聚效应如何影响产业布局和经济增长,以及数字经济对国内生产总值(GDP)的影响。通过深入探讨这些问题,我们可以更好地理解数字经济对经济发展的影响,以及如何应对相应的挑战。

经济发展是各国都追求的目标。数字经济是一种新的经济形态,它颠覆了传统的经济增长方式,对包括发展中国家在内的各国经济产生了深远影响,同时也带来了新的挑战。相比"经济增长","经济发展"的内涵更加广泛。除 GDP 增长之外,经济发展还包括了居民生活水平、收入分配、产业结构以及制度治理等方面(Ranis 和 Fei,1961;Lucas,1988;Scully,1988;Perkins 等,2012)。也就是说,研究"**数字经济如何改变经济发展**",我们不仅要关注数字经济对经济增长的影响,还要关注数字经济如何改变**人的发展**、**企业的发展和社会的发展**,从而涵盖收入分配、企业转型升级、人力资本发展以及组织治理等多个方面的内容。

回顾过往数千年的历史,经济停滞才是常态。即使步入近现代,许多国家的发展历史也揭示了一个残酷的现实:许多发展中国家在发展到一定阶段之后就会陷入停滞,难以跨过中等收入国家的门槛。经济赶超不是发展中国家的常态,而是特例。数字经济是否能够避免国家陷入中等收入陷阱(Felipe 等,2012),实现经济发展与赶超,是以发展经济学视角研究数字经济需要关注的前沿内容。

12.1　基本概念

12.1.1　数字红利

1. 概念

数字技术,包括互联网、手机以及所有其他收集存储、分析分享信息的工具,在全球迅速普及。数字技术不仅可以给微观个人带来切身的好处,比如更容易沟通,更多的信息来源以及新的休闲方式等;还可能带来更为宏观的技术红利,如更快的增长,更多的就业以及更佳的服务。

基于这个想法,世界银行在其 2016 年发布的《世界发展报告:数字红利》中正式提出了数字红利(digital dividend)的概念,并将其定义为"由互联网的广泛应用而产生的发展效益"。通俗来说,由数字技术产生的巨大效益,就是所谓的数字红利。

2. 具体表现

在本节,我们主要关注数字红利在经济增长中的表现。根据《世界发展报告:数字红利》,在经济合作与发展组织(Organization for Economic Cooperation and Development,OECD)国家中,ICT 部门在 GDP 中的平均份额约为 6%;而在发展中国家,这个数字则要小得多。美国拥有世界前 14 大科技公司中的 8 家,但 ICT 部门在 GDP 的占比仅为 7% 左右。换言之,即使 ICT 部门是目前数字经济中最核心的部分,其在 GDP 增长值的占比和对 GDP 增长的贡献依然处于一个适中较低的水平。再比如,爱尔兰通过极具竞争性的商业环境和优惠的税率,吸引了许多外国 ICT 公司入驻,但其 ICT 部门在 GDP 的占比也仅为12%。肯尼亚拥有非洲最大的 ICT 部门,2013 年其 ICT 服务的附加值仅占 GDP 的 3.8%。

并且,在过去的二十年里,ICT 资本对 GDP 增长的贡献相对稳定。[①] 在高收入国家,它从 1995—1999 年的 0.7 个百分点下降到 2010—2014 年的 0.4 个百分点。在发展中国家,信息和通信技术资本对 GDP 增长的贡献则要更大——约占增长的 15%。[②] 总的来说,数字技术促进了发展中国家的经济增长。随着数字技术在发展中国家的迅速扩散,这个效果在未来还可能会进一步上升。

当然,数字技术的经济效应可能是被目前的经济核算体系大大低估的,我们通过一个案例对此进行说明。

[①]　对 GDP 增长的贡献取决于 ICT 部门增量在 GDP 增量中的占比,不等同于 ICT 部门所占 GDP 的份额。

[②]　数据来自于 World Development Report 2016:Digital dividends. World Bank Publications。

案例 被 GDP 核算体系低估的数字技术①

农业经济时代,人们用人口数量衡量经济社会发展水平;工业经济时代,特别是二战之后,GDP 成为衡量发展的核心指标。保罗·萨缪尔森将 GDP 誉为"20 世纪最伟大的发明之一"。然而,随着数字经济的到来,GDP 这一指标似乎并不能充分衡量数字时代的经济运行情况。

(1) GDP 难以处理免费问题

著名经济学家哈尔·范里安(Hal Varian)曾指出:"GDP 难以处理免费问题。"在数字经济时代,免费的服务触手可及。用户往往无须额外支付费用就可以免费使用电子邮件、网络新闻、搜索引擎、即时通信、在线音乐、网络视频等数字服务,这部分服务的价值难以纳入 GDP 核算中。比如,谷歌、脸谱网、百度等互联网公司在 GDP 核算中的价值主要在于它们所销售的广告,其对人类的重要贡献远未得到体现。

(2) GDP 忽略了成为"生产者"的消费者

数字技术不仅使一些消费活动变得免费,也让消费者参与到了生产过程中,使生产活动在一定程度上也变成免费,这部分价值同样不在 GDP 中体现。比如,在数字时代,银行 ATM 机、自助点餐、无人超市、在线预订机票和酒店等都属于消费者的自助服务。人们在进行这些行为时,也直接参与了生产经营活动。这部分由消费者创造的价值原本是由服务提供方全部负责并计入 GDP 核算,变成自助服务后就不再计入。自助服务使市场活动变成了非市场活动,减少了 GDP 的核算内容。

(3) 价格统计难以衡量技术进步和创新

价格是 GDP 核算的灵魂,数字技术的进步和创新主要从三个方面挑战价格统计。一是对不变价 GDP 核算带来挑战。创新和技术进步促使相当一部分产品功能不断增强,质量不断提升,但是价格却不断下降。苹果公司每发布新一代的智能手机,其性能都会得到极大提升,而价格却相对稳定。2011 年美国人花费 749 美元就可购买一部 iPhone4S (32GB),2017 年则可以花费更低的价格(699 美元)购买一部性能更加强大的 iPhone8 (64GB)。这种情况不仅对价格指数编制是挑战,对不变价 GDP 核算也是一种挑战。国家统计局原副局长许宪春(2017 年)指出:"现行的不变价 GDP 核算以价格指数缩减法为主,产品功能的增强和质量的提升属于物量增长。在价格指数的编制中,如果不能准确地度量这种产品功能的增强和质量的提升,客观地反映出纯粹的价格变化,那么不变价 GDP 核算也就难以体现出产品功能的增强和质量的提升对经济增长的贡献。"

二是个性化定制使得可比价格测度更加困难。数字经济为满足个性化需求、创造个性化供给提供了更有利的条件。市场供求的个性化程度要远大于以往,产品和服务的差异化程度越来越高。这使得不同时期、不同类别产品和服务的价格更加不可比。随着各类产品和服务越来越独特,不同质量产品的估价也变得更加复杂。尽管欧盟和 OECD 提出了大量的定价建议,包括合同定价、定价模型、组件定价和特征方法等,但要准确估价仍然困难。根据摩根士丹利的数据,爱彼迎(Airbnb)在欧洲比住酒店便宜 8%～17%,在美国比酒店便宜 6%～17%。考虑到厨房等设施,爱彼迎的住房条件甚至可能优于酒店。那么使用酒店

---

① 本部分节选自腾讯研究院闫德利文章《数字经济呼唤新衡量标准,GDP 核算体系面临挑战?》。

价格对类似的爱彼迎短租房屋进行估价就会存在显著偏差。

三是互联网包月服务、订阅服务加大了单位价格的核算难度。在许多互联网服务的定价模型中,基本版本可以免费使用,增强版只提供给付费用户使用并且大多没有数量限制。包月服务和订阅服务就是典型的代表。对于订阅了无限下载音乐服务的消费者来说,下载5首还是10首歌曲在支付价格上是无差异的。这意味着货币交易即使记录下来也无法反映数字产品的数量,也就是说无法对单位价格进行观测。

(4) GDP 难以统计分享经济

分享经济是随着移动互联网的普及应用而产生的一种新型交易模式,虽然分享经济蓬勃发展,但在 GDP 统计中却难以体现。

首先,现行统计方法难以涵盖居民个人。国家统计局采用生产法来统计 GDP,即通过三大产业增加值汇总得出。其数据依据是规模以上企业直报数据,规模以下企业采取调查估算数据。但分享经济产品和服务的提供者(统计上称为"生产者")多是居民个人,而现行的统计调查方法是从法人单位和个体经营户来获取生产数据,因此现行 GDP 统计把这部分分享经济排除在外,造成 GDP 的低估。

其次,分享经济对 GDP 核算时如何划分消费品和投资品带来挑战。在现行 GDP 核算中,居民购买的轿车属于消费品,但如果将轿车分享出去获得租金收入,这些轿车就已不是纯粹的消费品,它们被投入生产活动,并获得相应的收入回报,这实际上是发挥了投资品的作用。这就对 GDP 核算时将这些轿车作为消费品处理还是作为投资品处理,或多大比例作为消费品多大比例作为投资品处理带来挑战。

最后,分享经济对 GDP 核算如何处理居民分享闲置日用品带来挑战。在现行 GDP 核算中,居民购买的日用品,在购买时计入居民消费支出,在销售出去时以负值计入居民消费支出。这种处理方法没有反映出分享经济利用一部分居民的闲置日用品对另一部分居民消费水平的提升,把日用消费品分享给其他人和作为垃圾扔掉在 GDP 核算中是没有区别的。

3. 作用机制

数字红利具体是如何产生的呢? 我们借鉴世界银行的划分方法,将数字技术给个人、企业和政府带来红利的原因划分为三点: 包容、效率与创新。

(1) 包容

数字技术实现了两类新交易的达成,具有更大的包容性。

在数字时代之前,有两类对发展有利的交易难以实现。第一类交易面临着高昂的搜索和信息成本,从而导致潜在的交易双方根本不知道或者无法联系上对方。举例来说,无论是一个希望有偿执行任务的自由职业者,还是一个希望出租自己空闲房间的房主,在数字时代来临之前,都难以寻找到潜在的交易对象。正是由于高昂的搜寻成本,这类可以带来发展收益的潜在交易最终难以实际达成。

第二种交易类型面临着严重的信息不对称问题,即买家和卖家中有一方比另一方拥有更多的信息。在缺乏信任和透明度的情况下,此类交易往往并不会发生。举例来说,由于贷款人没有办法评估借贷人的信用度,一个贫穷的农民无法获得信贷以谋求更大的发展机会。再比如说,一个小型公司既无法与另一个国家的潜在买家联系,也不知道是否应该信任一个跨国的新的商业伙伴。

总的来说,数字技术扩充了信息库。在数字技术的帮助下,许多穷人现在能够得到金融服务,因为贷款方可以通过手机记录监测客户信用;偏远地区的线上交易商可以进入全球市场;数字身份证帮助更多人享有公共服务。最终,数字技术创造了原来难以达成的新交易,给原来缺乏机遇的群体创造了更多的发展机会,体现出了更大的包容性。

（2）效率

数字技术实现了部分旧有要素的替代和生产力的提高,最终提高了整体的活动效率。

有一些在数字时代之前就已经存在的活动,现在可以通过数字技术更快、更便宜或更方便地实现。这种效率机制有两条具体的作用渠道。一方面,在数字技术的帮助下,企业和政府开始用 ICT 资本取代劳动力和非 ICT 资本等现有要素,并实现了部分活动的自动化和无人化。此类例子非常多,包括日常生产生活活动中航空公司预订飞机票的在线预订系统、超市代替收银员的自动收银台、制造商的实时库存和供应链管理系统以及政府的在线政务处理系统等。

另一方面,数字技术提高了那些没有被替代的要素的生产力。举例来说,数字技术可以帮助管理者更好地监督工人;帮助政治家和群众监督服务提供者;帮助工人利用技术提高生产力,从而提高人力资本的回报。

总的来说,基于数字技术的运用,企业、民众和政府都受益于数字时代更高的效率。随着交易成本下降,各种活动更便宜、更快捷、更方便。企业更容易协调生产,劳动者生产力更高,政府提供服务的成本也更低。最终,通过简化任务、自动化线上化处理任务和提高现有要素的生产力,数字技术大大提高了企业、工人和政府的经济效率。

（3）创新

数字技术创造了新的信息产品和信息服务,在包容与效率的基础上促进了创新。

在极端高效的情况下,各类交易活动全部是自动进行的,不需要有任何人力的投入。虽然平台或者产品的初创需要一个固定成本,但进行一项新的交易或增加一个新的用户的边际成本却很小。由于交易的边际成本基本降为零,平台会产生一种良性的网络效应。平台吸引的卖家越多,买家能够购买的产品和服务就越多样,买家和卖家的收益都会得到提高,反之亦然。

最终,基于这种数字经济的新特点,产生了搜索引擎、电子商务平台、数字支付系统、电子书、流媒体音乐和社交媒体等一系列新的产品或商业模式。这些与新经济密切相关的服务以接近零的交易成本提供匹配或信息,在包容与效率之上,数字技术促进了创新。

值得说明的是,虽然我们在上文分开介绍了数字技术如何通过包容、效率和创新三个重要机制促进发展,现实中这三个机制往往是共同发挥作用的。

4. 人口红利与数字红利

人口红利是发展经济学的一个重要概念。刘易斯(1954)指出,由于发展中国家市场发育不完善,农业部门中存在剩余劳动力,即名义上参与生产但实际上不增加产出、没有任何实质贡献的劳动力。刘易斯在此基础上,提出了著名的二元结构模型,将经济发展解释为

"伴随着扩张的资本,新部门不断从传统部门吸收边际生产率为零甚至为负数的剩余劳动的过程"。中国以蔡昉为代表的学者充分借鉴和发展了刘易斯的二元结构模型(蔡昉,2022),指出中国农村巨量剩余劳动力转换为工业部门生产劳动力的过程,是中国经济腾飞的核心原因。而伴随着剩余劳动力的逐渐转换,这种传统意义的人口红利逐步消失,中国经济增长也逐步放缓。

在数字经济时代,部分学者重新发展和阐述了人口红利理论(柏培文和张云,2021;俞伯阳和丛屹,2021)。新的人口红利理论有两种不同但接近的观点。第一类观点认为,数字经济区别于传统的工业部门,是一种新的经济形态,因此重新形成了一个数字经济部门和传统部门构成的新二元结构模型。在新的二元结构模型中,通过将传统部门的巨大(剩余)劳动力,逐步转移到数字经济形成的新部门,促使了边际生产率的再次增加和经济的新发展。

第二类观点则认为,在数字时代,数字技术产生了新的发展效益即数字红利,而人口数量可以基于其和数字红利的紧密联系进一步增加数字红利,所以是"数字时代的人口红利"。这种人口红利和数字红利的联系源于数字经济的独特特点。在数字时代,基于人口产生的流量本身就是数字经济的核心资产,基于用户产生的数据是数字经济的关键生产要素。并且,数字平台具有网络外部性的特质,任何新用户或者新商家的增加都会同时增加双方的福利,也会进一步强化未使用者的使用意愿。

第二类观点看上去与传统的人口红利理论有所区别,但实际上这两类观点存在许多交叉。一般来说,在说明数字红利的同时,往往就会强调数字平台创造的新就业、新产品和新市场。而新的就业、产品和市场,正是传统人口红利理论中的新部门、新生产和转换后的新劳动力,反之亦然。

因此,中国有着庞大的人口基数,在大家普遍认为传统的刘易斯拐点已至、旧有人口红利消失的现在,数字经济的发展无疑为中国的经济发展带来了新的可能。我们应该利用好中国发展数字经济的独特人口优势,把握好数字经济时代的新发展机遇。

12.1.2　数字鸿沟

1. 概念

传统上,"数字鸿沟"指给定社会中不同社会群体对互联网在可及(have or not have)和使用(use or not use)上的差异。早在信息与通信技术(ICT,以下称"互联网")产生之初,人们就意识到"连接"将给不同人群带来发展机会的差异。莫里塞特(Morrisett)认为数字鸿沟是信息富有和信息贫穷之间的差异(Compaine,2001)。之后,美国政府的系列报告对这类差异进行了较为系统的讨论。这些报告试图说明,在互联网进入美国大众生活后,将引发怎样的各阶层人群间接入互联网的差异。这些报告指出,互联网技术应用的扩散,孕育了另一种机会不平等——"数字鸿沟"。

在概念上,数字鸿沟可以分为三类:**"接入鸿沟""使用鸿沟"**和**"能力鸿沟"**(Riggins 和 Dewan,2005)。**"接入鸿沟"**指因为一部分人可以接入数字技术,另一部分人无法接入数字技术所导致的在信息可及性层面的差异。这一鸿沟更多地体现为宽带建设、网络终端设备等硬件条件的差异。随着信息通信成本的下降、互联网的普及,"接入鸿沟"不再难以逾越,但与此同时,因为数字技术使用的差异而导致的**"使用鸿沟"**开始凸显,具体表现为是否掌握使用数字技术的知识、数字技术的使用广度、数字技术的使用深度等。"使用鸿沟"与公民受教育水平、数字技术培训服务等软件条件密切相关。随着近年来生产生活的数字化水平不断提升,数字技术逐渐成为一种通用技术,数字化生存(being digital)成为现实。这一阶段的数字鸿沟,不再局限于数字技术的发展和使用层面,而是体现为不同群体在获取数字资源、处理数字资源、创造数字资源等方面的差异,也就是**"能力鸿沟"**。

2. 具体表现

数字鸿沟表现为在不同国家不同地区不同微观个体实现数字红利的差异。

"接入鸿沟"表现为在是否能够使用和接入互联网上存在差异(**have or not have**)。根据国际电信联盟(ITU)的统计数据,截至 2022 年,有 29 亿人依旧没有宽带互联网连接,即使在被算作"互联网用户"的 49 亿人中,也有数亿人是通过共享设备,或者连接速度受到明显限制,只能偶尔得到上网机会。也就是说,世界上依旧有近 40% 的人仍然处于离线状态,他们无法以任何有意义的方式参与数字经济。这种最直接的差距普遍存在于不同年龄、不同地理区域和不同性别的人群之间。平均而言,世界上 15～24 岁的人口有 71% 在使用互联网,而其他年龄段的人口则只有 57% 在使用互联网。在最不发达国家,男性使用互联网的比例达到了 31%,而女性只有 19%;发展中国家的情况也十分类似,男性使用互联网的比例(38%)显著高于女性(27%)。在最不发达国家(least developed country),城市居民使用互联网的可能性几乎是生活在农村地区的人的 4 倍。

"使用鸿沟"表现为在是否能够承担使用互联网的费用上存在差异(**use or not use**)。全面普及"负担得起的互联网"仍是一项亟待完成的重要任务。在欧洲联盟内部,最富裕国家使用网上服务的公民的人数也是最贫穷国家的 3 倍。在每个国家内部,贫富人群间也有类似的差距。2022 年,流量资费价格差距在最贵和最便宜的国家之间达到 1000 倍。^① 低收入国家的民众在移动数据方面的平均花费占其平均收入的 9%,远高于 1.9% 的世界平均值。即使使用互联网,不同互联网软件也会基于不同的功能服务要求用户支付不同的费用。高昂的费用成本直接导致数字红利在贫富人群之间的分配是极不均匀的。在不同国家的人群之间,"接入鸿沟"表现得更加明显。国际电信联盟数据显示,2022 年,欧洲和北美发达国家互联网普及率超过 80%,而最不发达国家和内陆发展中国家仅为 36%。对于微观个体来说,如果没法使用互联网和相关信息技术,不仅无法享有任何的数字红利,甚至可能反过来难以在高度信息化的社会进行正常的生活。2020 年 8 月,一段"老人无健康码乘地铁受阻"的视频清晰地展现了老年人遭遇"数字鸿沟"后的窘境。数字技术更加彻底地重塑了社会经济生活的运行方式,但也因此对那些"落后于"时代的人造成了更严重的伤害。

"能力鸿沟"表现为在不同微观个体利用数字技术的能力上存在巨大的差距(**skilled or not skilled**)。在个人层面,"能力鸿沟"与年龄、性别、种族、收入、受教育程度等个体特征紧密相连。老年人往往因为受传统观念影响、学习能力偏弱等原因,成为数字弱势群体。而

---

① 数据来源:英国宽带机构 Cable.co.uk。

女性由于其传统的社会弱势地位,在互联网中面临的风险更大。国际电信联盟数据显示,2016 年全球女性网民数量比男性少 2 亿人以上[①],而且这个差距还在持续扩大。社会中那些被歧视的弱势种族往往也在经济中处于弱势地位,进而影响了其对数字技术的运用。低教育群体则普遍利用数字技术提高人力资本的能力更弱,且在劳动力市场中更可能被数字技术替代。在企业层面,不同行业和同一行业的不同企业之间都可能存在能力鸿沟。国际数据公司(IDC)发布的《2018 中国企业数字化发展报告》显示,零售、文娱、金融等接近消费端的企业,很多已经接近或完成了数字化转型,而制造业、资源性行业的数字化程度则相对较低。即使是在同一个行业内部,企业数字化的程度也有巨大的差异。IDC 的报告显示,虽然制造业中有不少数字化转型成功的领军型企业,但依然还有超过 50% 的企业数字化尚处于单点试验和局部推广阶段。

3. 解决方式

在意识到了数字鸿沟之后,如何消除鸿沟成为学者们和政策制定者们关注的核心重点。

在早期,中国更关注的是"接入鸿沟"。1994 年 4 月,中国首次接入国际互联网。1995 年 1 月,邮电部开始向社会提供互联网接入服务,此时仅有清华园及中科院的少数人群使用。直到 1995 年瀛海威公司创立,大众才逐渐接入互联网。此后,中国采取了"数字城市""宽带中国"等一系列相关政策,加大互联网的普及和数字基础设施的建设,全国互联网用户规模快速增长。如图 12-1 所示,中国互联网上网人数在 2000 年达到 2250 万人,在 2010 年达到 4.57 亿人。截至 2022 年 12 月,中国互联网用户达到 10.67 亿,网络普及率达到 75.6%。[②] 也就是说,即使在今天,全国依旧有大概 1/4 的人并不是互联网用户,中国互联网接入可及性的数字鸿沟虽然已经大幅减小,但依旧没有消除。

随着互联网基础设施的逐渐完善,国家逐渐更重视"接入鸿沟"。中国的"接入鸿沟"主要表现在城市和乡村之间,以及东中西部地区之间。第 45 次《中国互联网络发展状况统计报告》显示,我国 9.04 亿网民中,城镇网民占比高达 71.80%,而农村网民则仅占 28.20%。从东中西部地区来看,《中国宽带速率状况报告》(第 25 期)显示,2019 年东部地区 4G 移动宽带用户的平均下载速率最高达到 24.60Mbit/s,而中部地区和西部地区则分别较东部低 0.93Mbit/s 和 1.58Mbit/s,表现出了比较明显的差距。目前,中国正采取"宽带乡村"等政策平衡地区间差异,努力消除城乡之间以及不同地区之间的"接入鸿沟"。

对于"使用鸿沟"的消除是目前实践最前沿的内容。一个经典的政策变化是,在早期,人们关注的是数字技术本身的发展,因此强调建设"数字城市";在后期,人们开始关注如何更好地利用数字技术,因此强调建设"智慧城市"。从数字城市到智慧城市的转变与消除接入鸿沟到消除使用鸿沟的趋势是一致的。目前,中国的"信息惠民""中小企业数字化赋能专项行动方案"等相关政策都可以归属为对"使用鸿沟"的消除。

---

① 注:根据联合国的统计,2016 年全世界共有 74.9 亿人口,其中女性 37.2 亿,占比 49.7%。数据来源:https://data.worldbank.org.cn/indicator/SP.POP.TOTL.FE.ZS?view=chart。

② 数据来源:中国互联网络信息中心(CNNIC)第 51 次《中国互联网络发展状况统计报告》。

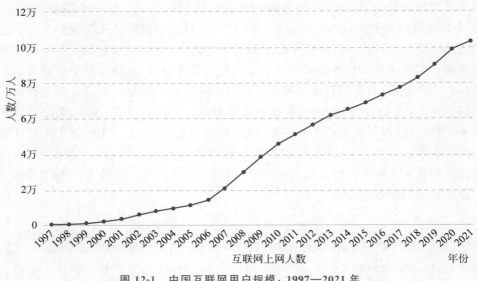

图 12-1　中国互联网用户规模：1997—2021 年

资料来源：国家统计局

12.1.3　数字时代的新问题

除数字鸿沟外，数字时代还产生了一些新问题，如**头部效应、信息茧房、算法歧视与大数据杀熟**等。

1. 头部效应

在统计学中，正态曲线中间的突起部分叫"头"，两边相对平缓的部分叫"尾"。如果某一分布的头部十分突出，那么我们就称之为存在"头部效应"。

头部效应最早的例子是由著名的意大利经济学家维弗利度·帕累托发现的。他指出，社会中的少数人最终获得了大部分的收入和财富，也就是说，在任何特定的群体中，重要的因子通常只占少数，而不重要的因子则占多数。**因此，只要控制重要的少数，即能控制全局。**

在数字时代，平台和消费者之间的头部效应变得更加突出。在消费者方面，头部效应强调的是一种"小市场大利润"，即仅针对一小部分需求，但是要赚取大部分的利润。由于人们在互联网时代普遍有着相同的需求，即大多数人的需求都会集中在头部，因此，企业只需要满足这一部分流行需求，就可以获得大部分的市场利润。与之相对的一个概念叫作"长尾效应"，这同样是数字经济的一个核心特征。长尾效应强调的是"小利润大市场"，即尽管只能从每个人的需求中赚到很少的钱，但是可以从很多人的需求中赚到钱。这是因为在消费者偏好分布的尾部，还存在大量零散的差异化需求。由于数字经济时代数字技术的边际成本很低，企业能够以较低的成本满足这种个性化差异化的需求。在市场足够细分的情况下，这些细小的离散需求累加起来就会形成明显的长尾效应。总的来说，在消费者需求方面，数字时代既存在头部效应，也存在长尾效应。

在企业市场表现方面，头部效应导致的结果是赢者通吃与潜在的垄断。数字时代，多数数字企业为了获得更多的关注、更多的资源和更大的客户市场,都会努力成为各自领域的头部企业。在传统的经济形式中,由于地域、时间、空间、自然资源等因素的限制,即便最终竞争出了头部企业,也难以做到赢者通吃或者形成垄断。但由于平台经济不仅不受这些条件的限制,还存在边际成本递减、边际收益递增的发展特点,最终竞争的结果往往是,在每一个赛道最终都仅有少数企业存活。这些头部企业基于平台经济的网络外部性和财富效应的特点,对外设置市场壁垒,对内和用户之间形成深度绑定,呈现了一种大而不倒的趋势。

在这种背景下,平台经济反垄断成为发展数字经济的一个重要主题,数字经济的头部效应正是背后的罪魁祸首。

2. 信息茧房

"信息茧房"的概念是由桑斯坦在他的著作《信息乌托邦:众人如何生产知识》中提出,具体指的是:"在信息领域中,公众对信息的需求十分有限,很大程度上受到个体的兴趣引导,从而将自己的生活拘束在好似蚕茧一样的茧房之中。"

在桑斯坦看来,互联网虽然提供了不同圈层、不同形态、不同观点的海量信息,但是由于信息量的超载,注意力有限的公众只能选择偏爱的信息领域。时间一长,就形成了一个仅能容纳相同意见的"回音室",身处封闭茧房中的人们听到的只有自己被放大的回声,其结果必然是作茧自缚,闭目塞听。

并且,信息的供给方也起到了推波助澜的作用。平台常常使用的算法推荐等手段进一步强化了这种"回音室"和"信息茧房"。为了更好满足用户的需求,软件往往会收集用户的使用数据,从而推送用户喜爱的内容。比如,如果你认为房价会涨,那么平台便迎合你更多地推送房价会上涨的文章。因此,平台不仅没有帮助用户克服信息茧房效应,反而起到了进一步窄化信息的作用。

信息茧房的一个直观影响便是促使了社会群体的"极化"。在信息茧房的作用下,具有不同观点的人们最终形成了观点对立的不同社会群体。这种社会群体极化不仅会加剧政治、文化和意识形态的对立冲突,也会对社会经济发展造成负面影响。比如,在社会极化的情况下,不同人群的利益冲突更大,政策制定者在制定政策时往往更难兼顾所有人的利益,从而更难推出和执行政策,政策的福利效果也会较非极化情况时更差。

3. 算法歧视与大数据杀熟

算法歧视是价格歧视的一种,指的是互联网企业通过用户数据识别用户类型,继而利用算法实现价格歧视(刘朝,2022)。由于平台对熟客更为了解且熟客的用户黏性往往更高,平台往往会对其收取一个相对更高的价格,因此这种现象也被形象地概括为"大数据杀熟"。

现实中,算法歧视和大数据杀熟现象在电商、订票、出行、外卖等平台上屡见不鲜。北京市消费者协会发布"大数据杀熟"调查结果显示:超过 44% 的被调查者表示自己遭遇购物类平台"杀熟",39.5% 的被调查者遇到在线旅游平台"杀熟",37% 的被调查者被打车类平台"杀熟"。[①]

---

① https://news.mydrivers.com/1/620/620828.htm.

算法歧视对消费者、生产者和社会福利的影响尚不能确定。虽然站在消费者的立场上很容易认为算法歧视是绝对负面的，但事实上其福利效应并不能确定。在理论上，算法歧视既可能促使企业更加激烈地竞争、提供更精准的服务以及调节人群差距等，也可能侵犯消费者的隐私、降低产品质量和加剧垄断。因此，我们既不能"一刀切"式地禁止算法歧视行为，也不能放任自流。

对于算法歧视，有两个观点得到了理论界和政策界的普遍共识。第一，算法歧视涉及对用户隐私的侵犯。即使不同消费者对暴露个人隐私的感受存在一定的异质性，也很少有消费者会从隐私暴露中获得正面效用。不管消费者自身是否愿意披露个人隐私以换取更优质的服务，其隐私信息的披露可以被视作消费者的一种成本。因此，平台企业绝不能罔顾消费者的隐私成本，毫无限制地进行信息收集和利用。第二，平台企业的算法歧视涉及企业的垄断行为。在理论界，针对平台企业算法歧视的研究往往是在垄断寡头的模型框架下进行的。在实务界，"大数据杀熟"经常被视作平台企业一种滥用市场支配地位的行为，由此我国《电子商务法》《消费者权益保护法》和《反垄断法》等法律都对"大数据杀熟"行为有所规范。

12.2　数字技术与人力资本发展

12.2.1　数字技术对教育的影响

教育是人力资本的核心。数字技术彻底重塑了人类现代生活的方式，不仅对社会产业结构与经济发展带来了巨大变化，还在很大程度上促进了知识的传播共享，改变了人们接受教育的机会、方式和质量。

首先，最显著的，数字技术增加了群众获取教育的机会，影响了教育不平等。一些线上学习平台（如慕课）提供了大量的优质教育资源，这使得那些由于地理、经济或其他限制而无法接受传统形式教育的人更容易接受教育。比如，在新冠病毒疫情期间，根据 UNESCO（2021）的统计，全球超过 15 亿学生难以进行线下教学，而数字技术以线上教育的方式解决了这一问题。从这个角度来说，数字技术同样可以极大地排除自然灾害等外生突发事件对接受教育的影响（Kostopoulos 等，2022）。并且，数字技术也因此在一定程度上影响了教育不平等。一方面，确实数字技术使获得教育资源的成本降低了。但另一方面，由于不同群体对于线上社交平台和线上教育平台的运用程度不同，数字技术也存在扩大教育不平等的可能。比如，受过更多教育的家庭更可能会把控孩子在互联网平台接触的内容，孩子更可能接触高价值的、知识性的信息而非情绪性的、低价值的信息。

其次，在教育方式上，数字技术改变了教育的形式，加强了个体教育水平的异质性。一个最直接变化是线上教育和自我教育，尤其是新冠病毒疫情的暴发，极大程度加速了线上教育的普及和运用。相比于传统教育方式，线上教育在增加教育便利性的同时，也容易缺乏监督，无法保障学生的学习状态。**并且，由于部分线上教育难以被统计记录，传统受教育年限可能不再是数字时代衡量个体受教育水平的良好度量。**一个即使没有接受正规教育的个体，也很可能通过接受大量的网上教育资源，在一定程度上实现自我教育。第二个变化正如欧洲委员会(EC)数字教育行动计划(2021—2027)所指出的,数字时代的教育更加个性化、灵活和以学生为中心(European Commission,2021)。学生可以根据自己的具体情况制定个性化的学习方案,这种个性化不仅体现在学习内容上,也体现在学习时间等多个方面。数字技术使人们能够以自己合适的速度和条件进行针对性的学习,也允许人们在更便利的时间和地点进行学习。**在这种个性化的教育模式下,个体教育质量的异质性进一步扩大,同样接受 9 年教育的不同个体,即使个体能力和所处的教育环境(如地区、专业、学校、班级)一样,其教育水平也可能截然不同。**

最后,数字技术影响教育的质量和作用。传统教育和个体工作所需的技术知识可能存在不匹配问题。而数字技术通过教育的个性化,强化了教育对个体发展的作用。比如,如果一个个体预期自己将从事与学习专业无关的工作,那么他更可能通过线上教育的方式去补充学习对应的内容。换言之,网络教育和自我教育的针对性、实用性和个体异质性更强。

数字技术衍生出了大量辅助教育的工具。这些工具既可能辅助学习,也可能使学生缺乏独立思考的锻炼,降低教育的质量(Bettinger 等,2016)。传统的课堂教学在提供即时的学习环境、更快的评价和更多的参与方面有所欠缺。相比之下,数字学习工具和技术填补了这一空白。传统教育模式难以兼顾个人的学习进程和接受能力。智能手机和其他无线技术设备在公众中的普及,有利于师生之间进行更及时和有效的反馈交流,也有利于更有效和准确地评估教师的教学和学生的学习。当然,由于一些群体难以接触到互联网或者使用互联网能力较弱,数字技术也可能加剧教育差异(Liao 等,2020)。

除此之外,应该明确数字技术对教育的影响不仅是在个人方面,对学校和教育产业发展也存在影响。比如,由于线上课程可以表现出规模经济,其低成本模式吸引了公共和私人部门的投资(Deming 等,2015)。

12.2.2　数字技术对就业的影响

1. 劳动供求

数字技术对劳动需求的影响存在正反两个方面。一方面,和以往的任何一次技术进步一样,数字经济的发展无疑会存在类似的"净岗位创造效应"(Katz,2015;Cortes 等,2017)。数字技术在电子商务、数据分析和软件开发等领域创造了大量新的就业机会,进而增加了对劳动力的需求。并且,数字技术也允许更多的人成为自我雇佣的自由职业者。比如杨伟国等(2018)指出,数字技术以及平台经济、共享经济等新行业发展吸纳了大量第三产业就业人员。但另一方面,数字技术也对传统行业的就业产生了重大影响,自动化和人工智能正在逐步取代一些岗位上的人类工人,进而减少了对劳动力尤其是低技能工作者的需求(Lordan 和 Neumark,2018)。当然,由于企业对技术创新和新技术运用的需求增加,在短期内这同时反映为对高技能工作者的需求增加(方建国和尹丽波,2012)。

相比于数字技术对劳动需求的影响,其对劳动供给的影响更加复杂,可以大体分为以下几点:

增加灵活性。数字技术使得线上办公成为可能,进而使人们可以在家工作,兼职工作,或弹性工作,这增加了劳动力供给。

拓宽了人才库。数字技术使求职者能考虑更大的岗位库，而不考虑地点。这增加了劳动力供应，因为工人现在可以从世界任何地方申请工作。[①]

抛弃效应。数字技术增加了对高技能工人的需求，减少了对一些技能较低的工人的需求。如果这些工人没有实现技能升级，就会在长期中退出劳动力市场，减少劳动供给。

劳动意愿。由于工作形式、工作岗位、工作信息和潜在竞争者的变化，人们可能改变自己的劳动意愿，数字技术可能可以吸引到更多的人进入劳动力市场。

人口结构。数字技术也会反过来改变社会人口的结构。在老年人口方面，数字技术的使用可以改善人类的健康情况和提高预期寿命，比如一些长期从事高强度体力劳动的工人可能避免了因过度劳动而早逝；老年人也可以得到更好的照顾从而更加长寿。在新生人口方面，数字技术的运用可以通过影响婚姻和生育决定而影响新生人口，也会影响儿童的早期成长和技能培训。

2. 就业结构与就业质量

数字技术对不同领域不同层次的就业造成的影响无疑是不同的，而这就导致了就业结构和就业质量的改变。

对于不同行业部门来说，目前的研究发现，农业生产部门的就业受数字技术的影响较小（Manyika 等，2017；Frey 等，2017）。数字技术主要转变农业生产方式、提高生产效率、增加农民收益，对农民的替代效应并不明显，即农业生产任务完成方式的变化并没有影响到农业生产过程对农民的需求。而制造业部门受数字技术的影响较大并受到了广泛关注。以 Acemoglu 等（2017）的研究为例，他们发现工业机器人的大规模应用与就业、工资呈显著的负相关关系，并提出现阶段工业机器人对劳动力市场的替代作用大于其创造效应，每千名工人中每多 1 台机器人，就业人口比例降低 0.18%～0.34%，工资下降 0.25%～0.5%，并据此推断 1990—2007 年因工业机器人使用而造成的制造业失业人数达 36 万～67 万人。对服务业部门来说，目前普遍认为数字技术促进了服务业部门的就业增长，这主要来源于制造业部门的劳动力转移（Autor 等，2013）。美国劳工统计局的研究显示，到 2024 年，几乎所有新增就业机会将集中于服务业，尤其是在医疗保健和社会援助服务领域（Trajtenberg，2018）。

对于就业质量来说，一方面，数字技术进步无疑有利于改善整体就业环境（曹静和周亚林，2018）。数字经济时代的工作搜寻、工作方式、工作地点更加自主和灵活，与以往相比能更好地平衡工作与家庭生活，这些新特征可显著增加劳动者的就业环境满意度（王文，2020）。并且，数字经济发展会影响劳动者的生产力水平，进而提高其就业能力和工资水平（Autor，2015；Acemoglu 和 Restrepo，2018）。数字技术增加了求职者和雇主获取信息的机会，缩小了劳动力市场中的信息差距。例如，求职者现在可以使用 LinkedIn、Boss 直聘等在线平台来搜索工作机会，并收集潜在雇主的信息，通过现任和前任员工的评价以更好地了解公司文化、福利和工作条件。雇主也可以通过类似的手段了解员工的个人情况，以更好地进行是否雇佣的决策。

---

① 这是经济学 structural form 中最新模型的发展方向。

但另一方面,数字技术也在劳动力市场上创造了新的信息不对称形式。例如,雇主可以使用大数据和算法来筛选求职者,这个过程可能会在招聘过程中引入偏见和歧视。用于做出招聘决定的数据可能无法准确反映求职者的资格和能力,从而导致原本适合该工作的个人错失机会。此外,数字鸿沟(能力鸿沟)普遍存在于雇主与求职者、求职者与求职者之间。比如,相比于求职者收集了解雇主的信息,雇主更容易收集求职者的信息,如他们的在线活动、社交媒体情况。这可能导致求职者和雇主之间的权力不平衡,进而加剧劳动力市场买方市场的形成。

3. 收入分配

技术进步一直是影响收入差距的重要因素,因此在数字经济时代讨论数字技术对收入分配的影响十分重要。对于数字技术对收入分配的影响,大致可以分为两个方面。

首先,数字技术可能会进一步加剧收入不平等。从劳动者的角度来看,以 Korinek 和 Stiglitz(2017)为代表,他们认为人工智能等数字技术的排他性使得创新者能够获得垄断租金,这些技术对劳动的替代又可能使得工资水平下降,进而带来收入不平等。从生产者的角度来看,数字技术使互联网企业更容易形成垄断,不仅促使企业通过自身掌握的流量、数据和算法优势,对上下游企业采用两部制收费法分得更多收益;还通过算法歧视和大数据杀熟,对消费者采取更为精准的价格歧视,将更多的消费者剩余转化为垄断企业的利润,从而改变了收入分配的结构。除此之外,数据要素作为一种重要的生产要素目前被平台不平等使用和占有,作为数据共同生产方的非互联网企业、机构和消费者则难以获得应有的权益,无疑影响了收入分配的公平性。

其次,数字技术可能缩小收入不平等。以 Acemoglu 和 Restrepo(2016)为代表,他们认为人工智能等数字技术在替代劳动的同时也会创造新的就业机会,进而可能对收入分配产生不同的影响。并且,数字平台还促进了信息流,使得人们更容易找到和从事自由职业或进行兼职,使一些原本无法获得劳动收入的群体获得工作的机会。除此之外,数字技术从更深层次对收入不平等造成了影响。比如,数字技术使人更容易和更公平地获取了教育和培训的机会,进而缩小人力资本和劳动收入的差距。再比如,数字技术促进了普惠金融的发展,降低了金融服务的门槛,使中小企业更容易得到资金支持,从而影响收入分配。

总的来说,数字技术对群体间收入分配的影响同样是不确定的。而值得一提的是,数字技术不仅影响了不同群体的收入分配,还从国家层面影响了全球的收入分配。例如,发达国家的公司可能将工作外包给低工资国家,从而改变发达国家和发展中国家间的收入水平差异。

12.3 企业数字化转型升级

12.3.1 数字平台对企业数字化转型的作用

首先,我们介绍一下什么是数字平台。数字平台,也被称为平台企业、平台经济,是指基于数字平台开展经济活动的一种新的市场中介形式。在中国,著名的平台企业的例子包括腾讯和阿里巴巴,国际上著名的平台企业则有亚马逊和 eBay 等电子商务平台、优步

（Uber）和 Lyft 等乘车平台以及爱彼迎（Airbnb）等住宿共享平台等。

平台经济是数字经济的组织形态，是数据要素在数字经济中发挥作用的最主要组织方式，在企业数字化转型中同样扮演着重要角色。如表 12-1 所示，平台企业可以通过多个途径帮助企业进行数字化转型：

提供数字基础设施。平台公司可以向企业提供服务器等一系列的数字基础设施，帮助企业存储、管理和处理大量数据。

提供数字服务。平台公司可以向企业提供云计算等一系列的数字服务，帮助企业更好地与他们的客户、合作伙伴和员工接触。

推动企业创新。平台公司可以为企业提供开发新产品、服务和商业模式所需的资源、工具和基础设施，帮助企业创造新的技术、平台和商业模式来推动创新。

建立生态系统，促进企业合作。通过 API（Application Programming Interface，应用程序编程接口）和其他技术，平台可以建立由合作伙伴、开发者和客户组成的生态系统，鼓励数字平台上的不同企业进行合作。

表 12-1 数字平台可提供的数字化转型服务

数字平台可提供的服务	主要功能
云计算	使企业能够存储、管理和处理大量数据，并在高度可扩展和安全的环境中运行其应用程序
API 服务	使企业能够将其现有的系统与新的数字解决方案相结合，迅速适应数字生态系统
基础设施即服务（IaaS）	让企业租赁或租用计算资源，如服务器、存储和网络
平台即服务（PaaS）	给企业提供一个完整的云平台（硬件、软件和基础架构）以用于开发、运行和管理应用程序
软件即服务（SaaS）	帮助企业开发和维护云应用软件，提供自动软件更新，并通过互联网以即用即付费的方式将软件提供给企业
企业安全解决方案	帮助企业保护其数据并遵守法规，如《通用数据保护法案》（GDPR）和《健康保险可移植性和责任制法案》（HIPAA）等

12.3.2 数字技术促进制造业企业转型升级

在众多产业数字化场景中，互联网与制造业融合价值巨大，制造业是数字化的主战场，加快推进制造业数字化转型成为国家战略要求。随着数字技术在制造业企业中的广泛运用，德国产业界和学术界首先提出了"工业 4.0"的概念，认为数字技术在制造业企业中的广泛运用，促使制造业企业极大地增加了生产力，人类迎来了第四次工业革命。海尔、通用电气等国内外知名企业正是在这股时代浪潮中实现了自己的转型升级。

总的来说，企业的数字化转型升级可以分为**营销的数字化转型**、**商品和生产的数字化转型**、**商业模式的数字平台转型**三类，其中商品和生产的数字化转型是制造业企业转型升级的关键。

如表 12-2 所示，在生产过程中，制造业企业可以通过**物联网技术**（IoT），将智能设备和传感器整合到制造过程中，实现对生产过程的实时监测和控制。利用收集的生产数据，企业可以借助人工智能(AI)和机器学习(ML)等数字技术进行分析,从而确定高效的生产模式和进行生产预测,提高生产效率和改善质量控制。具体地,在生产方面,企业可以借助网络物理系统(CPS),将物理生产过程与数字技术相结合,帮助企业打造出一个"智能工厂",减少停机时间,加强质量控制,提高生产效率。在预测方面,企业可以借助数字孪生技术建立一个生产环境的虚拟版本,用数字化方式描述整个制造环境,在虚拟数字空间中进行设备诊断、过程模拟等。更不用说,企业可以借助机器人和自动化技术,实现重复性和危险性任务的自动化,既节约了劳动力成本,也可以专注于更高价值的任务处理,提高整体生产力。

表 12-2　数字技术与制造业企业转型升级

数 字 技 术	主 要 功 能
物联网技术(IoT)	数据收集,实现智能化识别、定位、跟踪、监管等功能
机器学习(ML)等	数据处理和分析,确定高效的生产模式和进行生产预测
网络物理系统(CPS)	打造"智能工厂",减少停机时间,加强质量控制,提高生产效率
数字孪生技术	模拟制造环境,允许制造商在实际生产前测试和优化生产流程
机器人和自动化	优化劳动力,提高劳动生产效率

12.3.3　数字技术促进小微金融转型升级

随着数字技术与传统金融服务业态相结合,金融业企业也同样在进行转型升级,产生了一批数字金融企业。相比于传统的金融机构,数字金融,也被称为数字银行或金融科技,具有更大的金融包容性,可以提供更快、更有效的金融服务。这里我们重点介绍数字技术如何促进小微金融企业的转型升级。

首先,数字技术可以改善小微金融企业提供金融服务的机会。数字技术可以使小额信贷机构(MFI)更容易接触到服务不足的人群,特别是农村或偏远地区的人群,通过手机或其他数字设备提供金融服务。这种数字金融的包容性,为小微金融企业提供了良好的发展机遇。

其次,数字技术可以帮助小微金融企业进行风险管理。机器学习等数字技术可以为小额信贷机构提供关于客户及其金融活动的更准确和最新的信息,使他们能够更好地评估风险,做出更明智的贷款决定。这可以使贷款违约的风险降低,并使小额信贷部门更加可持续。

最后,数字技术可以提高小微金融企业的效率并节约成本。数字技术可以使小额信贷行业的许多流程自动化,减少企业服务客户所需的成本和时间。

除此之外,数字技术可以增加透明度并帮助企业问责。数字技术可以提供实时数据和交易跟踪,使小额信贷机构能够监测其业务,并确保其对客户、投资者和监管机构透明和负责。

总的来说,数字技术可以帮助小微金融企业进行转型升级。然而,和其他新型技术一样,数字金融也存在一定风险。以中国互联网小贷为例,其在 2015 年之前高速增长却始终缺乏严格的监管,从而导致了一系列严重的金融乱象(如高杠杆、高利贷、现金贷风暴等),最终陷入调整和停滞。互联网小贷的发展历程告诉我们,必须要严格把控金融风险,确保发展过程的合规合法,避免无序快速增长带来的潜在隐患。

> 📖 专栏 数字技术在三大产业发展中的表现

我们简要补充数字技术在促进**第一产业(农业部门)**、**第二产业(工业部门)**和**第三产业(服务部门)**发展中的一些具体表现。

第一产业。数字技术可以通过**改善资源管理和供应链管理**影响第一产业的发展。比如,农民能通过传感器、无人机和其他数字设备收集土壤湿度、温度和其他环境因素的数据,进而管理农业生产,提高作物产量。类似的,在畜牧业、林业和采矿业等部门,都可以使用数字设备监控牲畜、矿山和森林等对象的情况,从而优化生产行为。除此之外,数字技术也被用于改善第一产业的供应链管理。例如,农民可以利用数字平台直接与买家联系,减少对中间商的需求,降低中间成本并提高供应链的透明度。

第二产业。数字技术可以通过**改善生产力和辅助决策**影响第二产业的发展。在改善生产力方面,机器人和其他自动化技术的使用可以使制造商能够提高效率,改善产品质量,满足用户的个性化需求,并降低生产成本。在辅助决策方面,数字技术产生的大量数据使公司能够更好地管理自身的生产、物流、营销等不同过程。因此,数字技术在工业中的广泛运用被称为"工业4.0",通过人工智能和物联网等数字技术,企业实现了更加灵活、高效和迅速的生产。

第三产业。数字技术可以通过**改变服务方式和提高服务体验**影响第三产业的发展。在改变服务方式方面,数字技术实现了服务部门的自动化和线上化。一些服务部门的手工工作,如数据输入、客服服务、餐饮服务等,都在逐步被智能机器人等取代。并且,互联网的发展使许多服务在网上提供成为可能,包括网上银行、电子商务、线上教育、线上医疗等。许多服务行业的员工也有可能借助数字技术在家线上办公。在提高服务体验方面,数字技术产生的大量数据使公司有可能更深入地了解他们的客户,这导致了更多的个性化服务和客户满意度的提高。企业也可能通过网站、移动应用程序和社交媒体等不同方式和客户进行交流互动。

12.4 数字技术、经济增长与区域经济差距

12.4.1 数字技术与经济增长

经济学上常把最终消费支出、资本形成总额、货物和服务净出口这三者比喻为拉动经济增长的"三驾马车"。这是因为,从支出法的核算角度来看,经济增长就是投资、消费、贸易(净出口)这三种需求之和。本节将基于支出法的视角,说明数字技术如何影响经济增长。

1. 消费

数字技术对消费的影响主要在三个方面。首先,数字技术使一些消费变得免费。比如,在过去消费者如果想要享受音乐,那么他们必须去购买磁带、CD或立体声唱片。然而,通过数字技术建立的音乐平台,可以使每个人通过免费的方式欣赏更多的音乐。再如,谷歌和百度等互联网公司提供了免费的搜索引擎,消费者使用这些搜索服务同样不需要付

费。类似地,在数字经济时代,消费者可以享受网络新闻、即时通信、网络视频等众多边际成本为零的免费数字服务。除此之外,许多互联网公司提供了类似包月服务、订阅服务等消费选择。此时,消费者在支付了基础的费用之后,可以享受几乎没有数量限制的服务。仍以音乐为例,对于订阅了无限下载音乐服务的消费者来说,下载 5 首还是 10 首歌曲在支付价格上是无差异的,这就鼓励消费者进行更多的消费。

其次,数字技术使消费更个性化。数字技术使公司有可能收集有关个人消费者的大量数据,并利用这些信息为消费者提供了更加个性化的购物体验,改变了消费者的消费倾向。在数字时代,市场供求的个性化程度要远大于以往,产品和服务的差异化程度越来越高。即使在消费支出上可能没有体现出这种个性化消费的影响,但实质却促进了消费者的消费数量和消费质量。

最后,数字技术使消费更便利。一方面,通过数字技术,消费者可以轻松跨越空间时间的限制完成以往难以进行的消费。比如,互联网医疗不仅可以通过线上平台帮助患者网上预约挂号、导诊候诊和查询结果,还可以直接帮助患者进行线上问诊,使患者即使远在千里也可以完成医疗诊断。另一方面,通过数字技术,消费者可以更容易地获取各种相关信息,更容易满足自己的消费需求,也提高了自己在产品市场上的信息对称性。2022 年,全国网上零售额 13.79 万亿元,同比增长 4%。其中,实物商品网上零售额 11.96 万亿元,同比增长 6.2%,占社会消费品零售总额的比重为 27.2%。[①]

总的来说,数字技术的便利性和定制化鼓励了消费者的消费,导致了整体消费支出的增加,但也使部分消费服务变得免费,虽然鼓励了消费者的消费行为,却不一定能反映在国民经济核算之中。

2. 投资[②]

数字技术对投资的影响主要在三个方面。第一,数字技术促进了共享经济的发展,从而使更多人参与到投资之中。通过数字技术,部分居民更容易将自己的日用闲置品分享出去,从而实际参与了投资。比如,如果某个居民购买了一辆轿车用于出行,此时这仅是一种消费行为;如果居民将轿车分享出去并获得租金收入,轿车实质上被投入到生产活动,并获得相应的收入回报,此时这实际上是一种投资行为。因此,基于数字技术蓬勃发展的共享经济,改变了消费品和投资品的构成,将经济活动中相当一部分纯粹的消费行为转换为投资行为。

第二,数字技术创造了新的投资机会。随着数字技术在经济中的重要性不断增加,对技术的投资也迅速增长。数字技术的发展使数字服务的需求不断增加,导致人们对硬件、软件、其他技术基础设施以及对研究和开发的投资也在不断增加。正是在这种背景下,出现了日本电信巨头软银集团投资中国阿里巴巴、中国字节跳动收购 Musical. ly 成立 TikTok 等众多著名的投资案例。数字经济的发展,成为投资增长的一个重要驱动力。

第三,数字技术提高了投资效率。数字技术的使用,如电子商务平台和网上银行,使投资交易更加高效和透明。这使得投资者更容易获得信息并做出明智的决定,从而提高了该

---

① http://www.gov.cn/xinwen/2023-01/31/content_5739339.htm.

② 注:这里是指计入旧有 GDP 支出法核算中的投资行为,并忽略了数字经济对 GDP 账户中投资记录方式的影响。

国的整体投资水平。除此之外,数字经济创造了进入新市场的新渠道,使得建立海外实体部门不再成为企业进行海外实体投资的必要选择。数字技术可以帮助企业更好地进行海外业务操作和信息交互,从而以一种新的方式加入国际生产网络和进行全球化。

总的来说,数字技术不仅将许多消费行为转换为投资行为,还创造了新的投资机会,提高了投资效率,促进了投资的增加。

3. 贸易

数字技术对贸易的影响主要在四个方面。第一,数字技术降低了贸易的信息搜寻成本。数字经济时代有着更为强大的"网络",数字化的知识与信息依托现代信息网络实现快速联动,极大地增强了信息的有效性和要素的精准匹配效率,降低了企业间的信息沟通成本(黄群慧等,2019)。对于供应方而言,他们能够通过互联网迅速便捷地获得新市场的信息,从而减低了其贸易搜寻成本和进入成本,有利于促进出口贸易的增长(Freund 和 Weinhold,2000)。对于需求方而言,他们能够通过互联网传递自己的需求,并且电子商务平台的出现扩大了其对信息搜索的范围,这种信号传给商家,有利于国内对国外相关产品的引入,从而扩大了进口贸易。岳云嵩(2018)通过实证分析证实了电子商务可以通过提升交易匹配率来促进国际贸易。Liu 和 Nath(2013)还指出 ICT 等数字技术的应用降低了信息获取的时滞,从而有利于出口企业根据国外市场的需求变动进行生产调整,降低了贸易中的不确定性。

第二,数字技术降低了贸易的信息核实成本。由于数字技术的发展使得信息追踪的成本下降,从而使得通过数据的搜集整理形成数字信用成为可能(Goldfard 和 Tucker,2019)。在生活中,淘宝等电商平台上对商家的评级认证时刻影响着消费者的选择。数字信用等级越高的商家也往往能够赚取更多的利润(Melnik 等,2002)。数字信息体系的形成迫使企业需要保证所生产产品的质量,这在一定程度上能够提高产品的国际竞争力。同时,信息核实成本的降低也有利于国际贸易的买卖双方以较低的成本对对方进行信用评级,进而能够降低其参与国际贸易的不确定性。

第三,数字技术还能够降低国际贸易的运输成本。在数字经济时代产生的数字贸易这种新型贸易模式,是经济全球化、信息通信技术和数字经济发展到一定阶段的产物,它摆脱了有形产品的交换所需要的运输、仓储等约束,极大拓展了可贸易产品的边界(刘洪愧,2020)。线上服务业务的产生(如在线教育、电子书、网络游戏)使得原本由于地理距离的原因而无法贸易的服务产品可以进行贸易。并且由于数字经济更加有助于距离较远的国家间的交流,从而可能对距离较远的国家间的贸易产生更大的作用,从而缓解了地理距离等自然条件对贸易的约束。

第四,数字技术改变了贸易产品。在数字经济时代,技术(以数字技术为引领)、数据、资本、劳动力、土地构成了生产要素组合。以数据为表现形式的物质流转化为信息流,信息不再是虚拟的存在,而是物化的产品、服务和资产(张永林,2014),数字经济中数据价值的产生,本身就会对国际贸易产生促进作用。同时,数据这个新要素的产生扩大了企业生产要素选择空间,并且提升了企业使用其他生产要素的效率,从而扩大了企业生产可能性边界,提升了企业的生产效率。生产效率的提升将使得企业生产的产品在国际市场上的竞争力提升,从而提高了企业的出口概率以及出口额。岳云嵩和李兵(2018)从企业层面对电子商务对贸易的影响进行研究,发现电子商务的确通过提升企业生产效率,从而降低了企业出口市场的进入门槛,对企业出口产生了促进作用

总的来说,数字技术降低了贸易的信息搜寻成本、信息核实成本和运输成本,提高了贸易效率,改变了贸易产品,促进了国家间的贸易往来。Tan(2015)等人的研究表明,出口国的互联网使用量每增加10%,两个国家之间的产品贸易数量就会增加0.4%。

12.4.2　数字技术与区域经济差距

1. 扩大区域经济差距

首先,数字技术可能以多种方式扩大区域经济差距,其中最主要的问题便是数字鸿沟。如果不同地区间本身就存在数字技术发展的差异(或者更宽泛的,数字经济发展的差异),那么基于数字经济对于经济增长的重要作用,这种差距自然会进一步扩大地区间的经济差距。由于数字鸿沟的存在,数字技术能够带来的数字红利越多,由于不同地区创造和分享数字红利的能力不同,造成的经济差距也越大。

其次,数字技术促使了经济活动在地理区位上的集中。由于数字技术对技术人才的需求极大且迭代速度极快,最终往往会形成少数的技术中心,如美国的硅谷。这种技术中心最终会促成经济活动在某些地区过于集中,形成财富和投资集中的经济中心。此外,这种技术中心和经济中心可能会形成自我强化的循环,进而导致技术发展水平高的地区和没有技术发展水平的地区之间的差距不断扩大。

最后,数字技术的特征更容易形成垄断和马太效应。第一,数字技术有高额的固定成本投入和较低的边际使用成本的特点。高额的固定成本对经济发展较差的地区设置了进入门槛,而较低的边际使用成本又使数据要素具有规模报酬递增的特性,天然地赋予了数字经济产业垄断的属性。第二,数字经济具有网络外部性。当某一网络具有一定优势之后,该网络上其他同类用户数量越多,其中任何一个用户所获得的收益就会越大,因此当数字经济达到一定规模之后,网络外部性将促使具有优势的网络赢者通吃。第三,数字平台是双边市场,只有同时集聚产品服务的供给方和需求方才能发挥平台的价值,其中任何一方的收益和效用会依赖于另一方的数量,这一特性会使处于平台两侧的供给者和需求者相互吸引至同一个平台,导致具有优势的平台快速形成垄断。

并且,数字技术导致了许多工作的自动化和部分传统产业的衰退,进一步加剧了技术发展水平高的地区和没有技术发展水平的地区之间的差距。在获得数字技术和教育机会有限的地区,工人不太可能拥有适应不断变化的就业市场所需的技能,从而导致失业和贫困加剧。而对于一些过去在某些传统产业有一定技术或资源优势的地区,可能既难以完成数字化转型,又缺乏发展新技术的能力,面临数字时代经济发展的困局,出现从传统经济重要地区到数字时代的经济弱势地区的转变和衰退。

2. 缩小区域经济差距

第一,数字技术可以突破地区旧有经济基础和自然历史条件的制约,创造新发展机会。在过去,区域之间的差距既是气候、生态环境等综合自然地理条件客观规律决定,也是人口

集中在少数地区的必然趋势决定的。一个处于偏远、贫瘠和艰险状态的地区，资源短缺的地区，其经济体系必然传统狭窄，经济发展也必然缓慢低下。而随着数字时代的到来，数字技术可以跨地区利用要素、配置资源，可以通过移植、合作、创新等手段形成现代基础设施体系，因此，它在一定程度上能够推动一个地区摆脱既有经济基础的制约，实现新经济体系的快速构建。正如范恒山（2019）[①]所言，数字技术能够超越区域现实发展基础和地理区位重构区域经济体系，这为落后地区在构筑新经济新动能方面实现与先进地区同步发展，甚至领先发展提供了机会。比如，电子商务的发展为农村地区的个人和企业带来了新的经济机会。在中国，许多农村通过电子商务绕过了传统的地理限制，向一个相对更广阔的全国乃至全球市场销售他们的产品和服务。《中国农村电子商务发展报告（2021—2022）》显示，2021年中国农村网络零售额已达2.05万亿元，占中国网络零售额的15.66%。

第二，数字技术促进了信息流动、资金流动和物质流动。在信息方面，信息禀赋的差距始终是现代经济体系下区域发展差距的一大来源。而数字技术创造了一个充分丰富的信息系统，为个人、企业乃至政府提供了一个平等获取信息进行决策和发展的机会。比如，对于企业而言，在数字技术的帮助下，即使是偏远或贫困地区，企业和企业家一样可以接触到新客户，进入新市场，拥有一个相对更公平的竞争环境。数字技术更全面、更精准、更及时地把各种信息呈现给市场的参与者，在信息层面极大程度上促进了地区间的公平竞争。对于政策决定者而言，可以借助数字技术更好地把握地区的经济状况和发展方向，利用更完整的信息做出更高效科学的决策与规划，找到地区均衡发展的最优路径。在资金层面，随着数字科技和互联网的普及，金融服务尤其是移动支付已经在很大程度上解决了传统金融服务网点少的问题。只要网络信息基础设施覆盖，即便处于偏远山区也能快速享受数字金融服务。且由于信息的更充分流动，落后地区的优质项目也比以往更容易获得资金支持。在物质流动方面，数字技术的发展同样使传统的物流服务得到突破。地区间建立强有力的物流网络，不仅拉近了区域和城乡的时空距离，还促进了不同地区间生产要素的流动，有利于经济的均衡发展。

第三，数字技术建立跨区域的平台和统一市场，改变经济发展模式和资源配置方式，促进地区共同发展。一方面，数字技术建立了跨越时空的经济发展平台，而平台经济具有开放共享性等特征，有利于各地区平等地从平台经济的发展中受益。数字技术通过建立互联网电子商务和跨境电商平台等重要数字平台，使不同地区的生产和消费模式变得趋同，享有相同的产品和服务。另一方面，数字技术提供了跨区域利用资源要素的条件，有利于形成一个更大范围的统一市场。在统一市场中，资源可以得到更有效的利用和配置，地区的比较优势也更容易发挥和实现，并最终转化为地区的竞争优势和超前优势。

总之，虽然数字技术有可能减少区域经济差距，但它也在几个方面促成了这些差距。只有先解决数字扫盲和数字鸿沟的问题，才能确保所有个人和社区都能平等地获得数字技术的好处。解决数字鸿沟和促进各地区平衡的技术发展，对于减轻数字技术对地区经济差距的负面影响至关重要。

---

① https://www.thepaper.cn/newsDetail_forward_6799059.

本章小结

从发展经济学的视角研究数字经济,存在不同的维度和层次。从作用对象来看,我们既可以从微观上关注数字经济对人和企业发展的影响,也可以从宏观上关注数字经济对地区和国家发展的影响。对于个人而言,数字技术既带来了数字红利,又造成了数字鸿沟,既淘汰了一些就业岗位,也创造了一些就业岗位。对于企业而言,传统企业可能更需要关注如何适应数字经济时代进行转型升级、提高生产力,而平台企业则可能更需要关注如何利用数字技术创造新模式、发展新领域。对于地区和国家而言,则需要从根本上确定数字经济如何改变经济增长,又如何缩小经济差距。并且,数字经济同样改变了个人与企业、企业与地区之间的交互关系,既降低了信息搜寻成本、提高了匹配效率,也衍生出信息茧房、大数据杀熟等新的问题。当然,我们还可以找到数字经济对组织管理发展(戚聿东和肖旭,2020)、对文化发展(江小涓,2022)的影响等其他维度。

不管从哪一维度进行分析,数字经济在本质上是基于数字技术产生的,而技术是中性的,其影响都存在两面性。因此,研究数字经济和发展最重要的现实意义在于,只有了解了数字经济对不同维度不同层次发展造成影响的作用机制,我们才能更好发挥数字技术对经济发展有利的一面,控制和消除其对经济发展不利的一面,从而利用数字技术优化经济结构、促进经济高质量发展,让数字经济成为我国新时代经济高质量发展的全新动能与重要路径。这应该是我们学习研究数字经济和发展的核心之一。

习题

1. 请结合身边事例,谈谈有哪些没有被现行 GDP 核算体系统计的数字经济活动。
2. 什么是头部效应? 什么是长尾效应? 二者有什么区别和联系?
3. 请说明信息茧房的成因、影响和潜在的解决方式。可以结合实际案例分析说明。
4. 请通过供求曲线分析数字技术对劳动力市场的影响。试做图回答。
5. 你认为什么样的企业更需要进行数字化转型? 不同类型企业的数字化转型方向是否相同? 如有不同,各有何侧重?
6. 请结合宏观经济数据,尝试分析目前数字技术是扩大了区域经济差距,还是缩小了区域经济差距。

参考文献

[1] Acemoglu D, & Restrepo P. 2016. Robots and Jobs: Evidence from US Labor Markets. NBER Working Paper,(23285).

[2] Acemoglu A,Fichera L,Kepiro I E,Caldwell D G, & Mattos L S,2017. Laser Incision Depth Control in Robot-assisted Soft Tissue Microsurgery. Journal of Medical Robotics Researoh,2(03),174006.

[3] Acemoglu D, & Restrepo P. 2018. The Race between Man and Machine: Implications of Technology for Growth,Factor Shares,and Employment[J]. American Economic Review.

［4］ Autor D H. 2013. The "Task Approach" to Labor Markets: An Overview［J］. Journal for Labour Market Research. 46(3): 185-199.

［5］ Autor D H. 2015. Why are There Still So Many Jobs? The History and Future of Workplace Automation［J］. Journal of Economic Perspectives, 29(3), 3-30.

［6］ Bettinger Eric P, Lindsay Fox, Susanna Loeb, and Eric S. Taylor. 2017. Virtual Classrooms: How Online College Courses Affect Student Success. American Economic Review, 107(9), 2855-2875.

［7］ Compaine B M. (Ed.). 2001. The Digital Divide: Facing a Crisis or Creating a Myth? ［M］. Mit Press.

［8］ Cortes G M, Jaimovich N, & Siu H E. 2017. Disappearing Routine Jobs: Who, How, and Why? ［J］. Journal of Monetary Economics, 91, 69-87.

［9］ Deming D J, Goldin C, Katz L F, & Yuchtman N. 2015. Can Online Learning Bend the Higher Education Cost Curve? ［J］. American Economic Review, 105(5), 496-501.

［10］ Hoffman D L, Novak T P, & Schlosser A E. 2001. The Evolution of the Digital Divide: Examining the Relationship of Race to Internet Access and Usage Over Time.

［11］ European Commission, 2021. Digital Education Action Plan (2021-2027): Resetting Education and Training for the Digital Age.

［12］ Felipe J, Abdon A, & Kumar U. 2012. Tracking the Middle-income Trap: What is It, Who is in It, and Why?. Levy Economics Institute, Working Paper, (715).

［13］ Frey C B, Osborne M A. 2017. The Future of Employment: How Susceptible are Jobs to Computerization［J］. Technological Forecasting and Social Change. 114: 254-280.

［14］ Freund C L, & Weinhold D. 2000. An Empirical Investigation of the Internet and International Trade: The Case of Bolivia (No. 05/00). Documento de Trabajo.

［15］ Goldfarb A, & Tucker C. 2019. Digital Economics［J］. Journal of Economic Literature, 57(1), 3-43.

［16］ Giones F, & Brem A. 2017. Digital Technology Entrepreneurship: A Definition and Research Agenda ［J］. Technology Innovation Management Review, 7(5).

［17］ Kostopoulos G, & Kotsiantis S. 2022. Exploiting Semi-supervised Learning in the Education Field: A Critical Survey. Advances in Machine Learning/Deep Learning-based Technologies: Selected Papers in Honour of Professor Nikolaos G. Bourbakis-Vol. 2, 79-94.

［18］ Katz V. 2015. Regulating the Sharing Economy［J］. Berkeley Tech. LJ, 30, 1067.

［19］ Lewis W A. 1954. Economic Development with Unlimited Supplies of Labour.

［20］ Liu L, & Nath H K. 2013. Information and Communications Technology and Trade in Emerging Market Economies［J］. Emerging Markets Finance and Trade, 49(6), 67-87.

［21］ Liao H, Ma S, & Xue H. 2022. Does School Shutdown Increase Inequality in Academic Performance? Evidence from COVID-19 Pandemic in China［J］. China Economic Review, 75, 101847.

［22］ Lordan G, & Neumark D. 2018. People versus Machines: The Impact of Minimum Wages on Automatable Jobs［J］. Labour Economics, 52, 40-53.

［23］ Lucas Jr R E. 1988. On the Mechanics of Economic Development ［J］. Journal of Monetary Economics, 22(1), 3-42.

［24］ Manyika J, Chui M, Miremadi M, et al. 2017. A Future that Works: Automation, Employment, and Productivity［M］. Mckinsey & Company.

［25］ Melnik, Mikhail I, and James Alm, 2002. Does a Seller's eCommerce Reputation Matter? Evidence from eBay Auctions［J］. Journal of Industrial Economics, 50(3).

［26］ OECÐ, 2017. OECD Digital Economy Outlook.

［27］ Osnago A, & Tan S W. 2016. Disaggregating the Impact of the Internet on International Trade. World Bank Policy Research Working Paper, (7785).

［28］ Perkins D H. 2012. Rapid Growth and Changing Economic Structure：The Expenditure Side Story and Its Implications for China［J］. China Economic Review，23（3），501-511.

［29］ Ranis G，& Fei J C. 1961. A theory of Economic Development［J］. The American Economic Review，533-565.

［30］ Riggins F J，& Dewan S. 2005. The Digital Divide：Current and Future Research Directions［J］. Journal of the Association for Information Systems，6（12），4.

［31］ Scully G W. 1988. The Institutional Framework and Economic Development［J］. Journal of Political Economy，96（3），652-662.

［32］ Trajtenberg M. 2018. AI as the Next GPT：A Political-Economy Perspective. Nber Working Paper. No. 24245.

［33］ UNESCO 2021. COVID-19 Education Response. Available at：https：//en. unesco. org/

［34］ World Bank Group，2016. World development report 2016：Digital dividends. World Bank Publications.

［35］ 柏培文、张云，2021. 数字经济、人口红利下降与中低技能劳动者权益［J］. 经济研究，（5）：91-108.

［36］ 蔡昉，2022. 人口红利：认识中国经济增长的有益框架［J］. 经济研究，（10）：4-9.

［37］ 曹静、周亚林，2018. 人工智能对经济的影响研究进展［J］. 经济学动态，（1）：103-115.

［38］ 方建国、尹丽波. 2012. 技术创新对就业的影响：创造还是毁灭工作岗位——以福建省为例［J］. 中国人口科学，（6）：34-43＋111.

［39］ 刘朝，2022. 算法歧视的表现、成因与治理策略［J］. 人民论坛，（2）：64-68.

［40］ 刘洪愧. 2020. 数字贸易发展的经济效应与推进方略［J］. 改革，（3）.

［41］ 黄群慧、余泳泽、张松林，2019. 互联网发展与制造业生产率提升：内在机制与中国经验［J］. 中国工业经济，（8）.

［42］ 王文，2020. 数字经济时代下工业智能化促进了高质量就业吗［J］. 经济学家，（4）：89-98. doi：10. 16158/j. cnki. 51-1312/f. 2020. 04. 010.

［43］ 杨伟国、邱子童、吴清军，2018. 人工智能应用的就业效应研究综述［J］. 中国人口科学，（5）：109-119＋128.

［44］ 俞伯阳、丛屹，2021. 数字经济、人力资本红利与产业结构高级化［J］. 财经理论与实践，（3）：124-131. doi：10. 16339/j. cnkihdxbcjb. 2021. 03. 017.

［45］ 张永林，2014. 网络、信息池与时间复制：网络复制经济模型［J］. 经济研究，（2）.

［46］ 江小涓，2021. 数字时代的技术与文化［J］. 中国社会科学，（8）：4-34＋204.

［47］ 戚聿东、肖旭，2020. 数字经济时代的企业管理变革［J］. 管理世界，（6）：135-152＋250. doi：10. 19744/j. cnki. 11-1235/f. 2020. 0091.

第13章

数字金融

本章学习目标

1. 理解数字金融的作用、新型金融服务业态和传统金融机构的转型过程
2. 了解央行数字货币、数据资产与数字资产的定义和产生背景
3. 分析数字金融风险的类型和管理策略

引言

数字金融是指通过互联网及信息技术手段与传统金融服务业态相结合形成的新一代金融服务,即利用人工智能、区块链、云计算、大数据以及互联网等新兴技术驱动金融业的发展。目前,数字金融在智能投顾、供应链金融、消费金融、第三方支付、监管科技等领域都迸发出了巨大活力,成为数字经济时代金融业最突出、最重要、不可逆的发展态势。

当前,新兴数字技术正在推动数字经济的迅猛发展,加快数字化转型已经成为中国乃至全球金融业界的重要共识。2022 年伊始,中国人民银行《金融科技发展规划(2022—2025年)》和中国银保监会《关于银行业保险业数字化转型的指导意见》先后印发,强调加快构建适应现代经济发展的数字金融新格局,落实数字化经营管理体系,深化金融供给侧结构性改革。据《北京大学数字普惠金融指数》最新报告,我国的数字金融业务在 2011 年至 2020年实现了跨越式发展,数字金融开始由高速增长阶段向常态增长过渡。"十四五"规划期间,我国数字金融的新业态、新模式也将更加成熟和普及,数字金融成为数字化转型的新动能。

数字金融一方面具有传统金融的功能,如配置资源、平滑消费、管理风险、降低融资约束等(Goldsmith,1969;Levine,2005;Mckinnon,1973;黄益平和黄卓,2018);另一方面,相较于传统金融业而言,数字金融开创了从"软信息"的角度做信用评估、微金融服务的思路,极大改善了传统金融机构的风险管理能力,弱化因信息不对称带来的金融排斥问题。数字金融表现出明显的"普惠"特质,有助于打破传统金融服务的边界约束,引导金融资源的合理流动(黄益平和陶坤玉,2019;张勋等,2019)。数字金融已经催生了以移动支付、数字基金——余额宝等为代表的新型金融服务业态,给传统金融机构带来了前所未有的挑

战,也使其数字化转型亟待推进。现阶段,数字银行、数字保险作为传统金融服务转型升级的先驱,为数字生态的搭建做出了积极尝试。同时,为适应数字经济时代电子支付的需要和应对私人加密货币对法币地位的挑战,各国央行陆续研发并推广数字货币。2014 年起,我国央行成立了发行法定数字货币专门研究小组。经过前期的理论探索、框架建立和研发设计,目前,我国数字人民币已步入落地推进阶段,试点场景数量超 800 万个,数字人民币钱包开立进入加速模式,法定数字货币交易规模稳步增长。可以预见,新一代数字金融体系将建立在以央行数字货币为基础的金融设施之上。

数字金融的发展伴随着数字资产和数据资产的繁荣。一方面,数字藏品作为数字资产的新形态逐步进入公众视野,因其稀缺性、个性化,成为数字经济背景下极具成长空间的新产业。数据显示,2021 年我国数字藏品市场规模已经达到 2.8 亿元,预计 2026 年将达到 23.9 亿元。为此,需要确立合规的产业运作和完善的监管机制,构建健康的数字资产交易市场。另一方面,数据资产的流通日益成为驱动数字金融发展的重要因素。通过对海量标准化和非标准化数据的挖掘,数字金融得以实现实时业务应用、精细化风险监测以及安全高效的内部控制。在此过程中,数据信息的统一管理、集中开发和融合共享,数据全生命周期的安全闭环管理机制等问题不容忽视。数字金融的发展也为数据要素化带来了有利机遇,新型金融业态将助力数据要素市场的建设,开启金融引领数字经济的新阶段。

值得注意的是,数字金融在释放红利的同时,也催生了新型金融风险。数字金融加剧了银行间的竞争,导致银行风险水平增加,其运营过程中也往往伴随着信息泄露等安全风险和法律风险,需要针对数字金融新业态,构建动态评估、监测、预警机制,建立完善的风险管理体系。

本章密切结合数字金融发展的现状和趋势,重点讨论了数字金融的作用、新型金融服务业态、传统金融机构的转型、央行数字货币、数字资产与数据资产以及数字金融面临的风险等方面的问题,借此揭示数字金融的重要战略意义和发展路径,为加快传统金融服务数字化转型、提高金融服务实体经济的能力和水平提供有力的理论借鉴。

13..1 数字金融的作用

13.1.1 提升风险管理的效率

风险管理是商业银行等金融机构的核心目标之一。随着国内金融深化和国际金融一体化进程的加快,商业银行的借贷业务面临着日益复杂和庞大的经营风险。在国内外复杂形势的冲击之下,金融机构的风险管理成为防范系统性金融危机的重要环节。

传统的商业银行业务中,由于缺乏系统的数据管理和技术手段,风控业务以人工审批为主,效率较低。贷前靠手工尽调、靠经验决策,贷中人力审核,贷后跟踪误差较大,造成风险事件频发。数字金融给商业银行的风险管理模式带来了颠覆式的改变,在贷前、贷中和贷后各环节都采用基于大数据的智能化解决方案,有效地优化了风险管理。

在大数据时代,受益于数据获取和存储技术的进步,金融机构积累了海量的微观大数据。相较于传统的金融数据,金融大数据具有鲜明的特点。首先,非结构化数据的占比大大提升。文本数据、音频数据、视频数据等非结构化数据包含大量有价值的信息,但同时也具有噪声多、非平稳等性质。目前机器学习技术在处理非结构化数据方面具有优势。

其次,数据的时效性强。借助于在线程序等接口,用户数据和金融平台能发生实时交互和传递。借助于丰富的高频数据资源,金融机构监测风险和异动的时效性大大提高。金融大数据还有高维度、非线性变化等特点,如何合理利用非结构化数据,充分挖掘大数据的信息含量,对于学界和业界来说,既是机遇又是挑战。

对于金融大数据来说,传统的计量和统计手段具有局限性。学术和实践中常用的线性回归模型依赖于诸多数据分布的假设,而且只能刻画线性关系。在大数据时代,对数据分布没有严格假设、模型设定形式灵活的机器学习和深度学习等人工智能算法开始大放异彩。金融机构广泛采用主成分回归、因子分析等手段给大数据降维,或者使用随机森林、神经网络等算法进行用户违约风险判定。得益于实时数据的可得性,近年来商业银行还建立了各种基于金融科技的实时风控系统。比如,通过 LSTM(长短期记忆网络)等深度学习模型进行银行间利率的实时预测和预警(齐欣林等,2021),并取得了比传统方法更好的效果。

数字金融不仅提高了微观层面风险识别的效率,也有利于宏观金融风险管理。所谓系统性金融风险,是指金融体系整体或部分受到损害,致使金融服务中断,并且对实体经济造成严重负面影响的风险。我国的系统性金融风险突出表现在全球金融危机爆发之后宏观杠杆率的快速上升。2008 年至 2016 年,我国的宏观杠杆率(实体经济部门债务/GDP)由 141.2% 飙升至 238.8%,宏观金融风险上升较快。党的十九大把"防范化解重大风险"列为三大攻坚战之首,防范化解系统性金融风险是其中最重要的内容之一。数字金融有利于监测、防范和化解宏观金融风险。比如,网络模型和混频向量自回归模型等创新的计量模型正被用于研究和分析金融市场和宏观经济各部门之间风险传染的程度,为宏观决策者全面评估和把握金融体系中的风险水平提供了科学的参考依据。

13.1.2　降低信息不对称

信息不对称理论是经济学领域的经典课题,也是现实经济生活中经常会遇到的问题。当供需双方存在信息不对称时,市场有效的结论将不再成立。从理论上来说,信息不对称会带来两类问题。如果交易前隐藏信息,那么就有"逆向选择",如果交易达成后隐藏行动,就会有"道德风险"。

"逆向选择"导致信息劣势的买方无法识别卖方的类型,只愿意支付平均价格,但这会导致优质卖方离开市场,也就是所谓的"劣币驱逐良币"现象(Akerlof,1978)。这种现象在金融市场屡见不鲜,比如非法金融机构高息揽存欺骗处于信息劣势的用户。"道德风险"则多见于保险市场,由于保险公司对于用户处于信息劣势地位,因此用户买保险之后风险行为反而增多,导致保险公司亏损增加。

对于信息不对称问题,经济学家设计了一些解决方案。针对"逆向选择",可以通过"发信号"机制来传递自己的信息,或者通过"甄别合同"来为用户提供异质性服务(Spence,1978)。针对"道德风险"问题,则主要是通过加强监管和约束。但是需要注意的是,尽管这些措施能缓解一部分不利后果,但是仍然显著增大了交易成本。交易成本高和潜在收益低是金融机构不愿意给小微企业和低收入个人提供金融服务的重要原因。

幸运的是,数字金融运用技术手段从根源上缓解了信息不对称问题。第一个例子是第三方支付平台担保交易模式。第三方支付预存买家支付的货款,待卖家提供了完整的商品和服务并得到买家确认之后,资金便会转入卖家账户。这一机制规避了因为信息不对称而产生的信用问题,大大促进了线上交易的发生。另外的例子还包括互联网金融机构通过大数据风险分析来进行贷款业务。比如"京东白条"等小微贷款业务。平台存有用户平时购物的信用记录数据,这些数据和机器学习技术结合产生了巨大的价值,可以用于信用风险评估和定制化的贷款业务,解决了很多小微贷款场景的需求。

数字技术发展方兴未艾,海量数据积累呈指数级增长,在移动互联网环境下,餐饮、出行、娱乐等大部分活动都接入了线上,每个人每时每刻产生的数据都在被记录和保存。传统经济活动中难以解决的信息不对称问题正在逐渐得到缓解。当然,大数据伴生的隐私和安全问题也必须得到重视,这有赖于数据确权、数据市场以及数据安全监管等方面的持续改进。

13.1.3 带来普惠性

普惠金融指的是金融体系能够持续为弱势人群、弱势产业和弱势地区(简称"三弱")提供基础金融服务(吴国华,2013)。金融体系的一个重要作用是帮助居民优化其资源配置,但现实中普惠金融的目标难以实现,很多人无法享受到金融体系的服务。其中的原因,一是交易成本高,相对于金融服务的成本来说,"三弱"的金融需求金额小、不确定性较高,金融机构为他们服务的收益小、风险大;二是信息不对称,低收入人群和小微企业缺乏足够的信用信息,金融机构无法充分了解客户,这样的交易存在"逆选择"和"道德风险"问题。尽管存在以上障碍,建设普惠金融仍然具有重要意义。普惠金融可以帮助更多人平滑消费、创业融资,有利于提高更多人的福利和提升社会生产力。

在数字金融大规模铺开之前,政府支持和民间借贷等不同形式的金融创新都尝试过解决普惠金融问题,但是没有取得实质性突破。数字金融的出现则提供了一个良好的解决方案。

数字金融可以降低交易成本。大数据和云平台等数字化技术的使用大大节约了金融机构的运行成本,压缩了一线服务人员和物理网点建设的成本。数字金融还有效缓解了信息不对称问题。得益于移动互联网时代的配套技术,金融机构可以通过手机终端金融 App 获取用户的操作数据等个人信息,再通过人工智能技术进行用户画像,从而提供个性化的金融服务。这种全新的信贷技术和风控模式使得金融服务惠及大众,为个体经营者、小微企业提供了盘活生产经营所需的资金。

现在已经有很多实证证据表明数字普惠金融对居民消费、创业和收入分配等方面产生了重要影响。数字金融助力电子商务的发展,刺激了下沉市场的需求,拓展了更多的消费方式和消费场景,助力居民消费结构升级。数字普惠金融降低了融资门槛,地理区位因素和收入水平等不再是居民和小微企业融资的掣肘,这为欠发达地区和小微企业提供了赶超的机会。

数字普惠金融具有包容性增长的特点。数字金融显著促进了居民消费和创新创业,这些效应在农村、中西部地区以及中低收入家庭表现更明显(易行健和周利,2018),说明数字金融在传统金融触及较少的领域发挥着补充性的作用。相关研究还表明,中国各地数字普惠金融发展差异在缩小(黄益平和黄卓,2018)。数字普惠金融还通过收入分配效应和经济增长效应等缩小了城乡居民之间的收入差距,对共同富裕目标的实现具有积极作用。

13.2　新型金融服务

13.2.1　移动支付

移动支付又称"手机支付",是数字化时代与人们生活最息息相关的一种新型支付方式。这种服务通过互联网和数字技术将网络、移动设备和金融机构有机地串联在一起,具有时空限制小、交易速度快、隐私保护以及较高的集成程度等特点。目前移动支付覆盖了居民饮食、购物、生活和出行等方方面面。

我国的移动支付业务在全球名列前茅,其支付规模占全球总规模的45.6%。相较我国美国占比较少,约为18.91%,欧洲占比约为16.81%。导致移动支付业务在我国得到快速发展,而西方国家发展缓慢的原因主要有两点。第一,我国具有大量的4G和5G基站为移动支付业务开展赋能。截至2021年底,全国4G基站总数已经达到590万个。截至2024年4月,5G基站总数达到374.8万个。其中,中国移动5G基站的数量超过中国电信和中国联通之和。此外,我国移动业务在行政村的覆盖率也高达97.8%。第二,欧美居民具有使用信用卡消费的习惯,且他们对于第三方支付平台信用要求更高。基于信用卡的个人信用积累为西方居民的生活和超前消费提供了较大的便利,间接导致了移动支付的缓慢发展。

移动支付业务在我国开展得如火如荼,如图13-1所示。据《中国互联网络发展状况统计报告》数据显示,截至2023年底,我国移动电话用户总数达17.27亿户,较2022年净增4315万户,用户年均增长速度超过1.53%。从中国人民银行公布数据可知。2013年,我国的移动支付业务总交易金额仅为9.64万亿元,年交易笔数为16.74亿笔,平均每笔交易金额为5758元。2023年,我国移动支付金额为555.33万亿元,达到2013年的57.6倍。交易笔数1851.47亿笔,平均每笔交易金额为2999.4元。从金额上看,我国移动支付业务普及率不断提高。

第三方交易平台是移动支付业务最主要的阵地之一,如图13-2所示。涉及第三方平台的支付业务约占我国总移动支付业务的60%。支付宝和财付通是我国最大的两家移动支付业务平台。截至2022年,支付宝的移动支付业务量约占我国第三方移动支付规模的54.5%,财付通占38.8%。近年来,随着网上购物的兴起,我国各互联网巨头也争相获得了移动支付牌照。这进一步加固了我国居民对"无现金"的使用习惯。截至2024年,除了腾讯的微信和蚂蚁金服的支付宝产品外,占据市场份额较大的移动支付企业与产品还包括:京东集团的京东支付和京东金融;百度集团的度小满和百度App;美团集团的美团点评和大众点评;苏宁集团的苏宁易购和苏宁金融以及网易集团的网易支付、网易严选和网易云音乐等。牌照类型主要涉及互联网支付、移动电话支付和银行卡收单。

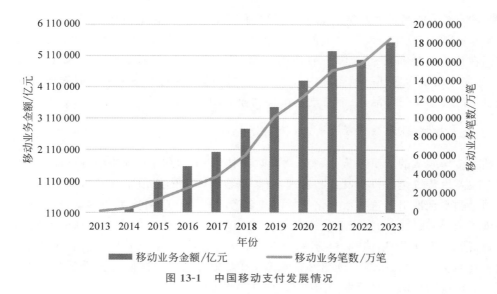

图 13-1　中国移动支付发展情况

图 13-2　第三方移动业务支付占总移动业务支付比例

我国居民支付习惯的改变并非一蹴而就。以支付宝平台发展为例。2004年年底,浙江支付宝科技有限公司成立并开始运用"全额赔付"和"你敢用,我敢赔"的方式对数字金融发展初期用户线上支付习惯进行培养。2008年,支付宝首度推出在移动设备上支付水、电、煤和通信等公共事业费用的相关业务。2011年,推出首张信用卡快捷支付业务。2013年"余额宝"正式推出。该业务使得用户在线上消费的同时,还能享有一定额度的利息收益。至此,我国人民在移动支付方面的使用黏性才得到了大幅提高。

我国移动支付业务需要在发展中不断完善。据银联的移动互联网支付安全调查数据显示,我国移动支付用户大专以上学历且年龄在40岁以下的青年占比高达八成,男性比女性在使用移动支付上的频率更高,未婚男性比未婚女性约高出7个百分点,我国用户对系统卡顿和支付失败问题具有较高的敏感性。从支付方式看,二维码支付方式比例最高,达到79%,其次是NFC和在线支付。从使用场景看,网购是移动支付最主要的战场,比例约为81%。从验证方式看,"90后"和"00后"对生物识别的青睐程度更大,约有超过四成的被调查者明确表示将首选生物识别作为移动支付的验证方式。在这个意义上,支付系统的安全问题是影响我国移动支付未来发展潜力的关键因素。综上,我国移动支付的发展方向可以总结为两点:①应当提高对贫困地区、受教育程度较低以及老年和女性用户的覆盖。企业通过发布教学视频、举行线下培训的方式教授相关人群如何使用移动设备和支付 App,培养他们在移动业务和移动支付上的使用习惯,使得移动支付做到真正意义上的服务"普惠"。②应当鼓励金融部门配合国内外业务提供商进一步完善支付系统的效率和安全性,创新更多的移动支付产品,进而带动我国移动业务的长远发展。

13.2.2 货币基金

数字金融领域的货币基金是一种结合数字技术和互联网平台的金融产品。传统的货币基金主要由传统金融机构发行和管理,而数字金融领域的货币基金则由数字金融机构或互联网金融平台推出。这些数字化的货币基金产品利用互联网技术和移动端应用,为投资者提供了全天候、便捷的投资和管理服务。货币基金的投资对象主要为高流动性、低风险的金融资产。例如,短期债券、银行存款、货币市场工具等。由于其投资组合主要以稳健的金融工具为主,因此货币基金通常风险较低,收益相对稳定。这使得货币基金成为投资者在保持一定流动性的同时获取一定收益的选择。

相对于传统货币基金,数字金融领域的货币基金有以下显著特点。首先,数字化特性使得投资者可以通过互联网平台随时随地进行购买、赎回和查询,不再受限于传统金融机构的营业时间和地点。其次,数字货币基金往往没有最低起购金额的限制,甚至有些产品支持小额投资,为普通投资者提供更加灵活的选择。此外,数字货币基金的费用通常相对较低,因为它们省去了传统金融机构的运营成本,使投资者可以获得更高的净值收益。

📖 专栏 1 余额宝

货币基金是我国最大用户规模的互联网理财产品。余额宝是蚂蚁金服旗下的余额增值服务和活期资金管理服务的产品。该产品于 2013 年 6 月通过支付宝平台发布推出,凭借其较低门槛、操作便捷和随取随用的特色,获得了来自民众的广泛认可。余额宝的主题有三个,包括天弘基金、支付宝和用户,如图 13-3 所示。支付宝为余额宝提供中介平台,天弘基金为余额宝提供基金产品,支付宝用户通过余额宝购买基金产品。余额宝将 90% 的收集资金投资于银行存款或保险理财产品,然后再将收益返还给用户。余额宝不仅实现了消费和理财的统一,还借助先进的大数据和云处理技术实现了资金流动性和用户收益的高效匹配,保证了产品生命周期的平稳发展。据相关研究测算,相较其他货币基金产品来说,余额宝的收益率波动显著较小且在流动性风险、信用风险和市场风险方面达到了在 95% 的置信区间的可控,呈现出强持续性和低风险属性。

在余额宝推出初期,用户的资产回报率达到近 7%。而与之相对银行的活期收益仅为 0.35%。2020 年,余额宝关联基金的体量超过了招商银行的全年存款余额。2022 年,余额宝规模达到 7749.11 亿元。余额宝的诞生一方面使得居民在商业银行的存款有所降低,另一方面也促进了我国商业银行的改革。诸多银行在提高资产回报率的同时,不断优化储蓄存款的产品结构和推动金融产品创新。例如,中国建设银行推出了可以同时投资基金和股票且与余额宝收益率相等的新金融产品。

除了商业银行外,自余额宝发行以来,各大互联网企业纷纷效仿争相发布类似的货币基金。例如,2014 年,腾讯公司通过微信平台推出了理财通业务。2022 年,理财通的资金

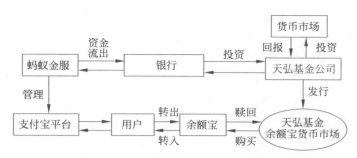

图 13-3 余额宝货币基金运作模式

资料来源：陈博等(2022)

保有量已经超过 3000 亿元。尽管至今余额宝仍是我国乃至全球最大的货币基金产品。但从余额宝基金管理公司天弘基金 2022 年中报来看，随着公众理财知识和理念的改变，以及近年来国家政策对互联网产品和资金运作渠道要求的变化，余额宝的规模不断下降，较 2021 年同比下跌 23.01%，约 10.21 亿元。机构持有份额下降明显，同比下跌 41%。

专栏 2　P2P 网络借贷平台

随着互联网的普及和信息技术的发展，金融科技已经深刻改变了我们的生活方式和商业模式。其中，P2P 网络借贷平台(P2P 平台)作为一种新兴的金融模式，为个人和企业提供多样化的融资渠道，吸引了大量投资者和借款人的关注。然而，这种新型金融模式的发展同时也面临着不同的风险，如信用风险、平台风险和监管风险等。

1. P2P 起源与发展

根据 2016 年 8 月我国原银监会等四部委发布的《网络借贷信息中介机构业务活动管理暂行办法》，P2P 平台是指从事网络借贷信息中介业务活动的金融信息中介公司，其主要渠道是通过互联网为借款人和投资者实现直接借贷，提供相关信息、资产评估、撮合交易等服务。简而言之，P2P 平台的本质是信息中介，不同于传统金融机构作为信用中介的功能，P2P 平台不应为投资者决策负责。

P2P 的概念最早可以追溯到 2005 年。英国的 Zopa 和美国 Prosper 被认为是较早的 P2P 网络借贷平台。其模式是通过允许多个分散投资者参与并借出资金给借款人，提高了整体市场的资金利用率，满足了金融服务的多元化需求。同时，受益于金融科技的崛起，P2P 平台降低了传统金融中介融资的难度，解决了手续烦琐、门槛高、效率低等问题，促使平台获得广泛的用户支持，推动该行业在各国市场的迅速发展。

P2P 平台也逐步在我国萌芽。拍拍贷作为我国首家获批"金融信息服务"资质的互联网金融平台，在 2007 年年初上线。业务早期发展主要借鉴国外 P2P 模式，将经过评估的借贷信息发布到线上平台，投资者自行选择投资。然而，由于民众对民间金融服务的陌生，P2P 平台在发展初期不太活跃。直至 2012 年，大部分 P2P 平台开始采用线上融资线下放贷的模式，并详细考察借款人的资金用途、还款来源以及抵押物等情况。同时，一些 P2P 平台还推出了本金保证、担保等方式，吸引了不少投资者的关注和参与。

根据网贷之家数据，如图 13-4 所示，国内 P2P 平台从 2011 年的 55 家增长至 2015 年的

3464 家。这五年间,大量从事民间借贷、小额贷款、融资担保等业务的公司涌入 P2P 行业,导致 P2P 平台市场出现乱象。部分平台甚至出现了自融、假标、资金池等不良现象,加大了平台风险。集中违约、携款跑路等问题也开始显现,对 P2P 平台的健康发展造成了负面影响。随着问题平台逐渐增多,监管政策也应运而生。2016 年 4 月,原银监会发布《P2P 网络借贷风险专项整治工作实施方案》,要求成立网贷风险专项整治工作领导小组,对 P2P 平台进行全面排查,推动网贷平台的健康发展。2018 年,再度发布《关于开展 P2P 网络借贷机构合规检查工作的通知》,全面强化备案要求,进一步淘汰违规平台的运营。数据显示,2019年全年退出行业平台数量约为 678 家,仅剩 343 家平台在运营。

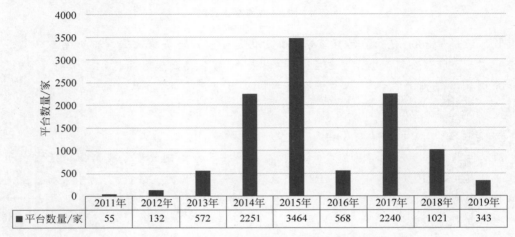

图 13-4   2011—2019 年国内 P2P 平台数量

(资料来源:网贷之家)

2. P2P 网贷平台身份偏离退出舞台

在互联网金融高速发展的背景下,P2P 平台作为信息中介,在一定程度上为个人和小微企业提供了多样化的融资渠道。然而,行业的快速发展逐渐偏离了信息中介的本质,个别平台介入了借款人和投资者之间的资金交易。例如,P2P 平台实际控制人直接向借款人借款,随后通过平台将债权分割、组合和转让给投资者,完全脱离了信息中介的角色。这种做法带来了期限不匹配、资金池风险以及债权转让的有效性等潜在风险,导致平台风险急剧增加。典型案例包括善林金融公司,它以自身融资为目的设立平台,并通过线下门店的方式向社会不特定公众销售债权转让理财产品,以填补个人投资房地产项目的资金缺口。在这种 P2P 平台乱象丛生的背景下,投资者的信心受到严重动摇,导致行业发展每况愈下。截至 2020 年 11 月中旬,我国的 P2P 网贷平台已经全部清退,并退出金融市场的舞台。

13.3 传统金融机构的转型

传统金融机构主要进行吸收储户存款、发放贷款和期末结算共三大传统金融业务,并可以根据业务的侧重不同划分为存款型金融机构(如商业银行、储蓄银行和各类信用社等)、契约储蓄型金融机构(如保险公司、养老基金等)以及投资型金融机构(包括财务公司、资本市场、货币市场共同基金)。在互联网时代的科技冲击下,传统金融机构需要向科技驱动型金融公司转型,这要求他们加快运用大数据、云计算、人工智能、物联网、区块链等金融科技,改造传统金融服务模式,深化金融改革和创新,朝着"网络化、数据化、智能化"的目标前进。

我国的传统金融机构转型进程从 2013 年开始,以阿里巴巴集团余额宝的横空出世作为标志,代表着互联网金融企业的金融渠道被彻底改变。自此以后,互联网金融公司纷纷开始布局线上金融市场,互联网金融一时风头无两。截至 2018 年,随着数据科技的进步及其对金融产业的影响和渗透加深,互联网金融演变为金融科技,转型迎来了新的阶段。2019年后,传统金融机构积极与新型科技金融公司加深合作,并通过建立金融科技子公司的方式,提供包括防伪溯源、风控反欺诈和智能客服等在内的新型金融服务。新冠病毒疫情也为传统金融机构的转型提供了新的机遇和挑战,线上金融服务的需求增加、产业金融数字化的进程加快,与此同时科技投入资金和业绩收入与利润增长的压力也变大了。

如今金融科技已是炙手可热的领域,以银行和保险为主的传统金融机构逐渐升级为数字银行和数字保险,但传统金融机构并非消亡,而是以崭新的面貌出现在我们的面前。

13.1.1　数字银行

数字银行,是秉持"以客户为中心"的服务理念、依托先进的数字技术,不断完善系统架构、优化业务流程、提升运营管理、强化风险控制、丰富场景生态,为客户提供便捷、高效、普惠、安全的多样化、定制化、人性化金融产品和金融服务的新型银行。

1. 数字银行的基本特征

银行数字化转型的过程,就是基于新兴科技基础,围绕数字营销、数字运营、数字风控等领域展开,通过重塑组织与人的关系、构建数据驱动的能力来由内而外地进行变革,由内部管理运营向外部客户服务进行延伸,拓展营销渠道,提高客户体验,实现与经济数字化相适应的业务增长的过程。与传统银行相比,数字银行有着以下几个方面的重要特点。

首先,银行需要创新组织架构来推动数字化转型。数字化最先改变的是决策流程和组织形态。在大数据时代,银行的全面数字化,不仅是通过移动互联网的方式与客户产生链接,也意味着所有的决策要以数字化的方式开展。原本以部门为节点,凭经验做决策的方式将被打破,取而代之的是"数据 + 算法"的决策方式,全面提升企业、员工的工作效率与工作能力。

其次,银行需要构建敏捷、稳定的技术架构。在新一代信息技术,以及"互联网 +"、大数据等国家战略推动下,当前银行业面临着服务升级、精益管理、转型优化的新阶段,众多金融机构都开始尝试推行"稳态""敏态"并行的信息科技战略。一方面,银行业的监管要求、风险控制和传统开发特性决定了保留其传统稳态业务的必要性;另一方面,互联网模式兴起导致竞争日益激烈,需求的变化频率增高,以及对业务的响应速度也提出了新的要求,催生了银行业敏态管理发展的必要性。稳态业务与敏态业务在金融业将会长期并存。这两者的科技模式差异较大,需进行分类管理,分别采用不同的运作模式、组织模式、技术架构。必须要从战略层面把握好"传统业务"与"创新型业务"之间的有序平衡。

最后,银行需要完善数据资产化能力。经过多年运行,商业银行已积累了大量的数据,充分挖掘应用大数据的价值,开始成为许多商业银行的战略方向。随着银行 IT 基础机构的不断完善,数据治理能力的逐步提高,银行正尝试通过大数据驱动业务更加精准、运营更为高效,并实现全行资源的优化配置。随着 2018 年《银行业金融机构数据治理指引》的出台,数据不但再次明确了自身作为未来银行核心资产的地位,也成为监管机构统一了解和管理银行的切入点。如何合规地获取数据、做好数据存储与管理、深度挖掘数据价值,是银行在进行数据治理时需要主要思考的问题,也是银行实现数据资产化的重要组成部分。

2. 数字银行的国际经验

国际层面,美欧数字银行全面强化了"以客户为中心"的信息化发展战略,以先进信息技术为支撑进一步挖掘了客户需求、优化了客户体验、提升了客户黏性,同时从国家层面强化对客户信息安全的保障,为我国银行业信息化发展提供了很好的借鉴。

一是加快发展新兴信息技术带来的自助服务渠道,增加客户黏性。自 1995 年美国诞生世界第一家网络直销银行——安全第一网络银行(SFNB)以来,网络渠道凭借其低成本、高效益、方便、快捷、标准化、规范化等诸多优点,成为美国商业银行拓宽服务领域、实现业务增长、调整经营战略的重要手段。美国相关咨询机构研究报告显示,宽带网络渠道已经成为客户日常办理银行业务的首选渠道,银行实体网点呈现持续减少趋势。这些数字化渠道创新不仅给客户带来便利,同时带来了海量的客户行为数据,有助于进一步识别客户进行市场细分,研发个性化金融服务产品,显著提高营销效果。

二是持续优化服务流程,实现客户服务个性化和差异化。数字银行核心是"以客户为中心",通过运用信息技术帮助银行从根本上重新思考和设计现有的业务流程。银行专注于改善客户的整体体验,把更多的控制权放在客户手中,改变由银行各业务部门决定客户服务如何展现、如何处理以及如何反馈的传统思路。通过使用可定制工具和部件,客户可自行设计交互界面,可以更快、更容易地访问所选择的信息,提升个人体验;银行也可及时获知客户需求以及使用产品的情况,以便提供针对性产品,持续改进客户服务;信息交互方式不再是静态的简单查询操作,银行将提供更多的交互操作工具,进而改善客户体验。

三是注重客户行为数据分析,实现创新常态化。面对网络时代消费者行为模式的转变,银行业变革动力日益增强,数字化银行通过轻资产型的敏捷业务模式,一方面加强数字化渠道建设,适应客户行为变化;另一方面加强数据分析,主动捕捉客户需求开展创新,受到消费者普遍欢迎。欧美银行业加快大数据等新技术体系的应用,不断加强数字化渠道与客户的连接和互动,多方面获取各种客户行为信息,通过大数据分析提升客户价值。

四是加强行政引导和先进技术应用,保障客户交易安全。安全是现代金融服务的核心。随着数字化银行发展,采用信息技术手段开展金融交易将成为主流,但是,如果交易安全防护措施不足,将造成客户信息泄露和资金损失,影响消费者使用新技术的意愿。

13.3.2 数字保险

数字保险是保险公司为适应数字经济时代的要求,运用大数据、云计算、区块链、人工智能等数字技术,结合自身优势和不足选择最适合自己的核心发展路线,建立包含数据、技术、组织、机制等数字化转型支撑体系,促进保险公司全方位的数字化业务能力,最终实现外勤人员、内勤人员、决策者服务效率的整体提升以及客户、合作方体验效率的整体提升。

1. 数字保险的路径选择

保险公司在数字化转型过程中，根据不同发展阶段，结合自身优势和不足，选择最佳的核心发展路线。具体发展路线可从品牌推广、客户体验、生态拓展、产品创新和成本优化这五个路线中选择。

一是加强数字化品牌推广。这需要保险公司具备较强的市场调研和品牌管理能力，创新品牌推广方式，将广告宣传等传统营销方式改为数字化沉浸式体验等新型营销方式，以便提升客户忠诚度，实现客户的数字真切体验与品牌紧密相连。

二是加强客户体验感。这需要保险公司具备较强的产品设计水平和方案管理解决能力，时刻保持与客户的云端交流沟通，增加客户的体验感和用户黏性，重点是多与客户进行重塑互动，用先进的数字化管理赢得客户信任。

三是加强生态拓展。这需要保险公司具备较强的渠道管理能力，积极拓展外部资源，通过与其他渠道的交流合作推动线上流量，通过多渠道的销售转换，提高数字化销售效率和市场份额。

四是注重产品创新。这需要保险公司具备上述三个路线的综合条件，即市场调研、产品设计、方案解决能力都较强。创新目的是实现产品的异质性，通过数字技术对现有产品进行识别、开发、推广新产品，取得市场竞争中的优势地位。

五是加强成本优化。这需要保险公司具备较强的运营管理技术成本收益效率，注重利用数字技术提高成本效益，实现公司运营的高效化、市场细分的自动化等。

2. 我国数字保险的发展机遇

随着数字化技术日渐完善、相关政策相继出台以及疫情常态化的催化，我国保险业数字化转型步伐不断加快，为数字保险发展提供了重大机遇。

（1）保险业数字化转型条件日渐完善

在数字技术的推动下，保险业近年来正在全面重塑经营活动，包括渠道升级、运营管理、产品研发等，努力加快数字化转型进程。自新冠疫情暴发以来，我国保险业发展呈现出三种趋势：一是客户线上化转移速度加快。受疫情影响，传统的线下营销加速向线上转移。二是产品不断创新化。风险不断增加促使客户的保险意识不断提高，从而推动了保险产品的不断创新。三是数字化运营模式逐渐成熟。数字化运营模式的日渐成熟已成为保险公司各经营环节应对挑战的重要管理模式。目前，数字科技越来越受到保险业的重视。华为在构建全新保险业数字化场景解决方案中，在不断增加生态合作伙伴时也在深刻洞悉客户需求。为此，华为正在加快推动保险业数字化业务升级，用数字技术打造保险新业态，重新定义以保险科技为基础的未来保险业。保险业数字化转型条件日渐完善，无论是保险 IT 行业市场规模，还是数字化业务升级服务方面均呈现持续增长态势。

（2）支持保险业数字化转型的政策力度很大

近年来，政府机构频繁发布鼓励保险行业转型数字化经营的相关文件，并持续规范保险业数字化经营活动。2021 年 12 月，中国保险行业协会发布《保险科技"十四五"发展规划》，全面梳理规划了保险行业数字科技的发展，提出了未来发展重点及预期目标。2021 年颁布的相关文件开始鼓励整个行业进行科技化赋能,鼓励加大科技创新投入,为此中国保险行业协会还制定了中长期的保险科技发展规划,具有较强的前瞻性、针对性、可操作性,这意味着如果保险公司拥有充足的资金实力和技术水平,可成立科创中心、科创实验室、金融科技子公司等实现创新治理探索,完成自身的数字化转型发展。

监管部门近年来频繁发布多项相关文件支持保险业数字化转型经营,其中涉及多个业务领域,不仅强调要利用现代科技改造和优化传统保险业务,而且对保险数字化经营提出了更高的要求,即要求保险业提高数字化转型的速度并保证转型质量,同时还应注意规范转型后的经营活动。

(3)新冠疫情加快了保险业数字化转型进程

新冠疫情对保险业线下经营和销售业务带来严峻挑战,加快了保险行业对数字化转型的认识和实践。

从经济学原理分析,新冠疫情加速保险业数字化转型具有三个效应:供给升级效应、意愿改善效应和需求创造效应。在需求上,疫情暴发迫使保险公司改变意愿,进行大规模数字化转型。疫情的反复持续,要求保险公司不断进行数字化转型以便创造需求。在供给上,新冠疫情加快推进了我国数字经济基础设施的建设,促进了数字化工具进行新一轮创新升级,从而更好地适应市场需求。

从保险实践结果看,疫情暴发后,整个保险业便开始优化升级传统经营模式:以智能招聘代替传统线下面试,以线上培训代替线下组培,以数字营销代替线下推销等。网络营销全流程优化改革成为保险业一项重要举措。保险公司不断对线上经营渠道创新完善,逐渐实现了线上线下业务结构转换趋于稳定,并迎来了将生态与线上线下稳定模式相互融合的新机遇。

13.4 央行数字货币

货币是商品流通的媒介,也是信贷活动的工具,在金融市场中有着重要地位和作用。从形态上看,货币经历了从实物货币到金属、纸币等代用货币,再到以法币为代表的信用货币的几个阶段。不难发现,货币形态的发展与市场经济活动的范围与繁荣程度、信息技术的进步存在密切联系。近年来,随着数字经济的蓬勃发展,现行货币体系弊端凸显,难以适应数字经济时代高效、普惠、便利的基本要求。鉴此,各国央行正在探索如何将数字技术应用于货币领域,新一轮"货币革命"或已悄然来临。

13.4.1 央行数字货币的概念、类型与研发目的

根据国际清算银行(BIS),央行数字货币(central bank digital currency,CBDC)是中央银行发行的以国家记账单位计价的数字货币。央行数字货币代表中央银行的直接债权,而非私人金融机构的债权,其核心特征在于法定性、数字性,而并不限制其具体的发行方式和底层技术。所谓法定性,是指央行数字货币属于法定货币范畴,由国家信用背书;而数字性则强调其与现行货币的不同,即采用数字化形式。

从应用场景上看,央行数字货币可分为零售型 CBDC 和批发型 CBDC。零售型 CBDC

主要由社会公众使用,作为现金补充用于日常零售交易;而批发型 CBDC 则主要面向商业银行等大型金融机构发行,通常用于大额支付结算。从可获得性上看,零售型 CBDC 可进一步分为代币型(token-based)CBDC 和账户型(account-based)CBDC,二者的关键区别在于身份验证方式。在代币型 CBDC 下,中央银行仅在 CBDC 用户知道密钥时才兑现债权(I know,therefore I own)。鉴于任何人都可以获得密钥且使用时并不进行身份验证,代币型 CBDC 能够保证普惠性,并能提供良好的隐私保护。与此同时,该模式的缺点也很明显:一是如果 CBDC 用户未能保存好其密钥或其密钥被破解,则存在较高的资金损失风险;二是该模式下难以设计有效的反洗钱、反恐怖主义融资、反大规模杀伤性武器扩散融资"三反"监管框架。账户型 CBDC 在系统中将每个 CBDC 用户映射为一个且仅为一个的标识符,将债权所有权与身份联系起来(I am,therefore I own),这在加强"三反"监管的同时,也在一定程度上损害了普惠性和隐私性。

从研发目的上看,根据各国央行或金融监管机构发布的相关报告,CBDC 的研发通常源于以下三个方面。其一,现行货币体系存在弊端。现金方面,发行、印制、回笼和贮藏等环节成本较高,流通体系层级较多,且易被伪造、匿名不可控,存在被用于洗钱等违法犯罪活动的风险。跨境支付方面,以环球银行金融电信协会(Society for Worldwide Interbank Financial Telecommunications,SWIFT)为核心的跨境支付基础设施掌握在美国手中,被其滥用为金融制裁的工具与手段,且存在支付效率低、过程不透明、汇款手续费高等问题。其二,应对私人数字货币(尤其是稳定币)给现行货币乃至金融体系带来的冲击。截至 2022 年 9 月,全球约有 10 000 余项私人数字货币项目。据估计,约有 25％的比特币用户和 44％的比特币交易涉嫌非法活动。这些非法活动对国家法币地位、金融稳定与安全等均造成了较大负面影响。其三,适应数字时代和后疫情时代支付高效便捷、线上迁移的趋势。标普全球发布的《2021 年全球网络支付和金融科技生态系统报告》显示,疫情加速了支付行为的转变,全球范围内有近三分之一用户从 2020 年开始使用数字支付,52％的消费者已将其全部或大部分线下消费转移到了线上。此外,BIS 调查显示,经济发达程度也会对 CBDC 研发目的产生影响,如新兴经济体更加期待 CBDC 能够在货币政策、金融普惠、支付效率等方面发挥较大作用;发达国家则更加希望 CBDC 有助于金融稳定以及支付安全性和稳健性的提高。

13.4.2　央行数字货币的国际进展与基本共识

1. 央行数字货币的国际进展

截至 2021 年底,BIS 对全球 81 家中央银行的调查结果显示,全球正在进行 CBDC 相关工作的中央银行增加至 90％,目前已有超过 70 家中央银行开始从事央行数字货币的相关工作。其中,正在进行 CBDC 研发或者试点的央行占比提升至 26％,另有 62％正在进行概念验证。从类型上而言,这些央行更加关注零售型 CBDC,仅关注批发型 CBDC 的央行相对较少。有近五分之一的央行正在开发或测试零售 CBDC,而这一比例是正在研发或试点批发 CBDC 的央行的 2 倍。因而,零售型 CBDC 进展也相对更快。

2. 央行数字货币的基本共识

尽管各国央行在央行数字货币的具体功能、底层技术选择、研发试点阶段及路径等方面存在差异,但是对于投放运营体系、计息性、匿名性、数量限制等央行数字货币关键特性表达了普遍关注,且至少已在投放运营体系、匿名性两个方面达成基本共识。

央行数字货币的发行应当选择对现有货币体系、业务架构以及基础设施冲击最小的方式,目前各国较为倾向双层投放运营体系。单层运营体系需要突破只有商业银行才能够在央行开户的现状,央行直接面对全社会提供 CBDC 的发行、流通和维护;而双层运营体系则与现金投放类似,央行将 CBDC 发行至商业银行业务库,商业银行受央行委托向公众提供CBDC 存取等服务,并与央行一起维护 CBDC 发行、流通体系的正常运行。此外,双层运营体系还可调动商业银行的积极性,让中央银行、商业银行共同参与 CBDC 发行、流通,适当分散风险,加快服务创新,以更好地服务实体经济和社会民生。

央行数字货币的匿名应当是以风险可控为前提的有限匿名,能够同时满足完全匿名、有效监管和高效运行三个条件的央行数字货币在现有技术条件下较难实现。目前,群签名、零知识证明、同态加密、多重签名、多方计算和差分隐私尽管能够实现完全匿名,且已应用到部分私人数字货币之中,如 Z-Cash 核心技术变为零知识证明,但是在可扩展性、操作复杂程度、技术潜在漏洞等方面仍然存在风险,且无法满足"三反"监管的要求。鉴此,澳大利亚、欧盟、英国、俄罗斯等国家或地区的央行指出央行数字货币与现金匿名程度相同的可能性较低。目前,巴哈马、中国等已经开始进行央行数字货币试点工作的国家均根据"了解你的客户"(know your customer,KYC)程度设置了相应 CBDC 持有限额,如表 13-1 所示。加拿大央行也提出可通过第三方对央行数字货币运营体系的审计来增强用户对其隐私设计的信任。

表 13-1　KYC 程度与数字人民币钱包限额[①]

KYC 程度	钱包类别	余额上限/元	单笔限额/元	日累计限额/元	年累计限额/元
强实名	一类	无	无	无	无
较强实名	二类	50 万	5 万	10 万	无
弱实名	三类	2 万	5000	1 万	无
匿名	四类	1 万	2000	5000	5 万
匿名	五类[②]	1000	500	1000	1 万

3. 央行数字货币面临的风险与问题

央行数字货币虽然为提高支付效率等方面带来了新可能,但作为仍然处于发展过程中的新生事物,仍然面临相当程度的风险与问题亟待讨论和解决。风险方面,央行数字货币当前主要面临技术安全、金融稳定两大风险。央行数字货币作为数字货币和国家重要基础

[①]　就数字人民币个人钱包的分类标准而言,六大试点银行的规定目前都是统一的。六大试点银行分别为中国工商银行、中国农业银行、中国银行、中国建设银行、交通银行、中国邮政储蓄银行。其中,交通银行除了一类至四类钱包与另五家银行相同以外,还另外设置了五类账户,这是专门针对短期来华境外居民的匿名钱包。

[②]　需要注意的是,仅交通银行设置了五类账户。

设施,无论是采用中心化系统架构还是分布式账本技术(distributed ledger technology),均不可避免地存在遭到黑客攻击的风险。一旦央行数字货币系统因故中断,不仅会造成支付流中断、错误或欺诈性支付,更有可能引发潜在的信贷和流动性风险,而所有这些都会对金融稳定乃至国家安全产生影响。

央行数字货币作为现金的补充,其将如何影响人们在现金和商业银行存款中的选择,是否会产生金融脱媒风险以及是否会影响货币政策传导及执行有效性等仍未达成共识。这些也都是涉及央行数字货币计息性、持有数量限制等设计特性的关键问题,值得进一步深入讨论和研究。此外,央行数字货币与现行支付系统的互操作性、央行数字货币研发运行过程中的公私营角色以及央行数字货币国际标准的制定是央行数字货币在后续发展过程中需要适时解决的关键问题。

13.5　数字资产与数据资产

13.5.1　数字资产——以数字藏品为例

区块链技术自开发以来,在金融领域被广泛应用。而依托区块链技术的非同质化代币(nonfungible token,NFT)作为一种数字资产在近年来受到主流媒体、艺术家和投资者的热烈关注。其"非同质化"(nonfungible)特征使每个NFT都拥有唯一的数字标识并记载着原始作者的信息、交易记录等信息,所以NFT为数字资产提供权利归属和信息的真实性。虽然NFT和加密货币都是建立在区块链技术上,其核心区别在于"可替代性"。以比特币(Bitcoin)作例子,即使比特币持有者身份不同,他们所持有的比特币具有相同的价值,并且可以进行等价交换,但由于NFT的"不可替代性",其自身的价值会随着关联资产的不同而发生改变,导致NFT之间并不能替代。

其中,NFT代表基于区块链技术的单一真实性证书在市场上可以以令牌的形式自由交换,并包含原始作者的信息。区块链技术可确保这些信息不被第三方进行干预及更改,还提供了持有者信息及过往的交换次数。值得注意的是,艺术品等本身并不存储在NFT或区块链中,只是它具有艺术品的属性及托管文件的链接。并且NFT可以设计在每次交换时向原始作者支付版税,在数字藏品等领域带来重要的应用场景。

作为区块链和数字藏品组合的一种数字资产,NFT在市场上逐渐流行。根据NonFungible全球NFT 2021年年度报告,2020年NFT的市场规模约为3亿7千万美元,在2021年市场规模达到169亿美元,录得高于44倍的增幅。值得一提的是,数字藏品艺术家Beeple的NFT作品《每一天：前5000天》于2021年3月12日在佳士得拍卖行以高达6930万美元成交,为数字藏品拍卖写下全新的纪录。艺术品收藏家和投资者也因此对各类型的数字资产展现出浓厚的兴趣。如图13-5所示,NFT用户新增数量在近年来录得大幅度的增加。

数据表明,高速增长的用户数量说明了数字藏品市场具有很大的潜力和需求,如图13-5所示。因此,不同类型的NFT交易平台亦因此而生。当前OpenSea作为目前全球最大的NFT交易平台,其交易主要发生在以太坊区块链上,使用以太坊加密货币完成NFT交换,其操作方式亦十分便利,用户只需要在OpenSea平台上注册,然后在平台上关联自己的虚拟货币钱包即可进行交易。另外,国内交易则多在蚂蚁、腾讯及京东等知名互联网公司搭建的区块链系统推行,或是在苏富比等国际拍卖公司推广竞拍。

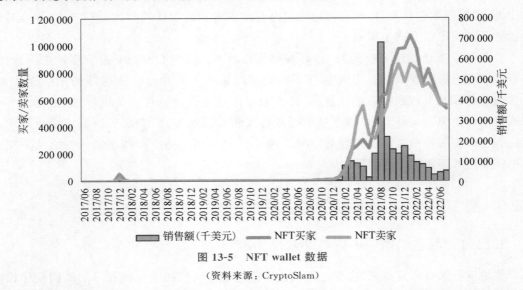

图 13-5　NFT wallet 数据

(资料来源:CryptoSlam)

　　随着 NFT 用户数量增加,其市场规模也正处于发展阶段。作为一种新型的数字资产,当中更不乏投资者的参与。Kong 和 Lin(2021)计算出 NFT 从 2017 年 6 月到 2022 年 3 月的平均月回报率约为 29.69%,远优于其他传统资产投资产品。因此,市场上也渐渐出现了以 NFT 项目为核心的基金产品为客户提供另类的投资组合。但值得注意的是 Kong 和 Lin(2021)同时指出 NFT 目前是属于极高风险的投资,其平均回报标准差约为 66%,远高于各类型的投资产品。

　　如表 13-2 所示,主流的数字藏品都是在以太坊平台进行交易。其中,CryptoPunks 作为最受欢迎的 NFT 藏品,成立于 2017 年 6 月。由 MattHall 和 John Watkinson 两位加拿大软件开发商共同创建,其代表的作品是 24×24 像素的加密藏品,每一件藏品都拥有各自不同的属性和特征,比如 CryptoPunks 可先划分为男性、女性、僵尸、猿、外星人,其后每件藏品都可搭配至多七种不同种类的特征,整个集合总数包括 10 000 个独特代币,其所有权证明保存在以太坊区块链上,每个 CryptoPunks 令牌分配一个从 0 到 9999 的唯一标号。

表 13-2　数字藏品交易总量排行榜(数据至 2022 年 9 月 12 日)

	数字藏品名称	交易总量(ETH)
1	CryptoPunks	990 284.57
2	Bored Ape Yacht Club(BAYC)	661 380.74
3	Mutant Ape Yacht Club	448 748.11
4	Otherdeed for Otherside	342 281.42
5	Azuki	260 264 46
6	CLONE X	229 420.80
7	Moonbirds	170 133.25
8	Doodles	147 596.24

续表

	数字藏品名称	交易总量（ETH）
9	Meebits	127 602.10
10	Cool Cats	111 787.99

（资料来源：CoinMarketCap）

由表 13-3 所示，CryptoPunks 令牌分布主要集中在男性和女性，其平均销售价格远低于其他属性。由此可见，令牌的稀有性会影响数字藏品的价值。与金融资产不同，传统定价模型并不能准确地反映数字藏品的价值。Dowling（2022）提出 CryptoPunks 等主流数字藏品交易都以数字货币进行，所以数字藏品价值和数字货币价格当中应存在相关性，但研究结果显示出两者之间只存在低传递波动率，其结果指出数字货币的价格并不能有效地反映数字藏品的真实价值。由于数字藏品的价值评估较传统金融资产复杂，目前市场上没有一个公认的定价机制，有研究指出 NFT 的价值更多是受到了明星、社交媒体的推广和宣传所影响（Dowling，2022）。但随着元宇宙的概念普及，投资者认为 NFT 的潜能还没有被呈现出来，市场参与者认可及愿意为其支付更高的价格，这种市场自发形成对价值的认可正在慢慢地构建虚拟的经济体系。

如上所述，NFT 自身就是具有客观价值的一种数字资产，但关于 NFT 转移过程中的所有权、著作权等权利凭证的归属在法律的角度上都需要有明确的认可及保护。邓建鹏和李嘉宁（2022）指出当 NFT 完成竞拍后，藏品的加密文件和私钥都会转移到买家的数字钱包中，NFT 的买家也会拥有藏品的所有权，同时也拥有转让作品所有权的权利。与我们在互联网上所购买的音乐作品以及游戏物品不同，我们并没有取得这些虚拟财产的所有权，只是获得了非商业化使用这些虚拟财产的许可。但由于 NFT 可以作为拥有数字藏品的真实性证书，其唯一性和不可替换不可分割的特征解决了数字藏品权利归属和容易被复制的问题，从而满足人们取得数字资产，并拥有数字藏品的所有权。

表 13-3　CryptoPunks 属性分类（数据至 2022 年 9 月 12 日）

属　　性	总　　量	目前可交换数量	过去 90 天的平均销售价格（ETH）
外星人	9	2	0
猿	24	4	2.6K
僵尸	88	4	825
女性	3840	397	69.42
男性	6039	709	82.73

（资料来源：Larva Labs）

随着 NFT 的应用场景逐渐增加，其下的生态系统也在逐步完善当中，因此难免存在一些系统性的风险。比如现在市场上规模更大的主流 NFT 藏品，例如 BAYC、CryptoPunks 等都是采用 ERC-721 的标准，其标准并没有强制规范元数据链接字符串的存放方式，也就是说这个链接可以是存储在中心化或者是去中心化的网络，由此带来两个问题：第一，当中心化的运营商停止提供托管服务，NFT 的价格会受到重大的冲击。第二，若中心化服务器的元数据可被修改，那么有意者可以通过数据查询去追踪 NFT 持有者钱包地址所持有的所有 NFT,甚至可以追踪到钱包的关联地址和位置,因此 ERC-721 标准可能会带来用户隐私泄露等相关的问题,并因此成为有意者攻击的目标。

另外,NFT 交易平台的监管亦存在漏洞,OpenSea 前员工 Nathaniel Chastain 在 2021年 6 月到 9 月涉嫌利用职权进行内幕交易、洗钱等违法行为。其主要方式是掌握 NFT 产品上架前的时机,利用匿名账号提前买入该 NFT,通过多个数字钱包进行转移,在该 NFT 正式上架后以高于投资金额 2~5 倍的价格在二级市场出售获利。美国司法部门(DOJ)最终把 Chastain 案定义为首个数字资产内幕交易案件,目前该案件仍在等待法院判决。

总体来说,区块链技术的应用逐渐步入了我们的日常生活当中,建立在区块链上的 NFT 近年来受到市场的热烈关注,其唯一性和不可替代性的特征有助于解决艺术作品长期权利归属不明等困扰,为文化创作等领域带来了重要的应用场景。NFT 的出现拓展了人们对于区块链技术的固有认知,将人们的视野从加密货币为代表的同质化通证转移到以数字藏品为代表的非同质化通证。但目前 NFT 市场仍缺乏一个公认的定价机制,市场上反映的价值更多是受到了明星、社交媒体的推广和宣传所影响,并不能有效地反映出 NFT 的真实价值。

据 NFT 交易平台统计,NFT 用户数量正持续增加,其生态系统也在逐步地完善。在当前法律没有明确规定的情况下,市场上也存在不少漏洞,比如交易平台员工通过内幕交易获取利益和用户在没有得到授权的情况下仍铸造并贩售侵权 NFT 等案件经常发生,这些因素将会阻碍 NFT 的发展。因此,在金融方面应着力探讨一个公认的定价机制,同时规避所带来的金融风险。另外,在法律方面应进行相关方面的研究,厘清 NFT 的权利属性,加强交易平台的义务和 NFT 作品的审核,并提高对知识产权的保护,这将有助于推动 NFT 市场在未来有序发展。

13.5.2　数据资产

数据作为数字经济和生产力的关键资源和核心要素的地位不断凸显。2019 年 12 月,美国政府发布《联邦数据战略与 2020 年行动计划》,指出数据是战略性资源;2020 年 2 月,欧盟委员会发布《欧洲数据战略白皮书》《人工智能白皮书》等,提出构建欧洲数据统一市场的发展目标。《中国互联网发展报告(2021)》数据显示,2020 年中国大数据产业规模达到 718.7 亿元,同比增长 16.0%;人工智能产业规模为 3031 亿元,同比增长 15%,增速均高于全球增速。自 2019 年党的十九届四中全会增列"数据"作为生产要素以来,各级政府和企业持续积极地推进数据要素市场化。

数据资产化与数据要素交易流通市场的建立健全息息相关,构建数据资产计量和价值评估体系,是统一、合规的数据产品和服务市场的基础。由于数据资产会计确认和价值评估体系尚未建立,数据常被视作企业研发或生产过程中产生的"费用"(expenses)分期计入费用类账户,成为辅助企业业务的一次性消耗品。费用化处理方式造成的直接后果是,对数据投资力度越大的企业,短期内报表上的利润额越低。这导致企业的市场价值和账面价值出现巨大鸿沟,例如,Meta(Facebook 母公司)2011 年公布的资产价值仅不到 70 亿美元,而市值高出账面价值近 20 倍;微软公司曾以超过 LinkedIn 市值 50% 的溢价实施并购。完善数据资产会计确认,发展数据资产评估、登记结算、交易撮合、争议仲裁市场运营体系,有利于为数据开发生命周期内的各环节提供增值可能性,这对于互联网企业及数据要素类企业实现科学管理、充分释放价值尤为重要,从而推动大数据产业发展和数据要素对实体经济的赋能。作为新型生产要素的数据资产具有不同于其他资产的独特性质,其会计确认与价值评估的难题亟待解决。

1. 数据和数据资产

国际标准化组织(ISO)将数据定义为"以适合交流、解释或处理的正式方式,对信息进行可重新解释的表述"。Farboodi 和 Veldkamp(2021)从呈现方式的视角,认为数据是"一切以 0-1 编码序列展示的信息"。2011 年,世界经济论坛发布报告,指出数据将成为一种新型资产,重塑商业边界,推动改革创新。数据资产的会计确认前提是其能与会计准则中对"资产"的定义相符合。国际会计准则理事会于 2018 年发布国际财务报告准则新概念框架(Conceptual Framework for Financial Reporting 2018),其中"资产"被定义为"由过去事项形成、由企业实际控制并能够在未来为企业带来收益流的经济资源"。这要求被确认对象至少具有以下三大特征:①所有权或控制权归属企业,从而保证资金流入的可能性;②与企业业务相关,对企业未来的收益有所贡献;③构成对企业历史信息的反映。

要满足资产的定义,首先要求对该资源形成"控制"。控制权是指对某项资源所产生的经济利益的支配权利。在不同地域的数据产权法律框架下,对于企业是否拥有数据的"控制权"有不同的规定。例如,在欧盟 GDPR 框架下,控制权基本掌握在个人手中;我国《个人信息保护法》规定个人作为数据主体依法享有可携权、删除权等积极权利,这意味着企业的数据资产规模在高速变动,需要以动态的视角评估企业所持有的数据。搁置数据所有权争议,中央全面深化改革委员会第二十六次会议审议通过了《关于构建数据基础制度更好发挥数据要素作用的意见》,提出"建立数据资源持有权、数据加工使用权、数据产品经营权等分置的产权运行机制",数据资源的"持有权"是数据持有人管理和控制数据的权利。企业的数据持有权应遵循"场景性公正"的原则(熊巧琴、汤珂,2021),对特定数据是否构成控制取决于法规条例和应用场景。

资产的收益性特征要求企业证明所控制的数据资源具备在至少一种场景下为企业带来超出其他企业可获得的经济利益的潜力,数据资产的用途总体上可分为两类:开发成为可交易的数据产品或服务、自留以支撑企业优化决策。企业在说明用途明确性、部分排他性、开发可行性等基础上,界定数据的资产属性还需注重场景性、特殊性,可依据案例经验在不同行业间形成惯例。

数据可作为企业历史事项的反映的隐含要求是数据权属清晰、来源明确且合法、有凭证为依据。目前市场上存在大量非法转售数据或未经许可爬取数据等乱象,数据在流通过程中易出现企业间关于数据来源及控制权的争执,如"顺丰菜鸟数据大战""腾讯华为数据之争"。来源不明、存在争议的经济资源无法确认为企业资产。

综上,来源清晰无争议、由企业依法控制、具备开发可行性、对企业经济业务有贡献的数据资源在完成登记后可确认为会计意义上的企业数据资产。

2. 数据资产的分类和特点

生活中的数据大致分为数字化产品(digital goods)和数据产品(data goods),分别指以数字形式存储、表现和使用的人类创制出来的思想、知识成果,和由网络、传感器和智能设备等记录的关于特定对象(可以是任意物体、人和其他对象)的行为轨迹和关联信息,可联结、可整合和可关联某特定对象,具有较强的分析价值的内容。数字产品和数据产品最主要的区别在于最低的单位粒度是否具有独立的价值。电影和音乐通常是以单位形式(如一部电影、一首歌、一张专辑)独立消费和定价的。数据集中一条记录的价值是很微小的,多条数据单元集合在一起却能产生巨大的价值。数据产品具有很强的、灵活的可聚合性,不同单位粒度数据整合在一起具有不同的价值。数字产品和数据产品的价值产生方式和消费手段也大不相同。数字产品通过直接被人们消费来产生价值,比如人们看数字电影、听数字音乐、读电子文章等,而数据产品则通常需要被人们通过计算机等工具进行挖掘、分析才会产生价值。虽然数据产品和数字产品的可复制性都很强,但数字产品仍然通常以一个单位形式的产品独立被消费,而数据产品则由于其可聚合性而能够以更多元的形式改变、转换和转售,相比数字产品其转售性更不可查(Pei,2020)。

数据资产与传统资产最大的区别之一在于数据资产可被无限分享和复制,且被分享和复制的数据资产在一定程度上具有非竞争性(Moody 和 Walsh,1999)。与传统资产相比,数据资产具有协调性、自生性和网络外部性,分别指与不同的数据产品组合可以带来不同的价值;当同一组织或个人拥有的数据资产组合越多,这些数据资产彼此之间越可能相互结合,产生新的数据资产;数据产品的使用者越多,价值越高,平台的数据资产价值也就越大。数据资产的价值与使用者的异质性密切相关,使用者的目的、知识、能力、已有数据资产的不同,将导致同样的数据资产对于不同的买者价值差异很大。因此,数据资产很难作为一个标准品进行价值评估。

3. 数据资产的价值评估

根据《企业会计准则》,数据资产的价值评估思路主要包括基于成本和基于公允价值两种,成本法的评估思路指通过核算计量对象产生过程中的各项成本实施估值。资产的历史成本测算相对准确,会计处理简单,因而成本法广泛用于企业无形资产的初始计量及国民经济核算实践中。但成本法倾向低估数据资产价值,且数据的质量与其成本并非对应关系。针对以上问题,有研究对成本法进行调整或改良,以增强其对数据资产评估的适用性(可参见德勤咨询和阿里研究院,2019;中国信息通信研究院,2020)。在存在交易场景且市场活跃的条件下,企业数据资产的估值可使用数据交易的市场价格。基于公允价值的评估思路以成熟数据交易市场的存在性为假设,交换价值由市场机制决定。考虑到数据具有价值易变的特征,价值实现方式高度依赖场景,需要根据数据的典型应用场景和交易场景针对性地讨论估值方法。收益法在应用中涉及对单位数据产品市场价值的评估问题。价格比较法是指参考市场中相似的数据产品价格对评估对象进行定价,对于部分标准化程度高的数据,可从长度、维度等数据结构的角度构建比较标准。此外,还可以利用实物期权法、按照数据权利类型计价等方法。

13.6　数字金融风险

数字金融领域涉及用户风险、市场风险和法律法规监管风险,其中网络安全、隐私保护和技术风险是用户风险的主要焦点。数字资产价格波动和数字金融与传统金融市场的关联性是市场风险的关键问题。同时,不完善的法律法规和跨国合规差异带来了法律法规监管风险。为确保数字金融市场的健康发展,风险管理、合规控制和监管力度都至关重要。

13.6.1 用户风险

数字金融的核心是信息的传输和资金的流动,这使得网络安全成为一个关键问题。黑客攻击、数据泄露和网络诈骗等安全威胁可能导致用户的个人信息和资金遭受损失,不仅影响用户的信任,也可能威胁到金融体系的稳定性。Mt. Gox 曾是世界上最大的比特币交易所之一,在 2014 年遭受黑客攻击,导致约 8.5 万比特币丢失。黑客通过攻击交易所的系统,窃取了大量用户的数字资产。这一事件震惊了数字金融行业,使得数字资产交易所开始更加重视网络安全。为了应对数字金融网络风险,金融机构和技术提供商必须不断加强网络安全防护措施,完善金融网络安全的路径设计,采用先进的加密技术和安全认证方式,确保用户数据和资金的安全。

隐私风险是用户关注的另一问题。在数字金融的交易过程中,用户需要提供大量个人信息,包括身份证件、联系方式、账户信息等。这些个人信息的收集和使用可能导致用户的隐私面临泄露和滥用的风险。不恰当的数据处理和管理可能导致用户个人信息被不法分子获取,用于进行诈骗、发垃圾邮件或其他非法活动。这方面的一个代表性事件是 2018 年脸谱网(Facebook)数据泄露案。英国数据分析公司剑桥分析(Cambridge Analytica)通过一款应用程序获取了大量脸谱网用户的个人数据,包括用户的个人喜好和政治倾向。该公司将这些数据用于政治目的和选举操纵,涉及约 8700 万用户。其他数不胜数的用户个人隐私信息泄露案例也一再为我们敲响警钟。为了保护用户隐私,金融机构应建立严格的个人信息保护制度,合规地收集、使用和存储用户数据,同时提供用户选择退出共享个人信息的选项。

影响用户效益的还包括数字金融基础设施中的技术风险。数字金融的发展离不开复杂的技术基础设施,包括云计算、人工智能、区块链等。技术问题或系统故障可能导致交易延误、数据错误和服务中断,对用户和金融机构造成损失。例如,在交易所系统故障时,用户可能无法及时完成交易,造成资金损失。和传统金融交易不同的是,数字金融时代的交易越来越频繁和密集,集中度也不断提高,一点点小问题都会牵涉海量的用户,进而造成巨大的损失。为了应对技术风险,数字金融服务提供商需要建立稳定、安全的技术基础设施,进行充分的风险评估和测试,确保系统的高可用性和可靠性。迄今为止,这方面的案例幸而较少,但是一旦发生将是难以评估的系统性灾难。

13.6.2 市场风险

市场风险是指由于金融市场的波动性和不确定性导致投资组合价值下降的风险。在数字金融领域,市场风险主要涉及数字资产价格波动和数字金融市场与传统金融市场之间的关联性。

首先,数字资产价格波动。数字资产(如比特币、以太坊等)由于新兴和规模较小,价格通常表现出较高波动性,可能造成投资者潜在的财产损失。数字资产价格波动的原因包括市场供求关系、宏观经济因素、政策法规变化、技术创新等。投资者在数字资产市场中需要时刻密切关注市场动态,采取适当的风险管理措施,以降低价格波动带来的损失。其次,数字金融市场与传统金融市场的关联性。数字金融市场与传统金融市场之间可能存在关联。全球经济动荡和传统金融市场波动可能引发数字资产价格的变化,进而影响数字金融市场的整体稳定。例如,传统金融市场价格大规模下跌可能导致投资者出现避险行为,进而使得数字金融市场资产价格迅速上涨引发连锁效应。投资者需要充分认识这种关联性,并在投资决策中谨慎考虑。此外,数字金融领域的市场风险还可能对数字金融机构和数字资产交易所产生影响。这些机构持有大量的数字资产,一旦数字资产价格产生剧烈波动,其盈利能力和资本充足率都将岌岌可危,进而影响金融稳定。

为了降低市场风险,投资者和金融机构可以采取以下措施。第一,分散投资。通过将资金投资于不同的数字资产和市场,降低单一资产价格波动对整体投资组合的影响。第二,适当的风险管理。投资者可以设置止损位,及时止损以避免损失扩大。金融机构需要设立适当的风险管理体系,控制投资风险和业务风险。第三,加强监管和规范。监管机构应加强对数字金融市场的监管,规范市场交易行为,减少不当行为和操纵市场的风险。

13.6.3　法律法规监管风险

法律法规风险指的是数字金融领域中由于法律法规的不完善、不确定和跨国合规差异导致金融机构、数字资产交易平台和投资者面临的潜在风险。具体来说。

第一,监管法律法规不确定性方面,当前数字金融领域正处于高速发展阶段,法律法规的制定可能跟不上市场和技术创新的变化步伐,导致一定的法律漏洞出现。数字金融机构和交易平台由于无法预知未来监管要求,其业务模式有可能不够稳定。第二,跨国合规差异挑战方面,数字金融业务未来可能涉及跨国界的交易与合作。由于不同国家和地区在监管法规上存在差异,金融机构和数字资产交易平台在拓展跨境业务时,不得不同时遵守多个国家或地区的监管要求,由此产生一定的合规问题。不同国家对数字资产的分类、税收政策、反洗钱要求等方面也可能存在差异,使得合规性要求更为复杂。合规问题还可能导致风险的放大。例如,数字资产交易平台未能合规运营可能导致投资者资金无法取回,进而引发用户的集体抵制和大规模提现,导致平台资金链断裂。这种风险放大可能对数字金融市场整体稳定性产生不利影响。

综上所述,法律合规风险是数字金融领域的重要风险类型。了解并遵守相关的监管法律法规和合规性要求,加强风险管理和合规控制对于数字金融机构和投资者来说至关重要。同时,监管机构也需要加强监管力度,及时调整监管政策,保障数字金融市场的健康发展。

本章小结

本章首先梳理了数字金融在提升风险管理效率、降低信息不对称、实现普惠性金融服务三个方面的作用,阐明了发展数字金融的重大战略意义。在此基础上,以余额宝、P2P网络借贷平台为例,介绍了移动支付、货币基金两大新型金融服务业态及其对我国居民消费支付和投资习惯的影响。在数字金融浪潮下，传统金融机构面临转型，以银行业和保险业为主的传统金融机构逐渐升级为数字银行和数字保险，本章也对数字银行、数字保险的基本特征、发展状况进行概述。作为新一代数字金融体系的基础与支撑，数字货币逐渐走入公众视野，本章从数字货币的概念、类型、国际进展、风险挑战等方面对新一轮"货币革命"下央行数字货币的发展动态进行论述。此外，本章重点围绕 NFT 数字藏品和数据要素，介绍了数字经济时代具有金融化潜质的两个新兴资产类别——数字资产和数据资产。本章最后也指出，数字金融是一把"双刃剑"，可能会带来财产损失和隐私泄漏等用户风险、加剧资产价格波动等市场风险以及法律法规监管风险，强调要平衡好数字金融带来的机遇与挑战，推动数字金融良性发展。

习题

1. 请描述数字金融如何提升风险管理效率，并举例说明其在投资组合风险管理中的应用。

2. 请解释数字金融降低信息不对称的理论机制，并结合例子说明数字金融服务的普惠性。

3. 请简述传统金融机构转型的历史背景和共同特征。

4. 请说明央行数字货币的类型，以及它们之间的区别与联系。

5. 请阐述目前全球各国就央行数字货币达成的基本共识，并说明原因。

6. 请列举数据的特点并举例说明。

7. 请简述数字金融风险。

参考文献

[1] Goldsmith R W，1969. Financial Structure and Development[M]. Yale University Press.

[2] Levine R，2005，Finance and Growth：Theory and Evidence[J]. Handbook of Economic Growth：1，865-934.

[3] McKinnon R I，1973，Money and Capital in Economic Development[M]. Washington，DC：Brookings Institution.

[4] 黄益平、黄卓，2018. 中国的数字金融发展：现在与未来[J]. 经济学(季刊)，17(4)：1489-1502.

[5] 黄益平、陶坤玉，2019. 中国的数字金融革命：发展、影响与监管启示[J]. 国际经济评论，(6)：24-35.

[6] 张勋、万广华、张佳佳，等，2019. 数字经济、普惠金融与包容性增长[J]. 经济研究，54(8)：71-86.

[7] 齐欣林、姜富伟、林奕皓，2021. 金融科技与我国银行间市场风险防控[J]. 中国货币市场，(12)：76-80.

[8] Akerlof G A，1978. The Market for "Lemons"：Quality Uncertainty and the Market Mechanism[M]//Uncertainty in Economics. Academic Press：235-251.

[9] Spence M，1978. Job Market Signaling[M]//Uncertainty in Economics. Academic Press，1978：281-306.

[10] 吴国华，2013. 进一步完善中国农村普惠金融体系[J]. 经济社会体制比较，(4)：32-45.

[11] 易行健、周利，2018. 数字普惠金融发展是否显著影响了居民消费——来自中国家庭的微观证据

［J］.金融研究,461(11)：47-67.

[12] 陈博、Candido M. Perez、彭方,2022.互联网金融产品风险管理问题研究——以余额宝为例[J].中国市场,(3)：181-182.

[13] Kong D R,Lin T C,2021. Alternative Investments in the Fintech Era：The Risk and Return of Non-Fungible Token(NFT)[J]. Available at SSRN 3914085.

[14] Dowling M,2022. Is Non-fungible Token Pricing Driven by Cryptocurrencies? [J]. Finance Research Letters,44：102097.

[15] 邓建鹏、李嘉宁,2022.数字艺术品的权利凭证——NFT的价值来源,权利困境与应对方案[J].探索与争鸣,1(6)：87-95.

[16] Farboodi M,Veldkamp L,2021. A Model of the Data Economy[R]. National Bureau of Economic Research.

[17] 熊巧琴、汤珂,2021.数据要素的界权、交易和定价研究进展[J].经济学动态,(2)：143-158.

[18] Pei J,2020. A Survey on Data Pricing：from Economics to Data Science[J]. IEEE Transactions on knowledge and Data Engineering,34(10)：4586-4608.

[19] Moody D L,Walsh P,1999. Measuring the Value of Information-An Asset Valuation Approach[C]// ECIS,496-512.

第**14**章

数字经济的政治经济学

本章学习目标

1. 掌握马克思主义政治经济学对数字经济学的分析方法
2. 了解其他学科对数字经济中相关议题的分析
3. 明白数字经济,"中心-外围"格局的含义
4. 理解政府对数字经济发展的作用

引言

新一轮信息技术革命带来了人工智能、区块链、云计算、大数据以及互联网等新兴技术,广泛且深刻地改变着生产、分配、交换和消费的方式。在这个全新的经济格局中,政治经济学作为一种深刻洞察社会发展规律的理论体系,为我们解读数字经济的本质、揭示其矛盾和引导变革方向提供了独特而重要的视角。

政治经济学将生产力和生产关系的矛盾性演进作为分析的出发点。数字经济作为科学技术在计算、通信、信息等领域的集中体现,成了传统生产力新的增长引擎,形成了新质生产力,推动了生产关系的深刻变革。在数字经济下,生产要素不再局限于劳动力、资本、土地、能源等要素,还涉及信息、知识、技术和数据等多维度的生产要素。这为政治经济学提出新的思考问题、分析问题的角度提供了契机。

数字经济所涉及的云计算、大数据、人工智能等技术的日益成熟和广泛应用,使得生产过程更加智能化、自动化。然而,在这个高度数字化的环境中,也伴随着一系列新的社会关系和矛盾。政治经济学的理论体系可以帮助我们深入理解数字经济中数据所有权之争、数字劳动下的生产安排、新的分配关系等方面的问题。同时,数字经济的全球性、网络化特征也使得国家和国家之间的关系变得更为复杂,而政治经济学的国际视角能够帮助我们认识到数字经济发展中的"中心-外围"格局。

在新的历史条件下,政治经济学在数字经济分析中的意义和必要性变得更加显著,为我们认知和改造数字经济的未来提供了深刻而富有活力的思想资源。本章密切结合数字经济发展的现状和趋势,重点讨论了数字经济对生产力的推动作用、对生产关系复杂的影

响,数字经济与全球化之间的关系,数字经济中政府的角色等方面的问题,通过运用政治经济学的观点来分析数字经济,我们能够更加深入地理解数字经济的本质、揭示其中的矛盾,帮助政府规范数字经济发展。

14.1 数字经济与数字劳动

习近平总书记在 2022 年第 2 期的《求是》杂志发表的《不断做强做优做大我国数字经济》一文中开宗明义地指出:"近年来,互联网、大数据、云计算、人工智能、区块链等技术加速创新,日益融入经济社会发展各领域全过程,各国竞相制定数字经济发展战略、出台鼓励政策,数字经济发展速度之快、辐射范围之广、影响程度之深前所未有,正在成为重组全球要素资源、重塑全球经济结构、改变全球竞争格局的关键力量。"根据《数字中国发展报告(2022 年)》,2022 年我国数字经济规模达 50.2 万亿元,总量稳居世界第二位,占 GDP 比重提升至 41.5%,数字经济成为稳增长促转型的重要引擎。

数字经济的发展如此重要,那么何为数字经济?

国务院印发的《"十四五"数字经济发展规划》如此定义数字经济:"数字经济是继农业经济、工业经济之后的主要经济形态,是以数据资源为关键要素,以现代信息网络为主要载体,以信息通信技术融合应用、全要素数字化转型为重要推动力,促进公平与效率更加统一的新经济形态。"

根据《G20 数字经济发展与合作倡议》,数字经济被定义为"以使用数字化的知识和信息作为关键生产要素、以现代信息网络作为重要载体、以信息通信技术的有效使用作为效率提升和经济结构优化的重要推动力的一系列经济活动"。

中国信息通信研究院发布的《中国数字经济发展白皮书》将数字经济定义为"以数字化的知识和信息为关键生产要素,以数字技术创新为核心驱动力,以现代信息网络为重要载体,通过数字技术与实体经济深度融合,不断提高传统产业数字化、智能化水平,加速重构经济发展与政府治理模式的新型经济形态"。

以上三个定义虽然有所差异,但可以看到几个共同点:数据是数字经济的关键生产要素,现代信息网络是数字经济的载体,以及数字经济对生产效率的促进作用。

现在的互联网巨头中,企业巨大的利润和投入的活劳动[①]反差巨大。以谷歌为例,2022财年的财报显示,谷歌在 2022 财年营收为 2828 亿美元,运营利润为 748 亿美元,但全球的雇员不到 20 万人。根据马克思主义政治经济学的理论,在商品的价值形成过程中,活劳动是创造价值的劳动,是价值的唯一源泉,它作为新的劳动,不但物化成新的价值,还保存了原先存在于生产资料的价值并将其转移到产品中去。这种情况一方面对马克思主义政治经济学的发展提出了新的要求,需要进一步扩展马克思主义政治经济学的分析范围;另一方面,可以直观地看出数字经济作为一种新型经济形态,出现了一种新的劳动形式:数

---

① 按照《中国大百科全书》的定义:活劳动与物化劳动是物质资料生产中所用劳动的一对范畴。前者指在物质资料生产过程中发挥作用的能动的劳动力,是劳动的运动形式,又称现在劳动。后者指保存在一个产品或有用物中,是积累起来的劳动,是劳动的静止形式,又称死劳动、过去劳动、对象化劳动。

字劳动。①

关于数字劳动,可以有宽泛概念和严格意义上的区分。

宽泛意义上的数字劳动可以指:自数字经济崛起以来,数字经济产业,特别是数据经济产业,以及受到数字经济直接影响行业里的劳动。余斌(2021)对宽泛意义数字劳动做了总结和批判。余斌(2021)认为宽泛的数字劳动可以有两种总结:①劳动对象为数字化对象,即人类的知识、信息、经验、情感以及思想的劳动;②更为宽泛的概念可以扩展到与信息通信相关但本身并不使用数字技术也不生产数字产品的劳动。余斌(2021)认为这种宽泛的数字劳动概念将数字经济的内涵无限扩大,无法准确说明数字经济的特质,自然不利于对数字经济的研究。

严格意义上的"数字劳动"是指运用数字技术开发软件、设计制造硬件、收集和加工数字信息产品,以及进行其他生产的劳动。

也有一种从受众商品理论出发,用以分析数据要素生产相关的无偿数字劳动。② 英国学者克里斯蒂纳·富克斯(Christian Fuchs)在《数字劳动与卡尔·马克思》一书中从受众商品理论出发,界定了"数字劳工"的概念:"数字劳工不是一个确定的职业,他们服务的产业定义了他们,在这个产业中,他们受资本的剥削。在资本主义的盈利模式下,数字劳工以数字化信息为主要生产内容,以超越地域性和时间性的劳动模式,在混淆娱乐和劳动界限的情况下,在网络平台中生产数字化信息。"例如,人们在社交媒体、短视频等网络平台上发布信息、分享感受或者上传视频等行为,为网络平台提供了内容或者素材,既吸引网民点击浏览,增加了网络平台的浏览量,又产生了更多的数据,进而提升了平台的大数据模型的效率,但是网络平台却并没有为此支付劳动报酬。这种定义抓住了数字经济下无偿"数字劳动"的独特之处:①职业不确定,这是一个相比以往生产方式的巨大变动,在传统产业里,劳动者与资方有着比较明显的不同,但却共处于同一个行业,在时空上共享了相同的主体——工厂;②"混淆娱乐和劳动界限的情况下生产数字化信息",这点也是和传统产业巨大的不同,传统的生产模式中,虽然也有生产信息的行业,但信息的生产是一个明确的生产行为,而在数字劳动中消费者的身份可能隐藏了生产者的本质,众多用户既是消费者也是生产者,而生产所得的剩余为数字经济的企业赚取。

但肖锋(2023)认为数字劳动的定义需要具有生产性、目的性、工作性和神圣性等共性特征。否则会出现"上网即劳动"或"一切劳动皆数字劳动"等泛化现象。定义数字劳动,需要符合两条边界:作为"劳动"的共性要求,且具有"数字化"的技术特征。

根据陈尧和李韵(2022)的分类方法,数字劳动可以分为以下几类:①产业数字化部门的数字劳动。这类数字劳动主要指传统产业部门应用数字技术进行数字化升级之后,劳动者利用数字化的劳动工具生产生活与生产资料的劳动。②数字产业化部门的数字劳动。这类数字劳动主要是指专门从事数字产业相关的劳动,如采集数据、加工数字信息产品、铺设信息通信网络等。③算法研发部门的数字劳动。这种类型的数字劳动主要指从事算法

---

① 虽然有学者(余斌,2021)对"数字劳动"概念的严谨性提出了异议,但不可否认的是"数字劳动"的称呼能够形象地描述存在于数字经济生产中的新型劳动形式。因此本文还继续使用此概念。

② 学者余斌对这类数字劳动提出了异议,认为受众商品理论误解了劳动的含义。

技术研发、软件开发、硬件设计制造等方面的劳动,如算法工程师、大数据分析师、程序员以及科研人员等。

肖锋(2023)定义数字劳动为"使用数字设备、在数字平台或数字化空间中形成的合目的的数字产品的工作"。针对数字劳动也提出了类似的划分:第一类是使用数字化设备控制智能生产系统的数字劳动,这也属于生产领域中的数字化控制型劳动,它不是指诸如直接的采矿活动或在机器一旁生产数字设备的制造活动(这样的活动仍是传统意义上的劳动,而非数字劳动)。第二类是信息通信产业中专业化的数字劳动,主要指建构和维护作为软件的数字化工具之类的劳动,如算法设计、软件编程、网游开发、网页设计,从业者主要为数字产业中的软件工程师、网页设计人员及系统维护人员,他们的工作通常是被普遍认可的数字劳动。第三类是使用数字技术的科研、学术和文创活动。

相比较而言,本书作者认为肖锋(2023)和余斌(2021)的定义都属于严格意义上的"数字劳动",其强调了劳动所处的行业必须处于数字产业内或者直接运用数字产品进行生产劳动,对数字经济的内涵做了较为科学的限定,有助于理解数字经济。

14.2　数字经济对生产力的影响

任何新的经济形态对社会最为本质的影响是对生产力的影响。利用马克思主义政治经济学分析数字经济,必须先对数字经济在生产力范畴的影响做分析。

14.2.1　数字经济的发展背景:新一轮科技革命和产业变革

马克思主义政治经济学将人类社会的发展划分为五种社会形态:原始社会、奴隶社会、封建社会、资本主义社会、共产主义社会。其中原始社会、奴隶社会和封建社会期间的生产力的发展相对于资本主义社会期间生产力的发展都黯然失色,在《共产党宣言》中,马克思如此说道:"资产阶级在它的不到一百年的阶级统治中所创造的生产力,比过去一切世代创造的全部生产力还要多,还要大。自然力的征服,机器的采用,化学在工业和农业中的应用,轮船的行驶,铁路的通行,电报的使用,整个整个大陆的开垦,河川的通航,仿佛用法术从地下呼唤出来的大量人口——过去哪一个世纪料想到在社会劳动里蕴藏有这样的生产力呢?"(马克思和恩格斯,2012)

在资本主义社会发展进程中,公认人类社会大致经历了三次产业革命:

第一次工业革命约于18世纪60年代兴起,持续到19世纪后期。在这段时间里,人类生产与制造方式逐渐转为机械化,出现了以机器取代人力、畜力的趋势,以大规模的工厂生产取代手工生产的一场革命,引发了现代的科技革命。

第二次工业革命约于19世纪70年代兴起至1914年,此次产业革命以电力的大规模应用为代表,电灯的发明为标志,石油开始作为大规模使用的能源。

第三次工业革命发端于对粒子物理的研究,一直持续至今,第三次科技革命以原子能技术、航天技术、电子计算机和可再生能源的应用为代表,包括人工合成材料、分子生物学、遗传工程、太阳能、风能等高新技术。

前两次的工业革命特点是工业化。其基本内容是用机器大工业生产代替农业和手工业的手工劳动。虽然先行工业化国家的早期工业化是从发展轻工业开始的,但轻工业的大发展激发了机器替代手工,引致了对重工业的需求:生产机器和制造机器的机器,随着消费水平提高,对大量耗费重工业生产的原材料的耐用消费品需求迅速增加,就要求密集型的重化工业以较之轻工业更快的速度增长。到工业化中期,重化工业在工业中所占份额已经与轻工业相当。在完成了大型的工业化和机械化之后,数字技术才开始逐步进入人类社会的视野,事实上数字技术恰恰诞生于对制造业的助推上。

大型工业化完成之后,重工业的发展也给整个经济带来多重挑战:(1)重工业快速发展产生的固定资本更新带来的经济周期问题,马克思在《资本论》第二卷中就指出固定资本更新是经济周期产生的物质基础,固定资本在价值上的补偿及其在自然形态上的补偿不一致,就是资本主义社会总资本的再生产过程中必然会发生生产过剩的矛盾,因此更为科学地规划生产成为当务之急;(2)伴随流水线作业的推广,福特制、泰勒制等科学管理手段出现,这些都表现为资方更少地与工人妥协,凭借科学的力量减少怠工,增加劳动强度,强化对工人的控制,计件工资转向计时工资,但工作更加枯燥,工人对此采取了更为隐秘的反抗;(3)在当时重工业和自动化技术的发展非但没有削弱工人对生产过程的控制力,事实是要想充分利用自动化设备反而更加需要依赖工人(David,2011)。

重工业快速发展引发的经济结构比例失调和经济周期问题,在学术界和政策界激发了政府干预的思潮,凯恩斯的宏观调控成为当时发达国家经济政策的主流。彼时学术界已经拥有了较为完备的数理工具细化调控:战时运用线性规划和投入产出方法调配资源业已成熟,但如何处理经济信息,成为一个棘手的问题。如1949年,哈佛教授列昂惕夫将其收集到的500个部门的投入产出关系数据录入计算机,希望计算出相关投入产出参数。相对于当时的计算机,此经济模型的参数太多,列昂惕夫合并为42个部门,也进行了几个月的计算才得到了结果。伴随着计算能力的提升,经济信息的快速处理成为了常态,大量调配资源的手段被引入工业生产中,让生产效率有了巨大的提升。

面对劳工运动的兴起,当时的资本主义国家迫切需要一种技术最大限度降低劳工方面的挑战。美国工厂使用自动化技术的时候,有两类技术:数值控制技术和"纪录—回放(record/playback)"的装置。"纪录—回放"装置试图记录工人工作时的窍门,来削弱工人对流水线的控制,避免工人的消极怠工。数值控制技术的推出试图一劳永逸地解决这一问题,让不可控的劳动技能、不可明确感知的"默会知识"变成可以处理的信息,信息工业的第一个爆发由此产生,大量的信息被生产出来,信息处理也成为工业企业提升效率的重要武器。

以上这三点直接催生了对大规模数据存储、处理和分析的需求。20世纪50年代到70年代中期,微电子领域取得重大技术突破,标志性事件是第二代晶体管电子计算机和集成电路的发明。人类的知识和信息处理能力大幅提高,数字技术对经济生活的影响初步显现。此时的数字经济的代表企业是美国电话电报公司、施乐公司、IBM,这些企业主要是面向企业用户,为企业内的信息处理提供便利。如IBM就在推动整个社会各个方面的发展中起到了关键的作用,例如协助美国太空总署建立阿波罗11号资料库,完成太空人登陆月球计划;建立银行跨行交易系统;设立航空业界最大的在线票务系统等。沃尔玛作为一家巨大的连锁超市在扩张的进程中,运用了大量数字产品:电子扫码枪、配套的仓储管理系统、自动收银机等。

20 世纪七八十年代,大规模集成电路和微型处理器的发明,让计算机的算力按照"摩尔定律"——集成电路上可以容纳的晶体管数目大约每经过 18 个月便会增加一倍——指数型增长。这也直接催生了软件领域的蓬勃发展,让软件产业逐渐独立,数字技术与其他经济部门交互发展,不断加快了其他经济部门的生产变革。

20 世纪 90 年代,互联网技术逐渐成熟,互联网所具有的传递性、自由性、实时性、交换性、共享性、开放性等特点,在加速了信息传播的同时,产生了大量的信息,使得数字技术与网络技术相融合。

步入新千年以来,互联网技术成熟,此时的数字经济开始逐步具有一定的独立性,大量数字经济的巨头,被认为可以部分独立于实体经济。伴随着内容的生成方式改变,互联网产出的内容不再是对传统媒体的信息整合,而是具有了自我运作、自我产生新信息的机制。海量的数据和指数型增长的算力,配合"机器学习""人工智能"等新计算机技术,让海量数据信息发挥了新作用,到现在世界现代信息技术(IT)已经作为一种成熟技术广泛运用于经济社会生活的各个方面。因此数字经济日益改变了人类社会生产力的现状和发展,特别产生了"大数据""人工智能"等新业态,让计算机正在部分替代服务性工作。

通过回顾,可以了解数字经济既是一种信息技术深度发展与全面应用的结果,又是一种由网络化构建起来的普遍联系的经济社会形态,更是一种继农业经济、工业经济之后更高级的经济发展阶段。表 14-1 总结了工业革命以来的产业变革。

表 14-1　工业革命以来的产业变革

技术创新和组织创新集群	技术成功、赢利丰厚的最显著的创新例证	经济中的支柱部门和其他主导部门	核心投入和其他关键投入	交通和通信基础设施	管理和组织变革	上升期
						下降期
以水力为动力的工业机械化	阿克赖特在克隆福德的工厂(1771年)	棉织品 铁制品 水车 漂白	铁 原煤 棉	运河 收费道路 轮船	工厂制度 企业家 合伙制	18 世纪 80 年代至 1815 年
						1815—1848 年
以蒸汽为动力的工业和运输机械化	利物浦—曼彻斯特铁路(1831年) 布鲁内尔"大西部"号跨越大西洋的蒸汽轮船(1838年)	铁路和铁路设备 蒸汽机 机床 制碱业	铁 煤	铁路 电报 蒸汽轮船	股份制 任务分包给技术工人	1848—1873 年
						1873—1895 年
工业、运输和家庭的电气化	卡内基的转炉钢轨厂(1875年)	电力设备 重型工程 重化工 钢制品	钢 铜 合金	钢轨铁路	专业化职员管理系统 "泰勒主义" 巨型企业	1895—1918 年
						1918—1940 年

续表

技术创新和组织创新集群	技术成功、赢利丰厚的最显著的创新例证	经济中的支柱部门和其他主导部门	核心投入和其他关键投入	交通和通信基础设施	管理和组织变革	上升期
						下降期
交通、民用的机动化	福特公司海兰特公园工厂的装配线（1913 年）伯顿重油裂化工艺（1913年）	汽车卡车拖拉机坦克柴油发动机飞机炼油厂	石油天然气合成材料	无线电高速公路机场	大规模生产"福特主义"等级制	1941—1973 年
						1973 年至今

资料来源：克里斯·弗里曼,弗朗西斯科·卢桑. 光阴似箭：从工业革命到信息革命[M].北京：中国人民大学出版社,2007. 孟捷. 资本主义经济长期波动的理论：一个批判性评述[J]. 开放时代,2011,10.

14.2.2　数字技术对发展生产力的作用

在互联网商业化的早期,互联网经营模式极度依赖广告性收入,从马克思主义政治经济学的视角来看,20 世纪 90 年代到 21 世纪 10 年代这 20 年间,数字经济主要作用于流通领域,此时的互联网通过加速信息的流动,加速价值实现,改善了资本循环情况,加速了资本的周转速度,即通过迅速的价值实现来促进在一定时期内的多轮次资本循环,进而提高利润率。

伴随着大数据、机器学习和人工智能等新技术的出现,互联网产生的大量数据不仅停留在流通领域,数字经济对实体经济的助推作用得到了进一步加强,曾经较为独立的互联网产业正在逐步和实体经济走向融合,有力地发展了生产力,提高了各行各业的劳动效率。

在对制造业的提升改造上,数字化极大提升了生产者服务的效率。以特斯拉为例,作为一个新技术的代表,其对汽车产业的贡献并不停留在动力的改变上,更在于对汽车的重新定义。运用机器学习技术的特斯拉自动驾驶技术提升,可以极大地解放劳动。

在对传统服务业效率的提升改造上,数字经济的推动更为明显。传统的服务业具有以下经济学意义上的重要特征：一是没有规模经济；二是技术含量低。这样使得工业革命以来技术进步的巨大作用在多数服务业中得不到体现,服务业劳动生产率提高缓慢,但劳动收入在部门之间趋向平均的规律却仍在发挥作用,作为典型的劳动密集型产业,服务业单位服务成本长期呈现上升趋势,高成本低效率拖累整个经济增长。数字经济,特别是结合了大数据的人工智能技术,解决了以上痛点。首先,数字经济是典型的高固定成本低边际成本,网络效应也让数字经济平均成本逐渐下降；其次,数字平台的链接作用,让搜寻成本显著降低；最后,大数据技术的使用,让有针对性的服务变得便利。这样就使得一项服务可以为更多消费者服务,也使得个性化服务需求满足的成本极大降低。

14.2.3　数字技术催生的机器替代劳动

马克思在分析工业革命为何能产生生产力的飞跃时,就指出制造并且应用机器的作用就在于推动生产力的发展,其具体的方式表现为以机器替代劳动,即"劳动资料取得机器这种物质存在方式,要求以自然力来代替人力,以自觉应用自然科学来替代从经验中得出的成规"。马克思曾经在《资本论》中对机器的产生进行了分析。马克思对机器做了定义,即"所有发达的机器都由三个本质上不同的部分组成:发动机、传动机构、工具机或工作机"。他认为人类历史中工具与机器有着本质的不同:前者,自人类进行劳动就存在;后者,则是特定人类社会才存在的产物。他反驳"工具是简单的机器,机器是复杂的工具"的观点,认为"工具的动力是人,机器的动力是不同于人力的自然力""劳动资料取得机器这种物质存在方式,要求以自然力来代替人力,以自觉应用自然科学来代替从经验中得出的成规"。

马克思的这些观点也在数字经济爆发的当今社会找到了对应的情况。区别在于以往的工业革命中,机器主要替代人类的体力劳动,而在数字经济时代,生产逐渐智能化,这意味着机器还将进一步替代人类的脑力劳动,特别是人工智能和机器人两项技术出现。按照国际上比较通行的定义,人工智能是指可模仿人类智能来执行任务,并基于收集的信息对自身进行迭代式改进的系统和机器;机器人则是指包括一切模拟人类行为或思想与模拟其他生物的机械(如机器狗、机器猫等)。

相关研究也开始关注数字经济崛起的背景下,资本对劳动的替代。根据乔晓楠和郗艳萍(2019)转引的研究,"Frey and Osborne(2013)考察了技术进步给美国就业带来的替代效应。他们根据工作岗位被人工智能替代的程度,区分高、中、低三种风险等级,进而对替代效应进行评估。估算结果显示,美国47%的就业岗位属于高风险类别,这些岗位可能在10年左右实现完全的自动化,从而导致劳动被替代,就业需求减少;欧洲工会研究院(European Trade Union Institute)利用类似的方法对欧盟国家就业市场受到人工智能的冲击进行评估。估算结果显示欧盟平均54%的劳动者将显著受到技术进步替代效应的影响"。可见资本对劳动的替代效应非常明显。

而新古典经济学家认为数字经济产生了资本替代劳动的替代效应,也会产生资本引致劳动的互补效应,分析数字经济需要结合两种效应。因此不少研究与分析对马克思主义政治经济的研究结论表示异议,如Acemoglu和Restrepo(2018a,2018b)、Acemoglu和Autor(2011)通过构建了一个基于任务的框架(task-based framework)分析了自动化和人工智能这两项技术会对劳动力市场产生何种影响,他们认为数字经济引发的自动化机器人浪潮,资本替代劳动并不是一个单调关系。这是因为自动化和人工智能这两项技术固然会取代部分劳动力,但也会引致新的劳动力需求。Furman and Seamans(2019)认为人工智能只会产生结构性效应,即对部分劳动力群体产生替代效应。

总而言之,在数字经济环境下,科技企业通过发明大数据、人工智能等信息技术,结合高性能运算系统,利用新的生产要素——数据——成功地替代了部分脑力劳动,促进了生产制造、公共事业、批发零售、金融保险、物流运输、健康医疗等多个领域劳动生产率的提升。

📖 专栏 ChatGPT会让你失业吗?

2022年11月30日,一个由OpenAI开发,名为ChatGPT的人工智能聊天机器人程序上线。上线不久,大家就发现这个程序不仅可以用文字进行聊天,而且能够胜任自动生成文本、自动问答、自动摘要等多种任务。如:在自动文本生成方面,ChatGPT可以根据输入的文本自动生成类似的文本(剧本、歌词、文案等),在自动问答方面,ChatGPT可以根据输入的问题自动生成答案,还有编写和调试计算机程序的能力。因为程序可写出相似真人的文章,并在许多知识领域给出详细和清晰的回答而迅速获得关注,证明了从前认为 AI 不会取代的知识型工作它也足以胜任。大型语言模型提升速度也让人吃惊。ChatGPT 内核升级到 GPT4.0 之后,其美国司法考试成绩直接从后 10％ 跃升至前 10％。人开始担忧自己的工作是否会被 AI 取代。

14.3　数字经济对生产关系的影响

马克思在《政治经济学批判》的导言中指出,生产关系包括人们在生产、交换、分配和消费等方面的关系,"它构成一个总体的各个环节,一个统一体内部的差别",包括生产资料所有制形式、人们在生产中的地位及其相互关系和产品分配方式三项内容。① 大数据驱动的人工智能已经可以替代部分的脑力活动,这又会对生产关系产生何种影响呢?

因此,本节将分别从数字经济在生产关系三项内容(生产资料所有制形式、人们在生产中的地位及其相互关系和产品分配方式)上的体现——数据要素的权属划分、数字经济下特别是平台经济如何影响劳动组织、数字经济对劳动力市场的影响,来分析数字经济对生产关系的影响。

14.3.1　数据的权属之争

数字经济大发展极其依赖对数据的运用。数据产权的归属一直以来都是经济学和法学的热门话题。马克思就认为生产资料所有制是生产关系的基础,不同的生产资料所有制形式决定人们在生产中的地位及其相互关系;而生产资料所有制形式和人们在生产中的地位及其相互关系,又决定劳动产品的分配形式。

数据作为一种生产要素成为信息时代的重要资源,而数据产权归属的争议阻碍了数据要素市场化的进程,数据难以得到充分的流通与使用。科斯在其《社会成本问题》一文中提出了"科斯定理",即,只要财产权是明确的,并且交易成本为零或者很小,那么,无论在开始时将财产权赋予谁,市场均衡的最终结果都是有效率的,实现资源配置的帕累托最优。诺斯在吸纳了科斯的"交易成本""产权保护"的思想之后,认为现实中交易成本并不为零,两者合理的社会制度和产权安排会提升资源配置效率,进而推动经济发展。刘涛雄等(2023)认为在数据产权的归属问题上有三类观点,分别是:主张企业拥有数据产权,企业对于其合法收集的数据应当享有独立所有权,或者为之确立新型数据财产权,以提高企业参与数据经济的激励;主张由消费者掌握其个人数据产权;主张需要平衡各方的利益,多主体共同拥有数据或对数据产权进行分割。刘涛雄等(2023)认为以上研究回避了明晰产权的要求,其对数据产权的界定是不完备的,无法对相关数据后续能否分享、是否可交易或何种规则下可交易进行明确回答。

如何界定产权,必须根据数据的特性。作为一种生产要素,数据的产出效率有明显的

---

① 马克思和恩格斯.马克思恩格斯选集[M].第一卷.北京:人民出版社,1995:17.

规模报酬递增效应,由于数据的生产边际成本很低,通过规模的增大,单位成本降低;有网络效应,数据量越多,特别是超过了某个阈值之后,单位数据的产出有明显的上升,如热门的大数据就是如此,单独依靠某一类数据难以准确做出预测,但一旦结合其他类型数据,数据预测的准确性有明显的提升;产生数据,需要多方投入,如社交网络用户数据的生成,需要用户使用、网络记录采集;数据可以大范围地出售。

因此刘涛雄等(2023)基于数据要素的经济特性,从数据生成的具体场景出发,认为数据作为生成品,其初始产权应当归参与生成过程的主体所有,通过数据要素分级授权实现数据确权。

🗂 专栏　你的数据价值几何

2016 年,微软公司以 262 亿美元收购了在线专业社交网站(领英)(LinkedIn Corp)。在全球范围内,领英拥有 4.33 亿注册用户,在收购前每月大约有 1 亿活跃用户。2017 年 5 月《经济学人》发表了一篇引起各方热议的文章"The world's most valuable resource is no longer oil, but data"(世界上最有价值的资源不再是石油,而是数据)。可见数字经济特别是大数据经济时代,数据成为重要的生产要素,它的归属意义重大。

14.3.2　数字经济下的生产安排

数字经济涉及的行业众多,不同行业的生产特点和生产模式不同。硬件层面。从出现的时间来看,传感器、网络通信、集成电路和新材料等产业出现时间较早,在二战后期就出现了,而后是软件和互联网,而平台经济是最新的产业方式。相对于软件、互联网和平台经济,硬件层面的产业属于工业制成品,因此在生产力和生产关系上,依旧属于传统的生产关系范畴。

软件和互联网层面。这个层面的出现其实标志着数字经济出现了具有虚拟性特征的产业业态。作为软件和互联网层面,在生产安排上具有如下特征:科研投入巨大、结果的不确定性很高、无法直接量化的脑力劳动为主要的生产要素、边际成本较低和具有高度的可复制性。这也引发了生产关系的改变。此时为了最大限度地发挥脑力劳动的作用,生产关系上采取了偏向于劳动者的安排,如在劳动过程中不会直接监督劳动过程;分配上,不少劳动者都能获取公司的股权奖励和期权奖励,能直接参与利润的分配。和传统行业不同,软件和互联网企业创业的不确定性更大,为了分散风险,大量私募股权基金和风险投资基金应运而生,成为传统金融机构之外的重要组成部分,提供了新型金融服务,用以支持软件公司和互联网公司的早期运营。

作为数字经济的新业态,平台经济是指基于数字技术,由数据驱动、平台支撑、网络协同的经济活动单元所构成的新经济系统,是基于数字平台的各种经济关系的总称,是继软件和互联网层面之后,数字经济的新业态、新形式。通过网络平台分配短期工作的"零工经济"(gig economy),大数据驱动下的大数据经济,依托大数据、高算能和算法的人工智能等新经济形式和新业态都应运而生。它们一方面部分取代了之前被认为无法被取代的服务类人工投入,另一方面重要的投入要素——"数据"却是由消费者自主产生,因此这些新经济形态在生产关系的影响上更为深远,在产权划分、反垄断政策、劳资关系上有了更大的挑战。

对待平台经济这一新的经济形态,有着两种针锋相对的看法。

一方更多看到了平台经济产生的正面效果,他们认为,平台经济这一新业态,有着极大的革命性(Parker等,2016)。相比于传统的企业运营方式,数字平台能够降低交易成本、削弱市场壁垒,构建起一个"微型企业家"相互连结的经济形态。普通民众也可以依托数字平台提升闲置物品的利用价值并赚取收入,使原本无法进入劳动力市场的人群获得更多机会(Sundararajan,2016)。而且伴随数字经济的蓬勃发展,依托互联网和各类平台的网约车、网络销售、短视频运营等行业吸纳了大量就业人口。

另外一方更多地看到了平台经济的负面作用。谢富胜等(2020)认为作为适应数字技术体系的社会生产和再生产新组织形式,平台经济缩短了商品生产的社会必要劳动时间,便利了商品价值的实现,极大地提高了商品周转速度和货币流通速度,在资本积累驱动下造就的产业后备军越来越庞大。而且随着数字平台兴起并趋于集中化,知识劳动者正经历手工技术劳动者曾经历的退化和贬值,逐步陷入工作和收入不稳定化的境地。通过平台进行的数据标准化采集和处理,简化和降低了大多数从事统计和管理工作的劳动者技能及其需求;基于数字互联网逻辑对知识劳动进行的科学分解和重组,使得大型平台企业可以便捷地使用"众包"、离岸外包等方式,降低雇佣知识劳动者的成本。

社会学不少学者也从劳动控制角度分析,如陈龙(2020)、李胜蓝和江立华(2020)都指出平台看似构建了一个灵活的工作时间和宽松的工作场域,但实际上平台经济中"劳动控制"从实体的机器、计算机设备升级为虚拟的软件和数据。与传统工厂的劳动控制不同,平台公司看似放弃了对骑手的直接控制,但实则在技术手段的辅助下,以时间为单位和节点,对骑手的劳动过程实施了严密而细致的记录和监控,形成平台和消费者等多元的控制主体。这样淡化了雇主责任,劳资冲突也被相应地转嫁到平台系统与消费者之间。平台通过抢单和等单的工作机制控制骑手潜在的经验、思想和感受,塑造"准时""快速"的劳动时间感,引导骑手甘愿成为"全天候工人",并在劳动时间内主动地工作。最终,骑手在追求自由的过程中被平台束缚,无奈而主动地配合到时间控制中,平台则以自由之名获得并掩饰了利润。

14.3.3　数字经济下对分配的影响

针对工业革命,马克思本人做出过"无产阶级贫困化"的判断,即:"现代的工人却相反,他们并不是随着工业的进步而上升,而是越来越降到本阶级的生存条件以下。工人变成赤贫者,贫困比人口和财富增长得还要快。"产生这一问题的原因是"资产阶级生存和统治的根本条件,是财富在私人手里的积累,是资本的形成和增殖;资本的条件是雇佣劳动。雇佣劳动完全是建立在工人的自相竞争之上的"。马克思同时认为新兴产业和新的生产力形态诞生之初,会有一段蓬勃发展的历程,此时资本家更容易获取超额剩余价值,相对剩余价值率会提升,伴随着竞争加剧,超额剩余价值逐渐减小,资本积聚让位于资本集中。恩格斯更是通过对当时英国工人的生活条件的考察,用一手资料验证了马克思的判断。但伴随着社会生产力的进步和资本主义制度的进化,"无产阶级贫困化"中的"无产阶级绝对贫困化"现象较为少见,而相对贫困化现象逐渐出现。

如果按照马克思的思路分析,可以得出"在资本主义环境下,自动化和人工智能通过更高的生产率,即会产生对低技能劳动力的替代效应,这将会威胁到许多低技能工人的就业,同时,因为数字部门的快速发展,少数成为数字部门企业的员工也会享受额外的收益"的结论。因此乔晓楠和郗艳萍(2019)根据马克思主义政治经济学分析范式,认为:"人工智能、机器人及 3D 打印等技术的导入将进一步替代人类劳动,提高劳动生产率;同时平台资本依靠无酬的数字劳动,可以进一步压低劳动力价格,提升利润率,还可以从产业资本转移剩余价值;数据资源的垄断促成平台资本的垄断,加深产业资本对平台资本的依附。"因此他们认为数字经济时代的资本主义贫富分化将进一步加剧。

Acemoglu 和 Restrepo(2020)利用人口统计和行业层面的机器人数据,分析了 1990—2007 年工业机器人对美国当地劳动力市场的影响,发现多配置一台新机器人减少了约 6 名工人的就业。Acemoglu 和 Restrepo(2022)也利用人口统计和机器人数据,认为自动化技术的引进可以解释 50%～70%工资份额下降,而且自动化技术的运用对于技术型工人影响更为明显。Faber(2020)通过分析墨西哥的劳动力市场数据,发现美国机器人对墨西哥的就业有很大的负面影响。这种负面影响对男性的影响比对女性的影响更大,对低学历的机器操作员的影响最大。

总结以上研究,可以看出虽然研究者的立场、方法、视角等方面有所出入,但在数字经济对分配产生的效应上达成了如下的共识:

(1)在行业内,由于数字经济提升了资本的生产效率,因此会产生明显的"资本替代劳动"的替代效应。

(2)在行业间,数字经济的扩张也会对某些传统产业的工人形成冲击。

(3)"资本替代劳动"的替代效应大小受到社会制度、相关政策的影响。

(4)政府应该通盘考虑数字经济带来的"生产效率提升""资本替代劳动"和"不同行业受冲击影响"等三方面因素,协调相关利益。

总结来看,数字经济在生产关系上有了不同于以往的安排,在数据要素的产权划分上,不同于以往,单一标准简单划归某个主体,数据要素产权的划分强调分级授权;在生产安排上,数字经济的平台经济,一方面给予参与者充分的自主权,可以自主选择劳动强度,另一方面却通过数字技术实现了数字控制。但在分配问题上,数字经济则带来了"生产效率提升""资本替代劳动"和"不同行业受冲击影响"等三方面影响,让分配格局更为复杂。

14.4 数字经济与全球化

全球化一般是指全球联系不断增强,人类生活在全球规模的基础上发展及全球意识的崛起,国与国之间在政治、经济贸易上互相依存。回顾历史,人类社会一直就有贸易往来和文化交流的传统,但在 19 世纪末之前,贸易往来和文化交流都受制于运输能力,难以形成全球同步的活动。直到工业化和电报的发明,才开始了真正意义上的全球化进程,前者产生的蒸汽机让社会运输能力大幅度增加,大规模工业制成品的销售成为日常,后者加速了信息的传播。"冷战"结束之后,意识形态的对立竞争成为过去,全球化进一步加速。在这一波全球化进程中,数字经济既是全球化的结果,也是加速全球化的重要因素。

14.4.1　数字经济中的"中心-外围"世界格局

经济学中的规模效应是指经济体因规模增大带来的经济效益提高。经济中的规模效应最早出现在制造业中。如需要大量固定资本的重工业,大规模工业制成品能够分摊固定成本,使得产生利润的数量门槛迅速提升。

长久以来,传统服务业是一个劳动生产率较低的部门,这源于传统服务的本质特征。古典经济学时期的许多经济学家注意到了服务业的这些特点。从重农学派的魁奈到英国经济学家亚当·斯密,古典经济学学者多数都认为服务产出非实物,无法积累,因此他们将服务定义为非生产性的活动。马克思也认为,多数服务业是非生产性的,并提出了一个重要观点,即服务业存在"低效率"问题。在商业部门,劳动分工并不是依据机械化过程,而是根据他们活动的专门化。商业企业数量的相对增长是因为商业领域的经济活动不容易实现机械化,因此没有规模经济。

借助数字科技的力量,部分服务业产生了规模效应。数字经济通过技术手段改变服务行业的无法复制的特性,通过将服务业部分不可言说的操作技巧重新编码,形成数据。数字经济的核心要素是数据,而数据具有可无限复制、反复使用而不会发生实质损耗的特性。数据使用的频率越高、使用的范围越大,其创造的价值也会越多,并且在增加使用价值的同时不会给数据提供方带来实质损失。数字经济领域出现了这样的规模报酬递增现象和正反馈现象:大量的数据让企业的人工智能算法预测用户行为更为准确,提供的服务更加有针对性,更能提升用户的体验和效用;用户也更愿意让渡自己的隐私,提供自己的信息,产生了更多的数据;这些数据扩充一方面提高了企业算法的效率,另一方面对企业的算法提出了更高的要求,让企业的进入壁垒进一步提升。

由于数据的可无限复制、反复使用而不会发生实质损耗的特性,数字经济的规模效应比传统制造业的规模经济更加明显,传统制造业进入壁垒高,产生寡头化市场结构在数字经济中,特别是互联网经济中更为明显。

美国作为电子计算机、互联网、云计算等关键数字经济技术的发源地和发展中心,事实上已经成为全球数字经济中的"中心"。[①] 2017 年,美国地区生产总值 19.3 万亿美元,数字经济产业规模约 11.50 万亿美元,约为地区生产总值的 60%,其中,产业数字化规模达到10.11 万亿美元,占数字经济规模的 88%。美国股市市值最高企业及所处的行业,也以数字经济行业的苹果、亚马逊、微软、谷歌的母公司、META(即 Facebook)、特斯拉为主。

从技术基础上来看,美国拥有世界上绝大多数的域名根服务器,管理着全世界网站的地址目录,美国各大数字企业巨头掌握着 Windows、iOS、安卓等世界领先的底层操作系统,这便使美国的平台企业在打入他国市场时拥有显著的优势。21 世纪的前 20 年,美国各领域的平台企业迅速席卷全球。在搜索引擎市场,谷歌在欧美市场上占比高达 90%;全球桌面操作系统市场中,微软出品的 Windows 系列桌面操作系统的市场占有率为 74.79%。而

---

① 世界经济关系的"中心"和"外围"概念是由结构主义发展经济学家普雷维什(R. Prebisch)提出,用以分析发展中国家贸易条件继续恶化的历史趋势。他认为在世界经济关系中存在着"中心"和"外围"的格局。中心指富裕的资本主义工业国家,它们组织起国际经济体系为它们的利益服务;外围指通过初级产品的生产和出口而与中心发生联系的发展中国家。

非美国的地区,除去中国,多数是"外围"国家。

这种"中心-外围"格局,为数字经济的先发国家维持优渥的生活条件提供了便利。自新千年之后,以数字空间为对象,数字经济的先发国家采取了全新的攫取利润方式。首先是控制数字资源,凭借着先发优势,数字经济的先发国家分别通过平台系统、知识产权与数据库建设攫取了世界范围内的信息、知识和数据等数字资源;其次凭借在数字资源上的不平等权力,控制了全球价值链上的劳动时间和平台用户的注意力时间;进而攫取财富,数字经济的先发国家利用垄断引发了全球产业链上的分配不平等,同时利用平台收取虚拟地租、推行消费主义以攫取财富,使数字空间开始具备殖民地性质(刘皓琰,2020)。

不仅如此,跨境平台巨头通过将企业总部设立在税率较低的地方或保持高水平的境外储备金逃避市场国税收。传统的国际征税框架依赖实体存在建立应税关系,在《OECD 税收协定范本》中就规定,以固定位置、经营场所和活动作为判定标准,将实体存在的常设机构作为征税的主要依据,从而保证市场国有权对跨国企业在本国的活动合理征税。但现实中,市场国尽管付出了用户数据与公共基建等成本,但却无法对跨境平台拥有合理的税收管辖权,难以分享税收红利,税基遭受严重损失。欧盟委员会的数据显示,一般传统企业税率为 23.2%,相较而言,互联网企业的实际平均税率仅仅达到 9.5%。

14.4.2 数字经济格局对世界格局的影响

数字经济是一种新的产业革命形态,极大地推动了生产力的发展,影响生产关系和经济基础,自然也会对世界格局产生影响。随着数字技术和数字工具的成熟和普及,数字经济对世界的经济格局产生的影响十分深远,这些影响体现在世界的经济格局、政治格局、文化交流和意识形态等多个方面。

在经济格局上,美国身处数字经济的"中心"地位。在 20 世纪七八十年代,美国的产业先后遇到了石油危机和日本产品冲击,经济增长陷入了停滞的区间。美国经济在 80 年代后期走出停滞,是因为其把握住了数字经济这一新兴的生产力发展浪潮,成功地应对了日德等产业挑战。"冷战"结束后,国际贸易加速。美国通过整合产业发展,转移自身比较劣势产业;同时依靠先进的数字经济,成功主导构建了一个全球生产网络。在这个生产网络中,美国通过自身极强的科技积累,向全球输出科研成果,安排生产,攫取产业链的高附加值部分。而东亚的出口导向国家,成为世界的工厂,负责制造和生产。于是乎出现了"美国消费,中国生产""相对匮乏的中国还向资本相对富裕的美国输出资本"这一奇特的现象。

数字经济产生的经济格局也影响了国际政治格局。在"冷战"后,依托于超强的经济实力,美国成为世界唯一的超级国家,在国际政治上享受了独一无二的霸主地位。因此国际政治体现为"一超多强"的格局。历史上,新的产业革命爆发往往意味着经济引擎的转移,一旦新的产业不在原有的霸主所在地,就会出现国际政治上的冲突。如第一次工业革命出现让英国成为世界的霸主,成功地将"地理大发现"时期的霸主西班牙拉下了王座;而第二次工业革命的先驱德国,"要求阳光下的地盘",引发了两次世界大战。由于数字经济的崛起最早出现在美国,美国利用数字优势进一步巩固自己以往对发展中国家的控制,而这种控制反过来加强数字优势。

虽然互联网最早依托于美国军方的信息沟通网发展而来,但是在其成长和发展过程中,鲜明的无政府主义思想起到了巨大的推动作用。许多互联网从业者认为,互联网的最初设计是"对等、开放、容错、共享、去中心、自组织、非商业",互联网是一个没有政治干预的乌托邦。但伴随着互联网的商业化,特别是用户自主生成数据成为主流数据生产方式之后,所谓的"互联网精神"并不符合现实。

这种完全依赖美国提供数字经济服务的情况,对各国的安全发展产生了巨大的挑战。以社交媒体为例,除中国外,世界主要的社交媒体服务都是由美国提供。早年从 2009 年的伊朗由于总统选举产生的骚乱,到 2011 年爆发的中东"茉莉花革命",社交媒体都成为重要的推手。在当时,众多的互联网从业者和传统媒体都盛赞,社交媒体成为居民提出异议的工具。但事后,随着相关加密资料的公布,在此次政治混乱中社交媒体背后的企业有意或无意主动参与到了美国的外交活动当中,主动或被动地成为美国全球布局的马前卒。此时社交媒体也收获了美国外交的保护,被媒体背书为"民主自由"的象征。

发达国家依靠数字优势进一步推进了其文化和意识形态的传播。以影视行业为例,依托于美国巨大的市场,且没有受世界战争的影响,好莱坞不断更新换代,成为世界电影领头羊,电视台更是出现在世界范围。即使是以鼓励艺术片和作者电影闻名的戛纳电影节,美国也是得奖最多的国家。在互联网还未渗入各个领域之前,面对这么强势的美国影视力量,其他国家都被迫采取贸易保护主义的政策,如政府补贴、电影配额制度、电视台落地控制。但伴随着数字经济崛起,传统的保护政策难以奏效,好莱坞的电影通过互联网的下载技术,美国的电视剧通过网飞(Netflix)直接进入各个国家和地区。

📖 **专栏　网飞推广了韩国影视还是扼杀了韩国影视?**

2019 年韩国电影《寄生虫》先后摘取了法国金棕榈大奖和奥斯卡最佳电影奖。2021 年 9 月 17 日全球上线的网飞韩国原创剧《鱿鱼游戏》,更是引发了收视狂潮。不少人惊呼"韩流"成为当今娱乐产业的主流。与之对照的却是韩国本土电影的萧条,韩国电影产业最巅峰的 2016 年,一年的电影产量达到 373 部,其中电影院能上映 303 部韩国本土电影,但在 2023 年韩国电影本土票房表现极差,全部亏损,新开拍电影更是不到 50 部。网飞的市场规模优势,能够给出更为优厚的待遇,吸引韩国电影产业的人给网飞拍摄电视剧,但网飞并不关心人才的培养,也不会给韩国电影产业积累人才。

因为数字技术产生的规模效应,数字经济推动的全球化,已经在当今世界上形成了"中心-外围"格局,其中美国依靠自己的先发优势,在数字经济的诸多领域达到了赢者通吃的效果。

14.5　数字经济中的政府角色

在马克思的经典著作中,政府对经济的调节与发展不具有能动性,政府相对而言更多的是生产关系在政治层面上的体现。伴随着 20 世纪世界范围内的社会主义建设实践,马克思主义政治经济学不断扩展对政府在经济发展中作用的研究。总结中国社会主义建设的实践经验,特别是改革开放以来的中国特色社会主义建设,更是可以看出政府对解放生产力、发展生产力的重要作用。结合世界范围的数字经济的发展,我们也可以看到,数字经济的发展不完全是一个市场自发实现的过程,更不是一个由市场主导就能达到对全社会效益最大化的过程。它需要政府做好引导工作。

14.5.1　夯实数字经济发展的基础

按照经济学对政府的定义,政府最重要的作用是通过强制力,降低交易成本,提供公共品,从而达到促进经济发展的作用。

在数字经济发展中,政府资助发展数字经济所需的基础性研究。美国互联网大爆发的底层技术也依托于"二战"后的基础理论研究。现在资本市场热捧的 SpaceX,技术也源自美国国家航空航天局的技术沉淀。未来知识产权往往是十几年前的上游学科突破之后的运用。而基础性研究具有公共品的特质,如果完全依赖市场会产生供给不足的情况,必须通过政府这只看得见的手,才能解决这个问题。

在数字经济发展中,政府维护推动发展数字经济所需要的法律制度。数字经济的发展每一步都需要政府对产权的界定和保护。在软件业发展的早期,对软件代码认定为具有著作权效力,而在互联网发展早期,出自 1996 年《通信规范法》(Communications Decency Act)的第 230 条,规定互联网公司无须为用户在平台发布的内容承担责任,对美国社交媒体平台成为全球巨头起到了关键作用,使其不受无数诉讼的阻碍。

回顾数字经济的发展简史,就可以发现数字经济的发展一直是市场自发与政府推动的良性互动的结果。政府也是数字经济发展的重要推手。

14.5.2　规范数字经济发展协调各方利益

在数字经济发展中,资本起到了非常重要的作用,互联网巨头的发展史既是一部企业家创新生产方式、整合要素的创业史,也是一部天使投资、风险投资和二级市场投资等一系列资本的扩张史。但数字经济的发展,无法脱离社会和政府的规范,否则放任资本逐利本性会产生不良的后果。

放任资本的逐利本性容易导致自由竞争走向垄断。马克思在分析资本主义经济动态发展时,就批判过那种庸俗经济学对默认"自由竞争"无条件存在的观点。马克思一方面认为竞争对生产效率提升起到作用,提出了在资本主义生产方式下,竞争作为一种外在的强制规律,迫使资本家把剩余价值系统地投资于技术创新,以不断提高劳动生产力。另一方面认为竞争与垄断并不是非此即彼的关系,而是一种辩证共生的关系,恰恰是激烈竞争让生产逐渐走向垄断。列宁、巴兰和斯威齐等人则进一步发展了垄断资本主义理论。马克思这一观点不仅得到马克思主义政治经济学学界的认可。在新古典经济学学界、奥地利经济学界和市场实操人士中也持有类似观点。奥地利经济学家熊彼特就认为现实中的企业竞争必然会走向垄断。著名的投资人彼得·蒂尔也旗帜鲜明地提出,企业家创业的目的不是竞争而是消灭竞争。新古典经济学金融学学者路易吉·津加莱斯(Luigi Zingales)认为一旦资本发现可以通过滥用市场垄断地位,遏制竞争获取利润时,资本会立刻进行垄断,并不会成为维护竞争的力量。

放任资本的逐利本性容易导致非资本方的利益受损。具体表现在过度采集利用用户数据,侵犯用户隐私,如 2016 年总统大选时,8700 万脸谱网(Facebook)用户数据被不当泄露给政治咨询公司剑桥分析。企业利用信息技术记录消费者购买行为,据此将消费者区分为新顾客与老顾客,再对新老顾客制定不同价格,往往演变为对老顾客收取更高价格、对新顾客优惠的"杀熟"行为。利用平台垄断地位,对平台从业者进行控制,压低平台从业者的收入,如外卖平台用工方式多样,但劳动合同签订率低,社会保障覆盖率低,但交通事故频发,现有劳动法律难以界定外卖员和平台的法律关系,外卖员权益保障成为主要难题。

放任资本的逐利本性容易导致宏观经济风险的累积。首先是数字经济中的赢者通吃现象和资本的逐利本性让经济发展收益分配过度偏向资本,在宏观层面上出现有效需求不足的问题;其次是数字经济中滥用市场支配地位,不坚守主业,进行监管套利,可能带来系统性风险;最后是数字经济中遏制竞争,会带来要素配置的低效率,拖累经济增速。

放任资本的逐利本性容易导致收入分配差距扩大。正如前文所分析的那样,"资本替代劳动"已经成了趋势,资本并不会在意被取代的工人之后的生计问题,但收入分配差距拉大,结构性失业长期无法解决,会对社会产生不良影响。

14.5.3　数字鸿沟治理

数字经济具有规模效应和网络效应,如果只强调市场自发力量,会导致数字技术和数字信息掌握的不平等现象。早在1995年,作为数字经济的先行者,美国商务部国家通信及信息管理局(National Telecommunications and Information Administration,NTIA)就提出在数字化过程中,出现了明显的数字技术和数字信息掌握的不平等现象,他们将此称为"数字鸿沟"(digital divide)。数字经济在发展社会生产力上有着巨大的助推作用,但伴随而来的"数字鸿沟"现象也日益明显。

随着数字经济的蓬勃发展,数字技术和数字信息掌握上的不平等,影响深远。在全球数字化进程中,不同国家、地区、行业、企业、社区之间,由于对信息、网络技术的拥有程度、应用程度以及创新能力的差别而造成的信息落差及贫富进一步两极分化的趋势日益显现。数字鸿沟体现在地域、年龄和收入等方面,按照陈梦根和周元任(2022)的总结,数字不平等现象主要可以分为三个维度:传统的数字鸿沟现象以及由数字鸿沟引致的机会不平等和结果不平等(图14-1)。[①]

因此政府需要积极作为,弥合数字鸿沟,加快提高信息网络公共服务的覆盖范围,推进数字乡村的建设,逐步打破城乡之间的数字鸿沟,推进移动互联网应用程序进行适老化改造,加快政府服务平台的无障碍改造,降低信息化工具的使用门槛,让老年人、残疾人等群体也能享受到便捷的信息化服务,避免出现"数字鸿沟"进一步恶化的不平等现象。

14.5.4　中国的数字经济发展规划

我国的数字经济起步相对于发达国家较晚,但在数字经济发展的早期,我国就开始着手发展数字经济。中关村产业园、张江科技园等数字经济产业集聚区也应运而生,并诞生了一批如华为、腾讯、阿里巴巴等知名数字经济企业。2020年,我国数字经济核心产业增加值占国内生产总值(GDP)比重达到7.8%,数字经济为经济社会持续健康发展提供了强大动力。

中国作为一个数字经济起步较晚的国家,既有发达国家需要协调各方利益,确保数字

---

① 陈梦根,周元任.数字不平等研究新进展[J].经济学动态,2022(4):123-139.

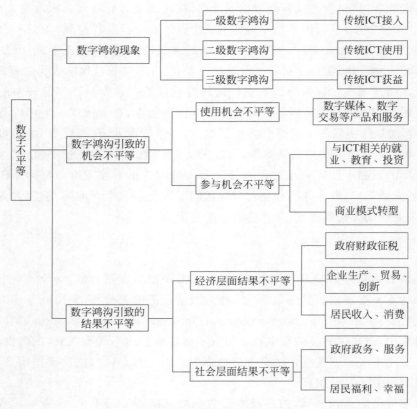

图 14-1　数字不平等的内涵

资料来源：陈梦根和周元任（2022）

经济惠及全社会人群的治理难题,更有作为一个后发国家,需要发展壮大数字经济,保障经济发展独立自主的发展难题。

在数字经济发展方面,习近平总书记就指出当前"同世界数字经济大国、强国相比,我国数字经济大而不强、快而不优"。这些问题体现在多个维度。

从技术层面上来看,我国的数字经济核心技术少,受制于人的现象比较突出。以芯片行业为例,前几年中兴和华为遭受美国无理制裁,凸显了"缺芯"之痛。2018 年开始,中国进口芯片的金额就超过了 3000 亿美元,之后一路攀升,到 2021 年时,已经达到了 4400 亿美元(2.8 万亿元)左右。而 2021 年,我国货物贸易进出口总值 39.1 万亿元,进口货物价值 17.37 万亿元,芯片占到总进口金额的 16％。著名学者倪光南更是指出相对于贸易上以进口为主的贸易不平衡,技术上的差距更需要重视。他直言,"就整体产业发展而言,相较国际先进水平,我们可能需要一二十年才能追赶上"。

从数字经济和实体经济深度结合层面来看,我国的数字经济和实体经济融合程度还有待加强。以作为数字经济和实体经济融合的重要节点的工业软件发展历程和现状为例。按照林雪萍的研究,中国工业软件发展不良,主力为民营企业、科研院所、大企业、工程公司,在商业化道路上几乎全军覆没。

因此习近平总书记提出要"建设网络强国,要有自己的技术,有过硬的技术","互联网核心技术是我们最大的'命门',核心技术受制于人是我们最大的隐患","要牵住数字关键核心技术自主创新这个'牛鼻子',发挥我国社会主义制度优势、新型举国体制优势、超大规模市场优势,提高数字技术基础研发能力,打好关键核心技术攻坚战,尽快实现高水平自立自强,把发展数字经济自主权牢牢掌握在自己手中"。

在数字经济治理方面,近些年数字经济领域中,逐渐出现了资本扩张无序化的现象,并产生了一些不良后果。习近平总书记指出:"资本具有逐利本性,如不加以规范和约束,就会给经济社会发展带来不可估量的危害。"因此需要"正确认识和把握资本的特性和行为规律,就能扬长避短、趋利避害,在防止资本野蛮生长的同时充分发挥其积极作用,为经济持续健康发展注入强劲动力"。

关于如何规范发展数字经济,习近平总书记这样总结道,"要规范数字经济发展,坚持促进发展和监管规范两手抓、两手都要硬,在发展中规范、在规范中发展。要健全市场准入制度、公平竞争审查制度、公平竞争监管制度,建立全方位、多层次、立体化监管体系,实现事前事中事后全链条全领域监管。要纠正和规范发展过程中损害群众利益、妨碍公平竞争的行为和做法,防止平台垄断和资本无序扩张,依法查处垄断和不正当竞争行为。要保护平台从业人员和消费者合法权益。要加强税收监管和税务稽查"。

规范发展数字经济要确保市场竞争中企业行为合法合规。2022年7月,国家网信办通报,滴滴公司违反《中华人民共和国网络安全法》(2017年6月实施)、《中华人民共和国数据安全法》(2021年9月实施)、《中华人民共和国个人信息保护法》(2021年11月实施)的违法违规行为事实清楚、证据确凿、情节严重、性质恶劣。经查明,滴滴公司共存在16项违法事实。改革开放以来的"先上车后买票"的思想和"事后规范"的行政管理传统,让类似的行为在我国数字经济的发展历程中屡见不鲜,并且让企业在发展中形成了"违法违规不是大事"的想法。但在未来要想实现数字经济规范化发展,确保市场竞争中企业行为合法合规是市场规范发展的应有之义。

规范发展数字经济要明确具体业务范围。数字经济作为一种新的生产力形式,影响十分深远,涉及的领域众多,所以规范发展数字经济要做到有的放矢,避免出现借数字经济之名进行监管套利的行为。以P2P网络借贷平台发展历程为例,大量的P2P网络借贷平台在发展过程中逐渐从"借款人个人与贷款人个人通过互联网信息中介平台了解对方的信息并达成借款协议"的信息平台蜕变为"具有揽储,汇聚资金"的影子银行,积累了不应该出现的金融风险。

习题

1. 你如何理解"数字劳动"这一概念?

2. 有人认为众多AI模型更多依托于大数据算法,如果这种观点成立,那么数字经济的规模效应依托于机器的说法是否成立?为什么?

3. 关于数字经济下"机器替代劳动"对分配产生的影响,你更认可马克思主义政治经济学的分析还是新古典经济学的分析?为什么?

4. 你如何理解数字经济中的"中心—外围"世界格局?通过举例说明。

5. 你如何看待政府对数字经济的作用?

后 记

本书是集体智慧的结晶。负责本书编写的学者均为清华大学社会科学学院经济学研究所数字经济研究团队成员，研究团队近年来在数字经济领域取得了丰富的研究成果，本书内容正是基于他们多年来的研究成果和教学内容的积累而成的。其中第1、第6章由刘涛雄教授负责编写，第2、第12章由孙震副教授负责，第3、第9章由王勇教授负责，第4、第10章由戎珂教授负责，第5、第8章由李红军副教授负责，第7、第11章由谢丹夏副教授负责，第13章由汤珂教授负责，第14章由李帮喜副教授负责，全书由刘涛雄负责统稿。

多位博士、硕士研究生为本书的编写提供了卓有成效的助研工作。其中徐欣祯参与了第2章的编写，窦斌和周烁参与了第3章的编写，田晓轩参与了第4章的编写，李若菲参与了第6章的编写，李尧参与了第7章的编写，吕毅韬参与了第9章的编写，吕若明参与了第10章的编写，魏文石参与了第11章的编写，欧阳鑫参与了第12章的编写，赵慧、吕辉廉、张涛、王锦霄、包航瑞、熊巧琴参与了第13章的编写，夏锦清参与了第14章的编写。

编写一本数字经济学教材是一项极富挑战性的工作。限于编者水平，错误与不足之处难免，恳请读者批评指正。

本书编写组

2024 年 7 月于清华园